普通高等教育"十二五"规划教材
物流系列

物流绩效管理

WULIU JIXIAO GUANLI

主编◎周　敏

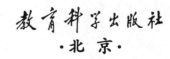

教育科学出版社
·北京·

出 版 人　所广一

责任编辑　王峥媚

责任校对　贾静芳

责任印制　叶小峰

图书在版编目(CIP)数据

物流绩效管理 / 周敏主编. —北京:教育科学出
版社,2016.3

普通高等教育"十二五"规划教材

ISBN 978-7-5191-0367-5

Ⅰ.①物…　Ⅱ.①周…　Ⅲ.①物资企业－企业绩效－
企业管理－高等学校－教材　Ⅳ.①F253

中国版本图书馆 CIP 数据核字(2016)第 030632 号

普通高等教育"十二五"规划教材

物流绩效管理

WULIU JIXIAO GUANLI

出版发行	教育科学出版社				
社　　址	北京·朝阳区安慧北里安园甲 9 号	**市场部电话**	010－64989009		
邮　　编	100101	**编辑部电话**	010－64989394		
传　　真	010－64891796	**网　　址**	http://www.esph.com.cn		
经　　销	各地新华书店				
印　　刷	北京佳艺丰印刷有限公司				
开　　本	184 毫米×260 毫米　16 开	**版　　次**	2016 年 3 月第 1 版		
印　　张	18	**印　　次**	2016 年 3 月第 1 次印刷		
字　　数	429 千	**定　　价**	39.00 元		

如有印装质量问题,请到所购图书销售部门联系调换。

前　言

现代物流作为一种先进的组织方式和管理技术,已被企业广泛认为是降低物资消耗、提高生产率之后的第三利润源泉,在国民经济和社会发展中发挥着重要作用。加快我国现代物流的发展,对于优化资源配置,提高经济运行质量,促进企业改革发展,推进我国经济体制与经济增长方式的两个根本性转变,具有十分重要的意义。

由于物流活动具有多方性、过程复杂性和形成多样性的特点,长期以来,物流绩效的衡量缺乏有效的方法。如何全面合理地对物流进行绩效分析,寻找出自身存在的优劣势,从而促进行业建立有效的经营管理机制,真正提高企业竞争力,已成为物流企业亟待解决的问题。

本书通过对现有物流绩效评价成果的研究,以现代企业绩效评价理论和方法与物流行业特征和管理特征相结合,总结提炼物流绩效评价成果的基础上进行编写,结合最新的、能适应不断变化情况的绩效评价理念与方法,形成规范化、制度化、程序化、灵活化的绩效评价模型和相应的配套管理方案。

本书有如下特点。

1. 编写方法新颖,适用面广。依据物流绩效管理系统设计、运营、管理等方面的需要,将物流绩效计划、绩效考核、绩效沟通、绩效控制、绩效激励、绩效评价紧密结合,关注物流绩效管理前沿发展,注重物流绩效评价理论的发展与应用,使得物流战略目标和供应链管理的思想、目标、价值能够通过绩效管理方法得以实现。

2. 理论和实践紧密结合。从广义和狭义的角度对物流绩效进行阐述,确定物流绩效管理研究的内容范畴,突出教学与管理实践相结合,有些理论、案例直接来源于撰写者的管理与教学实践,用于指导物流绩效管理与实施。

3. 系统性强。在本书中力争对一些基本概念进行详细准确的定义,力图使学生对绩效评估与绩效管理的基本理论和方法有清晰的认识,能够全面地理解和掌握物流绩效管理基本内容。

4. 配套资源丰富。精简内容,与多媒体教学手段相结合,以深入浅出的方式进行表述,增强教材的易读性。

本书由周敏担任主编,袁文静协助文字整理工作。在本书编写过程中,查阅了大量国内外同行、专家的研究成果,在此一并致以诚挚的谢意。此外,对本书在编写过程中参阅的大量教材、专著与期刊,在此表示衷心的感谢。

由于编者水平有限,存在诸多不足之处,敬请各位专家、读者批评指正,提出意见并及时反馈,以便逐步完善。

编　者

2015 年 11 月

目 录

第一章　概述

第一节　绩效管理发展沿革

一、绩效管理的理论发展

从历史上来看,绩效评估往往被管理者用作对绩效进行管理的主要手段和工具。罗伯特·欧文(Robert Owen)最先于19世纪初将绩效评估引入苏格兰来管理企业;而美国军方则从1813年开始采用绩效评估。随着管理研究和实践的发展,绩效评估不能对团队和员工在工作过程中的绩效进行客观公正的评价和审查,缺乏普通员工的参与,缺乏有效的激励机制。正是由于绩效评估存在的局限性和较大的缺陷,传统的绩效评估已经不适应当前严峻的商业竞争的需要。

欧美发达国家对绩效评价的重视程度早已超过了一般人的想象。科尔尼(A T Kearney)在1985年就指出:进行综合绩效衡量的公司,可提高总产量的14%～20%。ABI通信数据库的统计资料表明,在1994—1996年的三年间,就有3615篇关于绩效评价的文章发表。1996年,仅在美国每两个星期就有一本关于绩效评价的著作问世。

有研究者论述了绩效管理中企业的特征包括企业结构和文化的因素(Svelte,Preen & Barrett,1964;Mohrman & Lawler,1981)。也有研究者分别叙述了经济环境、技术环境和物质环境对绩效管理因素的影响。1980年,兰迪(Landy)和法尔(Farr)识别了三个成分——评估的目的、位置特征和组织特征,指出绩效管理的产生可能影响并预测出绩效管理的结果(Starbuck,1976;Peters,Fisher & Connor,1982;Barley,1986)。还有研究者对绩效标准进行了研究,认为绩效标准被定义为反映有效性的绩效水平(Bernardino & Beatty,1984)。1985年,墨菲(Murphy)和克利夫兰(Cleve Land)认为绩效要素的价值应该与优化的企业目标相链接。

有研究者研究企业以不同的方式利用绩效管理体系的过程后发现,企业绩效包括财务绩效、生产力、生产和服务品质、客户满意度和员工工作满意度绩效(Rheum,1995)。也有研究者认为绩效管理体系是一个能改善知识、技能和公司的现状和员工的潜能、提高员工动机、提升员工素质的关键工作实务(Hustled,1995)。还有研究者认为绩效管理一般地被定义为是企业识别、测量和开发员工绩效的过程(Roger Miller & Workman,1993;Campbell & Garfunkel,1996;Rheum,1995)。沃尔特斯(Walters,1995)认为绩效管理就是根据组织的要求,对雇员进行指导和支持,使雇员尽可能地以更高的效率有效地完成自己的工作。

研究者发现人力资源决策,包括如何管理绩效,是维持和改善组织绩效的关键。绩效管理与人力资源管理和人力资源开发相链接的领域在于它是一个评估的工具,同时也是开发的手段(Becker & Gerhart,1996)。

雷蒙德·诺伊(Raymond Noe,1999)等将绩效管理定义为管理者为确保雇员的工作活动以及工作产出能够与组织的目标保持一致的这样一个过程。绩效管理对组织目标的实现起着至关重要的作用,从这个意义上来说,绩效管理是组织赢得竞争优势的中心环节所在。科学有效的绩效管理系统具有哪些功能,系统如何运作以保障组织目标的实现,是值得深入探讨的问题。在绩效管理的过程中,组织内员工的个人特征,如技能、能力等要素是组织绩效的原材料和基础,组织成员依靠个人的技能和能力等基本要素,通过一系列有目的的个人行为,最后达到客观的组织绩效结果。在这个绩效管理组织系统模型中,非常重要的一个组成部分是组织目标。组织目标通过影响个人特征、个人行为和客观结果,确立其在绩效管理中的核心地位,这种核心地位要求绩效管理系统确保组织内的所有活动都支持组织战略目标的实现。环境限制在绩效管理过程中也发挥重要作用,企业本身的文化、企业内部的资源和外部的机会、威胁等环境约束都对个人特征、个人行为产生影响,从而影响组织的绩效水平。

研究者和实践者对"好的"绩效管理体系给出的典型定义是:它能对每一位员工的绩效提供精确、完整和公正的评估和为组织和员工提供有用的信息。

美国国家绩效评估中的绩效衡量小组把绩效管理定义为利用绩效信息协助设定统一的目标计划,进行资源配置与优先顺序的安排,以告知管理者维持或改变既定目标计划,并报告成功符合目标的管理过程。

总之,绩效管理是一个完整的系统,在这个系统中,组织、经理和员工全部参与进来,经理和员工通过沟通的方式,将企业的战略、经理的职责、管理的方式和手段以及员工的绩效目标等管理的基本内容确定下来,在持续不断沟通的前提下,经理帮助员工清除工作过程中的障碍,为其提供必要的支持、指导和帮助,与员工一起完成绩效目标,从而实现组织的远景规划和战略目标。

二、绩效管理的实践发展

在 19 世纪的一百年里,美国纺织业、铁路业、钢铁业和商业的管理者,根据各自行业的经营特点,先后建立了相应的业绩评价指标用于评价企业内部的生产效率。由于产品和业务较为单一,这些企业使用了一些较为简单的产出指标,如每码成本、每吨千米成本、每吨铁轨所耗焦炭成本、销售毛利。19 世纪末 20 世纪初,随着企业产品品种及其耗用资源种类的增加,科学管理之父泰勒(Taylor)通过工作效率研究为每一种产品建立了原材料、人工消耗的数量标准。此后,工程师与会计师又一道将数量标准扩展成为每小时人工成本、单位产品原材料成本等价格标准,进而建立了产品的标准成本。随着成本会计、差异分析、激励制度的运用,成本类评价指标趋于完善,企业生产效率得到极大提高。

20 世纪初,多元化经营和分权化管理为业绩评价的进一步创新提供了机会。早在

1903年,杜邦公司就开始执行投资报酬率法来评价公司业绩。杜邦公司的财务主管唐纳森·布朗(Donaldson Brown)将投资报酬率法发展成为一个评价各个部门业绩的手段。布朗建立了杜邦公式,即投资报酬率＝资产周转率×销售利润率,并发明了至今仍广泛应用的"杜邦系统图"。根据杜邦公式和杜邦系统图,投资报酬率指标发挥了重要的作用,相应的预测和控制方法被建立起来用以规划和协调各个分部的经营活动。1923年,通用公司的董事长小阿尔弗雷德·斯隆(Alfred Sloan)提出的分权管理就是利用了布朗的理论。杜邦分析系统在企业管理中发挥的巨大作用也奠定了财务指标作为评价指标的统治地位。应用最为广泛的评价指标有投资报酬率、权益报酬率和利润等财务指标。会计数据易于获取、可比性强也使业绩评价更具可操作性。

1929—1933年经济危机之后,企业外部的会计准则和各种规范要求企业将注意力集中在对外财务报告的编制上。鉴于信息收集、处理及编报的高成本,使得企业将向外部利益集团报告的信息用于指导企业的内部经营,从而忽视了用于改善企业内部管理决策的信息系统建设。因此,业绩评价指标以财务指标为主是外部环境和内部条件共同作用的必然结果,一直持续到20世纪80年代。

"二战"之后,为了应对日益复杂的环境变化,企业的营销、研发、人力资源、财务、生产等职能得到了平衡的发展,仅仅对企业生产效率进行评价已无法满足企业管理的需要。各个职能部门根据自身业务特点建立了市场占有率、顾客满意度、新产品数量、员工满意度等评价指标。由于各个职能部门独立行事,协调性较差,所以针对不同职能部门建立的业绩评价指标之间还缺乏系统性和层次性。

1965年,斯坦利·西肖尔(Stanley Seashore)在《密执安商务评论》7月刊上发表了《组织效能评价标准》,对衡量企业各种目标的指标进行了详细的分析和论述,并将各种评价指标及其相互关系组合成一个金字塔式的层次结构,从而使原先处于混乱状态的评价指标体系具有了逻辑和秩序。之后的企业管理实践和理论研究证明,西肖尔将衡量组织经营效能的各种评价指标组织进一个金字塔式的层次结构的思路虽然是正确的,但其为各类指标安排的位置却未必适当。

进入20世纪70年代以后,市场竞争日益激烈,企业开始意识到必须将营销、生产、研发、财务、人力资源各职能部门协调统一,从整体上来加以考虑,而不再将它们割裂开来。随着高科技的迅猛发展,知识经济初见端倪,企业的竞争优势越来越取决于无形资产的开发和利用,人力资源的作用日益突出。财务指标的短期性使员工的日常行动与企业的长期战略目标脱节。单纯地以财务指标作为业绩评价指标受到越来越多的批评,非财务指标的作用日益得到重视。在20世纪80年代末,对基于战略管理的业绩评价的研究迅速升温。

1990年,马克奈尔、林奇和克罗斯(McNair,Lynch & Cross)提出了业绩金字塔模型。该模型从战略管理角度给出了业绩指标体系之间的因果关系,反映了战略目标和业绩指标之间的互动性,揭示了战略目标自上而下和经营指标自下而上逐级反复运动的层级结构。但是该方法没有形成可操作性的业绩评价系统,因此在实际工作中较少采用。

1992年，罗伯特·卡普兰(Robert Kaplan)和大卫·诺顿(David Norton)在平衡计分卡中给出了财务、客户、内部业务流程、学习与创新四个方面的评价指标，构建了财务指标与非财务指标相结合的评价指标体系，并在以后的研究中给出了具有可操作性的实施步骤，使平衡计分卡成为战略管理的有效工具。

在企业加强内部管理的同时，来自企业外部的压力也在不断增加。财务指标由于无法反映企业未来价值创造等缺陷，所以无法满足资本市场和股东的要求。20世纪50年代以后，能更好地反映企业整体价值、未来机会和风险的贴现现金流量指标的应用日益广泛，如内部报酬率、净现值等。

1986年，阿尔弗雷德·拉帕波特(Alfred Rappaport)在《创造股东价值》一书中提出了一个从股东价值角度评价企业业绩的方法(即股东价值＝公司价值－债务)，极大地促进了基于股东价值角度的企业业绩评价研究的发展。1991年，斯特恩·斯图尔特(Stern Stewart)公司提出了经济增加值(economic value added,EVA)指标，是在扣除了全部债务资本成本和权益资本成本的基础上来衡量企业价值的，实现了企业绩效评价从会计利润到经济利润的转变。1997年，杰弗里(Jeffery)等人提出修正的经济增加值(refined economic value added,REVA)指标，进一步发展了经济增加值指标。

三、绩效评价框架和体系

从20世纪80年代开始，学者们提出了大量的绩效评价框架模型，这些模型主要分为两类：结构式框架(详细说明绩效评价管理的框架)和程序式框架(从战略角度提出发展绩效评价的渐进式过程)。

在众多的绩效评价框架中，最有影响力的是平衡计分卡和优秀业绩评定准则。平衡计分卡在本书后续章节中将详细讲述。优秀业绩评定准则如图1-1所示。

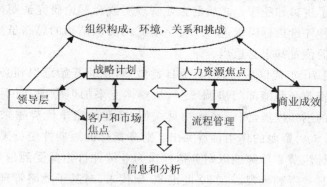

图1-1　优秀业绩评定准则框架

表1-1是主要的绩效评价框架汇总。尽管绩效评价框架在评价范围上日益全面，但是由于结构式框架和程序式框架彼此孤立地发展，没有很好地进行融合，目前还没有一个权威性的绩效评价框架。

表 1-1 主要的绩效评价框架汇总

框架	结构类型	评价维度
Sink 和 Tuttle 的框架	程序式	—
绩效评价矩阵	结构式	成本,非成本,内部环境,外部环境
成效和决定因素框架	结构式	成效(财务绩效,竞争力),决定因素(质量,灵活性,资源利用,创新)
绩效评价体系模型	结构式	成本,质量,领先时间,交付
绩效金字塔	结构式	—
10 步骤模型	程序式	—
内外部配置时间框架	结构式	时间
Kaydos 的框架	程序式	—
Wisnter 和 Fawcett 的框架	程序式	—
平衡计分卡	结构式	财务,内部流程,顾客视角,创新和学习
AMBTTE 绩效评价立方体	结构式	时间,成本,质量,灵活性,环境
Brown 的框架	结构式	投入,流程,产出,效果
EFQM 模型	结构式	执行,结果
SME 绩效评价框架	程序式	—
绩效评价棱柱	结构式	利益相关者满意度、战略、流程、能力、利益相关者贡献
跨国公司的绩效评价框架	结构式	跨过程,跨边界,财务,客户,内部流程,创新,合作文化
综合的绩效评价框架	结构式	结构,流程,投入,产出,效果等

随着绩效管理的不断发展,绩效评价也不断地发生变化。绩效管理的本质就是要通过绩效评价、评估和不断的指导来得到具有高工作动机和高工作素质的劳动力。在过去几年中,绩效管理从间断的行为转移到连续的过程,从求值程序转变为员工的开发,循环的绩效管理(反馈,评价,分析结果,目标设定)有效地提高了组织的绩效。过去绩效评价局限于图的内部,而目前绩效评价在很大程度上影响组织的战略,跨组织的绩效评价体系超越了组织边界,对外部环境产生影响。未来跨组织的绩效评价研究特别是供应链和外延企业的绩效评价研究会更详细。随着绩效评价研究范围越来越广,绩效评价和绩效管理趋于同义。

图 1-2 是组织内部和跨组织的绩效评价发展过程。这类绩效评价具有切实的基石(绩效评价建议),诸如平衡计分卡之类的组织内部绩效评价方法可以应用到跨组织的绩效评价中,然而由于跨组织的绩效评价需要融合不同的概念,在绩效评价领域引入了新的方法和问题,同时它更关注于内部和外部评价概念之和,因此跨组织的绩效评价研究更加复杂。

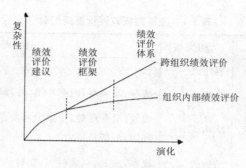

图 1-2　组织内部和跨组织的绩效评价

随着时代的发展,绩效评价面临着更多的挑战。迅速发展的供应链理论促使组织内部和跨组织的绩效评价体系的不断发展,孤立不变的绩效评价体系与一体化的管理体系不相容,不能适应内外部评价的需求。供应链绩效评价概念的发展强调在各自的供应链合伙人中合作的双赢政策,它并不立足于最低成本和最快时间之类的绩效评价指标;同时外购的兴起对现有的绩效评价体系也产生一定的影响。随着绩效评价研究的不断发展,它作为一种重要的管理工具,势必对企业的管理发挥更加巨大的作用。

第二节　绩效管理与物流绩效

一、绩效与绩效管理

(一)绩效的定义

从语言学的角度来说,绩效(performance)的含义是成绩和效益。《牛津高级英汉词典》对英文"performance"的解释是"执行,履行,表现,成绩"。实际上由于绩效所包含的内容、影响因素及其测量方法存在着差异,形成了对绩效含义的不同理解。

一种主要观点认为"绩效是结果",主要与职责、目标、目的、结果、生产量、任务等概念相关;典型的是 1984 年伯纳迪诺(Bernardino)等人将绩效定义为"在特定时间范围,在特定工作职能和活动上生产出的结果记录",认为从顾客的角度出发,绩效管理应采用以结果为核心的方法可以使个人的努力和组织的目标联系在一起。

另一种主要观点认为"绩效是行为",1990 年,墨菲(Murphy)指出:"绩效被定义为一套与组织或组织单位的目标相互关联的行为,而组织或组织单位则构成了个人工作的环境。"1991 年,哈根(Hagen)和施耐德(Schneider)指出:"绩效是个人或系统的所作所为。"1933 年,坎贝尔(Campbell)认为:"绩效可以视为行为的同义词,是人们实际采取并可以被他人观察到的行为。绩效应该只包括那些与组织目标有关的、并且是可以根据个人的能力进行评估的行动或行为。"坎贝尔强调绩效是行为,只有那些有利于目标实现的行为才是绩效。并提出了绩效构成的因素模型,认为可用八个因素来描述绩效:具体工作任务熟练程度,非具体工作任务熟练程度,书面和口头交流任务的能力,所表现出来的努力,维护个人纪律,促进他人和团队的业绩,监督管理/领导,管理/行政管理。

1993 年,鲍曼(Bormann)和摩托维德罗(Motowidlo)用演绎的方式对前人成果进行研究,提出了任务绩效和关系绩效的概念。他们把任务绩效看作组织所规定的行为,与特定任务活动有关,能直接提高组织效率,看重结果;关系绩效则是自发的行为,与特定任务无直接关系,但对组织效率非常重要,可以为特定任务活动提供广泛组织的、社会和心理的环境,强调工作过程中表现出来的行为、素质和影响,因而间接地对绩效产生影响。

1988 年,布鲁姆巴(Brumbrach)给绩效的定义是"绩效指行为和结果。行为由从事工作的人表现出来,将工作任务付诸实施。行为不仅仅是结果的工具,行为本身常常也是结果,是为完成工作任务所付出的脑力和体力的结果,并且能与结果分开进行判断"。

(二)绩效的内涵与特性

一般认为绩效是实践活动所产生的、与劳动耗费有对比关系的、可以度量的、对人们有益的行为及其结果。绩效的内涵应包括五点:第一,绩效是客观存在的,是人们实践活动的结果;第二,绩效是产生了实际作用的实践活动结果,有实际效果;第三,绩效是一定的主体作用于一定的客体所表示出来的效用,有正负绩效之分;第四,绩效体现投入与产出的对比关系;第五,绩效有一定的可度量性。

对于关于绩效的研究进行总结,可以明确绩效具有的以下四个基本特征。

第一,绩效的多因性。绩效是主客观多种因素制约和影响的结果。对绩效的认识需要从多种因素的相互影响与共同作用角度进行整体的把握。尽管不少学者提出的绩效函数在自变量的数目和分类方法上有所区别,但基本内涵相同:即绩效是员工能力水平、行为激励、机会和环境条件等因素相互作用的结果,可以用以下的函数式表示:

$$P = f(A, M, O, E)$$

函数式中:P(performance)—绩效;A(ability)—能力;M(motivation)—激励;O(opportunity)—机会;E(environment)—环境。能力是指员工的基本素质和专业技能水平。员工行为激励是指员工的工作态度、积极性、主动性和创造性的状态和水平,行为激励的状态是实现绩效目标、提高工作业绩的心理条件和心理基础。机会是指员工个人或企业所面临的机遇,以及发展的可能性。环境是指员工进行工作的客观条件,如物质条件(生产、技术、组织、资本等条件)、企业文化、制度环境、人际关系等要素。

第二,绩效的多维性。绩效涉及事前、事中、事后等方面,需要从多种维度去分析与考核。例如,衡量一名普通工人的绩效,需要考虑产品质量、材料能源消耗、出勤率、工时利用率等硬性指标,而且劳动纪律、团结互助、服从命令、听从指挥等软性指标也应成为绩效考核的重要参数。因此,工作绩效的多维性,要求绩效管理者应当从多种维度、多个方面去综合考虑评估。

第三,绩效的动态性。绩效随着时间的推移会发生变化。由于能力水平、激励状态以及机遇、环境因素的变化,绩效也可能随之发生变化。在绩效管理中,对员工的绩效考核内容只是过去一段时间内其工作情况的反映,绩效差的员工可能在未来提高自己的绩效,绩效好的员工则有可能降低自己的绩效。

第四,绩效的价值性。绩效是投入与产出的比较,是以价值为衡量基准的。绩效不仅反映在人力资源管理领域,也可应用于经济活动的广泛领域,以此来衡量各种活动的价值以及获取价值的行为过程。

(三)绩效管理的定义

绩效管理是用于监控、管理绩效的方法、准则、过程和系统的整体组合。绩效管理是一个完整的过程,一个从绩效系统的规划、绩效目标的设定开始,经过绩效的评估、评价结果的反馈等环节,到绩效系统的改进,进一步开始下一个绩效规划的全过程。

绩效管理涵盖的内容很多,它所要解决的问题主要包括:如何确定有效的绩效目标;如何使目标在组织之间或组织内部达成共识;如何引导绩效相关者朝着正确的目标发展;如何对实现目标的过程进行监控;如何对实现的业绩进行评价和对目标业绩进行改进;等等。

绩效管理涉及理论与实践两个层面,需要回答三个问题:什么是正确的绩效;如何正确地管理绩效;如何运用绩效进行管理。"管理绩效"与"运用绩效进行管理"是两个含义不同却又相互关联的问题。前者是对绩效的管理;后者建立在前者基础之上,通过对绩效目标的设定、实施及评价,促进组织目标在组织内部的交流与沟通,明确组织绩效的改进方向,进一步提升组织竞争力。因此,绩效管理是一种管理理念,同时也是一套方法论。

(四)绩效管理的基本特征

1.系统性

系统是指由若干要素以一定结构形式联结构成的具有某种功能的有机整体,系统中各要素不是孤立地存在着,每个要素在系统中都处于一定的位置,起着特定的作用,要素之间相互关联,形成一个不可分割的整体。从系统论角度考虑,绩效管理是一个完整的系统,是一个目标制订、沟通管理的过程。绩效管理中需要掌握和使用的技巧与技能都应从系统的角度纳入绩效管理过程,相互协调,共同作用。

2.目标性

目标管理理论(management by objective,MBO)提供了一种将组织整体目标转换为组织单位和每个成员目标的有效方式,不仅将目标作为一种激励的因素,也将目标作为绩效考核的标准。绩效管理强调目标的评价考核,体现了目标管理的本质要求。绩效管理只有明确了目标,共同致力于绩效目标的实现,才能共同提高绩效能力,更好地服务于企业的战略规划和远景目标。

3.强调沟通

沟通在绩效管理中起着决定性的作用。制订绩效目标、进行绩效考核评价、分析绩效改进途径等绩效管理过程都离不开沟通,绩效管理的过程就是沟通的过程,绩效管理就是致力于绩效沟通的改善,全面提高绩效沟通意识与沟通技巧,进而改善企业绩效。

(五)绩效管理的核心和目的

企业管理是一个完整的系统,每一个子系统都是为了企业整体经营目标而存在和运作的。多年以来,企业管理人员一直在进行管理活动,计划、预算、销售和人力资源管理等流程一直在企业中进行,但这些在很多情况下往往是为了工作而工作,没有或很少考虑到它们对企业目标的直接贡献。绩效管理的贡献就在于它对企业最终目标的关注,促使企业成员的努力从单纯的忙碌向有效的方向转变。

随着社会环境发生巨大变化,企业也面临着前所未有的挑战。企业内部子系统的绩效会影响到企业的总体绩效目标,企业管理系统的各个子系统都要保证其工作能够促进企业战略的有效实施,企业将关心的焦点集中于效率上,企业中的子系统和流程围绕着如何"用正确的方法做正确的事"来开展,以实现企业的战略目标。

因此,绩效管理主要有以下三个目的。

(1)战略实现目的:绩效管理就是要确保企业内的所有活动都支持实现其战略目标。

(2)管理目的:企业在多项人事决策中都要使用到绩效管理信息(尤其是绩效考核信息),如薪资管理、晋升、岗位调整、保留或解雇等决策、对个人绩效的承认等。

(3)开发目的:对员工进行进一步的开发,促使他们能够有效地完成工作。绩效管理系统可以指出员工绩效不佳的方面和导致绩效不佳的原因,然后寻求改善的方法。

(六)绩效管理的过程

绩效管理是一个完整的系统,包括绩效计划、绩效辅导、绩效考核与反馈、绩效结果的运用,共同组成了一个管理循环。绩效计划是绩效管理过程的起点。制订绩效计划主要依据战略目标,绩效计划周期往往视职位的性质、企业特点等情况而定。绩效辅导是相关人员共同完成绩效目标/计划的过程,并根据需要对绩效计划进行调整。绩效考核与反馈是指评价工作目标成果并与相关人员进行沟通的过程,依据制订和调整的绩效目标/计划,综合收集考核信息,进行公正、客观的评价。绩效结果应用是指必须将绩效结果与企业管理过程紧密相连,积极发挥绩效管理的作用。由于绩效管理系统及其循环内容较多且十分重要,因此将在本章第三节进行详细介绍。

二、物流与物流绩效

(一)物流的定义

学术界关于现代物流概念的产生基本上有两种观点,即经济原因与军事原因。

经济原因:即物流起源于人们对协调经济活动中物流及相关活动的追求。阿奇·萧(Arch Shaw)在 1915 年《市场流通中的若干问题》一书中明确将企业的流通活动分为创造需求的活动和物流活动两种,并且提出了"物流"(the physical distribution goods)的概念,认为物流是与创造需求不同的一个问题。

军事原因:这种观点认为物流概念是因为军事原因产生的。持这种观点的学者认为,1905 年被美军少校琼西·贝克(Chauncey Baker)称为"与军备的移动和供应相关的战争的艺术的分支"就是物流(logistics)。"二战"期间积累的大量军事后勤保障理论和经验形成和丰富了运筹学的理论与方法,这些理论与方法在战后被广泛应用到民用、经济领域,也促进了现代物流理论的形成和发展。

物流的定义在各个经济发展阶段,因不同的经济活动目的而不断进化、调整和完善;即使在同一个历史时期、同一个经济发展阶段,也因不同的学派、机构、国家而有所不同。本书将采用我国国家标准《物流术语标准》对物流的定义:物流是物品从供应地向接受地的实体流动过程。根据实际需要,将运输、储存、装卸搬运、包装、流通加工、配送、信息处理等基本功能有机结合,来实现客户需要的过程。需要注意的是,该定义更多地关注实物产品的移动,但是在服务类企业中同样存在大量的物流问题。因此,本书中的理念也同样可以应用到服务类企业中,良好的物流绩效管理也将使服务类企业获益。

(二)物流绩效的含义

尽管大量研究文献中对物流绩效提出了许多不同的衡量尺度,如效力、效率、质量、生产率、创新性、利润率以及预算性等,但明确给出物流绩效的定义是一项比较困难的工作。基布勒(Keebler)对这项工作给出了五项建议:(1)研究者们需要更加明确绩效指标的定义与缺陷;(2)更多地具有创新性的研究应对企业财务绩效评价体系进行补充;(3)物流绩效评价动态模型需要进行开发,以适应由行业、企业以及产品变革所引起的绩效衡量尺度的变化;(4)应该考虑在供应链下进行绩效评价,而不是单纯地对单个企业进行评价;(5)需要建立理论与实践相结合的桥梁。

从绩效的基本含义思考物流活动的绩效问题,我们认为物流绩效就是一定时间内物流活动所创造的价值,是指物流活动中一定量的劳动消耗和劳动占用与符合社会需要的劳动成果的对比关系,即投入与产出的比较。从企业物流管理的需要来考虑,物流绩效的含义是指企业物流行为与行为过程及其所创造的物流价值和经营效益。企业物流绩效既是企业物流行为及其行为过程的表现,同时也是企业实现物流价值和经营效益的反映。

如表1-2和表1-3所示,根据物流的不同划分方式和物流绩效的构成,本书将着重讨论第二种划分下的企业物流绩效评价问题,并在第八章、第九章和第十章对供应链绩效、社会物流绩效及物流服务绩效的统计分析进行专题介绍。

表1-2 物流的四种划分①

1	宏观物流	国家物流发展规划、法律法规及政策制定、物流布局、物流理论研究、人才培养、知识普及、物流基础设施和信息平台构筑、经济手段的支持引导
	微观物流	供应物流、生产物流、销售物流、回收物流、废弃物物流等
2	社会物流	第三方物流、运输仓储等,铁路、公路、港口、码头、物流园区、仓库、配送中心等的物流活动
	企业物流	供应物流、生产物流、销售物流、回收物流、废弃物物流等
3	国际物流	外贸物流、国际联运、远洋运输、国际航空、国际邮件、口岸物流、大陆桥物流等
	国内物流	经济圈、经济带物流,城市及城市外围物流及邻近地区具有互补条件的自然区物流,本地物流等
4	一般物流	带有普遍性、通用性、共同性的物流活动,或者没有特殊要求的物流活动
	特殊物流	危险品、易燃、易爆、易腐蚀、剧毒、易变质等物品的物流,如文件、贵重物品、动植物运输等

①许永龙.物流系统的经济评价理论与方法[M].北京:中国社会科学出版社,2006:15-21.

表 1-3 物流绩效的构成

划分标准	内　　容
评价对象	企业物流绩效、物流企业绩效及供应链绩效
物流环节	采购绩效、库存管理绩效、运输绩效、配送绩效、仓储绩效、客户服务绩效
管理要素	计划绩效、运作绩效、技术设备绩效、人力资源绩效、政策环境绩效

(三)物流绩效管理

物流绩效管理是指在满足客户服务要求条件下,对物流绩效的一切管理工作的总称,即在物流运作全过程中对物流绩效的产生、形成所进行的计划、组织、指挥、监督和调节。

物流绩效管理的三个原则。

第一,追求物流绩效与满足客户需求的统一。现代物流绩效是在满足客户需求的前提下产生的。客户需求是现代企业从事物流服务的基础,直接决定和影响着现代企业的物流绩效。必须通过现代企业专业化、现代化的物流服务才能使双方达到一种降低成本、提高经营管理水平、建立伙伴关系并实现利益的"双赢"。

第二,近期物流绩效与远期物流绩效的统一。现代企业不仅要重视近期的物流绩效,更要重视长远的物流绩效。物流技术设备的采用需要一次投入相当的资源,而作用是渐进的和长期的。另外,现代企业与客户之间建立的是一种长期的、专业化的物流服务伙伴关系,需要现代企业将近期物流绩效与远期物流绩效相统一。

第三,物流绩效与社会效益的统一。现代企业的物流活动,不仅要考虑经济因素,更要考虑政治因素和社会因素。现代企业在物流活动中,要充分考虑物流对环境的影响,减少对环境的破坏与污染,实现物流绩效与国家法规、产业政策的统一,实现物流绩效与社会效益的统一。

第三节　绩效管理的流程

一、绩效管理流程

有研究者认为绩效管理系统应该是一个完整的周期循环,包括衡量和标准,达成契约,规划,监督、帮助、控制,评估,反馈,人事决定,再回到衡量和标准(Schneider, Beatty & Baird,1986)。

1999 年,英国理查德·威廉姆斯(Richard Willams)在《业绩管理》一书中把绩效管理系统分成四个部分:第一阶段,指导/计划,即为员工确定绩效目标和评价绩效的标准;第二阶段,管理/支持,即对员工的绩效进行监督和管理,提供反馈和支持,帮助排除阻碍绩效目标完成的障碍;第三阶段,考查/评估,即对员工的绩效进行考核和评估;第四阶段,发展/奖励,即针对考核结果,给员工进行相应的奖励、培训和安置。

　　人们通常用一个循环过程来描述绩效管理。1995年,布雷德拉普(Bredrup)认为绩效管理是由计划、改进和考察构成的完整过程,如图1-3所示。安斯沃思(Ainsworth)和史密斯(Smith)于1993年提出了一个计划、评价和反馈的三步骤循环过程,如图1-4所示。

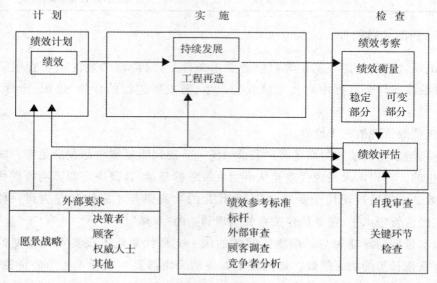

图 1-3　绩效管理:计划、改进和考察

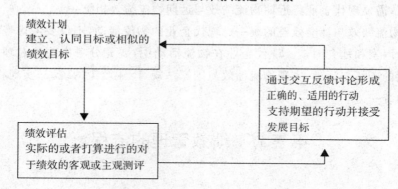

图 1-4　绩效管理:计划、评价和反馈

二、绩效管理的 PDCA 循环

　　PDCA循环是由美国质量管理专家戴明(Deming)提出来的,所以又称为"戴明环",如图1-5所示。PDCA的含义是:P(plan)—计划,D(do)—实施,C(check)—检查,A(action)—行动,对总结检查的结果进行处理,成功的经验加以肯定并适当推广、标准化,失败的教训加以总结,未解决的问题放到下一个PDCA循环里。以上四个过程不是运行一次就结束,而是周而复始地进行,一个循环完了,解决一些问题,未解决的问题进入下一个循环,实现阶梯式螺旋上升。PDCA循环实际上是有效进行任何一项工作的合乎逻辑的工作程序,对绩效管理尤其适用。加强绩效管理就是不断改进和完善绩效管理的基本过程。

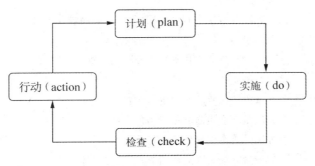

图 1-5 绩效管理的 PDCA 循环

(一)系统计划

评价系统的设计是绩效管理过程的起点,也是关键的第一步,如果这一步没有做好,那么整个过程从开始就失去了意义。在这个环节将讨论绩效衡量方式的选择、注意事项及数据等相关问题。

在系统设计中最关键的环节是决定评价什么以及如何评价,它不仅需要缜密的思考,也需要对组织结构、战略的全面准确的把握。在设计绩效衡量方式的过程中,要全面定义一个评价指标,需要考虑的问题很多:绩效衡量的目的、衡量的方法、衡量的尺度、绩效的目标水平、数据来源、谁来衡量等。我们将上述问题汇集成表格,如表1-4所示。

表 1-4 绩效衡量定义模板[①]

绩效评价指标	具体内容
绩效衡量方法	.绩效衡量指标的名称? .这个名称是否能够解释衡量指标的含义? .这个名称是否容易理解? .它能明确表示绩效指标的重要性吗?
目的	.为什么要引入这个指标? .指标的目的与意图? .该指标鼓励什么样的行为?
相关性	.该指标与其他哪些指标密切相关? .该指标支持哪项具体的战略或行动?

①Mike Kennerley,Andy,Neely. Measuring performance in a changing business environment[J]. International Journal of Operations & Production Management,2003,23(2):213.

续表

绩效评价指标	具体内容
衡量尺度与方法	.该指标如何衡量？ .测量方法以数学形式定义吗？如果是,测量公式是什么？ .绩效衡量的尺度或方法是否清晰明确？ .这种衡量尺度或方法需要什么样的数据？ .这些数据是否足够准确？ .该衡量方法鼓励什么样的行为？ .该方法是否会引起其他行为的产生？ .该方法是否可能导致不良行为？ .这种衡量方法是否运用适当？
绩效目标	.怎样设定目标值以确保反映出需要达到的绩效水平？ .是否需要根据组织的潜力设定目标值？ .是否需要根据历史值、竞争者或行业最值设定比较值？ .是否需要根据预测衡量目标的进展？
衡量频率	.多长时间进行一次衡量？ .多长时间收集一次数据？ .谁来衡量/如何衡量？ .谁(人员、职能机构、外部机构)负责数据收集/分析/衡量工作？ .如何准确利用数据？ .为确保绩效沿着指标确定的方向改善需要采取什么样的行动？

　　在系统设计阶段,上述模板能在确定出衡量指标设计的具体规定后识别出需要解决的诸多问题,它迫使设计者仔细考虑每一个指标的准确性及适用性,并指明数据来源,因其实用性,这类模板在许多组织中得以采用。

　　在定义组织的绩效系统时,衡量尺度、公式、目标值的设定是极为重要的环节,这些衡量方法将对组织的行为产生影响。设计出能激励组织朝预期的方向前进的指标是一项具有挑战性的工作。在完成了绩效衡量方法的一系列定义之后,必须进行测试,如表1-5所示。

表1-5　绩效衡量的测试

序号	因素	问题思考
1	真实性	衡量的因素是我们想要衡量的东西吗？
2	焦点	衡量的一个指标是否聚焦到了同一个问题,是否其中混淆了多种绩效？
3	相关性	衡量的指标是否与我们关注的绩效因素密切相关？
4	一致性	绩效定义是否能确保无论谁、无论何时来衡量该指标都能保持一致？
5	可得性	跟踪、观察及获取打算衡量的指标所需的数据是否容易？

序号	因素	问题思考
6	明确性	对结果的解释中是否存在含糊不清的地方？
7	行动性	由衡量数据得到的结果是否能为我们提供行动的方向？
8	适时性	数据是否能够被分析，并能足够快地获取，以便及时采取行动？
9	成本	测量成本与测量收益之间的权衡？
10	对策	指标是否会引起组织成员采取某些对策来应对该项测试？

（二）系统实施

当绩效衡量系统设计或修正完成之后，我们需要为系统的顺利实施进行一系列的准备工作。

第一步，对现有的评价系统进行分析。在任何组织中，通常都存在现在正在使用的评价指标、流程、方法等。组织应在新的衡量系统实施之前，将现有的衡量系统与新系统进行比较，删除多余或者不再适宜的指标、流程，修正含糊不清的指标与流程。评估现有系统对新系统的影响，从数据获取、分析、解释、评价等角度分析这种影响，选择那些使新系统实施更有效和合理的方法与步骤。很多时候，这是一项必须反复进行的活动。因为组织常常面临保留、修正旧系统，而不是全盘运行新系统的压力。

第二步，确定新的衡量方法的所有者、使用者或提供者。一旦定义了一组合理的衡量指标，那么新的信息分析及绩效报告的形式应确定下来，并将相应的工作分派到责任人或责任部门。也就是说，需要明确：（1）谁将使用这些信息？（2）谁将控制这个衡量指标？（3）谁将提供需要的信息？一部分问题在评价指标选择与定义时已经有了明确的答案。在这里需要全面地确定，针对每一个指标明确使用者、所有者和提供者，如表1-6所示。但是，我们需要注意的是，这些定义并不是固定不变的，可以随组织的需要、环境的变化而有所调整。

表1-6 绩效衡量指标定义

衡量指标	所有者	使用者	提供者
新客户的数量	市场营销主管	电话销售经理、会计经理、销售经理	IT分析师（EPR系统）
现有客户保持水平	市场营销主管	电话销售经理、会计经理、销售经理	IT分析师（EPR系统）
客服电话响应时间	业务主管	区域业务经理、销售代表	客服部门（客服日志）
按时支付账单比率	财务主管	会计经理、财务经理、团队主管	IT分析师（EPR系统）

第三步，使长期绩效和短期绩效目标一致。目标的设定不是一件容易的事，如果目标设得太高，没有人会相信可以达到，这样的目标也就失去了意义。目标需要设定在一个既可以达到又具有挑战性的层次上。有时可以设定两个或多个目标，可以是几周、几个月要达到的目标，也可以是需要一年甚至几年才能实现的最终目标。

还有一些需要考虑的问题。组织的雄心也需要反映在设定的目标层次上。组织想要成为同类公司中的佼佼者，还是仅仅想达到行业的中等水平。目标的设定是在整个组织内保持一致，还是对不同的业务单元、部门、区域设定不同的目标。目标的设定通常根据情况而不同，尤其是短期目标。下列方法有助于组织目标的合理设定：(1)了解组织相关人员对组织目标的期望；(2)了解竞争对手的绩效水平和绩效目标；(3)了解同行业中类似组织采用什么样的方法确定目标；(4)了解行业定规或具有可比性的行业定规采用什么样的绩效标准；(5)利用已有的绩效信息，根据绩效趋势设定目标；(6)应用统计学的原理与方法。

第四步，对绩效管理的实施进行细致的计划。在确定了信息、所有权及目标等因素后，应开始考虑绩效实施过程。需要回答如下问题：(1)谁参与整个过程？(2)谁负责采取什么行动？(3)行动的顺序是什么？(4)各种行动怎样结合起来以产生期望的结果？

在实施的过程确立之后，需要完成具体的计划纲要，明确实施过程中每一步将在何时开始、何时完成，以及在每一步是否需要得到某种特定的结果。需要解决的典型问题是：(1)在该步骤的行动中，是否有其他的行动需要并行开展？(2)这些并行开展的行动是否与同一指标相关？行动的信息是否需要整合？怎样整合？(3)是否有新的测量方法出现？在测量方法的选择上需要遵循什么准则？(4)反馈过程如何？是否需要将反馈导入正在进行的行动中？如何导入？(5)为了该项行动的顺利开展，是否有必须遵循的准则？

如果需要，还可以为绩效计划的实施进展和结果设定监控指标和短期的进度目标等。在上述步骤完成之后，需要对系统实施所需要的资源、收益进行检查。需要考虑的问题，例如，(1)实施成本。如软件安装与整合、员工配置、相关人员的培训等。(2)维持成本。如业务分析、软件运作、IT人员、实施人员等。(3)实施系统带来的收益(有形收益、无形收益)。如系统实施产生的收入，成本节约，绩效的提升，竞争力、预测能力和决策制定能力的增强等。不能低估系统实施过程中的变化带来的成本上升、工作量增加带来的影响。在实施过程中，应不断通过删除多余指标及衡量过程来节约资源。

第五步，绩效系统运作与目标问题的沟通。使组织成员了解组织中哪些是主要的、需要优先考虑的事情，从而促使组织成员行为的一致性。一些主要问题包括：(1)为什么要进行绩效衡量？新系统与旧系统的区别是什么？(2)新系统如何与组织战略目的联系？(3)新系统如何提高企业绩效？(4)新系统在何时以何种方式实施？(5)将来的工作是否与之前不同？(6)新系统可能产生什么影响？沟通工作应贯穿整个准备工作，在系统正式运作之前，尽可能使组织内部就绩效的系统达成共识，尽可能减小系统运作的阻力。

在理想的状态下，定义的每一个过程都应该以一种流程文件的形式形成一个书面文件，文件最好包含一个流程图，利用该流程图形象、清晰地回答上述问题。文件和流程图以一种简单的标准形式创建，将有助于绩效管理涉及的各方面人员间的沟通和理解。

图1-6提供了一个流程图的简单例子。在该图中定义了某组织客户满意度绩效指标的实施流程：首先由数据分析人员收集、分析绩效指标的相关数据信息，将绩效报告提交给绩效指标的所有者；绩效指标所有者分析绩效报告，针对绩效报告中提供的绩效信息拟订行动方案，如对不良绩效提出改进措施等，将方案提交区域经理；区域经理与相关业

务经理根据上述报告商讨应对方案,并将最后结果反馈给绩效指标所有者;绩效指标所有者根据区域经理的反馈信息,拟定最终行动方案并付诸行动。在实践中,也许无法对每一个指标进行详细的流程定义,但对某些关键的指标建立流程文件将有助于组织内部的沟通及对绩效系统的管理。

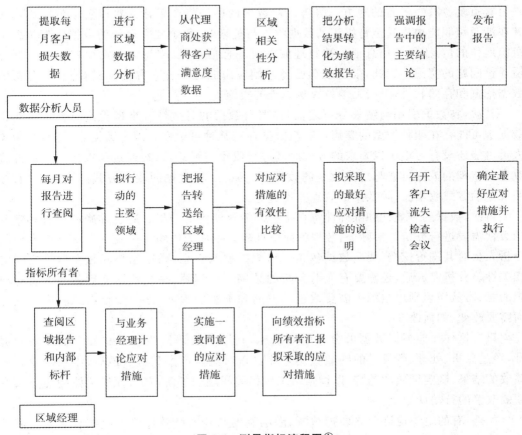

图 1-6　测量指标流程图①

(三)检查与分析

在这个阶段,组织需要得到实际的数据与评价结果,对数据和结果进行分析,对组织绩效进行监控。

首先是数据的收集工作。数据的收集并不是在组织的某一个或几个作业层面上能够获得的,它通常涉及组织内各个部门的通力合作。在系统设计阶段定义好数据收集的负责人或部门将是一个好的开始。由负责人跟踪需要收集的数据项,获取绩效评价需要的信息。当然,收集数据并不是过程的完结,接下来必须对其进行整合。必须将不同来源的数据聚集在一起,将相关数据组合成数据组。许多组织不能做到这一点,因此导致

①安迪·尼利,克里斯·亚当斯,迈克·肯尼尔利.战略绩效管理——超越平衡计分卡[M].李剑锋,等,译.北京:电子工业出版社,2004:128-136.

不能从辛苦收集到的数据中提炼出有价值的信息。

例如，银行网络中的不同分支机构都会对顾客满意度进行调查。一般来说，每个分支机构都会有自己收集的数据。但是，由谁对这些数据进行整合、分析？是否应该确保同一个客户在不同分支机构中的信息汇集到一起？由谁汇集整理？不同部门间的数据是否有重复、冲突、矛盾的地方？等等。对数据的整理将产生让人难以置信的困难。尤其在涉及跨职能边界甚至跨组织的数据收集与整理时，每个独立运作的数据库都包含了组织运作的信息，这些信息很少被整理成一组综合信息，以支持一些需要广泛的数据分析评价问题的实施。因此，很多组织已经开始应用能将多种来源信息进行整合、分析的数据挖掘和存储软件，来帮助绩效评价系统的实施。

其次，在数据引用与绩效分析之前，需要对数据的有效性和准确性进行检查。通常数据中可能存在四种类型的弊病：（1）新数据存在某种可疑性。因为数据是新的，而相关人员可能还没有习惯于以要求的方式对其进行收集与汇总。（2）通过与以前不同的方式收集或整理的数据可能与之前收集的数据不一致。（3）数据的收集方式随意，或没有按照规定的方式收集。（4）数据被故意处理过等。

再次，数据的有效性和准确性将直接影响绩效评价的结果。通过准确性检查和整理的数据需要进行分析。实际上，数据的简单堆砌并不能为组织带来益处。应该由专门的分析人员对其进行挖掘，明确数据包含了组织的哪些信息、确定趋势和独立数据之间的相关性。分析完成后，还需要有人对分析的结果进行解释，探究数据背后的含义及对组织的意义，从而识别出组织中需要改进的方向和不利的因素，进一步指出组织中哪些方面需要改变、如何改变。

只有这样才能根据数据的分析采取措施，利用绩效评价的结果驱动组织绩效的提升，经过分析、处理、解释过的绩效数据才能真正对组织产生利益。最后，组织需要分析绩效的结果，确定绩效的趋势，以增强组织对相关问题的了解，并将此后关注的焦点放在绩效改善的行动计划上。

此外，有的组织也许会立即把薪酬、激励制度与新的绩效评价系统结合起来。需要注意的是，一般而言，为了回避风险，应该将薪酬激励制度与新的绩效系统的一致化推迟一段时间，尤其对缺少经验的组织而言，这是非常有必要的。因为组织需要一定时间来发现绩效系统中可能存在的弊端，这些弊端可能来自数据来源不准确、选择的指标诱发了某些组织不鼓励的行为等。而绩效系统一旦与薪酬、激励机制挂钩，这些弊端所带来的危害将被扩大，给组织带来更大的损失。通常在新的绩效系统建立、巩固一段时间后，直到能够确认新的系统已经顺利运行，并能得到相当可靠的数据和结果之后，再将薪酬激励制度与其挂钩是更为稳妥的方式。

（四）系统改进

绩效系统需要持续的管理和更新，以保持绩效系统的有效性。组织处于一个动态的环境中，组织的目标与需要衡量的因素也是动态的。虽然绩效系统中有些指标是不可或缺的，但也有相当一部分指标是暂时的。典型的如那些为应对某个突发事件或竞争而引进的指标，尽管这些指标继续保存在系统中也许暂时无关紧要，但是长此以往它将带来资源的浪费。此外,组织总是倾向于引入新的指标,从而忽略了对旧指标的删除。随着新指标越来越多,将使得绩效系统越来越复杂。

对于多余指标和流程的删除问题,需要强调的是,组织需要基于系统发展的观点,不断对指标进行评估,选择那些现阶段对组织而言最合适的、最重要的指标。对不合适的指标与流程,需要果断地删除,以免收集一些无用的数据,造成资源的浪费。组织需要充分利用上文提到的十项测试,不断地询问组织需要衡量什么、组织是否在衡量真正需要衡量的因素、组织是否仅仅在衡量想要衡量的东西等。

除了对绩效指标的更新以外,组织还需要对绩效系统与绩效管理方法建立持续改善机制,以确保绩效系统运作的效率与结果。表1-7总结了绩效系统发展的阻力与动力。

表 1-7　绩效系统发展的阻力与动力[①]

相关因素	发展阻力	发展动力
文化	·管理的惯性 ·所需的衡量方法特殊 ·与战略不一致的行动	·管理高层的支持 ·与组织成员的充分交流与沟通 ·衡量方法透明、公开 ·与薪酬、激励机制一致
流程	·缺少全面的绩效复查流程 ·指标选择方法不当 ·缺少对数据的分析和洞察力 ·绩效衡量所有权的授权不充分 ·跨职能指标的所有权问题有待解决	·绩效衡量与战略发展整合 ·衡量流程能够迅速重新设计 ·包含非财务绩效指标 ·定期对绩效衡量流程进行检查
员工	·缺少对指标使用者的培训 ·缺少数据分析技能和专家的支持 ·缺少专业从事IT数据挖掘的员工 ·高的员工流动效率	·有合适的绩效衡量所需的资源 ·具备数据分析技能 ·对员工的绩效评价中包含对绩效指标的使用评价 ·指标使用者能对绩效系统的改善提出建议
技术	·不能有效实施ERP系统 ·原有的绩效系统虽然不适合但仍在使用 ·过多未加工的数据 ·难以更新旧的绩效报告软件	·在IT硬件和软件上的投资 ·数据挖掘、存储能力 ·具备定制能力的信息系统 ·具备内部系统的发展和适应能力

触发绩效系统发展的常见的内、外部因素:(1)管理层的变动;(2)竞争环境的变化;(3)技术的改进;(4)公司所有权的变化;(5)规则/立法要求改变。

一旦组织能够确认绩效系统在顺利运作,并且能够得到正确的评价结果,那么组织应该开始考虑对评价目标的改进了。组织应该在一个目标达到并超过之后,根据绩效结果的发展趋势设定新的具有挑战性的绩效目标。同时对那些经过很长时间仍然无法达到的目标,组织也应该做出相应的调整。例如,设定一些更低的短期目标,或者重新对组

[①]Mike Kenneled, Andy Neely. Measuring performance in a changing business environment[J]. International Journal of Operation& Production Management,2003,23(2):213.

织资源能力进行评估,确定新的、更有激励性的目标。需要强调的是,在系统的持续改善过程中,绩效系统在组织内进行充分的交流与沟通是非常必要的。

(五)良好的绩效系统

通常,组织的管理者都希望知道组织是否拥有一个适当的、良好的绩效评价系统。但是,对于大多数组织而言,要回答这个问题是困难的。我们首先需要明确为什么要进行绩效衡量。表 1-8 列举了一些研究学者关于绩效衡量的主要原因。

表 1-8　进行绩效衡量的主要原因

传统原因	• 跟踪观察相对于目标/预测/历史的近期/目前的实际绩效 • 跟踪观察在外部规章/内部政策方面的近期/目前的实际绩效 • 跟踪观察对绩效不足的认知并且监控绩效的进展 • 激励管理人员和员工,以实现特定的绩效目标
新的原因	• 帮助预测未来的趋势 • 巩固或质疑现有的假定 • 通过数据分析,以获取新的洞察力 • 促成新目标的产生
最终原因	• 提供决策支持,以及为改善活动提出建议 • 展示组织行为所实现的业绩或预期收益

不管组织进行绩效衡量的原因究竟是什么,组织需要建立适合自己的绩效评价系统来支持这些原因,收集可靠的信息加以处理和分析,设定合适的绩效指标,将组织战略转化为行动。表 1-9 列举了一些研究人员对有效绩效评价系统的建议。

表 1-9　对有效绩效评价的建议

序号	评价指标	评价系统
1	绩效指标必须来自于组织目标、战略	评价系统应该展示出组织各方面的平衡
2	指标应该定义明确,不能相互矛盾;容易理解,易于使用	绩效系统应该是控制环中的一个部分
3	基于比率的绩效指标要优于绝对数值的指标	绩效系统应随环境而改变,易于修改
4	客观指标较主观指标更为可取	评价系统应该表现出绩效决定因素如何带来结果
5	绩效指标所需数据的采集及计算方法必须明确定义	评价系统应该与组织文化匹配
6	非财务指标必须包含在内	评价系统应该与现有的报酬体系一致
7	绩效指标应该能够反映组织的商业过程	
8	绩效指标必须与特定的目标相关	
9	绩效指标应该有可视的影响,关注绩效的提高,提供持续的改进,而不仅仅是监控	
10	绩效指标应基于趋势而不仅仅是短期行为	
11	指标应能提供快速、正确的反馈	

序号	评价指标	评价系统
12	指标应该具有实践性（应该具有合适的尺度）	
13	绩效指标必须能与同行业中的其他组织比较	
14	指标应该具有成本效率	

需要注意的是，表 1-9 中列举的各项建议仅作参考，并不是都要一一遵守。组织有自己的竞争环境，有自己的战略目标和进行绩效评价的原因。对于组织而言，合适的绩效指标与评价系统才是真正良好的绩效系统。

第四节　绩效管理发展趋势

近年来随着企业管理知识的发展普及，绩效管理也逐渐由实际操作沉淀为一个新的理论系统。操作性、实际性、可变性、适应性是其理论特色，多元化、风格化、条件化是其现阶段理论风格，信息化、系统化、综合化是其必然趋势。

一、绩效管理的信息化趋势

信息技术的不断变化与发展使得企业绩效管理与评价的精度不断发生变化，导致企业绩效管理的信息量巨大；与此同时，绩效管理系统内部各种参数呈现多样性和多视角性，间接数据和无形数据急剧增加且难以量化。这些因素都使企业绩效管理呈现出复杂性，也是绩效管理信息化趋势的主要原因。

除了绩效管理系统本身发展的促进之外，信息对于企业生存发展的战略意义和重要性与日俱增这一外部因素也产生了巨大的影响，企业对信息系统的价值开始寄予很高的期望。然而在实际应用中期望与现实却存在巨大落差，这也促使人们不得不加快绩效管理系统的信息化程度。

目前，绩效管理信息化趋势已经十分明显，主要体现在以下 4 个方面。

（一）管理方法越来越科学

近几年来，诸多企业投入成百上千万的资金用于信息系统化建设，很多企业的经营者深感投资前与投资后巨大的效率差距。与传统绩效管理相比，信息绩效管理往往具有较高技术含量，在管理和实施的各个环节都有优势。传统的绩效管理在很大程度上已经无法满足现代企业经营管理的需要，常常促使管理层只注意到表面参数，忽视隐含的信息和预兆，从而使得企业缺乏长期发展的预知力。而信息化管理则可多方面、全方位地对信息进行处理，甚至可以对现有环境进行模拟。

（二）管理依据越来越完善

绩效管理规模越大、精度越高、集成度越高的系统，管理难度就越高，信息绩效管理愈加完善的数学模型和理论依据可以帮助企业解决这些问题。

(三)可参照的具体实例越来越多

随着信息化绩效管理研究和应用的实例不断增加,信息化绩效管理使用更加方便,资料更易于查找,具体方法由模糊逐渐变得清晰。

(四)管理体系越来越发达

许多企业的信息绩效管理系统采用了先进的技术和设备,加上绩效管理中有效的过程控制,可以量化绩效管理模型的资料结果。绩效管理进程在多次运行后可以形成独立体系,对绩效管理体系进行自我调整,有效保障信息绩效管理系统投资的长期适应性和反馈性,这也意味着信息化绩效管理已经初步建立综合的绩效管理体系。①

二、绩效管理的系统化趋势

在了解绩效管理系统化趋势之前,有必要了解企业绩效和企业目标之间的关系。企业绩效是企业经营活动的结果或者表现,它是企业经营活动在企业目标上的反映,即反映的是企业目标的实现程度。因此,要了解企业绩效,必须了解企业目标。而企业的终极目标可以看作企业在现在、将来获得最大的利润,即企业价值最大化的目标。企业绩效反映了企业在现在和将来所获利润的多少,即企业价值,反映了当前以及未来可能的状况。

绩效管理是一个分析性的过程,通过该过程管理企业经营的效果。绩效管理应该包括结果(有效满足预期使命目标的结果)以及过程(为实现预期目标而进行的整个过程)等方面的成效。因此,企业绩效管理又可以定义为企业信息系统对企业目标实现的贡献度。绩效管理是对企业各方面的综合管理,某个部门的绩效管理应该作为企业整体绩效管理的子集,而企业整体绩效管理又是绩效管理的子集,最后,绩效管理又是企业经营活动的一部分。

根据系统论的观点,企业绩效管理可以看作绩效管理中的一个环节。随着信息系统在企业中的重要性增强,企业绩效管理的要求逐步增高,不但要多方面、多角度的高精度绩效管理,而且对于不同部门的绩效管理也有了宏观的系统化要求。系统化企业整体绩效管理对于企业交付预期的产品和服务目标,支持企业间信息传递,辅助财务管理、人力资源等起到良好的支撑作用。还有必要建立起企业目标与绩效管理系统目标之间的关联,确保绩效管理系统符合并支持企业的战略任务与目标,做到整体目标的统一,从而通过系统化绩效管理实现企业优化。

有效的系统化绩效管理体系能够服务于企业管理,帮助企业进行合理的战略定位,并能够通过持续的管理进行有效的过程控制,从而对企业实施持续的过程管理和管理控制。总之,管理应该确保对企业能做出有益的指导,使得企业能够进行持续的提高和创新,并实现长期效益。在一些现代企业中,已经形成系统化绩效管理的机制。

---

① 霍佳震,马秀波,朱琳婕. 集成化供应链绩效评价体系及应用实例[M]. 北京:清华大学出版社,2014:56-57.

（一）以优化企业管理为目标

绩效管理是企业管理中一个重要的管理问题，其管理过程是以绩效管理的结果为主要依据的。但事实上，在绩效管理过程中，系统的绩效管理能指导有效的管理方针。

此外，以往企业战略基本上是现存活动和计划的叠加，经常出现企业战略等于各部门计划的总和的情况，而不是整体企业协调一致的战略。这主要源于缺乏系统化意识，导致部门与企业目标偏离，不可避免地发生人力和物理资源的浪费。因此，现代企业的绩效管理可以并且应该以优化企业管理为目标。

（二）以系统化多方面管理为导向

传统的绩效管理侧重于成果方面的管理，通常采用以财务指标为主，辅以客户数量、投资回收期、投资收益率、净现值等指标衡量企业经营的效果。这种管理的最大弊端在于这些指标是结果型指标，只能反映出最终结果，而无法反映出过程，另外还忽视了企业的无形收益，而在某些现代产业中（如信息、服务产业）无形收益占据收益相当大的比例。而就本书所讨论的物流行业来说，无形收益也是其绩效管理对象之一。

当绩效管理用于管理的全过程时，传统的绩效管理就无法胜任了。当企业为了获取更广泛的战略收益，将绩效管理用于改善组织决策以获取竞争优势地位时，就需要考虑如何管理、量化、利用绩效管理的问题。

由于单纯管理财务无法反映其真实性，需要考虑到财务与非财务之间的平衡。目前，平衡计分卡理论在企业绩效管理中已经开始应用，可以在企业的绩效管理中借鉴平衡计分卡的综合平衡的思路，并根据企业自身的特点构建平衡计分卡的四个平衡面的指标体系。

（三）以全生命周期过程控制为范围

现代绩效管理活动应该有一定生命周期，并分为事前管理、事中管理、事后管理等几个阶段。目前绩效管理在结束一段时间后就会被渐渐遗忘，没有持续的管理。生命周期过程的绩效管理思想在以前就有人阐述过，如1995年，穆尼（Mooney）等提出了基于过程的框架，1996年，沃德（Ward）等初步考虑生命周期过程被识别、管理、实现的整个过程，威尔考克斯（Willcocks）认为管理生命周期是防止生产力悖论的一个对策，能够将各种管理指标、管理方法、实践结合起来，予以集成化并给出优化方向。绩效管理不是一次性快照，而是多阶段的活动，贯串企业运营的整个过程。应采取对全过程进行管理的方法，即生命周期的持续性管理。

（四）以持续动态性管理为手段

绩效管理是一个复杂过程，管理的环境、内容和过程之间的交互是多方面的。此外，内外环境和多种不确定因子导致绩效管理需要考虑环境变更时的动态性。对于这一点，很多学者都提出采用权变模型有助于更好地理解绩效管理在特殊环境下的作用与影响。然而，在实际进程中，生命周期的时间框架是高度不确定的，并且会延长到理论生命周期外(如长期的经济政策影响)。这意味着系统绩效管理的时间范围有可能过小,对管理的指导就会出现偏差。因此,需要从中长期持续的角度将管理工作作为一个监控机制。这也意味着需要构造一个更适合的模型来管理生命周期以便于企业的绩效管理。

整个生命周期的绩效管理是短期管理和总结性管理相结合的一种动态管理。对于每个过程域中的各阶段而言,需要通过持续的形式化管理使每个阶段的短期绩效管理不断完善,而进行到一定阶段时也需要进行总结性绩效管理,有利于对照目标的实现程度总结成果,发现问题。对于短期管理而言,需要在整个生命周期设定特定的节点,以便及时提供各种信息。根据整个生命周期的各阶段的共性特点,针对每个阶段设立控制关口,即在进行到下一阶段活动前设定需要满足的决策检查点,并在控制关口处对各阶段的情况进行系统化短期绩效管理。通过短期管理,可以及时动态地反馈每个阶段的进展情况,并针对某阶段的管理结果进行反馈与控制,从而保证下一阶段的绩效管理。

三、绩效管理的综合化趋势

企业绩效评价是企业过去的战略计划在实施后的结果,因而现代的企业绩效管理具有导向功能。企业综合绩效评价是相对于单项绩效评价而言,可分为局部综合和全面综合。当前我国是以企业局部综合绩效评价为主流——财务性绩效评价就是一种局部综合评价。现代企业绩效评价正朝着以下三种综合趋势发展。

(一)评价主体及目的多元化的综合

评价主体即评价行为主体,它给定评价的对象。评价目的是评价行为的动机,它回答为什么要评价的问题。根据简单的行为逻辑——动机产生行为,评价主体及目的构成了评价行为不可分割的整体。传统理论认为管理就是对劳动过程的控制和劳动者的控制,劳动者因而失去主体性,资本所有者成为评价客体,劳动者及劳动过程成为评价主体。直至20世纪末这种状况才发生变化,企业理论中出现了利益相关者(stakeholder)的概念,公司不再单纯为资本所有者谋利益,而要为包括股东在内的利益相关者谋利益。这种理论的实质是承认各要素所有者都是创造企业价值的源泉,因而都有评价企业绩效的要求。

德鲁克根据日本丰田公司建立的涉及产品经营全过程的价值链或经济联合体(keir-etsu)的实践,认为再大的企业也不过是价值链中的一个环节,企业的绩效评价和控制应该包括整个经营活动的完整过程。克里斯托弗·迈耶(Christopher Meyer)认为传统的绩效评价体系削弱了团队的发展,主张建立帮助团队提高绩效的评价指标和方法。也有学者提出公司绩效分析和评价的利益相关者框架,把评价主体扩展到包括股东、债权人、管理者、员工、供货商、经销商、消费者和政府在内的利益相关者。

评价主体及目的的界定决定着企业综合绩效评价的内容和方法。企业综合绩效评价的最终目的就是促使评价主体更有效率地优化企业评价,从而提高企业价值。虽然在实践和理论发展的不同阶段形成了不同的绩效评价理念,这些理念的评价主体及目的界定都有差异,但总体上看,综合评价朝着评价主体及目的多元化及其相互综合的趋势发展。

虽然各评价主体在提高企业价值这方面有共同的利益,但它们处于价值链上的不同环节并因此而形成利益差别,客观上要求评价结果要综合考虑各评价主体的利益要求。现有评价理论根据评价主体及目的,把企业综合评价分为以下五个主要方面。

(1)投资者对作为投资对象的企业进行价值绩效评价。

(2)债权人对企业进行的信用绩效评价。

(3)政府部门为制定产业政策和实行规制所进行的,以企业提供的税金、就业机会、职工社会福利、环境保护等为主要内容的社会经济绩效评价。

(4)出资者为获取最大化收益对受托经营者进行的收益绩效评价。

(5)经营者为提高效率所进行的内部评价绩效评价。

但怎样全面综合这五方面绩效评价? 在现代绩效管理理论中,1995 年,克拉克森在利益相关者框架中提出了公司社会绩效、公司社会责任和公司社会反响等全面综合性评价标准。

(二)财务性绩效评价与战略性绩效评价的综合

财务性绩效评价仍然是当今国内外企业评价的主流,西方国家主要运用杜邦财务分析体系和华尔综合比率分析法对企业财务状况和经营成果进行综合评价,并形成了一套成熟的方法体系。但传统的财务性绩效评价体系是一种事后评价,偏重于企业过去经营成果的衡量,并针对这些成果做出某些战术性反馈,以控制企业的短期经营活动。这往往导致企业急功近利,过多的投资用于提高短期业绩而忽视长期价值创造,从而削弱企业创造未来价值的能力。

但如果在市场结构变量(如市场集中度)和绩效变量(如超额利润)之间建立起稳定的一般关系模型,就能很方便地了解其中的规律性并利用它来制定政策,并且可以根据观察到的结构—绩效关系的规律性来分析难以观察的市场行为过程,由此推动了企业战略性绩效评价和政府规制性企业综合绩效评价的发展。

现代理论普遍强调持续竞争优势来源于企业的资源优势,特别是核心能力(core competence)。核心能力在 20 世纪 90 年代已成为炙手可热的概念,但如何确定和评价核心能力却是一件很困难的事,特别是有关企业能力的因素,如互补性知识体系、技术效率、组织效率、创新能力等的评价,尚未建立完整的指标体系。因此,基于企业能力理论上的战略性绩效评价是未来企业评价研究的重要方面。

为了弥补传统财务性绩效评价的不足,1991 年,斯图尔特提出用经济增加值(EVA),1997 年,杰弗里提出用修正的经济增加值(revised economic value added,RE-VA)来评价企业经营业绩,但可比性较差,而且过多强调企业短期经营业绩。卡普兰和诺顿提出平衡计分法,采用财务评价指标来揭示已采取行动的结果,同时采用客户满意度、内部经营过程、学习与成长等方面的评价指标来补充财务性评价指标的欠缺之处。平衡计分法标志着战略性绩效评价阶段的来临,财务性绩效评价和战略性绩效评价的互补性和相互综合的趋势日益明显。

企业战略性绩效评价体系实质上是从企业价值和企业战略的角度,对组织内各部门和员工的绩效进行评价,以便形成正确的决策和行为导向,共同努力实现企业的战略目标和提升企业价值的一种管理体系。战略性绩效评价可以是事前、事中和事后评价,外部评价与内部评价的综合。在评价内容和评价指标方面要体现以下几个特点。

(1)注重对企业长远发展潜力的评价,即侧重衡量企业未来成长的驱动因素。

(2)注重经营过程的评价,即侧重衡量企业的经营活动是否为客户需要而进行。

(3)注重企业与利益相关者的关系,即侧重衡量整个行业的价值链、企业环境和组织成员对企业价值的影响。

(4)注重企业可持续发展能力的评价,即侧重企业的资源状况及核心能力的评价。

(三)外部评价和内部评价的综合

在企业外部评价方面,亚历山大·华尔(Acexander Wall)做出了杰出贡献,创造了至今仍为企业界公认并广泛应用的华尔综合比率分析法。华尔综合比率分析体系采用功效系数法,先确定反映企业负债水平及偿债能力的七个比率指标,然后计算其标准值并确定权数,最后在企业实际比率已知的条件下,求出实际比率与标准值的关系比率,再乘以权数后相加,得出综合评价值。虽然华尔综合比率法着重考察企业的负债水平和偿债能力,只能对企业做出局部综合评价,但功效系数法的优点是可以增加评价内容和指标,所以华尔综合比率分析法成为企业外部评价方法的一种经典方法。

我国经过两年多的时间,运用数万家企业多年来形成的实际资料进行反复测评,于1996年底形成初步评价框架,最后建立了包括评价制度、评价体系、评价方法、评价标准和评价机构在内的国有资本金效绩评价体系,并于1999年6月由财政部、国家经济贸易委员会、人事部、国家发展计划委员会联合颁布了《国有资本金绩效评价规则》。国有资本金效绩评价体系是在华尔综合比率分析法的基础上加进了反映企业成长性、企业活力等内容及指标,并且对具体评价方法进行了一些改善,在给定权数和标准值的基础上,对各指标的实际数值进一步划定若干区域,并给出相应的权数,以消除异常值对综合评价的影响,即在外部评价方法基础上融入了内部绩效评价的理念,从而克服了华尔综合比率分析法的不足。

在企业以内部绩效评价为主的经营分析中,都强调对劳动者和评价者进行控制,而不是评价主体自主性的自我评价。在当今社会,企业评价更注重内部评价和评价的自主性,评价主体以提高效率和寻求创造价值的途径为目的进行自我评价,服务于企业的战略目标。如日本企业从经营效率、经营素质和企业活力三个方面进行自我评价。卡普兰和诺顿的平衡计分法,德鲁克的过程绩效评价和价值链成本控制,迈耶的团队绩效评价,罗伯特·西蒙(Robert Simons)等人的管理回报率等,都具有内部自我评价的性质。由此,企业绩效评价由外部评价向内、外部综合绩效评价发展。

第二章　现代绩效管理方法

在 100 多年绩效管理的发展过程中,各种绩效管理方法不断涌现,从早期的基于财务指标的杜邦分析法、沃尔比重评分法,到目前的标杆法、目标管理法、关键绩效指标法、平衡计分卡法、经济增加值法、作业成本法、绩效棱柱法、价值链分析法、企业发展潜力评估法等。本章将对前七种在企业界广泛应用的现代绩效管理方法进行详细介绍。

第一节　标杆法

标杆法(benchmarking)就是将本企业各项活动绩效与从事该项活动最佳者的绩效进行比较,从而提出行动方法,以弥补自身的不足。标杆法是一种评价自身企业和研究其他组织的手段,是将外部企业的持久业绩作为自身企业的内部发展目标并将外界的最佳做法移植到本企业的经营环节中去的一种方法。实施标杆法的公司必须不断对竞争对手或一流企业的产品、服务、经营业绩等进行评价来发现优势和不足。

总的来说,标杆法就是对企业所有能衡量的东西给出一个参考值,它更着重于流程的分析。菲利普·科特勒(Philip Kotler)解释说:"一个普通的公司和一个世界级的公司相比,在质量、速度和成本绩效上的差距高达 10 倍之多。标杆法是寻找在公司执行任务时如何比其他公司更出色的一门艺术。"

标杆法起源于施乐(Xerox)公司,施乐曾是影印机的代名词。但日本公司在第二次世界大战以后,经过不懈的努力,在诸多方面模仿其管理、营销等操作方法,进而介入并逐渐瓜分市场。从 1976—1982 年,施乐的市场占有率从 80％降至 13％。在危机之中,施乐于 1979 年在美国率先执行标杆法,总裁柯恩斯(Kearns)1982 年赴日学习,买进日本的复印机,并通过"逆向工程",从外向内分析其零部件,并学习日本企业推动全面质量管理,从而在复印机市场上重新获得竞争优势。

标杆法的主要作用如下。

(1)通过对竞争对手的标杆分析,有助于确定和比较竞争对手经营战略的组成要素。

(2)通过对行业内外一流企业的标杆分析,可以从任何行业中最佳的行业、公司那里得到有价值的情报,用于改进本企业的内部经营,建立起相应的赶超目标。

(3)做跨行业的技术性的标杆分析,有助于技术和工艺方面的跨行业渗透。

(4)通过对竞争对手的标杆分析,将客户的需求做对应分析,可发现本公司的不足,从而将市场、竞争力和目标的设定结合在一起。

(5)通过对竞争对手的标杆分析,可进一步确定企业的竞争力、竞争情报、竞争决策及其相互关系,作为进行研究对比的三大基点。

一般的标杆法流程包括以下几个步骤。

（1）确定要执行标杆法的具体项目。

（2）选择目标。通常，竞争对手和行业领先企业是标杆分析的首选对象。

（3）收集分析数据，包括本企业的情况和对比企业的情况。分析数据必须建立在充分了解本企业目前的状况以及对比企业状况的基础之上，数据必须主要是针对企业的经营过程和活动，而不仅仅是针对经营结果。

（4）确定行动计划。找到差距后进一步要做的是确定缩短差距的行动目标和应采取的行动措施，这些目标和措施必须融合到企业的经营计划中。

（5）实施计划并跟踪结果。进行标杆分析是发现不足、改进经营并达到最佳效果的一种有效手段，整个过程必须包括定期衡量评估达到目标的程度。如果没有达到目标，就必须修正行动措施。

最后要注意的是，研究复杂流程需花费比较多的资源，且分散注意力容易失去重点，研究相对简单的流程则较为容易，但所能获得的改善成果相对有限。

第二节　目标管理法与关键绩效指标法

目标管理法与关键绩效指标法是目前应用最为广泛的绩效管理方法。目标管理法的基本操作步骤是：先由上级主管与员工就工作制订一套便于衡量的工作目标；然后双方定期就工作目标完成情况进行讨论并进行最终的沟通，这种方法随后被演化为更为简练而明确的关键绩效指标法。关键绩效指标法是根据"20％的组织关键绩效创造了80％的企业价值的二八管理原理"思想，提取对组织目标有增值作用的关键指标，对部门或岗位进行评价的方法。

企业关键绩效指标（key performance indicator，KPI）是通过对组织内部流程的输入端、输入端的关键参数进行设置、取样、计算、分析，衡量流程绩效的一种目标式量化管理指标，是把企业的战略目标分解为可操作的工作目标的工具，是企业绩效管理的基础。KPI可以使部门主管明确部门的主要责任，并以此为基础，明确部门人员的业绩衡量指标。建立明确的、切实可行的KPI体系，是做好绩效管理的关键。

一、目标管理法与关键绩效指标法的原则

（一）目标设置的SMART原则

绩效目标设置首先应遵循SMART原则，即所设置的绩效目标应是具体的（specific），而非意向、抽象目标；应是可衡量的（measurable），通常应具有时间、质量、数量、成本等方面的衡量标准；应是具有一致性的（aligned），即员工目标与部门及公司目标保持一致；应是现实的（realistic），即目标必须是可以实现的、合理的，而不是难以达到的；应是有时间限定的（time bound），要求目标在一定时间内完成。[①]

---

① 赫尔曼·阿吉斯.绩效管理[M].刘昕,译.北京:中国人民大学出版社,2008:4-8.

(二)目标设置的其他原则

1. 客户导向原则

岗位工作的首要目标应是为内外部客户以及股东创造最大价值,如果设定的目标不是直接或间接地为客户提供更多有价值的产出,就是没有意义的工作产出。

2. 聚焦重点原则

列入绩效目标的指标不宜太多,要关注真正重要的指标,一般应在 3～7 项以内,层级较高的主管或部门负责人涉及指标可能会更多,但是可以通过同类型合并来减少不必要的项目。

3. 权责一致原则

设置的岗位绩效目标应是在岗位职责范围内可以控制的事项,如果不是本人职责范围内可以控制的事项,那么必须要征得上级主管的同意和支持,否则会有无法完成的危险。

二、目标管理法及关键绩效指标法的优点与不足

(一)优点

第一,把绩效管理的关注重点放在履行工作职责所需的能力和技能上,更加直观、易于操作和具有针对性。

第二,开始倡导上级主管与员工对绩效目标的共同关注,使绩效管理从简单的绩效考评发展为完整的绩效管理。

(二)不足

第一,目标管理以及关键绩效指标仍然是基于个人职位的,往往不能与整个企业的目标有机联系起来。

第二,不是每一项目标都可以设立量化的标准。

第三,目标的设定常常是一个讨价还价的过程,这个过程对相关人员是一种挑战。

第四,片面地关注结果会造成员工急功近利,采取违背企业价值观、伤害企业长期利益的方式来获取短期的结果。

三、建立关键绩效指标的步骤

建立 KPI 指标的重点在于流程性、计划性和系统性。首先明确企业的战略目标,并在企业会议上利用头脑风暴法和鱼骨分析法找出企业的业务重点,也就是企业价值评估的重点。然后,再利用头脑风暴法找出这些业务领域的关键绩效指标(KPI),即企业级KPI。接下来,各部门的主管需要依据企业级 KPI 建立部门级 KPI,并对相应部门的 KPI进行分解,确定相关的要素目标,分析绩效驱动因素(技术、组织、人),确定实现目标的工作流程,分解出各部门级的 KPI,以便确定评价指标体系。然后,各部门的主管和 KPI 人

员一起再将 KPI 进一步细分,分解为更细的 KPI 及各职位的业绩衡量指标。这些业绩衡量指标就是员工考核的要素和依据。这种对 KPI 体系的建立和测评过程本身就是使全体员工朝着企业战略目标一起努力的过程,也必将对各部门管理者的绩效管理工作起到很大的促进作用。

指标体系确立之后,还需要设定评价标准。一般来说,指标指的是从哪些方面衡量或评价工作,解决"评价什么"的问题;而评价标准指的是在各个指标上分别应该达到什么样的水平,解决"被评价者怎样做,做多少"的问题。最后,必须对关键绩效指标进行审核。例如,审核这样一些问题:多个评价者对同一个绩效指标进行评价,结果是否能取得一致,这些指标的总和是否可以解释被评估者 80% 以上的工作,跟踪和监控这些关键绩效指标是否可以操作等。审核主要是为了确保这些关键绩效指标能够全面、客观地反映被评价对象的绩效,而且易于操作。

善用 KPI 考评企业,将有助于企业组织结构集成化,提高企业的效率,精简不必要的机构、不必要的流程和不必要的系统。

第三节　平衡计分卡法

平衡计分卡(balanced score card,BSC)是由哈佛大学商学院教授卡普兰和诺顿创建的模式,它是对目标分解法与关键绩效指标法的进一步提升,是一种能够有效反映并将无形资产转化为企业利益的真实价值的工具。卡普兰和诺顿认为,传统的财务测评方法在工业化时代是有效的,但对于今天企业力图掌握的技术和能力而言,已不适用了。平衡计分卡的出现,极大地拓宽了企业绩效评价理论的空间,具有划时代意义,成为 20 世纪最有影响的商业理念之一。

卡普兰和诺顿认为,传统的财务绩效指标虽然能够很好地描述企业的"过去",但对于当前企业依靠无形资产创造真实价值机制的描述却并不全面。财务指标可以称为结果指标(滞后指标),它们衡量的是企业过去经营行为的结果。而平衡计分卡用未来经济绩效动因(或称为动因指标、先导指标)来补充这些滞后指标,其中所有的先导指标和滞后指标都来自于企业组织的愿景和战略。

在《第五项修炼》中,彼得·圣吉(Peter Senge)描述了员工行为无法与企业的战略目标相结合的困境,"很多领导人具有可以激励企业组织的个人愿景……但是从未与大家分享过"。如果企业能够通过个人愿景的分享而最终建立企业组织的"共同愿景","工作将变成是在追求一项蕴含在组织的产品和服务之中,比工作本身更高的目的……",将会"孕育无限的创造力",从而改善并极大地提高企业绩效。平衡计分卡从企业的愿景和战略出发,通过构建由财务、顾客、内部业务流程以及员工学习与发展这四个相联系的角度组成的绩效测评体系,对企业组织的战略适应性和当今商业环境制胜的必要因素进行实时监控,从而克服了以传统财务报表为基础的绩效测评制度的片面、静态和滞后性等弱点。这使得平衡计分卡成为一套能使高层经理快速而全面考察企业的绩效测评指标。

平衡计分卡在保留以往财务指标的同时,引进了未来财务绩效动因,包括客服、内部业务流程、学习和成长层面。它们以明确和严谨的手法解释战略组织,形成特定的目标和指标。这些目标和指标从财务、客户、内部业务流程、学习和成长四个层面考察企业的绩效。平衡计分卡的框架如图 2-1 所示。

平衡计分卡把经营单位的一系列目标拓展到概括性的财务指标之外。企业管理者可以利用平衡计分卡衡量自己的经营单位如何为目前和将来的客户创造价值,如何提高内部能力并投资于必要的员工、系统和组织程序,以改进未来的业绩。平衡计分卡细致地捕捉了技能高超的、有活力的企业员工创造价值的活动,一方面通过财务视角保持对短期业绩的关注,另一方面可明确解释获得卓越的长期财务和竞争绩效的动因。

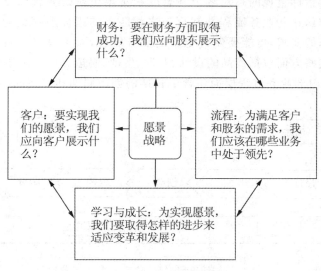

图 2-1　平衡计分卡的框架

一、财务层面

财务性指标是被企业经常用于绩效评估的传统指标。财务性指标能够显示企业的战略及其实施与执行是否正在为最终的经营结果的改善做出贡献。但是,并不是所有的长期策略均能够很快产生短期的财务盈利。如新产品、生产时间、生产率和质量等非财务性绩效指标的改善和提高是实现企业经营目标的手段,而不是目的本身。财务方面指标衡量的主要内容有:收入的增长、收入结构、成本降低、生产率提高、资本积累等。

财务绩效指标可以显示企业的战略及其实施和执行是否对企业赢利做贡献。财务目标通常与获利能力有关,其衡量指标为营业收入、资本报酬率或经济增加值;财务目标也可能是销售额的迅速提高或创造充裕的现金流。

二、客户层面

确定企业业务单元将要参与竞争的目标客户和市场。客户层面通常包括几个核心或概括性的指标,这些指标代表一个经过深思熟虑和确定执行的战略应该获得的成果。核心结果指标包括客户满意度、客户保持率、客户获得率、客户赢利率,以及目标市场占有率。但是,客户层面还应该包括特定的指标以衡量公司提供给目标客户的价值主张。

客户层面使业务单元的管理者能够阐明客户和市场战略,从而创造出色的财务成果。

三、内部业务流程层面

要辨认企业组织为了持续地增加客户和股东价值所必须擅长的关键流程,这些流程将为企业单元提供价值主张,以吸引和留住目标细分市场的客户;满足股东对卓越财务成果的期望。

内部业务流程指标重视的是对客户满意度和实现企业财务目标影响最大的那些流程。主要任务是辨认这些业务流程并制订与之相匹配的指标追踪企业绩效的进展。为了满足客户和股东的要求,可能要制订全新的业务流程,而不仅仅是对现有业务流程进行改造和完善。这些方面包括产品的设计、开发、生产、制造、营销、配送和售后服务。

平衡计分卡的内部业务流程层面包含了长期的创新周期和短期的经营循环,如图 2-2 所示。

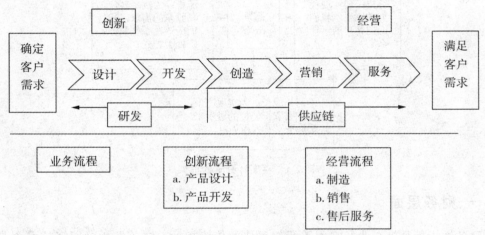

图 2-2　内部业务流程价值链①

四、学习和成长层面

在平衡计分卡中,学习与成长层面是实现其他三个层面的"强心剂",它确立了企业要实现长期的成长和改善就必须奖励的基础框架。企业学习和成长主要有三个来源,即人、系统和组织程序。企业必须要投资于员工技能改造、信息技术和系统的加强,以及梳理组织程序和日常工作,这样才可以弥补企业中人、系统和组织程序的实际能力与企业所要实现的突破性绩效所必需的能力之间的巨大差距。

第四节　经济增加值法

20 世纪 80 年代以来,在美国出现的几种新的企业绩效评价方法中,最引人注目和应

---

①罗伯特·卡普兰,大卫·诺顿.平衡计分卡——化战略为行动[M].广州:广东经济出版社,2004:121.

用最广的当属经济增加值(economic value added,EVA)法。EVA 是价值增值管理会计的方法之一,它主要是在公司内部决策和管理会计上使用的一种不同的利润计算方法。EVA 的创立者思腾思特(Stern Stewart)公司对此有很详细的论述。此增值会计方法主要对公司股东价值的增值进行计量,而且是通过从经过调整后的税后净利润中扣除资本成本的方式来实现这一目的,这些方法将借入资本的成本与其他成本费用一样对待而不管资本所有者权益还是负债,扣除之后的剩余即是股东的净利润或增值。EVA 是一定会计期间使用一定量的资产创造的全部收益减去该资产的使用成本的余额,可以被定义为:公司经过调整的营业净利润减去其现有资产经济价值的机会成本后的余额。其公式表示如下。

经济增加值＝税后营业利润－资本成本

　　＝税后净营业利润－加权平均资本成本率×资本总额

其中,

税后净营业利润＝息税前收入×(1－所得税税率)

　　＝(净销售收入－经营费用)×(1－所得税税率)

资本总额包括债务资本和股东资本,加权平均资本成本率可用加权平均的办法计算。

如果经济附加值大于零,说明企业创造了价值或财富;如果经济附加值小于零,说明企业不仅没有创造财富,甚至连金融市场一般预期收益(机会收益)都无法获得;如果经济附加值等于零,说明企业只获得了金融市场的一般预期收益。

具体来说,对 EVA 的功能和优势可以从以下几方面进一步分析。

(1)从股东角度定义了企业的利润,考虑了所有者权益资本成本,突出了新的资本"增值"理念,使之与投资决策的相关性更强。考虑机会成本是 EVA 最具特点和最重要的方面,通过考虑所有资本的机会成本,EVA 表明了一个公司在每一个会计年度所创造或损失的财富数量。如果股东投资的风险收益率为10%,那么公司只有在税后利润超过权益资本的10%时才算是真正的赢利,即它已向股东提供了除成本补偿之外的超额利润。

(2)运用 EVA,能在处理股东和管理者利益的矛盾中建立一种保障和扩展股东利益的激励相容机制。EVA 第一次真正使管理者的利益和股东利益保持一致,对管理者能产生更强的约束激励作用,使管理者像股东那样思维和行动;同时,使管理者在进行投资时,将企业短期利益与长远利益结合起来考虑,这在一定程度上防止了管理者的利润操纵和短期化经营行为。

(3)剔除了谨慎性原则对会计数据的影响,消除了常规会计对会计数据带来的扭曲,更加真实地反映了公司的经营业绩,更注重企业的长远发展,避免了决策短期化。传统的评价指标如会计收益、剩余收益由于是在公认会计准则下计算出来的,因此都存在某种程度的会计失真,从而扭曲企业的真实经营业绩。而对 EVA 来说,尽管传统的财务报表依然是进行计算的主要信息来源,但是它要求在计算之前对会计来源进行必要的调整,以消除公认会计准则所造成的扭曲性影响,从而能够更加真实、更加完整地评价企业的经营业绩。

(4)显示了一种新型的企业价值观。EVA 业绩的改善是同企业价值的提高相联系的。为了增加公司的市场价值,经营者就必须表现得比竞争者更好。因此,一旦获得资本,他们在资本上获得的收益必须超过由其他风险资本资金需求者提供的报酬率。如果他们完成了这个目标,企业投资者投入的资本就会获得增值,投资者就会加大投资,其他的潜在投资者也会把他们的资金投向这家企业,从而导致企业股票价格上升,表明企业的市场价值得到了提高。

EVA 方法如今在英、美等发达国家备受关注,世界各国的企业界也越来越多地将它作为一个财务指标,对企业的赢利能力和管理绩效进行计算和评价,它比传统的通过财务报表业绩来确定企业经营绩效更为有效。

第五节　作业成本法

20 世纪 80 年代以后,伴随着竞争的加剧、技术的尖端化和"适时制"的应用,人们日益认识到:以直接人工为费用分配标准计算产品成本的传统方法是对产品实际成本的扭曲,因此,作业成本法(activity based costing,ABC)的研究全面展开。ABC 认为,企业提供产品或服务的过程是由一系列作业构成的,这些作业是资源耗费的原因。因此,成本计算首先应当将资源耗费以成本的形式汇总计算到作业上,汇总计算成本的集合就是作业成本库;然后将作业成本库中的成本按照一定的标准分配给产品或服务,分配的标准就是成本动因。简单地说,ABC 就是一种新的成本计算方法,这种方法通过客观的作业和成本动因进行成本的分配,因此大大提高了成本计算的准确性。

ABC 的出现消除了传统成本计算对成本的错误计算与扭曲,改进了成本信息的质量,提高了信息的决策有用性程度。而且它从"作业"的角度来对待价值的转化与成本的发生,从作业和成本动因的角度考虑资源耗费,因此可以帮助组织提前发现出现问题的征兆和原因,为组织改进提供了很好的契机。

由于 ABC 在物流成本管理中得到了广泛的使用,本书将在第七章中对其进行详细介绍。

第六节　绩效棱柱法

英国学者安迪·尼利(Andy Neely)、克里斯·亚当斯(Chris Adams)、迈克·肯尼尔利(Mike Kennerley)认为,对于组织而言,要想获得长期的成功,把注意力仅仅放在一两个利益相关者(股东、顾客)身上,是不可行的;其次,如果一个组织想要获得领先,将利益与股东分享,那么它的战略、流程及能力就必须进行整合;最后,组织及其利益相关者之间的关系是互惠的,即利益相关者也应该为组织贡献自己的力量。基于这样的观点,他们提出了一个三维框架模型:绩效棱柱。三个维度分别是利益相关者满意维、利益相关者贡献维以及战略、流程、能力维。

绩效棱柱法提出:在当今的经营环境下,那些致力于获得长期成功的组织必须非常清楚地了解谁是它们的主要利益相关者以及他们的愿望和要求是什么。为了满足自己的要求,组织还必须从利益相关者那里获得一些东西,包括来自投资者的资金和信用、来自客户的忠诚和利润、来自员工的想法和技术以及来自供应商的原料和服务等。它们还需要明确要采取的战略、需要的流程,以及组织应当拥有的适当能力。绩效棱柱法的核心是总结了截然不同而在理论上又存在内在联系的三个维度涉及的五个方面以及可以帮助设计企业绩效测评标准的五个重要问题,如图2-3所示。

(1)利益相关者的满意——谁是主要的利益相关者,他们的愿望和要求是什么?

(2)利益相关者的贡献——企业组织需要从这些主要的利益相关者那里得到什么?

(3)战略——企业组织应该采取什么策略来满足这两方的愿望和需求?

(4)流程——企业组织执行这些战略需要哪些重要的流程?

(5)能力——运作和提高这些流程需要哪些能力?

这五个方面为测评企业绩效提供了一个全面综合的框架。

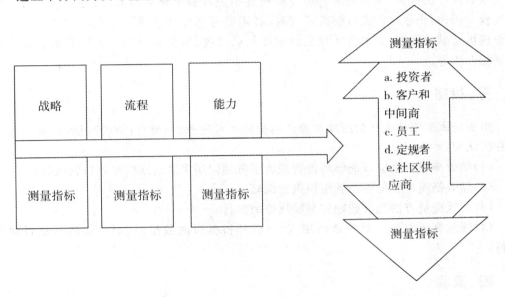

图 2-3　绩效棱柱法的五个基本绩效管理和测量的方面[1]

绩效棱柱法是一个设计得非常有弹性的三维框架模型,它既可以适应宽泛的要求,也能适应严格的要求,如果只需要测量企业绩效管理的部分方面,如一个单独的利益相关者或者一个特殊的业务流程,使用绩效棱柱法能够设计出一个绩效管理系统和适当的绩效评测方法(或者辅助方法)来解释它们。另外,如果要改进一个宽泛的企业组织或者企业组织的业务单元的绩效管理,绩效棱柱法同样能够做到。

下面将详细讨论绩效棱柱法中的五个重要方面。

一、利益相关者的满意

绩效棱柱法认为绩效管理的起点不是"组织战略是什么",而是"谁是组织的关键利益相关者"。因而绩效棱柱法关注的第一个方面是利益相关者的满意程度。

---

[1]安迪·尼利.战略绩效管理:超越平衡计分卡[M].北京:电子工业出版社,2004:117.

绩效棱柱法认为企业组织的关键利益相关者涉及投资者（主要是股东，但也包括其他资本提供者）、客户和中间商、员工、定规者和社区供应商。

利用绩效棱柱构建企业绩效管理系统，首先要理解一个企业组织的价值驱动因素，这些因素决定着哪个绩效测量变量对该企业组织的长期成功有贡献，并决定着企业组织的目标变成引导管理人员行为的测评标准。企业组织在衡量企业绩效时，可以选择给予某一利益相关团体更多的关注。企业组织高层管理人员必须决定企业组织的战略、流程和能力满足哪些相关者的愿望和要求。

二、利益相关者的贡献

绩效棱柱法认为：组织同时也需要从利益相关者那里获得所需，这是一个等价交换的过程。因而，企业组织进行绩效管理时，必须要考虑那些能够影响利益相关者对企业组织提供贡献的因素，如来自客户的忠诚度与满意度、来自雇员的服务以及来自供应商的密切合作等。

三、战略

组织应该采用什么样的战略才能让利益相关者满意，同时自己获得最大收益？绩效棱柱法认为：

（1）绩效衡量方法应该能够帮助管理者了解他们所采取的战略是否得到执行。

（2）绩效衡量方法能够协调组织内的战略。

（3）绩效衡量方法能够鼓励和激励战略的执行。

（4）绩效衡量方法一旦开始使用，就可以分析所得的数据，从而得知战略是否顺利进行。

四、流程

组织失败的关键因素之一是组织流程与战略的不匹配。"组织需要什么样的流程才能执行战略"，流程的设计也就是关于执行什么、在什么地方执行、在什么时候执行以及如何执行的蓝图的设计。许多组织从以下四个独立的方面来考虑它的业务流程。

（1）产品开发和服务。

（2）产生需求。

（3）满足需求。

（4）设计和管理组织。

绩效棱柱法提出了流程的四个普遍特征，如图 2-4 所示。

图 2-4　流程的四个普遍特征

从绩效衡量的角度提出了对流程进行衡量的五个指标分类项。

（1）质量：包括连贯性、一致性、可靠性、耐久性、精确性和可信度。

（2）数量：包括容量、生产量和完整度。

（3）时间：包括速度、交付期、有效性、快捷度、适时性和进度。

（4）易用性：包括弹性、便利、可达到性、清晰度和支付程度。

（5）货币：包括成本、价格和价值。

五、能力

绩效棱柱法认为，流程并不能单独发挥作用，即使最出色的流程要发挥作用，也需要企业组织的成员拥有一定的技能，了解一些政策和流程的工作方法，还需要完善的物流基础设施，这就是企业组织的能力，即代表了企业组织通过截然不同的运作方式为其利益相关者创造价值的能力。

总之，绩效棱柱法力图帮助企业组织确定关键的战略、流程和能力中需要强调的部分，从企业绩效管理角度来看，这都是为了满足利益相关者和企业组织各种各样的愿望和要求。通过棱柱的形式将企业绩效设计的五个方面表现出来，清晰地反映那些隐藏的事物，展现企业绩效管理中真正复杂的东西。

第三章 绩效评价指标确定与数据处理技术

第一节 绩效评价指标体系建立

体系的一般含义是：一个由某种有规则的相互作用或相互依赖的关系统一起来的事物的集合体；一种由事物的相互联系的性质所形成的各部分的自然结合或组织；一个有机的整体。由此可知，所谓指标体系，就是由一系列相互联系、相互制约的指标组成的科学的、完整的总体。绩效指标是描述绩效现象属性或特征的数量表现的概念和数值。相应地，绩效指标体系是由若干个互相关联的绩效指标组成的体系，用以说明所研究的绩效现象各方面相互依存和相互制约的关系。

一、绩效评价指标体系建立的指导思想

建立企业绩效评价指标体系，首先，要从我国的基本国情出发，以国情为本。其次，要满足为出资人服务这一首要目标。应从出资人角度对企业绩效进行评价，以促进新型政企关系的形成和正确行使出资人职能，有利于正确引导和规范企业经营行为。最后，企业绩效评价体系需要综合考虑影响企业绩效的各种因素，看其是否能适应企业的战略要求。企业绩效评价体系的建立必须借助系统论和系统方法，以系统论思想为指导，综合考虑以上几个方面，制定与评价指标体系相适应的评价标准体系，选择有效的绩效评价方法体系。[①]

二、绩效评价指标选取的原则

在建立企业绩效评价指标体系过程中，遵循以下基本原则。

（一）全面性原则

指标应能够全面、系统地评价企业客户服务的质量，有效地监督、控制和掌握企业客户服务的全过程。

（二）代表性原则

影响客户服务的因素有很多，代表性原则要求选择最关键性因素，在指标设计时要注意在最关键性因素方面进行权衡。

---

① 付业和,许玉林.绩效管理[M].上海:复旦大学出版社,2003:78-82.

(三)经济性原则

在设计指标时,应充分考虑成本效益因素,必须在指标数据的获取成本和带来的效益之间进行权衡。选择的指标在企业日常管理运作中能够直接得到,或者通过一定的整理组合得到,该指标最好不要单独统计才能得到。评价体系应当考虑到操作时的成本收益,选择具有较强代表性且能综合反映企业整体水平的指标,以期既能减少工作量和误差,又能降低成本,提高效率。

(四)可操作性原则

可操作性主要是指指标项目的易懂性和有关数据的可行性。这是设置评价指标体系必须考虑的一项重要因素。指标能够真实反映企业的运作情况,评价指标体系在企业中应该普遍适用。

(五)相对稳定性原则

相对稳定性有利于指标体系的不断完善和发展。当然,相对稳定性并不排斥依据环境的变化而对指标体系具体内容进行的改进。企业的评价不应该只局限于目前的企业状况,而应考虑企业的长远发展潜力和对企业的长期利益,要与企业的发展目标和战略规划相一致。

(六)层次性原则

指标应分出评价层次,在每一层次的指标选取中应突出重点,对关键的绩效指标进行重点分析。每一层次有一定的逻辑性,能够反映企业运作的不同方面,供不同部门或者企业组织参考。

(七)可比性原则

评价指标体系的建立不但考虑到数据在纵向时间上的可比性,还应当考虑到与其他企业甚至是国外企业在物流绩效评价体系的兼容和横向上的比较,所以在建立体系的时候要参照国际和国内同行业的物流评价基准进行。

三、评价指标的选取

(一)绩效指标的设定

关于企业客户服务绩效的指标结构,国内外专家已做了大量的工作。借鉴平衡计分卡建立与现代企业组织和战略相适应的企业绩效评价体系,需要从所有者、经营者等角度,从企业组织效率、竞争能力、盈利能力、职工工作效率等诸方面全方位、综合评价企业的核心竞争力。依照平衡计分卡的分析框架,对企业的绩效评价按财务绩效评价、客户管理绩效评价、内部业务绩效评价和学习与成长绩效评价四个层面的指标进行。该体系的优点在于很大程度上克服了传统绩效评价方法的缺陷,将适应知识经济时代发展的财务和非财务评价指标有机地结合起来,对企业的经营绩效和竞争状况进行全面、系统的评价。依据平衡计分卡建立企业的绩效评价指标体系框架如图 3-1 所示。

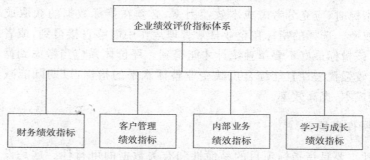

图 3-1　企业绩效评价指标体系

(二)具体评价指标的建立

1.财务绩效指标

财务绩效评价指标显示了企业的战略及其对于股东利益的影响。企业的主要财务目标涉及盈利、股东价值实现和增长。相应的平衡计分卡将其财务目标分解为成长、维持和收获等,具体评价指标如表 3-1 所示。

表 3-1　财务绩效评价指标

目标	评价指标	可量化指标
生存	现金净流量	业务进行中的现金流入—现金流出
成功	权益净利率	净利润/平均净资产
增长	相对市场份额增加率	评价期内销售额增加量/评价期内同行业销售额的增加

2.客户维度绩效指标

为了实现长期效益最大化的目标,企业要进行战略资源的保持和开发。这种战略资源包括外部资源和内部资源。外部资源即客户,这也是企业战略性成长的需求基础。衡量企业对客户资源的保持、开发和利用绩效,可采用平衡计分卡中客户维度的绩效评价体系。具体来说,这一评价体系主要考虑两个方面:一是客户对服务满意度的评价,二是企业的经营行为对客户开发的数量和质量绩效评价,具体评价指标如表 3-2 所示。

表 3-2　客户绩效评价指标

目标	评价指标	可量化指标
市场份额	市场占有率	客户数量,产品销售量
保持市场	客户保持率	保留或维持老客户数量同现有客户数量的比率
拓展市场	客户获得率	新客户的数量或对新客户的销售额
客户满意	客户满意程度	客户满意率
客户获利	客户盈利能力	份额最大客户的获利水平,客户平均获利水平

3.内部业务绩效指标

作为企业赖以生存的另一个重要资源,企业内部资源反映了企业自身的业务能力,包括产品特性、业务流程、软硬件资源等。企业内部业务绩效来自企业的核心竞争能力,即保持持久的市场成长能力的关键技术与策略、营销方针等。企业应清楚自己具有哪些优势,如高品质的产品和服务、优越的区位、充足的资金来源、优秀的管理人员等。这一部分在企业绩效评价体系中最能反映其行业和企业特色,需要结合企业特点和客户需求共同确定,评价指标如表3-3所示。

表3-3　内部业务绩效评价指标

目标		评价指标	可量化指标
成本竞争力		单位成本指数	企业服务成本与行业平均成本的比率
高质量的服务	可得性	存货可得性	缺货率,供应比率,订货完成率
	作业效率	配送时间指数	完成订发货周期速度,按时配送率,异于合同配送需求满足的时间,次数,退货更换的时间
	可靠性	按时交货率	按时交货次数/总业务数
资源配置	硬件配置	网络化(采用信息管理系统的客户)	使用网络化管理的客户数/所有客户数
	软件配置	员工的专业化比率	员工完成规定业务的时间,出错率,接受过专业教育的员工数

4.学习与成长绩效指标

虽然客户维度和内部业务维度已经对企业的经营状况进行了内部和外部绩效的解构,但它们的评价指标都集中于企业现有竞争能力方面,而学习与成长则强调了企业不断创新并保持其竞争能力与不断成长的能力。

物流产业中,学习曲线具有重要作用,一个物流企业要不断成长,无论是管理层还是基层职员都必须不断学习,不断理解和把握客户的定制化物流需求,推出新的产品和服务,才能保持并有效地扩大市场。对业务的不断学习和创新会持续为客户提供更多价值含量高的产品,减少运营成本,提高企业经营效率,扩大市场,找到新增附加值的机会,从而增加股东价值,保持企业成长。衡量物流企业创新和学习的绩效才能全面评估其长期的盈利能力。为此,依照平衡计分卡关于学习与成长绩效的分析体系,提出企业学习绩效的评价目标和指标,如表3-4所示。

表3-4　学习与成长绩效指标体系

目标		评价指标	可量化指标
员工学习	信息系统方面	员工获得足够信息	成本信息及时传递给一线员工所用的时间
	员工能力管理方面	员工能力的提高,激发员工的主观能动性和创造能力	员工满意率,员工保持率,员工培训次数
	调动员工参与积极性	激励和权力指标	员工建议的数量 员工建议被采纳或执行的数量
业务学习创新		信息化程度,研发投入	研发费用增长率 信息系统更新投入占销售额的比率

四、构建层次分析模型

无论是追求传统的利润率,还是追求高市场份额或知名的品牌,任何一个企业经营的最终目标都是追求长期效益最大化。企业通过各种绩效管理,提升本企业的综合竞争能力,以期在长期得到生存和获利机会。如果将企业作为一个长期效益最大化的盈利单位来考察,以此作为总目标,则平衡计分卡的四个方面便可视为实现效益最终目标的战术,即分目标。依照这个理念,可建立基于平衡计分卡的绩效层次分析模型,从而解构企业各类活动绩效对长期经营绩效的影响[1]。

基于用平衡计分卡分析物流企业绩效的方法,建立层次分析结构模型,如表3-5所示。

表 3-5　物流企业绩效评价指标的层次分析结构

目标层	准则层	措施层
实现企业长期绩效	财务绩效 F	现金净流量 X_1
		权益净利率 X_2
		相对市场份额增加率 X_3
	客户绩效 C	市场占有率 X_4
		客户保持率 X_5
		客户获得率 X_6
		客户满意度 X_7
		客户盈利能力 X_8
	内部业务绩效 B	单位物流成本指数 X_9
		存货可得性 X_{10}
		配送时间指数 X_{11}
		按时交货率 X_{12}
		网络化 X_{13}
		员工的专业化比率 X_{14}
	学习与成长绩效 L	员工获得足够信息 X_{15}
		员工能力的提高 X_{16}
		激励和权利指标 X_{17}
		信息化程度,研发投入 X_{18}

第二节　指标数据处理技术

在将评价指标的采集数据用于评价之前,需要对指标的数据进行预处理。当用若干指标对绩效进行综合评价时,各个指标对评价对象的作用并不是同等重要的。为了体现每个指标在评价中的作用及重要程度,必须对每个指标赋予不同的权重系数,这就是指标的权重设定。将若干指标的数据与权重通过一定的数学模型,如综合评价函数、集结算子等,合成为一个整体的评价结果,就是绩效评价的信息集结结果。

---

[1]刘贵英.层次分析法在选择第三方物流企业中的应用[J].交通标准化,2006(5):178-180.

一、评价指标类型的一致化

一般来说,指标 $x_1, x_2, \cdots, x_m$ 中,可能含有"极大型"指标、"极小型"指标、"居中型"指标和"区间型"指标。对于某些定量指标,如产量、利润等期望它们取值越大越好的指标,我们称为极大型指标(或效益型);而对诸如成本、能耗等一类指标,我们期待它们的取值越小越好,这类指标称为极小型指标;诸如人的身高、体重等指标,我们既不期望它们的取值越大越好,也不期望它们的取值越小越好,而是期望它们的取值越居中越好,我们称这类指标为居中型指标;而区间型指标是期望其指标以落在某个区间内为最好的指标。根据指标的不同类型,对指标集 $X=\{x_1, x_2, \cdots, x_m\}$ 可做如下划分,即令

$$X = \bigcup_{i=1}^{4} X_i, \text{且 } X_i \bigcap X_j = \varnothing, i \neq j(i,j = 1,2,3,4)$$

式中,$X_i(i=1,2,3,4)$ 分别为极大型指标集、极小型指标集、居中型指标集和区间型指标集;$\varnothing$ 为空集。

若指标 $x_1, x_2, \cdots, x_m$ 中既有极大型指标和极小型指标,又有居中型指标和区间型指标,则必须在对各备选方案进行综合评价之前,将评价指标的类型做一致化处理。否则,就无法定性地判定综合评价函数中的 y_1 取值是越大越好、越小越好还是越居中越好,也就无法根据 y 值的大小来综合评价各备选方案的优劣。因此,需将指标做类型一致化的处理。

对极小型指标 x,令

$$x^* = M - x \tag{3.1}$$

或

$$x^* = \frac{1}{x}(x > 0) \tag{3.1'}$$

式中,M 为指标 x 的一个允许上界。

对于居中型指标 x,令

$$x^* = \begin{cases} 2(x-m), & \text{若 } m \leqslant x \leqslant \dfrac{M+m}{2} \\ 2(M-x), & \text{若 } \dfrac{M+m}{2} \leqslant x \leqslant M \end{cases} \tag{3.2}$$

式中,m 为指标 x 的一个允许下界,M 为指标 x 的一个允许上界。

对于区间型指标 x,令

$$x^* = \begin{cases} 1.0 - \dfrac{q_1 - x}{\max\{q_1 - m, M - q_2\}}, & \text{若 } x < q_1 \\ 1.0, & \text{若 } x \in [q_1, q_2] \\ 1.0 - \dfrac{x - q_2}{\max\{q_1 - m, M - q_2\}}, & \text{若 } > q_2 \end{cases} \tag{3.3}$$

式中,$[q_1, q_2]$ 为指标 x 的最佳稳定区间,M、m 分别为 x 的允许上、下界。

这样,非极大型评价指标 x 或通过式(3.1)或式(3.1'),或通过式(3.2),或通过式(3.3)都可转化为极大型指标了。

二、评价指标的无量纲化

一般来说,指标 $x_1, x_2, \cdots, x_m$ 之间由于各自量纲及量级(计算指标 x_j 的数量级)的不同而存在着不可公度性,这就为比较综合评价指标 y 的大小带来了不便。例如,对人的身高、体重进行测量时,用厘米(cm)作为特征"身高"的量纲,而用千克(kg)作为特征"体重"的量纲。这样,每个人的身高特征取值一般是三位数而体重是两位数。但是,若把体重的量纲改为吨,那么每个人的体重就要减少到原来数值的千分之一。即使一个体重100kg 的 180cm 高壮汉,他的体重折合成吨后其数值也只有0.1了。这时,若对体重与身高进行综合评价,相对身高 180cm 的百位数,不足个位数的体重对综合评价结果的影响实际上可以忽略不计了。也就是说,此时对综合评价结果起作用的只有身高这一项指标。因此,为了尽可能地反映实际情况,排除由于各项指标的量纲不同以及其数值数量级间的悬殊差别所带来的影响,避免不合理现象的发生,需要对评价指标做无量纲化处理。指标的无量纲化,也叫作指标数据的标准化、规范化,它是通过数学变换来消除原始指标量纲影响的方法。经过指标规范化后的原始数据矩阵称为规范化矩阵。

常用的方法有以下六种。

若无特殊说明,以下所考虑的指标 $x_j (j=1, 2, \cdots, m)$ 为极大型指标,其观测值为 $\{x_{ij} \mid (i=1, 2, \cdots, n; j=1, 2, \cdots, m)\}$;$x_{ij}$ 表示第 i 个评价对象在指标 j 的观测值。

1. 标准化处理

$$x_{ij}^* = \frac{x_{ij} - \overline{x}_j}{s_j} \tag{3.4}$$

式中,$\overline{x}_j$、$s_j (j=1, 2, \cdots, m)$ 分别为第 j 项指标观测值的(样本)平均值和(样本)均方差,x_{ij}^* 称为标准观测值。

特点:样本平均值为0,方差为1;区间不确定,处理后各指标的最大值、最小值不相同;对于指标恒定($s_j=0$)的情况不适用;对于要求指标值 $x_{ij}^* > 0$ 的评价方法(如熵值法、几何加权平法等)不适用。

2. 极值处理法

$$x_{ij}^* = \frac{x_{ij} - m_j}{M_j - m_j} \tag{3.5}$$

式中,$M_j = \max\limits_i = \{x_{ij}\}$,$m_j = \min\limits_i \{x_{ij}\}$(下述各式同)。

对于指标 x_j 为极小型的情况,式(3.5)变为

$$x_{ij}^* = \frac{M_j - x_{ij}}{M_j - m_j} \tag{3.5'}$$

特点:$x_{ij}^* \in [0, 1]$,最大值为1,最小值为0;对于指标值恒定的情况不适用(分母为0)。

3. 线性比例法

$$x_{ij}^* = \frac{x_{ij}}{x_j'} \tag{3.6}$$

x_j' 为一特殊点,一般可取为 m_j、M_j 或 $\overline{x}_j$。

特点:要求 $x_j' > 0$。当 $x_j' = m_j > 0$ 时,$x_{ij}^* \in [1, \infty)$,有最小值1,无固定的最大值;当

$x'_j = m_1 > 0$ 且 $x_{ij} > 0$ 时，$x^*_{ij} \in (0,1]$，有最大值1，无固定的最小值；当 $x'_j = \overline{x_j} > 0$ 时，$x^*_{ij} \in (-\infty, +\infty)$，取值范围不固定，$\sum_i x^*_{ij} = n$。

4. 归一化处理法

$$x^*_{ij} = \frac{x_{ij}}{\sum_{i=1}^{n} x_{ij}} \tag{3.7}$$

特点：可看成是线性比例法的一种特例，要求 $\sum_i = 1, x_{ij} > 0$。当 $x_{ij} \geqslant 0$ 时，$x^*_{ij} \in (0,1)$，无固定的最大值、最小值，$\sum_i x^*_{ij} = 1$。

5. 向量规范法

$$x^*_{ij} = \frac{x_{ij}}{\sqrt{\sum_{i=1}^{n} x^2_{ij}}} \tag{3.8}$$

特点：当 $x_{ij} \geqslant 0$ 时，$x^*_{ij} \in (0,1)$，无固定的最大值、最小值，$\sum_i (x^*_{ij})^2 = 1$。

6. 功效系数法

$$x^*_{ij} = c + \frac{x_{ij} - m'_j}{M'_j - m'_j} \times d \tag{3.9}$$

式中，M'_j、m'_j 分别为指标 x_j 的满意值和不容许值；c、d 均为已知正常值，c 的作用是对变换后的值进行"平移"，d 的作用是对变换后的值进行"放大"或"缩小"。通常取为$c = 60$，$d = 40$，即

$$x^*_{ij} = 60 + \frac{x_{ij} - m'_j}{M'_j - m'_j} \times 40 \qquad x^*_{ij} \in [60, 100]$$

特点：可看成更普遍意义下的一种极值处理法，取值范围确定，最大值为 $c+d$，最小值为 c。

三、无量纲方法的性质分析

无量纲方法有很多种，那么，评价者在实际工作中应该选择哪一种无量纲方法呢？除已有的方法之外，还有没有更好的(理想的)无量纲方法呢？这些均涉及无量纲方法优劣的判断标准问题，对判断标准的要求根据具体的评价环境会有所不同。

一个理想的线性无量纲方法一般会满足如下六个假设条件(称为无量纲化性质)。

性质1：单调性。要求无量纲化后的数据保留原有数据之间的序关系。

假设极大型指标 x 中的两个观测数据，记为 x_1, x_2，其无量纲化后的标准数据为 x^*_1，x^*_2，$x^*_j = f(x_i)(i=1,2)$，f 为无量纲化函数。

(1)当 $x_1 = x_2$ 时，$x^*_1 = x^*_2$；当 $x_1 > x_2$ 时，$x^*_1 \geqslant x^*_2$，此时称 f 为弱单调性的。

(2)当 $x_1 = x_2$ 时，$x^*_1 = x^*_2$；当 $x^*_1 > x^*_2$ 时，此时称 f 为强单调性的。

对于极大型指标来说，"单调性"是指单调递增性，而对于极小型指标来说，是指单调递减性。

性质 2：差异比不变性。要求无量纲化后的数据保留原有数据之间对于某个标准量的比较关系，即有

$$\frac{x_1 - x'}{x_2 - x'} = \frac{f(x_1) - f(x')}{f(x_2) - f(x')}$$

(x_1, x_2) 为极大型指标 x 的任何两个观测值，x' 为一特定的标准值成立。

性质 3：平移无关性。对原始数据进行"平移"变换不会影响无量纲化后的结果。即有 $f(x + c_3) = f(x)$（c_3 为任意一常数）成立。

性质 4：缩放无关性。对原始数据进行"缩小"或"放大"变换不会影响无量纲化后的结果，即有 $f(c_4 x) = f(x)$（c_4 为任意一非零常数）成立。

性质 5：区间稳定性。对任意一指标原始数据的无量纲化处理结果都处在一个确定的取值范围内，即有 $f(x_i) \in [c_5^{(1)}, c_5^{(2)}]$，$\min\{f(x_i)\} = c_5^{(1)}$，$\max\{f(x_i)\} = c_5^{(2)}$ 成立。

性质 6：总量恒定性。对任意一指标原始数据的无量纲化处理后的标准值之和为一恒定的常数，即要求 $\sum_{i=1}^{n} x_{ij}^* = \sum_{i=1}^{n} f(x_{ij}) = c_6$，$j = 1, 2, \cdots, m$（$c_6$ 为一确定的常数）成立。

"总量恒定性"是人们在应用时极易忽视的一个重要性质。大家知道，评价系统中指标的重要性由权重系数来体现，可是，指标值之和也在一定程度上反映了该指标在评价系统中的重要性，和值越大，则该指标对于最终结论的影响力也越大。这个效应对正确估计指标的重要性有一定影响，因而需尽量确保指标值的总量恒定，尤其是在采用不同无量纲化方法处理不同指标时，总量不恒定的现象更加明显，需要运用"再变换"等相关的技术进行处理。

可以证明，同时满足上述六个性质的理想无量纲化方法是不存在的（证明过程略），任意一种无量纲化方法仅能满足其中的某几个性质，如表 3-6 所示。虽然在实际应用中无量纲化方法的选取也并非十分苛刻，但是考虑尽量满足六个性质的组合集成形式的无量纲化方法是将来值得深入研究的一个问题。

表 3-6　常用线性无量纲化方法及性质对应表[①]

无量纲化方法	单调性	差异比不变性	平移无关性	缩放无关性	区间稳定性	总量恒定性
标准化处理法	√	√$(=\bar{x})$	√	√	×	√
极值处理法	√	√$(x' = m_j)$	√	√	√	×
线性比例法 1：(m_j)	√	√$(x' = 0)$	×	√	×	×
线性比例法 2：(M_j)	√	√$(x' = 0)$	×	√	×	×
线性比例法 3：$(\bar{x}_j)$	√	√$(x' = 0)$	×	√	×	√
归一化处理法	√	√$(x' = 0)$	×	√	×	√
响亮规范法	√	√$(x' = 0)$	×	√	×	×
功效系数法	√	√$(x' = m_j')$	√	√	√	×

注：①符号"√"表示成立，符号"×"表示不成立；
②仅考虑用同一种无量纲化方法对所有指标进行处理的情形；
③仅考虑式（3.5）形式的极值处理法。

由表 3-6 可见，标准化处理法、极值处理法及功效系数法满足的性质最多，因而相对

①　郭亚军.综合评价理论、方法及应用[M].北京：科学出版社，2007：98-105.

于其他方法来说更为优良,这与大量应用这三种方法的实际情况是吻合的。

第三节 指标权重的确定

如何确定权重系数是综合评价中的核心问题之一。概括地说,权重系数的确定方法可分为三大类:一是基于"功能驱动"原理的主观赋权法;二是基于"差异驱动"原理的客观赋权法;三是组合赋权法。

基于功能驱动原理的赋权法,其实质是以具体评价的相对重要性程度来确定其权重系数的。然而,客观现实中的系统在运行过程中受环境的影响以及评价者主观愿望的影响而呈现出不同方面的特征,这就给确定权重系数带来了困难。因此在很多场合中,往往是通过主观途径来确定权重系数的,即根据人们主观上对各评价指标的重视程度来确定其权重系数。

即使某个评价指标非常重要,但在 n 个被评价对象中,若它取值的波动幅度非常小,那么,无论其取值有多大,对这 n 个被评价对象来说,该指标在评价过程中对评价结果的影响都是非常小的。极端一点说,若某个非常重要的指标关于这 n 个被评价对象的取值完全相同,那么,该重要指标(相对于这 n 个被评价对象来说)在评价过程中的作用是零。反之,若某个评价指标是不太重要(但不能舍去)的,但在 n 个被评价对象中,它取值的变化(或波动)幅度却是非常大的。于是相对于这 n 个评价对象来说出现了这样一种情况:即不重要指标在评价过程中所起的作用,远大于重要指标在评价过程中所起的作用。这就是"差异"的驱动所致。

由主观赋权法确定的权重系数真实与否,在很大程度上取决于专家的知识、经验及其偏好。为了避免在确定权重系数时受人为的干扰,可采取另一类确定权重系数的方法——基于"差异驱动"原理的客观赋权法。这里赋权法的基本思想是:权重系数应当是各个指标总体中的变异程度和对其他指标影响程度的度量,赋权的原始信息应当直接来源于客观环境,可根据各指标所提供的信息量的大小来决定相应指标的权重系数。

对于同一个综合评价问题来说,主观赋权法与客观赋权法各有千秋,主观赋权法(指基于"功能驱动"原理的赋权法)虽然反映了评价者的主观判断或直觉,但在综合评价结果或排序中可能产生一定的主观随意性,即可能受到评价者的知识或经验的影响。而客观赋权法(指基于"差异驱动"原理的赋权法)虽然通常利用比较完善的数学理论与方法,但却忽视了评价者的主观信息,而此信息对于经济管理中的评价或决策问题来说,有时是非常重要的。于是,如从逻辑上将这两类赋权法有机地结合起来,使所确定的权重系数同时体现主观信息和客观信息,这就是综合集成赋权法的思想。

一、主观赋权法

(一)极值迭代法

先看一个例子。

现取定五个评价指标分别记为 $x_1, x_2, \cdots, x_5$,分别请四位专家相互独立地从指标集 v

中挑出他认为最重要的三个指标构成四个指标子集,并依次记为

$$\text{专家1:} X^{(1)} = \{x_1, x_2, x_4\}$$
$$\text{专家2:} X^{(2)} = \{x_1, x_3, x_4\}$$
$$\text{专家3:} X^{(3)} = \{x_1, x_2, x_5\}$$
$$\text{专家4:} X^{(4)} = \{x_1, x_2, x_4\}$$

指标 x_1 被选中的次数为:$g(x_1) = 1+1+1+1 = 4$
指标 x_2 被选中的次数为:$g(x_2) = 1+0+1+1 = 3$
指标 x_3 被选中的次数为:$g(x_3) = 0+1+0+0 = 1$
指标 x_4 被选中的次数为:$g(x_4) = 1+1+0+1 = 3$
指标 x_5 被选中的次数为:$g(x_5) = 0+0+1+0 = 1$

$g(x_1)$ 归一化,并将比值 $g(x_i)/\sum\limits_{i=1}^{5} g(x_i)$ 视为 x_i 的权重系数 w_i,即令 $w_i = g(x_i)/\sum\limits_{i=1}^{5} g(x_i)$,于是 $w_i = 1/3, w_2 = 1/4, w_3 = 1/12, w_4 = 1/4, w_5 = 1/12$。

将此例推广到一般情形,即为确定权重系数的极值迭代法。

设指标集为 $X = \{x_1, x_2, \cdots, x_m\}$,并选取 $L(L \geqslant 1)$ 位专家,分别让每一位专家,如第 k $(1 \leqslant k \leqslant L)$ 位专家,在指标集 X 中任意选取他认为最重要的 $s(1 \leqslant s \leqslant m)$ 个指标。易知,第 k 位专家如此选取的结果是指标集 X 的一个子集 $X^{(k)} = \{x_1^{(k)}, x_2^{(k)}, \cdots, x_s^{(k)}\}$ $(k = 1, 2, \cdots, L)$

做函数

$$u_k(x_j) = \begin{cases} 1, & \text{若 } x_j \in X^{(k)} \\ 0, & \text{若 } x_j \notin X^{(k)} \end{cases}$$

记

$$g(x_j) = \sum_{k=1}^{L} u_k(x_j) \qquad j = 1, 2, \cdots, m$$

将 $g(x_j)$ 归一化后,即将比值 $g(x_j)/\sum\limits_{k=1}^{m} g(x_k)$ 作为与指标 x_j 相对应的权重系数 w_j,即

$$w_j = g(x_j)/\sum_{k=1}^{m} g(x_k) \qquad j = 1, 2, \cdots, m$$

为了使得到的结果更符合实际,可在此基础上建立算法,即取定一正整数 $g_k(1 \leqslant g_k < m)$ 为初值,让每一位(如第 k 位)专家依次按下述步骤选择指标:

第一步　　在 X 中选取他认为重要的 g_k 个指标,得子集
$$X_{1,k} = \{x_{1,k_1}, x_{1,k_2}, \cdots, x_{1,k_g}\} \subset X$$

第二步　　在 X 中选取他认为最重要的 $2g_k$ 个指标,得子集
$$X_{2,k} = \{x_{2,k_1}, x_{2,k_2}, \cdots, x_{2,k_g}\}$$

第三步　　在 X 中选取他认为最重要的 $3g_k$ 个指标,得子集
$$X_{3,k} = \{x_{3,k_1}, x_{3,k_2}, \cdots, x_{3,k_g}\}$$

第 S_k 步　　在 X 中选取他认为最重要的 $S_k g_k$ 个指标,得子集

$$X_{S_k, k} = \{x_{s_k, k_1}, x_{s_k, k_2}, \cdots, x_{s_k \cdot g_k}\}$$

若自然数 S_k 满足 $S_k g_k + r_k = m (0 \leqslant r_k < g_k)$，则第 $k(k=1,2,\cdots,L)$ 位专家在指标集 X 中依次选取他认为最重要的指标，选取过程结束后得到 S_k 个指标子集，接下来是计算指标 x_j 的权重系数 w_j。

计算函数

$$g(x_j) \sum_{k=1}^{L} \sum_{i=1}^{S_k} u_{ik}(x_j) \qquad j = 1,2,3,\cdots,m$$

其中

$$u_{ik} = \begin{cases} 1, 若\ x_j \in X_{i,k} \\ 0, 若\ x_j \notin X_{i,k} \end{cases} \qquad (i=1,2,3,\cdots,S_k; k=1,2,\cdots,L)$$

将 $g(x_j)$ 归一化后，得到与指标 x_j 相对应的权重系数为

$$w_j = g(x_j) / \sum_{k=1}^{m} g(x_k) \qquad j = 1,2,\cdots,m$$

若考虑某一指标一直未被选中（实际上，这种情况很难出现），则权重系数应该做如下调整

$$w_j = \frac{g(x_j) + \dfrac{1}{2m}}{\displaystyle\sum_{k=1}^{m} \left(g(x_k) + \dfrac{1}{2m}\right)} \qquad j = 1,2,\cdots,m$$

从上述选取过程可见，当每位专家的初值 $g_k(k=1,2,\cdots,L)$ 选得较小时，权重系数 w_j 就比较切合实际，但选取步骤较多，计算量较大。

(二)特征值法

先通过一个例子来说明这种方法的基本思想。

假定有 m 个物体，它们的质量分别用 $w_1, w_2, \cdots, w_m$（不妨假定 $\sum_{j=1}^{m} w_{j=1}$）来表示，在没有任何称重仪器的情况下，可通过下面的方法确定出 w_j 的值。将这 m 个物体的质量进行两两比较判断，比较判断的全部结果可写成矩阵的形式

$$A = \begin{bmatrix} \dfrac{w_1}{w_1} & \dfrac{w_1}{w_2} & \cdots & \dfrac{w_1}{w_m} \\ \dfrac{w_2}{w_1} & \dfrac{w_2}{w_2} & \cdots & \dfrac{w_2}{w_m} \\ \vdots & \vdots & & \vdots \\ \dfrac{w_m}{w_1} & \dfrac{w_m}{w_2} & \cdots & \dfrac{w_m}{w_m} \end{bmatrix} = A(a_{ij}) \qquad (3.10)$$

若用质量向量 $w = (w_1, w_2, w_3, \cdots, w_m)^T$ 右乘判断矩阵 A，则得矩阵 A 的特征方程

$$Aw = mw \qquad (3.11)$$

通过求解特征值问题式(3.11)，即得这 m 个物体的质量 $w_j(j=1,2,\cdots,m)$。

这个例子提示我们，若将 m 个评价指标关于某个评价目标的重要性程度（如表 3-7 所示的比例标度）做两两比较判断获得矩阵 A，再求 A 的与特征值 m 相对应的特征向量

$w = (w_1, w_2, \cdots, w_m)^T$，并将其归一化即为评价指标的权重系数。这种方法称为（多指标）权重排序的特征值方法。

表 3-7　分级比例标度参考表

赋值	说明
1	表示 x_i 与 x_j 相比，具有同样重要性
3	表示 x_i 与 x_j 相比，指标 x_i 比指标 x_j 稍微重要
5	表示 x_i 与 x_j 相比，指标 x_i 比指标 x_j 明显重要
7	表示 x_i 与 x_j 相比，指标 x_i 比指标 x_j 强烈重要
9	表示 x_i 与 x_j 相比，指标 x_i 比指标 x_j 极端重要
2,4,6,8	对应以上两相邻判断的中间情况
倒数	若指标 x_i 与 x_j 比较需判断 x_{ij}，则指标 x_i 与 x_j 比较需判断为 $a_{ji} = 1/a_{ji}$

美国匹兹堡大学教授萨蒂(Saaty)正是基于上面的基本思想，在 20 世纪 70 年代初提出了层次分析法(analytical hierarchy process，AHP)。这是一种定性分析与定量分析相结合的系统分析法，应用比较广泛。关于特征值法和 AHP 方法，将在第五章中详细介绍。

二、客观赋权法

（一）均方差法

取权重系数为

$$w_j = \frac{s_j}{\sum\limits_{j=1}^{m} s_j} \qquad j = 1, 2, \cdots, m$$

式中

$$s_j^2 = \frac{1}{n} \sum_{i=1}^{n} (x_{ij} - \overline{x}_j)^2 \qquad j = 1, 2, \cdots, m$$

而

$$\overline{x}_j = \frac{1}{n} \sum_{i=1}^{n} x_{ij} \qquad j = 1, 2, \cdots, m$$

（二）极差法

取权重系数为

$$w_j = \frac{r_j}{\sum\limits_{j=1}^{m} r_k} \qquad j = 1, 2, \cdots, m$$

式中

$$r_j = \max_{i,k=1,\cdots,n} \{|x_{ij} - x_{k,j}|\} \qquad j = 1,2,\cdots,m$$

(三)熵值法

熵值法也是一种根据各项指标观测值所提供的信息量的大小来确定指标权数的方法。熵是热力学中的一个名词,在信息论中又称为平均信息量,它是信息的一个度量,仍称为熵。根据信息论的定义,在一个信息通道中传输的第 i 个信号的信息量 I_i 是

$$I_i = -\ln p_i$$

式中,p_i 是这个信号出现的概率。因此,如果有 n 个信号,其出现的概率分布为 p_1, $p_2,\cdots,p_n$,则这 n 个信号的平均信息量,即熵为

$$-\sum_{i=1}^{n} p_i \ln p_i$$

下面利用熵的概念给出确定指标系数的熵值法。

设 $x_{ij}(i=1,2,\cdots,n;j=1,2,\cdots,m)$ 为第 i 个系统(被评价对象)中的第 j 项指标的观测数据。对于给定的 j,x_{ij} 的差异越大,该项指标对被评价对象的比较作用就越大,即该项指标包含和传输的信息越多。信息的增加意味着熵的减少,熵可以用来度量这种信息量的大小。用熵值法确定指标权数的步骤如下。

(1)计算第 j 项指标下,第 i 个被评价对象的特征比重

$$p_{ij} = \frac{x_{ij}}{\sum\limits_{i=1}^{n} x_{ij}}$$

这里设定 $x_{ij} \geqslant 0$,且 $\sum\limits_{i=1}^{n} x_{ij} > 0$。

(2)计算第 j 项指标的熵值

$$e_j = -k \sum_{i=1}^{n} p_{ij} \ln(p_{ij})$$

式中,$k>0$,$e_j>0$。如果 x_{ij} 对于给定的 j 全部相等,那么 $p_{ij} = \frac{1}{n}$,此时 $e_j = k\ln n$。

(3)计算指标 x_j 的差异性系数

对于给定的 j,x_{ij} 的差异越小,则 e_j 越大,当 x_{ij} 全部都相等时,$e_j = e_{max} = 1(k=1/\ln n)$,此时对于被评价对象间的比较,指标 x_j 毫无作用;当 x_{ij} 差异越大时,e_j 越小,指标对于被评价对象的比较作用越大。因此定义差异系数 $g_j = 1-e_j$,g_j 越大,越应重视该项指标的作用。

(4)确定权数,即取

$$w_j = \frac{g_j}{\sum\limits_{i=1}^{m} g_i} \qquad j = 1,2,\cdots,m$$

式中,w_j 为归一化了的权重系数。

用熵值法确定权重系数时,其出发点是根据某同一指标观测值之间的差异程度来反映其重要程度,如果各被评价对象的某项指标的数据差异不大,则反映该指标对评价系统所起的作用不大。

基于"差异驱动"原理的赋权法,主要是利用观测数据所提供的信息来确定权系数,它虽然避免了主观赋权法的弊病,但也有不足之处:如对同一指标体系的两组不同的样本,即使用同一种方法来确定各指标的权重系数,结果也可能会有差异;再则,有时用客观赋权法得出的评价结果或排序结果可能与评价者的主观意愿相反,从而使评价者感到困惑。

基于"差异驱动"原理的(客观)赋权法是一类"求大异存小同"的方法,其共同特征如下。

(1)不具有任何主观色彩。

(2)具有评价过程的透明性、再现性。

(3)确定的 $w_j(j=1,2,\cdots,m)$ 将不具有继承性、保序性。

三、组合赋权法

在前文已经提到,主观赋权法和客观赋权法各有利弊,实际应用中若将两者有机结合,就有了组合赋权法。

(一)基于简单平均的指标组合赋权法

若 b 种单一评价法的赋权结果相差不大,考虑到计算上的简便性,可以取 b 种方法所得权数的算术平均值作为组合权数 w_c。设共有 n 个指标,w_{ij} 表示第 i 种单一评价方法给第 j 个指标所赋的权数($i=1,2,\cdots,b;j=1,2,\cdots,n$),则有 $w_{cj}=\dfrac{1}{b}\sum\limits_{i=1}^{b}w_{ij}$。

(二)基于加权平均的指标组合赋权法

计算过程如下。

(1)计算第 $j(j=1,2,\cdots,b)$ 种方法与第 $k(k=1,2,\cdots,b)$ 种方法所确定的权数排序结果之间的斯皮尔曼(Spearman)等级相关系数 p_{jk}。如果第 i 个指标在第 j 种评价方法下的等级排序用 R_i 表示,在第 k 种评价方法下的等级排序用 S_i 表示,这两种排序的等级差用 D_i 表示,n 为指标数,则斯皮尔曼等级相关数为

$$p_{jk}=1-\frac{6\sum\limits_{i=1}^{n}D_i^2}{n(n^2-1)}=1-\frac{6\sum\limits_{i=1}^{n}(R_i-S_i)}{n(n^2-1)} \tag{3.12}$$

(2)算出第 j 种方法的等级相关系数之和 p_j。

$$p_j=\sum_{k=1}^{b}p_{jk} \tag{3.13}$$

(3)找出等级相关系数之和最大的方法。假设为方法 t,$p_t=\max\limits_{1\leqslant j\leqslant b}p_j$,则方法 t 是 b 种单一评价中最具有一致性的方法,以这种方法为参考方法对各指标所赋的权数进行加权处理。

目前文献中介绍的加权处理方法有两种:一种是以参考方法与其他方法排序结果的灰色关联度为权向量,另一种是以参考方法与其他方法排序结果的斯皮尔曼等级相关系

数为权向量。设对灰色关联度或斯皮曼尔等级相关系数进行归一化处理得到的权向量为 $\boldsymbol{\alpha}=(\alpha_1,\alpha_2,\cdots,\alpha_b)$，$\boldsymbol{W}=(w_{ij})$，其中 w_{ij} 的含义与前一种方法中的 w_{ij} 相同，则组合权数 $w_c=\boldsymbol{\alpha W}$。

(三)基于主客观权重乘积的归一化方法

运用归一化方法，设主观权重为 w_{zj}，客观权重为 w_{kj}，w_{zj} 与 w_{kj} 合成一个实用权值 w_{cj}

$$w_{cj} = \frac{w_{zj}w_{kj}}{\sum\limits_{j=1}^{n} w_{zj}w_{kj}} \tag{3.14}$$

式中，$0 \leqslant w_{cj} \leqslant 1,\sum\limits_{j=1}^{n} w_{cj} = 1$。

(四)基于最小二乘的主客观赋权组合法

主观赋权法体现了指标的价值量(实际意义)，客观赋权法体现了指标的信息量(变异和相关)，两者各具特点，综合评价应当体现两者的统一。下面以最小二乘法为工具，建立确定指标权重的优化模型，使指标的赋权达到主观与客观的统一，价值量和信息量的统一。

令主观赋权法给出的各指标权重为 $w_z=[w_{z1},w_{z2},\cdots,w_{zn}]^T$，客观赋权法给出的各指标权重为 $w_k=[w_{k1},w_{k2},\cdots,w_{kn}]^T$，各指标的优化组合权重为 $w_c=[w_{c1},w_{c2},\cdots,w_{cn}]^T$。

设具有 n 项评价指标、m 个评价对象的标准化后的决策矩阵为 $\boldsymbol{Y}=(y_{ij})_{m\times n}$，则第 i 个评价对象的评价值为

$$f_i = \sum\limits_{j=1}^{n} w_{cj}y_{ij} \qquad i=1,2,\cdots,m \tag{3.15}$$

对所有评价对象的所有指标而言，主客观赋权组合法下的评价值的偏差应当越小越好。为此建立如下最小二乘法优化组合评价模型

$$\min H(w) = \sum\limits_{i=1}^{n}\sum\limits_{j=1}^{n}\{[(w_{zj}-w_{cj})\times y_{ij}]^2 + [(w_{kj}-w_{cj})\times y_{ij}]^2\} \tag{3.16}$$

$$\text{s.t.} \sum\limits_{j=1}^{n} w_{cj}=1, w_{cj} \geqslant 0 \qquad j=1,2,\cdots,n$$

下面求解此模型。

做拉格朗日(Lagrange)函数

$$L = \sum\limits_{i=1}^{m}\sum\limits_{j=1}^{n}\{[(w_{zj}-w_{cj})\times y_{ji}]^2 + [(w_{kj}-w_{cj})\times y_{ij}]^2\} + \lambda\left(\sum\limits_{j=1}^{n} w_{cj}-1\right) \tag{3.17}$$

令

$$\frac{\partial L}{\partial w_j} = -\sum\limits_{i=1}^{m} 2(w_{zj}+w_{kj}-2w_{cj})y_{ij}^2 + \lambda = 0$$

$$\frac{\partial L}{\partial \lambda} = \sum_{j=1}^{n} w_{cj} - 1 = 0$$

用矩阵表示为 $\begin{bmatrix} A & e \\ e^T & 0 \end{bmatrix} \cdot \begin{bmatrix} w \\ \frac{1}{4}\lambda \end{bmatrix} = \begin{bmatrix} B \\ 1 \end{bmatrix}$ (3.18)

式中,A 为 $n \times n$ 对角阵,e, w, B 均为 $n \times 1$ 向量:

$$\begin{cases} A = \mathrm{diag}\Big[\sum_{i=1}^{m} y_{i1}^2, \sum_{i=1}^{m} y_{i2}^2, \cdots, \sum_{i=1}^{m} y_{in}^2 \Big] \\ e = [1,1,\cdots,1]^T \\ w_c = [w_{c1}, w_{c2}, \cdots, w_{cn}]^T \\ B = \Big[\sum_{i=1}^{m} \frac{1}{2}(w_{z1}+w_{k1}) \times y_{i1}^2, \sum_{i=1}^{m} \frac{1}{2}(w_{z2}+w_{k2}) \times y_{i2}^2, \cdots, \sum_{i=1}^{m} \frac{1}{2}(w_{zn}+w_{kn}) \times y_{in}^2 \Big]^T \end{cases}$$

解上面的矩阵方程,得

$$w_c = A^{-1} \cdot \Big[B + \frac{1 - e^T A^{-1} B}{e^T A^{-1} e} \cdot e \Big]$$ (3.19)

四、集结方法

综合评价是对被评价对象的客观、公正、合理的全面评价。例如,对某个国家综合国力的评价、对某个国家或地区社会发展水平的评价、对某些企业管理水平的评价、对某些企业或地区经济效益的评价、对某些科研单位和大专院校综合实力的评价等。把握系统运行(或发展)状况的有效措施之一,就是要经常地对系统的运行(或发展)状况做系统的、全面的综合评价,这样才能及时建立反馈信息,制订并实施相应措施,促使系统协调的运行(或发展)。

各系统的运行(或发展)状况可用一个向量 X 表示,其中每个分量都从某一个侧面反映系统在某时段(或时刻)的发展状况,故称 X 为系统的状态向量,它构成了评价系统的指标系统。所谓多指标综合评价,就是通过一定的数学模型(或称综合评价函数、集结模型、集结算子)将多个评价指标值"合成"为一个整体性的综合评价值。

举例如下。

(1)平均值算子,即对评价指标 x_j 求平均值。

$$y = \frac{1}{m} \sum_{j=1}^{m} x_j$$ (3.20)

(2)加权平均算子,即对评价指标 x_j 求加权平均值。

$$y = \sum_{j=1}^{m} w_j x_j$$ (3.21)

式中,w_j 是与评价指标 x_j 相应的权重系数。

(3)最大、最小算子。

$$y = \max\{x_j\}, j = 1,2,\cdots,m \qquad y = \min\{x_j\}, j = 1,2,\cdots,m$$ (3.22)

(4)中值算子,即先对 $x_1, x_2, \cdots, x_m$ 按照大小顺序排列得到 $x'_1, x'_2, \cdots, x'_m$,然后,

$$y = \begin{cases} x'_{(m+1)/2}, & m \text{ 为奇数} \\ (x'_{m/2} + x'_{m/(2+1)})/2, & m \text{ 为偶数} \end{cases} \qquad (3.23)$$

可用于"合成"的数学方法较多,问题在于我们如何根据评价决策的需要及被评价系统的特点来选择较为合适的合成方法。本部分将介绍多种常用的信息集结方式。

(一)线性加权综合法

所谓线性加权综合法,又称"加法"(SAW)合成法或加权算术平均(WAA)算子,是指应用线性模型

$$y = \sum_{j=1}^{m} w_j x_j \qquad (3.24)$$

进行的综合评价。式中,y 为系统(或被评价对象)的综合评价值,w_j 是与评价指标 x_j 相应的权重系数($0 \leqslant w_j \leqslant 1(j=1,2,\cdots,m)$,$\sum_{j=1}^{m} w_j = 1$)。

线性加权综合法具有以下特性。

(1)线性加权综合法适用于各评价指标间相互独立的场合,此时各评价指标对综合评价水平的贡献彼此是没有什么影响的。由于"合成"运算采用"和"的方式,其现实关系应是"部分之和等于总体",若各评价指标间不独立,"和"的结果必然是信息的重复,也就难以反映客观实际。

(2)线性加权综合法可使各评价指标间得以线性地补偿。即某些指标值的下降,可以由另一些指标值的上升来补偿,任一指标值的增加都会导致综合评价值的上升;任一指标值的减少都可以用另一些指标值的相应增量来维持综合评价水平不变。

(3)线性加权综合法中权系数的作用比其他"合成"法中更明显些,且突出了指标值或指标权重较大者的作用。

(4)在线性加权综合法中,当权重系数预先给定时(由于各指标之间可以线性地补偿)对区分各备选方案之间的差异不敏感。

(5)线性加权综合法对于(无量纲的)指标数据没有什么特定的要求。

(6)线性加权综合法容易计算,便于推广普及。

对于线性评价模型来说,观测值大的指标,对评价结果的作用是很大的,即具有很强的"互补性",具有"一俊遮百丑"的特征。

如果评价者或决策者长期使用模型对所属的部门或被评价对象进行综合评价,将会诱导被评价对象"走捷径"、想"奇招",想方设法保持综合评价指标值的不变(或不减少),从而导致系统(或被评价对象)的"畸形"发展。

(二)非线性加权综合法

所谓非线性加权综合法,又称"乘法"合成法或加权几何平均(weighted geometric average,WGA)算子,是指应用非线性模型

$$y = \prod_{j=1}^{m} x_j^{w_j} \qquad (3.25)$$

进行的综合评价。式中,w_j 为权重系数,要求 $x_j \geqslant 1$。

非线性加权综合法具有以下特征。

（1）非线性加权综合法适用于各指标间有较强关联的场合。

（2）非线性加权综合法强调的是各备选方案（无量纲）指标值大小的一致性。即这种方法是突出评价指标值中较小者的作用，这是由乘积运算的性质所决定的。

（3）在非线性加权综合法中，指标权重系数的作用不如线性加权综合法那样明显。

（4）非线性加权综合法对指标值变动的反映比线性加权综合法更敏感。因此，非线性加权综合法更有助于体现备选方案之间的差异。

（5）非线性加权综合法对指标值的数据要求较高，即要求无量纲指标值均大于或等于1。

（6）与线性加权综合法相比，非线性加权综合法在计算上要复杂些。

对于非线性模型来说，观测值越小的指标，拖综合评价"后腿"的作用也越大。"木桶原理"恰如其分地给出了这种非线性加权综合法的一个直观解释：即假定一只木桶是由多个（满足一定长度的）长短不同的木板组成的，那么它的容量取决于长度最短的那块木板（因为当液面平面超过最短的那块木板的高度时，液体就会溢出）。因此，若要增大木桶的容量，首先必须加高长度最短的那块木板。也就是说，在评价指标中，只要有一个指标值非常小，那么总体平均值将迅速地接近于零。换言之，这种评价模型对取值较小的评价指标的反应是灵敏的，而对取值较大的评价指标的反应是迟钝的。因此，这是一个具有"不求有功，但求无过"特征的模型。

但是从另一个方面来说，如果评价者或者决策者经常应用非线性加权综合评价模型，将有力地促使系统全面、协调地发展。

（三）增益性线性加权综合法

定义 3.1 对取定的 $s(s>0$ 且 $s \neq 1)$，称映射

$$v:[0,1] \to [0,s]$$

为一个增益函数，如果它满足：

（1）v 连续，分段可导；

（2）若 $x_1 \geqslant x_2$，则 $v(x_1) \geqslant v(x_2)$，$v'(x_1) \geqslant v'(x_2)$；

（3）$v(0)=0$，$v(1)=s$，$v(0.5)<0.5$。

当 $s>1$ 时，v 为增益；当 $0<s<1$ 时，v 为折损。

例如

$$v_v(x) = \begin{cases} 0, & x \in [0,0.5] \\ s[(x-0.5)/0.5]^k, & x \in (0.5,1] \end{cases}$$

是一个增益函数，其中 $s,k \in N$，通常可取 $s=2,k=4$。

现在，将增益函数用于综合评价上。构造综合评价函数

$$y = \sum_{j=1}^{m} w_j \frac{[x_j + v(x_j)]}{2} \tag{3.26}$$

便是具有增益功能的线性加权综合评价函数。

综合评价模型体现了"价值梯度"的含义，它意味着某项工作做得越好，付出的代价越大。因此，在综合评价值中应有一个相应的增益。

当取 $s=1$，且取 $v_v(x)=x$ 时，综合评价指标模型(3.26)就是普通的线性加权综合评价模型(3.24)了。

(四)理想点法

下面要介绍的信息集结方法称为逼近样本点或理想点的排序方法(the technique for order preference by similarity to idoal solution，TOPSIS)，简称为理想点法。理想点法是一种简单而合乎逻辑的多因素选优方法。理想点法的基本思想：确定一个实际并不存在的最佳方案和最差方案，然后计算现实中的每个方案距离最佳方案和最差方案的距离，最后利用理想解的相对接近度作为综合评估的标准。

设有 m 个供应商，n 个评价指标，x_{ij} 表示第 i 个供应商相对于第 j 个指标的评价值。则供应商的指标评价矩阵为

$$A = \begin{bmatrix} x_{11} & x_{12} & \cdots & x_{1n} \\ x_{21} & x_{22} & \cdots & x_{2n} \\ \vdots & \vdots & \ddots & \vdots \\ x_{m1} & x_{m2} & \cdots & x_{mn} \end{bmatrix}$$

用理想点法求解步骤如下。

(1)将上面的矩阵 A 中的元素进行归一化处理得到规范决策矩阵 B，即

$$B = \begin{bmatrix} r_{11} & r_{12} & \cdots & r_{1n} \\ r_{21} & r_{22} & \cdots & r_{2n} \\ \vdots & \vdots & \ddots & \vdots \\ r_{m1} & r_{m2} & \cdots & r_{mn} \end{bmatrix}$$

式中，$r_{ij} = x_{ij} / \sqrt{\sum_{i=1}^{m} x_{ij}^2}$ $(i = 1, 2, \cdots, m; j = 1, 2, \cdots, n)$。

(2)由于在进行供应商选择时，各个企业对评价指标的重要程度有不同的评价，所以要给出指标的权重 w_j，通常可以用层次分析法(analysis hierarchy process，AHP)确定。

(3)得到供应商的指标加权评价值矩阵。

$$V = \begin{bmatrix} w_1 r_{11} & w_2 r_{12} & \cdots & w_n r_{1n} \\ w_1 r_{21} & w_2 r_{22} & \cdots & w_n r_{2n} \\ \vdots & \vdots & \ddots & \vdots \\ w_1 r_{m1} & w_2 r_{m2} & \cdots & w_n r_{mn} \end{bmatrix} = \begin{bmatrix} v_{11} & v_{12} & \cdots & v_{1n} \\ v_{21} & v_{22} & \cdots & v_{2n} \\ \vdots & \vdots & \ddots & \vdots \\ v_{m1} & v_{m2} & \cdots & v_{mn} \end{bmatrix}$$

(4)确定最佳供应商和最差供应商。

$$A^+ = \{v_1^+, v_2^+, \cdots, v_n^+\} = \{(\max_i v_{ij} | j \in J_1), (\min_i v_{ij} | j \in J_2) | i = 1, 2, \cdots, m\}$$

$$A^- = \{v_1^-, v_2^-, \cdots, v_n^-\} = \{(\min_i v_{ij} | j \in J_1), (\max_i v_{ij} | j \in J_2) | i = 1, 2, \cdots, m\}$$

式中，J_1 表示效益指标的集合，J_2 表示成本指标的集合。

(5)计算每一个供应商与最佳供应商和最差供应商的欧氏距离。

$$L_i^+ = \sqrt{\sum_{j=1}^{n} (v_{ij} - v_j^+)^2} \qquad i = 1, 2, \cdots, m \tag{3.27}$$

$$L_i^- = \sqrt{\sum_{j=1}^{n}(v_{ij} - v_j^-)^2} \qquad i = 1, 2, \cdots, m \qquad (3.28)$$

(6)应用下面的公式计算每一个供应商的优劣解距离法(technique for order preference by similarity to an ideal solution,TOPSIS)评价值,并根据评价值对供应商进行排序选优。

$$Y_i = \frac{L_i^-}{L_i^+ + L_i^-} \qquad (3.29)$$

假设某一汽车制造厂为了提高供应链的竞争力,准备减少现有的供应商数目,为各类零部件选择一个最佳的战略合作供应商。假设某种零部件现有七个供应商,分别为S1、S2、S3、S4、S5、S6、S7,汽车制造厂考虑的指标是供应商的交货提前期、产品质量、交货可靠性和产品价格。各个供应商的指标评价值如表3-8所示。

表3-8 各个供应商指标价值

供应商	交货提前期/天	产品质量	交货可靠性	产品价格/元
S1	19	0.29	0.94	225
S2	20	0.98	0.96	208
S3	22	0.90	0.80	200
S4	24	0.99	0.88	235
S5	23	0.87	0.98	215
S6	21	0.86	0.85	212
S7	24	0.94	0.90	205

假设通过应用AHP法得到汽车制造厂对交货提前期、产品质量、交货可靠性、产品价格四个指标赋予权重 $W=(0.42, 0.16, 0.26, 0.16)$,则指标的加权评价值矩阵为

$$V = \begin{bmatrix} 0.0522 & 0.0228 & 0.0387 & 0.0240 \\ 0.0549 & 0.0243 & 0.0395 & 0.0222 \\ 0.0604 & 0.0223 & 0.0330 & 0.0213 \\ 0.0659 & 0.0245 & 0.0363 & 0.0251 \\ 0.0631 & 0.0216 & 0.0404 & 0.0229 \\ 0.5760 & 0.0213 & 0.0350 & 0.0226 \\ 0.0659 & 0.0233 & 0.0371 & 0.0219 \end{bmatrix}$$

最理想和最不理想的供应商的加权评价值为

$A^+ = (0.0522, 0.0245, 0.404, 0.0213)$,$A^- = (0.0659, 0.0213, 0.0330, 0.0251)$

计算可得各供应商的TOPSIS评价值为

$$Y = (0.8065, 0.8171, 0.3757, 0.2371, 0.4184, 0.5145, 0.2828)$$

由此可得供应商S2是首选的合作伙伴。虽然供应商S3的产品价格较低,但是由于其交货可靠性差以及质量较低等原因,不宜作为长期合作伙伴。

五、OWA 集合算子

有序加权平均算子（ordered weighted averaging，OWA 算子）是 1988 年雅格（Yager）在多水平决策问题中提出的，是一类带有权重参数的集合算子。该算子的特点是：对数据$(\alpha_1,\alpha_2,\cdots,\alpha_n)$按从大到小的顺序重新进行排序并通过加权集结，而且元素与权重没有任何联系，只与集结过程中的第 i 个位置有关（因此这里的加权向量也称为位置向量）。

为了方便起见，令 $M=\{1,2,\cdots,m\}$，$N=\{1,2,\cdots,n\}$。

定义 3.2　设 $\text{OWA}:R^n \to R$，若

$$\text{OWA}_w(\alpha_1,\alpha_2,\cdots,\alpha_n) = \sum_{j=1}^{n} w_j b_j \tag{3.30}$$

式中，$w=(w_1,w_2,\cdots,w_n)$ 是与函数 OWA 相关联的加权向量，$w_j \in [0,1]$，$j \in N$，$\sum_{j=1}^{n} w_j b_j$，且 b_j 是一组数据$(\alpha_1,\alpha_2,\cdots,\alpha_n)$中第 j 大的元素，R 为实数集，则称函数 OWA 是有序加权平均算子，也称为 OWA 算子。

上述算子的特点是：对数据$(\alpha_1,\alpha_2,\cdots,\alpha_n)$按从大到小的顺序重新进行排序并通过加权集结，而且元素 α_j 与 w_i 没有任何联系，w_i 只与集结过程中的第 i 个位置有关（因此加权向量 w 也称为位置向量）。

例 3.1　设 $w=(0.4,0.1,0.2,0.3)$ 为 OWA 算子的加权向量，$(7,18,6,2)$ 是一组数据，则 $\text{OWA}_w(7,18,6,2)=0.4\times18+0.1\times7+0.2\times6+0.3\times2=9.70$

OWA 算子具有下列一些优良性质。

定理 3.1　设$(\alpha_1,\alpha_2,\cdots,\alpha_n)$是任一数据向量，$(\beta_1,\beta_2,\cdots,\beta_n)$是$(\alpha_1,\alpha_2,\cdots,\alpha_n)$中的元素按降序组成的向量，则

$$\text{OWA}_w(\beta_1,\beta_2,\cdots,\beta_n) = \text{OWA}_w(\alpha_1,\alpha_2,\cdots,\alpha_n)$$

证明　设

$$\text{OWA}_w(\beta_1,\beta_2,\cdots,\beta_n) = \sum_{j=1}^{n} w_j b'_j$$

$$\text{OWA}_w(\alpha_1,\alpha_2,\cdots,\alpha_n) = \sum_{j=1}^{n} w_j b_j$$

式中，b'_j 是数据组$(\beta_1,\beta_2,\cdots,\beta_n)$中第 j 大的元素，b_j 是数据$(\alpha_1,\alpha_2,\cdots,\alpha_n)$中第 j 大的元素。由于$(\beta_1,\beta_2,\cdots,\beta_n)$是$(\alpha_1,\alpha_2,\cdots,\alpha_n)$中的元素按降序组成的向量，因此 $b'_j=b_j$，$j \in N$。定理证毕。

定理 3.2　设$(\alpha_1,\alpha_2,\cdots,\alpha_n)$和$(\alpha'_1,\alpha'_2,\cdots,\alpha'_n)$是两个按降序排列的数据向量，且对任意 $i \in N$，有 $\alpha_i \geqslant \alpha'_i$，则

$$\text{OWA}_w(\alpha_1,\alpha_2,\cdots,\alpha_n) \geqslant \text{OWA}_w(\alpha'_1,\alpha'_2,\cdots,\alpha'_n)$$

证明　设

$$\text{OWA}_w(\alpha_1,\alpha_2,\cdots,\alpha_n) = \sum_{j=1}^{n} w_j b_j$$

$$\text{OWA}_w(\alpha'_1,\alpha'_2,\cdots,\alpha'_n) = \sum_{j=1}^{n} w_j b'_j$$

式中,b_j 是数据组$(\alpha_1,\alpha_2,\cdots,\alpha_n)$中第 j 大的元素,b'_j 是数据组$(\beta_1,\beta_2,\cdots,\beta_n)$中第 j 大的元素,由于$(\alpha_1,\alpha_2,\cdots,\alpha_n)$和$(\alpha'_1,\alpha'_2,\cdots,\alpha'_n)$是两个按降序排列的数据向量,因此 $b_j=\alpha_j$,$b'_j=\alpha'_j$,又因为 $\alpha_i\geqslant\alpha'_i(i\in N)$,所以 $b_j\geqslant b'_j$,故

$$\mathrm{OWA}_w(\alpha_1,\alpha_2,\cdots,\alpha_n)\geqslant\mathrm{OWA}_w(\alpha'_1,\alpha'_2,\cdots,\alpha'_n)$$

定理证毕。

推论 1 (单调性)设$(\alpha_1,\alpha_2,\cdots,\alpha_n)$和$(\beta_1,\beta_2,\cdots,\beta_n)$是任意两个数据向量,若对任意 $i\in N$,有 $\alpha_i\leqslant\beta_i$,则

$$\mathrm{OWA}_w(\alpha_1,\alpha_2,\cdots,\alpha_n)\leqslant\mathrm{OWA}_w(\beta_1,\beta_2,\cdots,\beta_n)$$

推论 2 (置换不变性)设$(\beta_1,\beta_2,\cdots,\beta_n)$是$(\alpha_1,\alpha_2,\cdots,\alpha_n)$的任一置换,则

$$\mathrm{OWA}_w(\beta_1,\beta_2,\cdots,\beta_n)=\mathrm{OWA}_w(\alpha_1,\alpha_2,\cdots,\alpha_n)$$

定理 3.3 (幂等性)设$(\alpha_1,\alpha_2,\cdots,\alpha_n)$是任一数据向量,若对任意 $i\in N$,有 $\alpha_i=\alpha$,则

$$\mathrm{OWA}_w(\alpha_1,\alpha_2,\cdots,\alpha_n)=\alpha$$

证明 由于 $\sum_{j=1}^n w_j=1$,因此

$$\mathrm{OWA}_w(\alpha_1,\alpha_2,\cdots,\alpha_n)=\sum_{j=1}^n w_j b_j=\sum_{j=1}^n w_j\alpha=\alpha\sum_{j=1}^n w_j=\alpha$$

定理证毕。

OWA 算子是一类具有广泛表达力的算子,一般情况下,它应用于通用的加权平均算子。在特定情况下,根据权重取值的不同,它可以对应为最大、最小算子及平均值等集结算子。

定理 3.4 设 $w=w^*=(1,0,\cdots,0)$,则

$$\mathrm{OWA}_{w*}(\alpha_1,\alpha_2,\cdots,\alpha_n)=\max_i(\alpha_i)$$

证明 根据定理 3.2,可得

$$\mathrm{OWA}_{w*}(\alpha_1,\alpha_2,\cdots,\alpha_n)=\sum_{j=1}^n w_j b_j=b_1=\max_i(\alpha_i)$$

定理证毕。

定理 3.5 设 $w=w_*=(0,0,\cdots,1)$则

$$\mathrm{OWA}_{w_*}(\alpha_1,\alpha_2,\cdots,\alpha_n)=\min_i(\alpha_i)$$

证明 根据定理 3.2,可得

$$\mathrm{OWA}_{w_*}(\alpha_1,\alpha_2,\cdots,\alpha_n)=\sum_{j=1}^n w_j b_j=b_n=\min_i(\alpha_i)$$

定理证毕。

定理 3.6 设 $w=w_{\mathrm{Ave}}\left(\dfrac{1}{n},\dfrac{1}{n},\cdots,\dfrac{1}{n}\right)$,则

$$\mathrm{OWA}_{\mathrm{Ave}}(\alpha_1,\alpha_2,\cdots,\alpha_n)=\frac{1}{n}\sum_{j=1}^n\alpha_j$$

定理 3.7 设$(\alpha_1,\alpha_2,\cdots,\alpha_n)$为任一数据向量,则

$$\mathrm{OWA}_{w*}(\alpha_1,\alpha_2,\cdots,\alpha_n)\geqslant\mathrm{OWA}_w(\alpha_1,\alpha_2,\cdots,\alpha_n)\geqslant\mathrm{OWA}_{w*}(\alpha_1,\alpha_2,\cdots,\alpha_n)$$

证明

$$\mathrm{OWA}_w(\alpha_1,\alpha_2,\cdots,\alpha_n)=\sum_{j=1}^n w_j b_j\leqslant\sum_{j=1}^n w_i b_1=b_1=\mathrm{OWA}_{w*}(\alpha_1,\alpha_2,\cdots,\alpha_n)$$

$$\mathrm{OWA}_w(\alpha_1,\alpha_2,\cdots,\alpha_n)=\sum_{j=1}^{n}w_jb_j\leqslant\sum_{j=1}^{n}w_ib_n=b_n=\mathrm{OWA}_{w*}(\alpha_1,\alpha_2,\cdots,\alpha_n)$$

定理证毕。

定理 3.8　若 $w_j=1,w_i=0$,且 $i\neq j$,则

$$\mathrm{OWA}_w(\alpha_1,\alpha_2,\cdots,\alpha_n)=b_j$$

式中,b_j 是数据组($\alpha_1,\alpha_2,\cdots,\alpha_n$)中第 j 大的元素。特别地,当 $j=1$ 时,有

$$\mathrm{OWA}_w(\alpha_1,\alpha_2,\cdots,\alpha_n)=\mathrm{OWA}_{w*}(\alpha_1,\alpha_2,\cdots,\alpha_n)$$

当 $j=n$ 时,有

$$\mathrm{OWA}_w(\alpha_1,\alpha_2,\cdots,\alpha_n)=\mathrm{OWA}_{w*}(\alpha_1,\alpha_2,\cdots,\alpha_n)$$

定理 3.9　若 $w_1=\alpha,w_i=0,i=2,\cdots,n-1,w_n=1-\alpha$,且 $\alpha\in[0,1]$,则

$$\alpha\mathrm{OWA}_{w*}(\alpha_1,\alpha_2,\cdots,\alpha_n)+(1-\alpha)\mathrm{OWA}_{w*}(\alpha_1,\alpha_2,\cdots,\alpha_n)=\mathrm{OWA}_w(\alpha_1,\alpha_2,\cdots,\alpha_n)$$

定理 3.10　(1)若 $w_1=\dfrac{1-\alpha}{n}+\alpha,w_i=\dfrac{1-\alpha}{n},i\neq1$ 且 $\alpha\in[0,1]$,则

$$\alpha\mathrm{OWA}_{w*}(\alpha_1,\alpha_2,\cdots,\alpha_n)+(1-\alpha)\mathrm{OWA}w_{Ave}(\alpha_1,\alpha_2,\cdots,\alpha_n)=\mathrm{OWA}_w(\alpha_1,\alpha_2,\cdots,\alpha_n)$$

特别地,当 $\alpha=0$ 时

$$\mathrm{OWA}w_{Ave}(\alpha_1,\alpha_2,\cdots,\alpha_n)=\mathrm{OWA}_w(\alpha_1,\alpha_2,\cdots,\alpha_n)$$

当 $\alpha=1$ 时

$$\mathrm{OWA}_{w*}(\alpha_1,\alpha_2,\cdots,\alpha_n)=\mathrm{OWA}_w(\alpha_1,\alpha_2,\cdots,\alpha_n)$$

(2)若 $w_i=\dfrac{1-\alpha}{n},i\neq n,w_n=\dfrac{1-\alpha}{n}+\alpha$ 且 $\alpha\in[0,1]$,则

$$\alpha\mathrm{OWA}_{w*}(\alpha_1,\alpha_2,\cdots,\alpha_n)+(1-\alpha)\mathrm{OWA}w_{Ave}(\alpha_1,\alpha_2,\cdots,\alpha_n)=\mathrm{OWA}_w(\alpha_1,\alpha_2,\cdots,\alpha_n)$$

特别地,当 $\alpha=0$ 时

$$\mathrm{OWA}w_{Ave}(\alpha_1,\alpha_2,\cdots,\alpha_n)=\mathrm{OWA}_w(\alpha_1,\alpha_2,\cdots,\alpha_n)$$

当 $\alpha=1$ 时

$$\mathrm{OWA}_{w*}(\alpha_1,\alpha_2,\cdots,\alpha_n)=\mathrm{OWA}_w(\alpha_1,\alpha_2,\cdots,\alpha_n)$$

(3)若 $w_1=\dfrac{1-(\alpha+\beta)}{n}+\alpha,w_i=\dfrac{1-(\alpha+\beta)}{n},i=2,\cdots,n-1,w_n=\dfrac{1-(\alpha+\beta)}{n}+\beta,\alpha,\beta\in[0,1]$,且 $\alpha+\beta\leqslant1$,则

$$\alpha\mathrm{OWA}_{w*}(\alpha_1,\alpha_2,\cdots,\alpha_n)+\beta\mathrm{OWA}_{w*}(\alpha_1,\alpha_2,\cdots,\alpha_n)+$$
$$[1-(\alpha+\beta)]\mathrm{OWA}w_{Ave}(\alpha_1,\alpha_2,\cdots,\alpha_n)=\mathrm{OWA}_w(\alpha_1,\alpha_2,\cdots,\alpha_n)$$

特别地,当 $\beta=0$ 时,即为情形(1);当 $\alpha=0$ 时,即为情形(2)。

定理 3.11　(1)若

$$w_i=\begin{cases}0, & i<k\\[2mm]\dfrac{1}{m}, & k\leqslant i<k+m\\[2mm]0, & i\geqslant k+m\end{cases}$$

式中,k 和 m 是正整数,且 $k+m\leqslant n+1$,则

$$\mathrm{OWA}_w(\alpha_1,\alpha_2,\cdots,\alpha_n)=\frac{1}{m}\sum_{j=k}^{k+m-1}b_j$$

式中,b_j 是数据组($\alpha_1,\alpha_2,\cdots,\alpha_n$)中第 j 大的元素。

（2）若

$$w_j = \begin{cases} 0, & i < k-m \\ \dfrac{1}{2m+1}, & k-m \leqslant i < k+m \\ 0, & i \geqslant k+m \end{cases}$$

式中，k 和 m 是正整数，且 $k+m \leqslant n+1$，$k \geqslant m+1$，则

$$\text{OWA}_w(\alpha_1, \alpha_2, \cdots, \alpha_n) = \frac{1}{2m+1} \sum_{j=k-m}^{k+m-1} b_j$$

式中，b_j 是数据组 $(\alpha_1, \alpha_2, \cdots, \alpha_n)$ 中第 j 大的元素。

（3）若

$$w_i = \begin{cases} \dfrac{1}{k}, & i \leqslant k \\ 0, & i > k \end{cases}$$

则

$$\text{OWA}_w(\alpha_1, \alpha_2, \cdots, \alpha_n) = \frac{1}{k} \sum_{j=1}^{k} b_j$$

式中，b_j 是数据组 $(\alpha_1, \alpha_2, \cdots, \alpha_n)$ 中第 j 大的元素。

（4）若

$$w_i = \begin{cases} 0, & i < k \\ \dfrac{1}{(n+1)-k}, & i \geqslant k \end{cases}$$

则

$$\text{OWA}_w(\alpha_1, \alpha_2, \cdots, \alpha_n) = \frac{1}{(n+1)-k} \sum_{j=1}^{n} b_j$$

式中，b_j 是数据组 $(\alpha_1, \alpha_2, \cdots, \alpha_n)$ 中第 j 大的元素。

例 3.2 某投资银行拟对四家企业（方案）$x_i (i=1,2,3,4)$ 进行考查并确定投资对象，抽取下列五项指标（属性）进行评估：u_1——产值（万元）；u_2——投资成本（万元）；u_3——销售额（万元）；u_4——国家收益比重；u_5——环境污染程度。投资银行考察了上年度四家企业的上述指标情况（其中污染程度由相关环保部门检测并量化），所得评估结果如表 3-9 所示。在各项指标中，投资成本、环境污染程度为成本型，其他为效益型。属性权重信息完全未知，试确定最佳投资方案。

表 3-9　决策矩阵 A

指标 方案	u_1	u_2	u_3	u_4	u_5
x_1	8350	5300	6135	0.82	0.17
x_2	7455	4952	6527	0.65	0.13
x_3	11000	8001	9008	0.59	0.15
x_4	9624	5000	8892	0.74	0.28

步骤 1 用线性比例法，取 x'_j 为 m_j（成本型）、M_j（效益型），利用（3.31）和（3.32）两式将决策矩阵 A 规范化，得到决策矩阵 R，如表 3-10 所示。

$$r_{ij} = \frac{a_{ij}}{\max_i (a_{ij})} \qquad i \in [1,4], j \in [1,5] \tag{3.31}$$

$$r_{ij} = \frac{\min_j (a_{jj})}{a_{ij}} \qquad i \in [1,4], j[1,5] \tag{3.32}$$

表 3-10 决策矩阵 R

指标 方案	u_1	u_2	u_3	u_4	u_5
x_1	0.7455	0.9343	0.6811	1.0000	0.7647
x_2	0.6777	1.0000	0.7246	0.7926	1.0000
x_3	1.0000	0.6189	1.0000	0.7195	0.8667
x_4	0.8749	0.9904	0.9871	0.9024	0.4643

步骤 2 利用 OWA 算子对方案 $x_i(i=1,2,3,4)$ 的属性值进行集结，求得其综合属性值 $z_i(w)(i=1,2,3,4)$［不妨利用定理 3.10 中的方法确定 OWA 算子的加权向量为 $w=(0.36,0.16,0.16,0.16,0.16)$，这里取 $\alpha=0.2$］：

$$z_1(w) = \mathrm{OWA}_w(r_{11}, r_{12}, r_{13}, r_{14}, r_{15})$$
$$= 0.36 \times 1.0000 + 0.16 \times 0.9343 + 0.16 \times 0.7647 +$$
$$0.16 \times 0.7455 + 0.16 \times 0.6811$$
$$= 0.8601$$

步骤 3 按 $z_i(w)(i=1,2,3,4)$ 的大小对各企业进行排序

$$x_4 > x_3 > x_2 > x_1$$

故最佳企业为 x_4。

第四章　物流活动绩效评价

第一节　采购绩效评价

一、采购及采购绩效

(一)采购相关概念

1.采购的定义

采购是指通过商品交换和物流手段从资源市场取得资源的过程。从广义上来讲,凡是为了满足需求所采取的各项活动,均可认定是采购行为。就企业而言,采购是指企业在一定条件下从供应市场获取产品或服务作为企业资源,以保证企业生产及经营活动正常开展的一项经营活动。

2.采购的流程

采购管理组织→需求分析→资源市场分析→制订采购计划→实施采购计划→采购评价→采购监控→采购基础工作。

3.企业采购方式

(1)准时化采购:基本思想是在需要的时候,向需要的地点,提供能保证质量的所需要数量的物料。

(2)预期采购:是指采购的数量大于当前的需求量,但不超过未来可预见的需求量。

(3)混合采购:是指企业既有遵循JIT原则的按需采购,也有预期采购。

(4)合同采购:是指供方与分供方,经过双方谈判协商一致同意而签订的"供需关系"的法律性文件,合同双方都应遵守和履行,并且是双方联系的共同语言基础。

(5)电子采购:即网上采购。基本原理是由采购人员通过上网,在网上寻找供应商、寻找所需物品、在网上洽谈贸易、网上订货甚至在网上支付货款,但是在网下送货进货的一种模式。

(6)招标采购:是指通过招标方式寻求最好的供应商进行采购的采购方式。招标可以分为两种方式:公开招标和邀请招标。公开招标,是指招标人以发布招标公告的方式邀请不特定的投标者。邀请招标,是指招标人以发布投标邀请书的方式邀请特定的投标者。

(二)采购绩效概述

1. 企业采购绩效评价的定义

企业采购绩效评价应围绕企业采购活动过程和相关主体进行,由于企业对采购绩效评价的重视相对较晚,采购绩效评价的概念与内涵尚没有严格的界定。房庆辉[1]等认为,采购绩效评价是对采购业务发生过程的具体反馈,通过各类绩效评估指标把采购过程发生的数据收集整理出来,进而对结果做出一个评价,用实际数据说话,而不是像传统方法一样通过人的主观感觉意识来对其进行评价。肯尼思(Kenneth)等将采购绩效评价定义为:在给定时间内,从数量上和质量上来评估与采购经济性、效率和有效性有关的企业目标或运作达到的程度及完成的情况。这个定义强调数量和质量评价的综合运用,在时间上明确了评价的进程,确定了企业目标与采购效率和效益的结合,具有很强的代表性。但是,以上定义均未能提及对采购人员和供应商等评价对象的界定。

综上所述,可以将企业采购绩效评价界定为:通过将企业战略目标分解成采购具体目标,建立绩效评价体系、测量标准,对特定采购活动、人员以及供应商等进行测评,将测评结果反馈并应用于企业日常管理活动中的一系列业务活动。恰当的绩效评价体系和制度的建立,可以帮助企业管理并将资源集中在关键领域,而恰当的绩效评价体系和制度又是加强沟通和经营管理,促进组织战略目标有效实现的基础。

2. 企业采购绩效评价的内容

在进行企业采购绩效评价前,必须明确界定其评价的内容。大多数学者认为,应该从关注企业采购活动的全过程出发,根据企业采购活动的效率和效益来研究采购绩效评价,认为企业采购绩效评价可以包括多个角度和尺度的内容。尼利(Neely)[2]等认为,企业采购绩效评价体系是由一套能够量化企业采购活动效率和效益的绩效度量指标组成。从这个观点出发,一些学者将企业采购绩效评价定义为量化的过程,更具体地讲,是指对采购活动的效益与效率进行量化和分析的过程。效益是指目标所要达到的程度,效率则是指如何利用好企业资源以完成特定目标。布赖恩(Bryan)等用"效率"(efficiency)和"效益"(effectiveness)来评价企业采购的目标成果。彼特(Peter)等认为企业采购绩效评价的内容包括:业务采购、与其他部门的协作关系、采购组织和采购系统、预算的执行情况、创造性业绩、政策的制定、计划和预测。胡军等认为企业采购绩效评价的内容包括:采购效果和采购效率、采购价格/成本尺度、采购产品/质量尺度、采购物流尺度、采购组织尺度。

以上对于企业采购绩效评价内容的界定比较明确、具体,对选择采购绩效评价指标具有重要的指导意义,但是没有明确采购绩效评价内容与具体采购目标的关系。评价绩效的内容必须与采购目标一致或正相关,因为不同类型的企业采购目标不尽相同,评价的内容、方式、方法也不可能完全一样。

---

[1]房庆辉. 面向单件小批生产系统的物资采购管理设计与实现[J]. 哈尔滨理工大学学报,2005:47.

[2]Neely A D. Business performance measurement: theory and practice[M]. Cambridge: Cambridge university press,2002:65.

(三)企业采购绩效评价研究发展趋势

21世纪是供应链之间竞争的时代,由于企业采购部门将其重心从业务操作转向更多的战略活动,采购绩效评价对于判断整体有效性显得尤为重要。结合第七次中国物流学术年会上国际采购联盟秘书长查尔斯·霍顿对于未来十年采购与供应管理趋势的预测,对企业采购绩效评价研究发展趋势总结如下。

1.采购发展潜力评价

企业采购支出占到企业总支出的绝大部分,采购绩效发展潜力的挖掘将能对企业经营利润产生杠杆效应。企业发展能力的形成主要依托于企业不断增长的销售收入、降低开支而节约的资金以及企业创造的利润。要提高采购绩效也就是要努力降低和节约各种采购支出、提高采购质量,它是企业可持续发展的重要源泉之一。因此,采购发展潜力评价研究将成为企业采购绩效评价研究的重要内容。

2.采购环境绩效评价

近几年,随着人们对环境破坏以及自然资源过度浪费的认识越来越深刻,绿色供应链的构建问题已经进入供应链研究的范畴,一些研究机构和专家学者已将环保问题作为供应链管理的一个重要部分来考虑。作为供应链重要组成部分的采购环节,必然要考虑环保问题。因此,绿色采购绩效评价或采购环境绩效评价必将成为采购绩效评价研究的又一个热点。

3.采购敏捷性评价

敏捷制造是一种面向21世纪的制造战略和现代生产模式[①]。敏捷供应链以增强企业对变幻莫测的市场需求的适应能力为导向,以动态联盟的快速重构为基本着眼点,以促进企业间的合作和企业生产模式的转变、提高大型企业集团的综合管理水平和经济效益为主要目标,致力于支持供应链的迅速结盟、优化联盟运行和联盟平稳解体。采购和供应的敏捷性强调从整个供应链的角度综合考虑、决策和进行效绩评价,使生产企业与供应商共同降低产品的市场价格,并始终追求快速反映市场需求,提高供应链各环节的边际效益,实现利益共享的双赢目标。因此,采购敏捷性评价将成为采购绩效评价中需要深入研究的课题。

4.采购绩效评价模型与方法的研究

采购绩效评价是采购管理中的一项综合性活动,涉及采购活动各个方面的情况。因此,为了充分反映采购绩效的全貌,需要研究建立集成化采购绩效评价的层次结构模型,明确评价内容,设定评价要素,设置评价指标(包括统一的评价指标标准值);不仅要评价采购活动的整体绩效,还要评价各活动主体的绩效,更要对采购绩效进行综合评价。为此,需要研究如何使用定量分析与定性分析相结合的方法,如模糊综合评判、SCOR(supply-chain operations reference-model)模型、360度绩效考核、蒙特卡罗 DEA 方法等来进

---

①Persson F,Olhager J. Performance simulation of supply chains designs[J]. International Journal of Production Economics,2002,77(3):231-245.

行采购绩效的综合、系统评价。总之,有关采购绩效评价模型与方法的研究将成为又一项新的研究课题。

5.采购绩效评价系统的研究与开发

为了适应信息透明、由推式向拉式、变对抗为合作、虚拟一体化的发展趋势,加快创新速度,利用信息技术进行经营过程重构,与供应商结成联盟,通过电子技术进行信息的实时沟通,消除彼此之间的沟通障碍,减少不增值的环节,简化经营过程和减少时间,提高质量和降低成本,将成为提高企业竞争力的有效途径。采购与供应系统应充分利用信息技术提高系统的管理与运作效率,加强与供应商之间的实时沟通,因而采购绩效评价系统的研究和开发将提上议事日程。

二、采购绩效评价指标体系

采购绩效评价是评价采购组织和人员业绩的重要手段,通过它可以促进采购组织业绩的提升和改进。大多数项目主要从传统的财务角度对采购进行绩效评价,采购关注的重点是如何降低供应商成本,实现利益最大化,从而忽略了采购部门的其他指标。

(一)评价指标体系的构建原则

采购绩效评价的关键是制定一套能够正确引导考核对象并能客观评价采购部门绩效的评价指标及标准。具体来讲,就是构建一个特定的与之相适应的指标体系,按照特定的绩效评价标准和一定的流程并采用合适的绩效评价方法,定量加定性地分析一定时期内采购部门的采购工作业绩,在遵循客观、公平、公正的原则上进行准确的综合评判。评价指标应该精简适宜,指标过多或过少都会影响到评价指标体系的质量,从而影响到评价结果。因此,要根据特定的原则来选择全面而客观的指标来评价采购绩效。

1.系统全面性原则

工程项目采购绩效评价指标体系必须全面和系统地反映项目的采购绩效。它应该包括影响工程项目采购各个方面的因素的指标,这些指标能从不同的层面反映出工程项目的采购绩效,而且各个层面的指标应具有因果关系,能全面系统地对工程项目采购绩效做出评价。

2.目标一致性原则

工程项目采购绩效评估指标体系与工程项目的战略目标、绩效评估的目的三者之间保持一致。评价指标与系统目标的一致性,是绩效评价的一个基本要求,这样,不仅能够正确评价系统的发展程度,而且能够引导系统朝着正确的方向发展。

3.可测性原则

工程项目采购绩效评估指标的可测性主要包括指标本身的可测性和指标的现实可行性两个方面。首先,指标本身具有可测性是指可用操作化的语言灵活地定义评估指标,指标所包含的具体内容可以直接用量化的指标来表示或者可以用定性描述进行测量,再者可以通过间接的指标来表达。其次,是否能在评估过程中获取指标充足的信息,以及评估主体能否对指标做出相应的评价反映的是指标的现实可行性。

4.可行性原则

指评估指标要合理,要根据需要与可能设定指标,使指标建立在切实可行的基础上,充分发挥工程项目采购工作人员的积极性、创造性,最大限度地挖掘潜力,提高绩效。

5.可操作性原则

为了能够更好地从实际出发,可操作性应该是选取评价指标不可缺少的原则,其目的是企业能够根据自己的实际情况调整相应的指标体系与之一致并能灵活地运用。

6.定性与定量相结合原则

为了能够全面地进行评价,评价指标通常情况下会分为定性、定量两种,工程项目采购绩效评价指标的制定也是如此。定量指标和定性指标各有优缺点,定性指标比较全面,但不够直观;定量指标比较直观,但分析得不够全面。因此,定性指标与定量指标相结合的原则也是构建评价指标体系的原则之一。

(二)评价指标体系的建立

采购行为是由采购效果(purchasing effectives)与采购效率(purchasing efficiency)这两个因素决定的[1],其采购的经典定义:从合适的货源那里,以合适的价格获得合适数量和合适质量的物资,并在合适的时间递送到合适的收货地点。[2] 也就是说采购活动必须达成适时、适量、适质、适价及适地等基本任务。因此采购绩效评价一般以"5R(质量、数量、时间、价格、效率)"为中心,并以定量加定性的指标作为衡量采购绩效的标准。根据以上采购绩效评价指标的选取原则,具体到工程项目,采购绩效的衡量可根据采购工作范围的划分、采购能力与采购结果等概括成采购效果指标和采购效率指标两大类,这两大类指标以"5R"指标为主线,并包含与工程项目采购有关的其他指标。

1.采购效果指标

采购效果是指通过特定的活动,实现预先确定的目标和标准额的程度,效果表现出来的是预期目标和实际效果之间的关系。采购效果与预先确定目标的实现程度有关。采购效果指标是指与采购结果(采购成本、原材料质量、交货等)相关的指标,具体包括质量、价格与成本、时间、数量等绩效指标。

(1)价格绩效评价指标。

价格绩效评价指标是项目最重视和最常见的评价指标。工程项目采购部门运用不同的指标对价格绩效进行评估,即用来评价项目采购经费的有效利用程度。最常见的价格绩效考核包括实际采购价格与计划采购价格的对比和实际采购价格与市场指数的对比等。与最常见的价格绩效考核内容相对应的实际采购价格与计划采购价格、市场指数的对比指标是最重要的价格绩效评价指标。

①实际采购价格与计划采购价格的对比。

在工程项目中,最常见的价格绩效评价指标是实际采购价格与计划采购价格之间的

①马俊,孙忠河,蒋红兵.医疗器械采购工作的绩效评价探讨[J].中国医疗设备,2012,27(10):37-39.
②莱桑斯,法林顿.采购与供应链管理[M].7版.鞠磊,吴立生,张晶,译.北京:电子工业出版社,2008:33-36.

差异。不同的计划采购价格的考核指标用于不同的组织层次考核中。一种层次包括总采购货物计算的实际采购价格与计划采购价格的对比,这是一种总的价格绩效评价指标。其他层次则是细节上的比较,即项目采购部门可以对每一种采购的产品进行其实际采购价格与计划采购价格之间的差异比较。

②实际采购价格与市场价格指数的对比。

实际采购价格与市场指数的对比评价指标提供了实际采购价格与公开市场价格之间关系的信息。这个指标最适用于由市场供求决定价格的产品,也适用于标准化产品和易采购产品。市场指数考核指标将会考虑工程项目在一定时间内(如一个分部工程所需时间)公开指数数量与实际支付价格变化间的差异。

(2)成本绩效评价指标。

采购成本是指一定时期内采购部门为完成相应采购任务支出的成本类费用总量。有关这类考核指标主要关注采购部门为降低采购成本所做的努力,评价成本的降低程度。成本绩效评价指标主要分为两类:采购费用率和采购资金节约率。

①采购费用率。

在采购活动中,采购费用总是存在的。采购费用率是指一定时期内采购费用占同期采购总金额的比率。

$$采购费用率 = \frac{考核期内采购费用}{同期采购总金额} \times 100\%$$

②采购资金节约率。

采购资金节约情况,是指与采购物资的预算资金或物资的市场价值相比,采购部门在一定时期内完成采购任务时实际支出的物资采购资金的资金节约情况。这个指标能准确地反映完成采购任务时的资金节约量。

$$采购物资资金节约量 = 采购物资预算资金 - 实际采购物资资金$$

$$采购资金节约率 = \frac{采购物资资金节约量}{采购物资预算资金} \times 100\%$$

(3)质量绩效评价指标。

质量绩效评价指标主要是指工程项目采购供应商的质量水平以及供应商所提供的产品和服务的质量表现,它主要包括到货质量水平、供应商质量体系两方面。

①到货质量。

到货质量包括批次质量合格率、退货率、对供应商投诉率及处理时间等内容。主要的评价指标如下。

a.到货质量合格率。

到货质量合格率是指到货质量合格的产品和设备的数量占供应产品总数量的百分比。考核每个供应商提供货物的合格数量,可以用来比较各供应商之间的质量绩效,质量不合格的产品和设备数量越多,则产品和设备的合格率越低,表明供应商提供产品和设备的质量不稳定或质量差,也就从侧面反映了采购的绩效不理想。通过检验或抽样调查各供应商所交付的所有部件、组件或系统中质量合格数量所占的比例来进行考核。

b.退货率。

通过统计采购货物的退货率对供应商提供货物的质量水平进行考核,退货率越低表明采购货物的质量越有保证。

②供应商质量体系。

该考核指标主要是指通过 ISO9000、ISO14001 质量体系的供应商的比例以及开展专项质量改进(围绕该项目)的供应商数目及比例,可以有效地反映出供应商提供货物的质量水平。

(4)时间绩效评价指标。

时间绩效评价指标主要用来衡量采购物流各环节的工作情况,考察工程项目采购人员完成订单的效率,以及对于供应商交货时间的控制。此指标对采购绩效有很大的影响,延迟交货可能造成缺货现象,但是提前交货也可能导致采购方产生不必要的存货储存费用或提前付款的利息费用。具体包括的指标有:采购订单按时完成率、订货至交货时间的跨度、紧急订货率以及采购订单差错率。

①采购订单按时完成率。

采购订单按时完成率是指考核期内按时完成的采购订单数量占考核期内采购订单总数量的百分比,采购订单按时完成率越高表明采购任务完成得越及时。

$$采购订单按时完成率 = \frac{考核期内按时完成的采购订单数}{同一考核期采购订单总数} \times 100\%$$

②订货至交货的时间跨度。

订货至交货的时间跨度用考核期内所有采购订单订货至交货的时间跨度的平均数来表示。这个指标主要用来说明供应商可以满足客户需求的程度。供应商根据客户订单进行交货,订货至交货时间过长则会延迟工程的进度,增加工程成本,供应商的及时供货则能保证工程的顺利进行。该指标能够有效地反映工程项目采购工作的时间绩效水平。

③紧急订货率。

一般在特殊或者紧急的情况下,采购部门会采取紧急订货的方式,而采取紧急订货的方式会在相应运输方式上产生运输费用差额,影响采购成本,紧急订货率越高说明采购部门时间绩效越低。

$$紧急订货率 = \frac{考核期内紧急订货的单数}{同期内采购的单数} \times 100\%$$

④采购订单差错率。

采购订单差错率是指一定时期内工程项目采购部门因工作失职等原因造成在数量上或质量上出现的采购问题的采购订单,它反映采购部门工作质量的优劣。

$$采购订单差错率 = \frac{考核期内数量及质量有问题的物资金额}{同期采购总金额} \times 100\%$$

(5)满意度评价指标。

顾客需求是企业管理的目标导向和利润来源,顾客满意与否直接影响企业的业绩和利润。因此,近几年来企业将顾客满意度列为采购管理的重要内容之一,满意度已成为采购绩效评价的重要指标。工程项目满意度的指标主要包括三个方面:采购人员满意度、使用人员满意度和供应商满意度。

①采购人员满意度。

一般通过调查工程项目采购相关部门及员工,让其回答一系列问题来得知他们对采购的满意程度,通过统计采购满意人员占采购部门总人数的比例来确定满意度。

②使用人员满意度。

使用人员满意度是指使用部门对物资保障情况的满意度。一般通过对供应商提供的货物、部件及货物组成的最终产品出现的故障率进行统计,用采购货物的现场故障率作为使用人员满意度考核的关键指标。

③供应商满意度。

现代化的采购强调发展供应商与顾客之间长期、友好、高效的相互协作关系,而该指标即考核工程项目采购部门、使用部门与供应商之间的合作与双赢,主要通过供应商反馈信息以及调查满意供应商的数量来考核。

(6)综合评价指标。

基于供应链管理和战略管理的思想,除了考虑时间、质量、数量、价格等效果绩效指标之外,为满足企业的战略发展还应考虑一下综合指标,促成企业与供应商的合作与共赢。

①供应商的信誉。

工程项目采购绩效除了从供应商提供货物的价格、质量、交货时间等客观的、易于量化的指标进行评价之外,还应考虑主观指标即供应商的信誉。供应商的信誉是业界对其的综合评价,在某种程度上反映它的真实情况。供应商信誉的好坏直接影响着其所提供货物的各个方面。

②合作伙伴型供应商的数量。

在目前的采购环境中,供应商与需求商的关系不再是一种简单的买卖关系,而是逐渐发展成为一种在产品制造、设计、新产品开发等各层面上信息共享、风险共担、共同获利的战略协作伙伴关系。良好的合作伙伴供应商能够有效地提高采购效率,降低采购成本,缩短交货周期,保持供应,围绕本项目进行产品开发和改进质量。因此,工程项目的合作伙伴型供应商的数量在一定层面上反映了采购绩效的好坏。此指标用考核期内合作伙伴型供应商占供应商总数的比例表示。

2.采购效率指标

采购效率即为了实现预先确定的目标,计划耗费与实际耗费之间的关系,它直接决定于采购工作的能力。采购效率与实现预期目标所需要的资源以及实现这一目标的相关活动有关,并涉及采购工作组织和管理的各个方面,组织和管理越规范,资源的功能发挥得越充分,采购目标的实现就越有效率。采购效率指标主要包括采购人员相关指标和采购管理相关指标。

(1)采购人员。

采购人员主要指采购人员的背景、培训、发展程度以及积极性。主要通过项目上从事采购人员的比例和采购部门人员纪律执行情况两个指标来进行考核。项目上从事采购人员的数量是指项目专门从事采购业务的人数。

$$项目上从事采购人员的比例 = \frac{考核期内项目上从事采购人员数量}{同期内项目总人数} \times 100\%$$

采购部门人员纪律执行情况主要以考核期内项目采购人员的出勤情况来进行考核，出勤率越高表明采购人员的工作积极性越高。

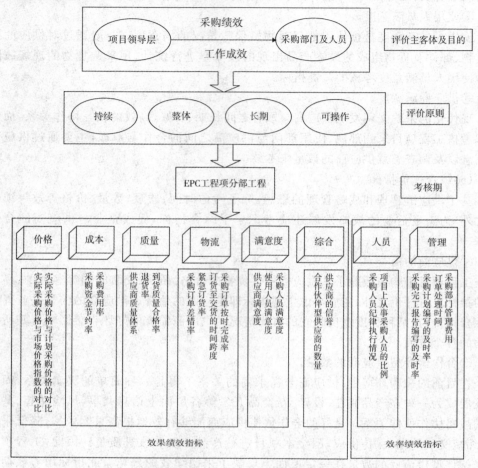

图 4-1　以某 EPC 工程项目为例的采购绩效评价体系

（2）采购管理。

采购管理主要指采购部门的管理方式，包括采购策略的质量和有效性、行动计划、报告程序等。主要评价指标如下。

①采购部门管理费用：是指考核期内采购部门的经费支出在采购总金额中所占的比例，反映的是项目采购部门的经济效益。

②订单处理时间：是指项目采购部门在处理采购订单的过程中所需要的平均时间，它反映的是项目采购部门工作效率与工作质量的优劣。

③采购计划编写的及时率。

$$采购计划编写的及时率 = \frac{考核期内采购计划编写的次数}{考核期内应完成采购计划编写总数} \times 100\%$$

④采购完工报告编写的及时率。

$$采购完工报告编写的及时率 = \frac{考核期内完成采购报告编写的次数}{考核期内应完成采购报告编写总数} \times 100\%$$

第二节 运输绩效评价

一、运输概述

运输是指将顾客所需要的货物通过运输工具从供应点送至顾客手中的活动。其间可能是从工厂的仓库直接送至客户,也可能通过批发商、经销商或由配送中心、物流中心转送至客户手中。运输通常是一种短距离、小批量、高频率的运输形式,以服务为目标,以最大限度地满足客户要求为优先。

(一)影响运输的因素

影响运输效果的因素很多。动态因素,如车辆变化、道路施工、配送客户的变动、可供调动的车辆变动等;静态因素,如配送客户的分布区域、道路交通网络、车辆运行限制等。各种因素互相影响,很容易造成送货不及时、配送路径选择不当、贻误交货时间等问题。因此,对运输进行有效管理极为重要,否则将直接导致运输成本的上升。

(二)运输的特点

(1)时效性。

确保在客户指定的时间内交货是客户最重视的因素,也是运输服务性的充分体现。运输是从客户到交货的最后环节,也是最容易引起时间延误的环节。

(2)安全性。

运输的宗旨是将货物完好无损地送到目的地。

(3)方便性。

以服务为目标,以最大限度地满足客户要求为优先。

(4)经济性。

实现一定的经济利益是企业运作的基本目标。

(三)运输作业流程

1.划分基本配送区域

为使整个配送过程有一个可循的基本依据,应首先将客户所在地的具体位置做一系统统计,并将其作业区域进行整体划分,将每一客户囊括在不同的基本配送区域之中,作为下一步决策的基本参考。如按行政区域或依交通条件划分不同的配送区域,在这一区域划分的基础上再做弹性调整来安排配送。

2.配载车辆

由于配送货物的品种、特性各异,为提高配送效率,确保货物质量,在接到订单后,首先必须将货物依特性进行分类,然后分别选取不同的配送方式和运输工具,如按冷冻食品、速食品、散装货物、箱装货物等分类配载;其次,配送货物也有轻重缓急之分,必须按照先急后缓的原则,合理组织运输配送。

3.暂定配送顺序

在考虑其他影响因素并做出确定的配送方案前,应先根据客户订单要求的送货时间将配送的先后作业次序做一概括的预订,为后面车辆积载做好准备工作。计划工作的目的是为了保证达到既定的目标,所以预先确定基本配送顺序可以既有效地保证送货时间,又尽可能地提高了运作效率。

4.安排车辆

车辆安排要解决的问题是安排什么类型、吨位的配送车辆进行最后的送货。一般企业拥有的车辆有限,当本公司车辆无法满足要求时,可使用外雇车辆。在保证运输质量的前提下,是组建自营车队,还是以外雇车为主,则须视经营成本而定。

5.选择配送线路

知道了每辆车负责配送的具体客户后,如何以最快的速度完成对这些货物的配送,即如何选择配送距离短、配送时间短、配送成本低的线路,需要根据客户的具体位置、沿途的交通情况等做出优先选择和判断。除此之外,还必须考虑某些客户或其所在地的交通环境对送货时间、车型等方面的特殊要求,如有些客户不在中午或晚上收货,有些客户所在地道路在高峰期实行特别交通管制等。

6.确定最终配送顺序

做好车辆安排及选择最好的配送线路后,依据各车负责配送的具体客户的先后顺序,即可明确客户的最终派送顺序。

7.完成车辆积载

明确了客户的配送顺序后,接下来就是如何将货物装车以及以什么次序装车的问题,即车辆的积载问题。原则上,知道了客户的配送先后顺序,只要将货物按"后送先装"的顺序装车即可。但有时为了有效利用空间,可能还要考虑货物的性质(怕震、怕压、怕撞、怕湿)、形状、体积及重量等并相应做出调整。此外,对于货物的装卸方法也必须依照货物的性质、形状、重量、体积等来做具体决定。

(四)运输合理化

运输合理化是指从物流系统的总体目标出发,按照货物流通规律,运用系统理论与系统工程原理和方法,合理利用各种运输方式,选择合理的运输路线和运输工具,以最短的路径、最少的环节、最快的速度和最少的劳动消耗,组织好货物的运输与配送,以获取最大的经济效益。

不合理运输的形式有以下几种。

1.返程或起程空驶

空车无货载行驶,可以说是不合理运输的最主要形式。在实际运输组织中,有时候必须调运空车,从管理上不能将其看成不合理运输。但是,因调运不当,货源计划不周,不采用运输社会化而形成的车辆空驶,是不合理运输的表现。造成车辆空驶的不合理运输主要有以下几种原因。

（1）能利用社会化的运输体系而不利用，却依靠自备车送货提货，这往往出现单程重车、单程空驶的不合理运输。

（2）由于工作失误或计划不周，造成货源不实，车辆空去空回，形成双程空驶。

（3）由于车辆过分专用，无法搭运回程货物，只能单程实车，单程回空周转。

2. 对流运输

亦称"相向运输""交错运输"，指同一种货物，或彼此间可以互相代用而又不影响管理、技术及效益的货物，在同一线路上或平行线路上做相对方向的运送，而与对方运程的全部或一部分发生重叠交错的运输形成。已经制订了合理流向图的产品，一般必须按合理流向的方向运输，如果与合理流向图指定的方向相反，也属对流运输。

需注意的是，有的对流运输是不很明显的隐蔽对流运输，例如，不同时间的相向运输，从发生运输行为的那个时间看，并无出现对流，可能做出错误的判断，所以要注意隐蔽的对流运输。

3. 迂回运输

迂回运输是舍近取远的一种运输方式，是可以选取短距离进行运输却选择路程较长路线进行运输的一种不合理形式。迂回运输有一定的复杂性，只有当计划不周、地理环境不熟、组织不当而发生的迂回，才属于不合理运输。如果最短距离上有交通阻塞、道路状况不好或有对噪声、排气等特殊限制而导致的迂回，不能称为不合理运输。

4. 重复运输

本来可以直接将货物运到目的地，但是在未达目的地之处，或目的地之外的其他场所将货卸下，再重复装运送达目的地，这是重复运输的一种形式。另一种形式是，同品种货物在同一地点一面运进，同时又向外运出。重复运输的最大弊端是增加了非必要的中间环节，这就延缓了流通速度，增加了费用，增大了货损。

5. 倒流运输

倒流运输是指货物从销地或中转地向产地或起运地回流的一种运输现象。其不合理程度要甚于对流运输，其原因在于，往返两程的运输都是不必要的，形成了双程的浪费。倒流运输也可以看成隐蔽对流的一种特殊形式。

6. 过远运输

过远运输是指调运物资舍近求远，近处有资源却从远处调配，这就造成可采取近程运输而未采取从而拉长了货物运距的浪费现象。过远运输占用运力时间长，运输工具周转慢，物资占压资金时间长，远距离自然条件相差大，又易出现货损，从而增加了费用支出。

7. 运力选择不当

未根据各种运输工具优势而不正确地利用运输工具造成的不合理现象，常见的有以下若干形式。

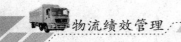

（1）弃水走陆。

在同时可以利用水运及陆运时，不利用成本较低的水运或水陆联运，而选择成本较高的铁路运输或汽车运输，使水运优势不能发挥。

（2）铁路、大型船舶的过近运输。

不是铁路及大型船舶的经济运行里程却利用铁路、大型船舶进行运输的不合理做法。主要不合理之处在于火车及大型船舶起运及到达目的地的准备、装卸时间长，且机动灵活性不足，在过近距离中利用，发挥不了运速快的优势。相反，由于装卸时间长，反而会延长运输时间。另外，和小型运输设备比较，火车及大型船舶装卸难度大、费用也较高。

（3）运输工具承载能力选择不当。

不根据承运货物数量及重量选择运输工具，造成过分超载、损坏车辆及货物不满载、浪费运力的现象。尤其是"大马拉小车"现象发生较多；由于装货量小，单位货物运输成本必然增加。

8.托运方式选择不当

可以选择最好托运方式而未选择，造成运力浪费及费用支出加大的一种不合理运输。例如，应选择整车未选择，反而采取零担托运，应当直达而选择了中转运输，应当中转运输而选择了直达运输等，都属于这一类型的不合理运输。

运输合理化的形式有以下四种。

（1）分区产销平衡。

在组织物流活动时，对某些产品使其一定的生产区固定于一定的消费区。实行这一办法对于加强产、供、运、销的计划性，消除过远运输、迂回运输、对流运输等不合理运输，充分利用地方资源，促进生产合理布局，节约运力，降低物流成本都有十分重要的意义。

（2）直达运输。

在组织运输过程中，跨过商业、物资仓库或其他中间环节，把货物从运地直接运到销地或用户手中，减少中间环节。随着市场经济的发展，企业为了降低流通费用，采用直达运输的比例在迅速提高。这对减少物流中间环节，提高物流效益和生产经营效益都有重要作用。

（3）提高"装载量"。

这种办法可以最大限度地利用运载工具的装载吨位和装载容积，提高运输能力和车辆的运量。主要方法：实行分单体运输；组织轻重配装；提高堆码技术；合装整车，也叫"零扭"，拼装整车中转分运。

（4）推进综合运输。

精心规划、统筹兼顾，大力发展综合运输体系，推进联合运输方式，可以增强运输生产能力，缓解交通运输紧张的痼疾。多年来，我国交通运输出现许多不平衡情况：有的线路运输压力过大，有的线路运力发挥不够，有的线路运输方式严重超负荷。而实现综合运输体系将改变这一不协调不平衡的状况，大幅度提高运输能力。按照各种运输方式的技术经济特征建立合理的运输结构，扬其所长避其所短，以最大限度地提高合理化运输水平，提高运输效率和经济效益。

运输合理化"五要素"如下。

(1)运输距离。

运输过程中,运输时间、运输运费等若干技术经济指标都与运输距离有一定的关系,运距长短是运输是否合理的一个最基本的因素。

(2)运输环节。

每增加一个运输环节,势必要增加运输的附属活动,如装卸、包装等,各项技术经济指标也会因此发生变化,因此减少运输环节有一定的促进作用。

(3)运输工具。

各种运输工具都有其优势领域,对运输工具进行优化选择,最大限度地发挥运输工具的特点和作用,是运输合理化的重要的一环。

(4)运输时间。

在全部物流时间中运输时间占绝大部分,尤其是远距离运输,因此,运输时间的缩短对整个物流时间的缩短起决定性的作用。此外,运输时间缩短,还有利于加速运输工具的周转,充分发挥运力效能,提高运输线路通过能力,不同程度地改善不合理状态。

(5)运输费用。

运费在全部物流费用中占很大的比例,运费高低在很大程度上决定整个物流系统的竞争能力。实际上,运费的高低,无论对货主还是物流企业来说都是运输合理化的一个重要标志。运费高低是各种合理化措施是否行之有效的最终判断依据。

表 4-1 五种运输方式的比较

项目＼运输方式	公路运输	铁路运输	水路运输	航空运输	管道运输
优点	①机动灵活;②项目投资小,经济效益高;③操作人员容易培训;④包装简单,货损少;⑤运费比较便宜;⑥便于实现门到门运输	①运输能力大;②运输速度快;③运输成本低;④运送时间准;⑤运输能耗低;⑥通用性能好、安全性高	①运输能力大;②运输成本低;③建设投资省;④劳动生产率高;⑤平均运距长;⑥通用性能好;⑦运输地位独特	①高速、直达性;②安全性高;③经济价值独特;④包装要求低	①运输量大;②管道建设周期短、费用低;③占地少;④运输安全可靠,连续性强;⑤能耗小,成本低,效益好;⑥不受气候影响
缺点	①运输能力小;②运输能耗高;③运输成本高;④劳动生产率低	①灵活性差;②投资较大;③建设周期长,占地多;④运输时间长;⑤货损率较高	①运输速度慢;②受自然条件的影响大;③可达性差	①载运量小;②投资大,成本高;③易受气候条件限制;④可达性差;⑤运输价格贵	灵活性差(只能运输液体、气体等且管道固定,不便于实现门到门)

运输方式 / 项目	公路运输	铁路运输	水路运输	航空运输	管道运输
适用范围	①适合于内陆地区近距离的独立运输；②补充和衔接其他运输方式	①适合于内陆地区大宗低值货物的中、长距离运输；②适合于大批量、时间性强、可靠性要求高的一般货物和特种货物的运输；③适合于大批量货物一次高效率运输；④适合于散装货物、罐装货物的运输	适合于长距离、运量大、时间性不太强的各种大宗货物的运输，特别适合于使用集装箱进行运输以及国际贸易远洋大批量物资的运输	①适合于国际运输；②适合于特殊货物的运输（一是适合于高附加值、低质量、小体积物品的运输；二是鲜活易腐物、时令性产品、邮件等时间限制较强的特殊货物的运输）	适合于单向、定点、量大的流体状且连续不断货物的运输

二、运输绩效评价指标体系

(一)运输绩效评价指标的特性

进行运输绩效评价的同时要兼顾运输企业的经济效益以及它产生的社会效益。作为运输绩效的指标要能反映运输的总体现象，应该从多角度、多侧面对公路运输行业的成果、特征进行展现。这些指标具有以下四个特性。

1. 一致性

制定运输绩效评价指标，首要任务要明确运输业的总的战略目标和工作重点。在研究运输业外部环境和运输业自身能力基础上，对总目标进行层层分解，这样得到的评价指标才是最科学合理的。

2. 完整性

合理的运输绩效评价指标体系应该全面反映运输部门的总体水平和各方面的具体水平。指标选择的局限性、不全面性导致绩效水平只能反映运输的局部水平，久而久之，那些被忽视的方面就会被彻底遗忘，而那些影响运输业生存和发展的重要指标可能就是被忽视指标中的一个或多个，由此导致运输业发展的平衡性丧失。

3. 依存性

运输绩效评价指标并非静止不变的，要用发展变化的观点来研究各指标。国民经济是在发展变化的，也就是说运输业所处的外界环境是时刻变化着的，运输业的绩效评价指标体系也要随之做相应调整，这样做出的绩效评价才是客观、公正、合时宜的。

4.具体性

只有所选的运输绩效评价指标必须是具体、明确的,不能是含糊不清、模棱两可的,通过此指标得出的绩效评价结果才是科学的,运输绩效评价结果才是运输业绩效现状的真实体现。

(二)构建运输绩效评价指标体系的基市思想与原则

1.构建运输绩效评价指标体系的基本思想

科学地构建运输绩效评价指标体系,是全面、准确、客观地评价运输绩效至关重要的第一步。需要从运输业自身的结构和发展规律出发,从运输业与国民经济的关系出发,构建既能反映当前运输活动所产生的经济与社会效益,又能体现运输发展的态势的指标体系。

在全面、系统地分析运输绩效所包含的内容和涉及的范围的基础上,根据运输绩效评价的目标,确定出能够合理评价运输绩效的指标体系。具体而言,需要从以下三方面来考虑指标的选取工作。

(1)需要把握运输业的生产活动特点、发展规律,以便分析并找出能直接反映运输活动的质量、效率和效益指标。

(2)需要结合科学发展观和有关运输业发展政策,以便分析并找出能符合时代要求,反映和谐交通、交通可持续发展要求的指标。

(3)需要深刻理解运输业与国民经济发展的关系,以便分析并找出能反映运输经济活动、运输资源配置水平等方面的指标。

2.构建运输绩效评价指标体系的基本原则

运输绩效评价指标体系的构建要遵循目的性、预测性、全面性与重点性相结合、系统性、层次性、定性分析与定量分析相结合、可比性、可操作性、协调统一等九个原则[1]。

(1)目的性原则。

进行运输绩效评价目的是反映其在资源利用效率和对国民经济贡献方面的情况。以期通过完善发展政策、提高运营管理水平、革新运输组织手段等,达到运输资源的合理利用,投入与产出的最优配置,最终提高运输的质量,实现运输效益的最优化,以保证运输的可持续发展。

(2)预测性原则。

运输绩效的评价指标不应该只反映一个特定阶段的运输绩效情况,应该具有一定的预测性。这些指标能够反映运输业未来的发展变化趋势,通过这些指标可以对运输业未来的发展趋势进行评价。通过进行绩效评价,能够为运输发展政策的制定、为运输业发展态势的评估和发展战略规划提供依据。

(3)全面性与重点性相结合的原则。

---

①魏然.运输绩效评价及其指标体系的构建[J].物流技术,2006(4):59-61.

首先，依据运输可持续发展的要求，不能盲目追求对经济利益的评价而忽略了对社会利益的评价。其次，运输绩效评价体系中的指标力求做到完整，即评价指标能准确反映运输服务全过程，概括运输绩效的全貌，克服片面性，需要合理考虑影响绩效的各种因素。然而，如果兼顾所有的评价指标，就会使得整个评价指标体系关系混乱，主次不清，无法反映核心问题，从而无法对核心问题展开评价，所以，应按照重要性原则的要求，经过对指标的不断修正，将一些不重要的变量删除，以构成最佳指标集。

（4）系统性原则。

运输是作为一个系统而存在的，任何运输活动都是人、物、信息等因素共同作用的结果。在进行运输绩效指标体系的构建时，要把运输活动作为一个系统综合考虑，全面选取代表各方面水平的指标。以系统工程的思想为理论依据构建的指标体系以及在此基础上进行的绩效评价才具有可信度和系统性。

（5）层次性原则。

运输绩效受多方面因素的综合影响，这些因素间关系复杂，因此，在建立评价指标体系时，应该先分清指标之间的层次关系和上下属关系部分，还要把握同级别指标之间的主次关系，重点和非重点之间的关系。运用辩证法的"抓重点""抓主要矛盾"的辩证观点，各层指标选取过程中要"抓重点""抓主要矛盾"，对关键的绩效指标要进行重点研究。遵循指标选取的层次性，构建的指标体系层次关系要清晰，由此进行的绩效评价结果才具有客观真实性。

（6）定性分析与定量分析相结合的原则。

在进行绩效评价时，需要综合衡量运输水平、全面反映运输业活动，主要涉及两类指标：一类是可以数量化的定量指标，如运输的技术指标、经济指标等；而另一类是难以量化的指标，需要用语言描述的定性指标，如运输的部分安全性指标等。使用这两类指标进行绩效评价，前提基础是它们要概念明确，计算方法要清晰。定量和定性分析相结合是由运输活动的动态决定的，两种分析方法相结合获得的绩效评价结果才更全面、更真实。

（7）可比性原则。

在进行绩效评价指标选择时，所选取的指标要有普遍适用性。指标不能局限在某一范围内适用，而要在整个运输产业内适用。它既能进行同地区不同时间的纵向比较，又能进行同时间不同地区的横向比较。

（8）可操作性原则。

首先，拟定的指标概念要清晰明了，不能含糊不清，要简洁规范，不能冗繁杂乱；其次，指标体系应该注意简单与复杂的平衡统一，指标太少或过于简单，则指标体系不能全面反映运输行业的综合情况，从而影响到评价结果的真实性；指标过多或过于详细则会导致烦琐，不利于评价工作的开展；最后，指标体系在符合运输业发展实际情况的同时，与现有统计资料兼容，以提高实际评价的可操作性和整个绩效评价的效率。

（9）协调统一原则。

为满足不同的管理需要，运输业内部设置了很多指标体系，经济核算指标体系就是其中之一。这些指标体系是作为一个子系统存在于运输业整个大系统之中的，在各自的领域中各子系统是相对独立的。但是运输业作为一个整体来评价研究时，这些子系统的最终目标则是相同的，都不同程度地反映运输活动的效果。

(三)运输绩效评价指标体系的构建方法

1.评价指标体系的构建流程

从绩效评价的根本目标出发，依据建立指标体系的指导思想、基本原则和一般方法，在参考一般评价体系建立经验的基础上，从定量和定性两个方面，逐项分析并选取可能的评价指标。然后，确定各评价指标的用途、内涵及相关关系，并对指标进行初步的分层和分类，从而构建起初步的评价指标集[①]。依照一定的指标遴选原则，对已选取的指标集进行简约、调整和优化，简约掉那些重复的、价值不大的指标，转换和优化那些内容不明确、作用不突出的指标，保留行业内认可、完整并规范的指标，以获得数量合适、结构完整、内容准确的指标体系[②]。最后，为了能更加科学地从总体上反映运输业的运行状况，对各层次指标和层次内各个指标对评判结果的贡献进行权衡分析，并根据模糊综合评判法和专家经验确定出各类指标的权重值，从而形成最终的评价指标体系，如图 4-2 所示。

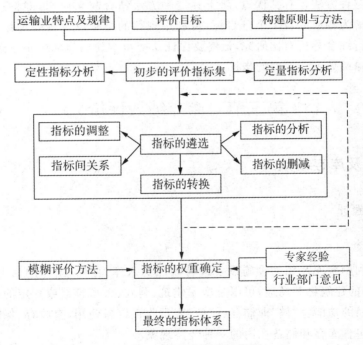

图 4-2　评价指标构建流程图

2.评价指标的选取方法

在实际运输绩效指标体系构建过程中，可供选择的指标数量繁多，且指标间关系复

---

①Mi J S, Leung Y, Wu W Z. An uncertainty measure in partition based fuzzy rough sets[J]. International Journal of General Systems,2005,34(1):77-90.

②何高峰,何宏,铁庆彬.基于多级模糊综合评判的军事运输绩效评价[J].物流技术,2008,31(4):103-105.

杂多变。由于评价指标要全面系统,指标的初选阶段允许多种指标得到存在。对评价指标进行筛选的方法一般有以下几种①。

(1)综合评判法。

运输业存在各种现行使用的各方面的指标,主要见各种统计年鉴上的指标。但是这些指标繁杂,没有系统地分门别类。综合评判法就是把各种指标分类,使之体系化,以便于评价工作的进行。此方法是建立评价指标体系的基础。

(2)层次分析法。

主要是对各指标使用综合评判法分类后,进一步细化工作。首先,明确绩效评价的总目标与子目标;其次,再对各目标进行层层细分;再次,每个目标都可用一个或多个明确的指标来体现;最后,建立清晰明确的指标体系的层次结构,使得指标体系更加完善。

(3)交叉分析法。

所谓交叉分析法,就是通过现存指标的多维交叉关系从而派生出一系列的新指标,从而形成新的指标体系。运输的经济效益指标就是把运输投入与产出的进行交叉而衍生出来的指标。

由于以上三种方法各有其优点,将上述三种方法结合起来使用,即将运输绩效评价的总体目标分解为相应的若干个分目标,再利用现存的指标以及需要增添的新指标,然后对各指标进行综合分析对比研究,最终要保证从初步构建的指标中集中选取了足够充分的能反映运输绩效各个方面的指标。

第三节　库存绩效评价

一、仓储及库存绩效

(一)仓储概述

1.仓储概念

仓储是指利用仓库及相关设施设备进行物品的入库、存储、出库的活动。"仓"即仓库,为存放物品的建筑物和场地,可以是房屋建筑、洞穴、大型容器或特定的场地等,具有存放和保护物品的功能。"储"即储存、储备,表示收存以备使用,有收存、保管、交付使用的意思。它是包含库存和储备在内的一种经济现象。

2.仓储管理任务目标

仓储管理是指对仓储设施布局和设计以及仓储作业所进行的计划、组织、协调与控制。仓储管理是从系统的角度对整个仓储活动的管理。仓储管理任务目标包括以下几个方面。

---

①王春枝.综合评价指标筛选及预处理的方法研究[J].统计教育,2007(3):15-16.

（1）利用市场经济手段获得最大的仓储资源的配置。

（2）以高效率为原则组织管理机构。

（3）以不断满足社会需要为原则开展商务活动。

（4）以高效率、低成本为原则组织仓储生产。

（5）以优质服务、诚信建立企业形象。

（6）通过制度化、科学化的先进手段不断提高管理水平。

（7）从技术到精神领域提高员工素质。

3. 仓储的类别

仓储的主要功能是消除时间间隔，但由于市场经济中各个经济活动主体的需要，其功能逐渐丰富起来，成为诸多功能的集合体。

根据仓储功能分类，仓储主要分为以下几种：储存仓储（物品需存放较长时间，品种少，偏远地区）；物流中心仓储（物流管理为目的，经济发达且交通便利、储存成本低的地区）；配送仓储（短期仓储，物品品种多、批量少）；运输转换仓储（用于衔接不同运输方式，大进大出，存期短）；保税仓储（保税仓库，海关直接监控，出入库单由海关签署）。

（二）库存绩效概述

1. 库存绩效评价的定义

库存绩效评价是指围绕库存管理总体目标，针对库存整体状况、各成员企业库存运营状况以及它们之间的合作关系情况，通过建立库存管理指标评价体系，运用数量统计和运筹学方法，对库存管理在一定时期的绩效做出客观、公正和准确的综合评判[1]。库存管理绩效评价的研究内容主要包含两方面：一是构建评价体系，选取评价指标；二是确定评价方法。

2. 库存绩效评价的作用

库存管理绩效评价对于优化整个供应链及链上各企业的库存管理有很大的推动作用，具体体现在以下几个方面。

（1）提高和追踪库存管理任务目标的达到程度，并对其做出不同层次的量度，以现有库存管理水平为基础，制定相应标准，从而能够事先对活动进行管理。

（2）根据库存管理绩效评价结果判断库存管理计划和任务的可行性与准确性。

（3）根据绩效评价进一步对供应链库存管理进行改善，从而提出新的库存管理目标与管理方法。

（4）根据绩效评价，判断现有库存管理对整体（或局部）供应链做出的贡献，衡量供应链本身的竞争能力，以制订今后的发展战略规划。

---

①霍佳震.企业评价创新——集成化供应链绩效及其评价[M].石家庄：河北人民出版社，2001：85-89.

二、库存绩效评价指标体系

(一)库存管理绩效评价指标体系概述

1.库存管理绩效评价指标体系的构建原则

库存管理绩效评价指标体系的建立过程相当复杂,对该领域的绩效评价通过建立相应的包含众多因素的评价指标体系来进行。合理选择能恰当反映库存管理绩效的指标是客观、合理评价绩效的关键。在明确评价要素的前提下,如何把评价要素明晰化、具体化,从而建立科学、合理的评价指标体系是问题的关键。在设计库存管理绩效评价指标体系时遵循了以下原则。

(1)绩效评价指标要能够反映整个库存管理情况,而不仅仅是反映链上单个企业的库存管理情况。

(2)绩效评价指标体系能反映环境下库存管理流程,在界定和衡量管理绩效时力求精确,以有价值的结果为中心来对绩效进行界定,利用指标发生的相对频率来衡量库存管理绩效的结果。

(3)拟定库存管理系统的总体目标,突出重点,要对关键绩效指标进行重点分析。

(4)采用能反映供应商、制造商及用户之间关系即反映整体库存服务水平的库存管理绩效评价指标。

(5)由于库存管理系统作为管理中的一个子系统,库存管理绩效效益类指标和财务类指标不可过高或过低,特别是库存管理的战略目标是提高敏捷性,降低整体运作成本的重要因素,因此,应从属于总体绩效。

(6)定量指标为主,定性指标为辅原则。通常情况下,我们主张更多地使用定量化的绩效评价指标,并有利于确定清晰的标度,从而提高评价的客观准确性。

(7)少而精原则。这一原则指的是绩效评价指标只要求能够反映评价的目的,而不一定要面面俱到。也就是说,在设计绩效评价指标体系时应避免一切不必要的复杂化,结构简单的评价指标体系能够有效地缩短评价信息的处理过程乃至提高整个评价过程绩效评价的工作效率。

2.库存管理绩效评价指标体系的构建目标

具体来说要突出如下两个目标。

(1)反映库存基本运作情况。充分吸收已有评价体系的优点,在新评价体系中要突出库存的操作层的运作特点。

(2)体现企业间的合作程度。库存管理水平高低很大程度上取决于企业间的合作程度。深度合作的,库存周转快,服务水平好,管理水平高;缺乏合作或合作不深的,难以及时满足各级库存需求,服务水平差,管理绩效评价低。

3.库存管理绩效评价指标体系的构建步骤

库存管理绩效评价是一项系统工程,涉及因素众多,且过程复杂,在设计评价指标体系时应尽可能客观、准确地反映库存管理各个方面的实际情况。本书将按如下步骤构建库存管理绩效模型。

(1)分析现有评价体系的特点。

库存管理绩效评价已经有一定的研究基础,其普遍采用的评价指标必有可取之处,但仍存在尚待改善的地方,通过分析研究,找出不足的地方作为本书重点研究对象,力求提高指标的评价能力,使指标更好地反映库存管理的真实情况。

(2)选取指标。

构建库存管理绩效评价指标体系。针对现有评价体系的不足,根据库存管理特点,提出具体绩效评价指标,分析指标。

(3)量化指标。

指标选取的一个重要原则是可以量化,并且简便易操作。不能量化或者难以获取的指标都不是有效的指标。对定量的指标给出具体公式和计算方法,定性指标则提出衡量评价方法。总之,使定量或定性指标都能从实际中获取。

(二)现有库存管理绩效评价指标体系的分析

目前库存管理绩效评价指标体系主要从库存管理成本、客户服务水平、库存管理质量三方面研究。库存管理成本包括存储成本、订货成本、缺货成本、丢单成本、运输成本、搬运(或装卸)成本六个二级指标;客户服务水平包括准时交货率、订单完成时间、交货准确率、库存物资损毁率四个二级指标;库存管理质量包括库存物资供应率、库存物资循环率、物资收发正确率、仓容利用率四个二级指标[①]。如表 4-2 所示。

表 4-2 现有的库存管理绩效评价指标体系

绩效目标	一级指标	二级指标
供应链库存管理绩效	库存管理成本	存储成本
		订货成本
		缺货成本
		丢单成本
		运输成本
		搬运(或装卸)成本
	客户服务水平	准时交货率
		订单完成时间
		交货准确率
		库存物资损毁率
	库存管理质量	库存物资供应率
		库存物资循环率
		物资收发正确率
		仓容利用率

这种指标体系存在以下不足。

①王玖河,于瑞娟.供应链环境下库存管理绩效评价研究[J].物流技术,2007,26(8):168-171.

（1）指标的选取偏重单个企业的角度，主要反映企业的库存管理状况，没有突出库存管理的独有特征，成员企业关系是否稳定对库存管理有重要影响，该指标体系缺乏这方面的绩效评价。

（2）指标体系主要反映库存管理操作层面的绩效，对库存起支撑作用的要素却没有体现。

（3）集中在一个时间层面的评价，难以适应动态发展的库存绩效评价要求。

综上所述，用该指标体系对环境下的库存管理进行绩效评价具有一定局限性。

(三)库存管理绩效评价指标体系的特点

库存管理作为管理中的一部分，其绩效评价不像其他领域形成了一定的评价体系，其原因在于库存管理以及活动的特殊性，这种特殊性主要表现在环境下库存管理的复杂性。其中各类活动结构复杂，而且很不稳定，系统很难具有恒定性。库存管理是企业生产活动、企业间商业活动的派生物，甚至受引入第三方物流企业后的各类交易活动的影响，具有远程性和服务性，同时由于库存管理的对象物也经常发生变化，流量的稳定性较差，因此库存管理系统恒定性较差，所以很难全面、精确地评价库存管理绩效。库存管理绩效评价指标具有其自身的特点，其整体绩效取决于以下两方面。

1.各成员企业库存管理水平

各成员企业库存是由各成员组成，库存的整体绩效与各成员企业库存绩效有关。具体来说就是库存管理评价指标需要反映企业的库存运作情况，如仓库的利用情况、物资损毁情况和物资收发情况等。成员企业库存管理水平不高，会导致整个库存管理水平低下；相反，成员企业善于管理库存，服务水平高，供应链的库存管理水平才可能提高一个档次。目前，有关供应链库存评价指标主要集中在这个方面。

2.各成员企业的合作程度

库存管理水平除了与各成员企业的库存管理水平有关之外，还与各企业间的合作程度密切相关。这是由于各成员都是独立的企业，有各自的目标和利益，有时这些目标和利益与整体库存管理目标是不相干的，甚至是相冲突的，如果不加强各企业间的合作，只从各自利益出发，必然会影响库存管理的整体效果。合作的思想强调链上各企业相互合作，互利共赢。库存管理需要融入合作理念。如果上下游各企业紧密联系、共享信息、分享管理经验、共同解决困难，库存管理水平则大大提高；相反，链上各企业只追求各自利益，信息不畅通，合作不深入，即使个别企业或各企业单独库存绩效高，整个库存管理绩效也不好，而且企业内部良好的绩效也是短暂的。所以，企业间的合作程度是库存管理的重要评价内容。这也是目前评价体系研究所欠缺的地方。

(四)库存管理绩效评价指标体系构建思路

根据霍佳震的研究，绩效评价可以从事后反馈、事中控制、事前控制三方面进行，相当于对过去、现在、未来这三个时间点的管理情况进行绩效评价。① 同样本书认为库存管

---

① 霍佳震.企业评价创新——集成化供应链绩效及其评价[M].石家庄:河北人民出版社,2001:85-89.

理绩效评价也可以从过去、当前以及未来三个方面进行剖析,特别是在当今动态的竞争环境之下,任何一个只关注一个时间层面的评价体系都难以完整地反映库存管理的真实情况。基于这种认识,本书提出了从事后反馈、事中控制、事前控制的角度用"结果绩效、运作绩效、支持绩效"构建评价体系。结果绩效衡量的是库存管理已经取得的成果,主要以结果性指标表示,如库存周率、客户满意率等;运作绩效是对库存管理当前运作水平的衡量,主要以过程性指标表示,如订单满足率、物资收发准确率等;支持绩效主要是对库存管理的支撑力量的衡量,反映了各成员间的合作程度,主要以支持性指标表示,如信息共享程度、成员稳定性等。结果绩效、运作绩效和支持绩效分别从库存管理结果、操作活动和支持层面三个角度对库存管理进行绩效评价,评价内容比较全面。

1. 结果绩效

结果绩效所要衡量的是库存管理运作所带来的实际效果,这个效果直观反映了库存管理在市场中的竞争水平。因此结果绩效指标的选择必须满足两个条件:其一,指标所指向的必须是库存管理的最终结果或最终结果的某个方面;其二,指标必须与市场挂钩,能直接反映库存管理的市场竞争能力。对库存管理水平而言,结果绩效指标就是对库存在市场中的竞争水平的评价。一般来说,竞争水平体现在财务状况和顾客服务水平两方面。财务状况主要从成本、收益方面评价管理情况。低成本、高收益是库存管理追求的目标。然而成本与服务水平是存在相悖关系的,一般情况下,低成本的库存管理水平会降低客户服务水平,高要求的客户服务水平会增加成本。高成本或者低服务水平都会影响竞争水平。因而,库存管理的结果绩效内容必须包含财务指标和客户服务水平两方面指标。

2. 运作绩效

运作绩效是对库存当前管理情况的评价。根据库存管理的特点,库存管理活动一般包括仓储活动、分拣活动、订单活动和运输活动,这四方面涵盖了库存管理的绝大部分内容,从这四方面对库存管理绩效进行评价,能较全面地反映库存管理的运作情况。现有的库存管理绩效评价研究一般集中在运作绩效上。

3. 支持绩效

支持绩效对库存管理发挥着支撑作用,一方面支持运作绩效的运作,另一方面也直接影响着库存管理绩效。但是,支持绩效往往容易被成员忽视,从而成了制约库存管理水平提高的瓶颈。相反,如果支持绩效的管理绩效好,对库存管理则起到事半功倍的作用。本书首次提出用支持绩效评价库存管理绩效,这是与现有局限于运作绩效指标的研究的最大区别。成员合作程度对库存管理具有支撑作用,支持绩效评价应该反映成员企业的合作关系,主要包括信息共享和成员稳定性两方面。通常情况下,造成企业大量库存的原因是信息不畅通,信息通过层层传递后逐步偏离实际需求,导致了"牛鞭效应"。如果在信息畅通环境下,成员企业能共享信息,将大大提高库存管理水平。把信息共享情况列为集成绩效评价指标,充分体现了合作方库存信息共享的特点,突出了库存管理需要共同合作的特征。成员企业要实现信息共享,前提是关系稳定可靠,有深入的合作,短暂松散的关系则难以做到共享信息,所以库存管理绩效评价应考虑成员稳定性的影响。

运作绩效的好坏直接影响结果绩效,同时需要支持绩效的支持,结果绩效的情况又反馈至运作绩效和支持绩效。

第四节　配送绩效评价

一、配送概述

(一)配送的定义

所谓配送,就是按照用户的订货要求和配送计划,在物流据点(仓库、商店、货运站、物流中心等)进行分拣、加工和配货等作业后,将配好的货物送交收货人的过程。从货物的位移特点而言,配送多表现为短距离、多品种、小批量的货物位移,因此也可以将配送理解为描述运输中某一指定部分的专用术语。配送作业也不等同于送货,它亦有别于单纯送货的时代特征。

(二)配送的特征

(1)配送是从物流据点到用户之间的一种特殊送货形式,这种特殊形式表现在配送的主体是专门经营物流的企业;配送是中转环节的送货,与通常的直达运输有所不同。

(2)配送连接了物流其他功能的物流服务形式。在配送(分拣、加工、配货、送货)中所包含的那种部分运输(送货)作业在整个运送过程中处于"二次运送""终端运送"的地位。

(3)配送体现了配货与送货过程的有机结合,从而极大地方便了用户,体现了较高的物流服务水准,即完全按用户对货物种类、品种、数量、时间等方面的要求而进行的运送作业。

(4)配送是复杂的作业体系,它通常伴随较高的作业成本,因此,提高配送作业设计等组织管理水平就显得十分重要。在配送中心大量采用各种传输设备、分拣设备,可以实现一些环节的专业分拣或流水作业方式,降低有关成本费用。

(5)配送在固定设施、移动设备、专用工具组织形式等方面都可形成系统化的运作体系。

(三)配送分类

1. 按配送服务的范围划分

(1)城市物流配送。

城市物流配送即向城市范围内的众多用户提供服务的配送。其辐射距离较短,多使用载货汽车配送,机动性强、供应快、调度灵活,能实现少批量、多批次、多用户的"门到门"配送。

(2)区域物流配送。

区域物流配送是一种辐射能力较强,活动范围较大,可以跨市、省的物流配送活动。

它具有以下特征:经营规模较大,设施齐全,活动能力强;货物批量较大而批次较少;区域配送中心是配送网络或配送体系的支柱。

2.按配送主体划分

(1)配送中心配送。

配送中心配送指配送的组织者是专职从事配送业务的配送中心,其配送的数量大、品种多、半径大、能力强,可以承担企业生产用主要物资的配送及向商店补充性配送等。它是配送的主体形式,但由于需要大规模的配套设施,投资较大,且一旦建成则机动性较差,因此也有一定的局限性。

(2)商店配送。

商店配送指配送的组织者是商业或物资经营网店,主要承担零售业务,规模一般不大,但经营品种齐全,容易组织并实施配送。实力有限,但网点多,配送半径小,比较机动灵活,可承担生产企业非主要生产用物资的配送,是配送中心配送的辅助及补充形式。

(3)仓库配送。

仓库配送指以一般仓库为据点进行配送的形式,在仓库保持原有功能前提下,增加配送功能。仓库配送规模较小,专业化程度低,但可以利用仓库的原有资源而不需大量投资,上马较快。

(4)生产企业配送。

生产企业配送指配送的组织者是生产企业,尤其是进行多品种生产的企业,可以直接由企业配送,而无须再将产品发运到配送中心进行中转配送。由于避免了一次物流的中转,因此具有一定的优势,但无法像配送中心那样依靠产品凑整运输取得优势。

3.按配送时间及数量划分

(1)定时配送。

定时配送指按规定时间或时间间隔进行配送。每次配送的品种及数量可按计划进行,也可在配送前由供需双方商定。定时配送有以下几种具体形式。

①小时配,即接到配送订货要求 1 小时内将货物送达。适用于一般消费者突发的个性化配送需求,也经常用作应急的配送方式。

②日配,即接到订货要求 24 小时之内将货物送达。日配是定时配送中较为广泛采用的方式,可使用户获得在实际需要的前半天得到送货服务的保障,基本上无须保持库存。

③准时配送方式,即按照双方协议时间,准时将货物配送到用户的一种方式。这种方式比日配方式更为精密,可实现零库存,适用于装配型、重复、大量生产的企业用户,往往是一对一的配送。

④快递方式,是一种在较短时间内实现货物的送达,但不明确送达的具体时间的快速配送方式。一般而言,其覆盖地区较为广泛,服务承诺期限按不同地域会有所变化。快递配送面向整个社会企业型用户和个人型用户,如美国的联邦快递、我国邮政系统的EMS快递都是运作得非常成功的快递配送企业。

(2)定量配送。

定量配送即按事先协议规定的数量进行配送。这种配送方式具有货物数量固定、备货工作有较强的计划性、容易管理等特点。

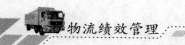

（3）定时定量配送。

定时定量配送即按规定的配送时间和配送数量进行配送，兼有定时、定量两种方式的优点，是一种精密的配送服务方式。

（4）定时定路线配送。

定时定路线配送即在规定的运行路线上，按配送车辆运行时间表进行配送，需要用户在指定时间到指定位置接货。

（5）即时配送。

即时配送即完全按用户突发的配送要求随即进行配送的应急方式，是对各种配送服务的补充和完善，灵活但配送成本很高。

4.按配送品种及数量划分

（1）单（少）品种大批量配送。

配送的商品品种少、批量大，不需与其他商品搭配即可使车辆满载。

（2）多品种少批量配送。

按用户要求将所需各种物资配备齐全，凑整装车后由配送据点送达用户的一种配送方式。

（3）配套成套配送。

按生产企业的需要，将生产每台产品所需的全部零部件配齐，按生产节奏定时送到生产线装配产品。

5.按配送企业业务关系划分

（1）综合配送。

综合配送指配送商品种类较多，在一个配送网点中组织不同专业领域的产品向用户配送的配送方式。

（2）专业配送。

专业配送指按产品性质、形状的不同适当划分专业领域的配送方式。其重要优势在于可以根据专业的共同要求来优化配送设施，优选配送机械及配送车辆，制定适用性强的工艺流程等，从而提高配送各环节的工作效率。

（3）共同配送。

共同配送指为提高物流效率，由多个配送企业联合共同进行的配送方式。

6.按加工程度划分

（1）加工配送。

加工配送指在配送据点中设置流通加工环节，当社会上现成的产品不能满足用户需要或用户提出特殊的工艺要求时，可以经过加工后进行分拣、配货再送货到户。流通加工与配送的结合，使流通加工更有针对性，可取得加工增值收益。

（2）集疏配送。

集疏配送是只改变产品数量组成形态而不改变产品本身的物理、化学形态，与干线运输相配合的一种配送方式。如大批量进货后小批量、多批次发货，零星集货后以一定批量送货等。

7. 按配送方式划分

(1)直送。

直送指生产厂商或供应商根据订货要求,直接将商品送达客户的配送方式。特点是需求量大,每次订货往往大于或接近一整车,且品种类型单一。

(2)集取配送。

集取配送指与客户建立稳定的协作关系,在将客户所需的生产物资送到的同时,将该客户生产的产品用同一车运回。这不仅充分利用了运力,也降低了生产企业的库存。

(3)交叉配送。

交叉配送指在配送据点将来自各个供应商的货物按客户订货的需求进行分拣装车,并按客户规定的数量与时间要求进行送货。交叉配送有利于减少库存、缩短周期、节约成本。

(四)配送环节

配送是由备货、储存、理货、配装和送货、流通加工等几个基本环节组成的,而每个环节又包括若干项具体的作业活动。备货是配送的准备工作和基础环节,其目的在于把用户的分散需求集合成规模需求,通过大规模的采购来降低进货成本,在满足用户要求的同时也提高了配送的效益;储存是进货的延续,是维系配送活动连续运行的资源保证;理货是区别于一般送货的重要标志,是配送活动中必不可少的重要内容;配装是送货的前奏,是根据运载工具的运能合理配载的作业活动;送货则是配送活动的核心,也是配送的最终环节,要求做到确保在恰当的时间,将恰当的货物,恰当的数量,以恰当的成本送达恰当的用户。

(五)配送中心概念与分类

我国的国家标准《物流术语》对配送中心的定义是:从事配送业务的具有完善的信息网络的场所或组织,应基本符合下列要求:主要为特定的用户服务;配送功能健全;辐射范围小;多品种、小批量、多批次、短周期;主要为末端客户提供配送服务。配送中心是从事货物配备(集货、加工、分货、拣选、配货)和组织对用户的送货,以高水平实现销售和供应服务的现代流通设施。配送中心是基于物流合理化和发展市场两个需要而发展的,是以组织配送的形式进行销售和供应,以执行实物配送为主要功能的流通型物流结点。它很好地解决了用户多样化需求和厂商大批量专业化生产的矛盾,因此,逐渐成为现代化物流的标志。

按配送中心分类,可以分为制造商型配送中心、批发商型配送中心、零售商型配送中心、专业物流配送中心。

按配送中心的服务范围分类,可以分为城市配送中心、区域配送中心。

按配送货物的属性分类,可以分为食品配送中心、日用品配送中心、医药品配送中心、化妆品配送中心、家电品配送中心、电子(3C)产品配送中心、书籍产品配送中心、服饰产品配送中心、汽车零件配送中心以及生鲜处理中心等。

二、配送绩效评价指标体系

(一)配送绩效评价相关研究文献综述

1. 绩效评价指标的选取

(1)根据配送流程选取配送绩效评价指标。

项晓园等(2009)将配送中心作业流程分解为选址、采购、仓储、配送、流通加工、财务、信息等部门,构建评价配送各个流程的评价体系。鄢红英和刘澜(2003)以配送活动的三个层面为研究对象,从配送预算编列及执行情况、配送计划排定(包括人力计划及线路计划)以及配送结果反馈角度,构建配送活动绩效评价体系。刘振华(2008)在分析了配送流程之后,选定了配送货物质量、配送车辆、库存水平以及经济效益作为评价指标研究配送绩效。李紫瑶(2008)以进出货、储存、配送、采购四个配送作业基本流程作为指标进行评价分析。周涛等人(2002)选取的主要评价指标是那些与物流配送直接相关的功能或间接相关的指标,如采购、库存、配送、市场实力、客户满意度及企业向心力等。朱丹、张旭凤(2012)研究了连锁超市配送中心的配送网络绩效,结合国内外配送绩效评价研究成果和研究对象特点,遵循定性与定量相结合原则,建立作业流程层、支持层和结果层三维度绩效指标体系。

根据配送流程选取配送绩效评价指标,虽然能够紧密地与配送流程相结合,客观地评价配送每个环节的作业绩效,但却忽略了对于配送结果和配送服务质量的关注,评价体系具有局限性。

(2)从运营角度选取配送绩效评价指标。

郎会成和蔡连侨(2001)指出,物流绩效指标主要由物流成果、物流成本、物流效率指标三项子指标体系构成。汪乐园和雷龙芳(2011)运用作业成本法等研究方法从运营成本角度评价烟草配送中心物流绩效,进而考核员工作业绩效。王娟和黄培清(2000)构建物流绩效的财务评价指标体系,主要从商流、资金流、物流投入产出率、净资产报酬率等四个角度构建评价指标体系。丁静(2007)在研究配送中心配送绩效时将顾客满意度、净利润增长率等运营指标纳入评价体系,着重研究顾客评价对配送绩效的影响。刘丹和林倩倩(2011)在研究烟草物流配送中心绩效时除了纳入运营指标、成本指标、服务指标外,还将安全指标作为绩效评价的一个指标,考虑了配送的安全性和可达性。王炳勋和魏国辰(2009)在研究生鲜农产品配送绩效时将服务质量及退货率作为评价依据,将逆向配送作为配送绩效评价指标。程国平和刘世斌(2005)以服务质量为研究目标,从服务流程角度,运用模糊综合评价法构建绩效评价体系。骑温平(2002)从仓库存储维度,公司内部车辆运营、运输线路确定以及车辆调度计划、仓库运营维度来综合考量配送成本评价物流配送绩效。但对于物流系统的整体运作绩效未进行具体地评价。陈宁(2011)将配送绩效的社会责任纳入评价指标体系中,考虑到环境保护、资源利用率以及能源消耗率的指标。

从运营层面评价配送绩效,综合考虑了配送成本、配送效率、服务效率、客户满意度,从一定程度上有利于配送中心改进配送质量,提高配送效率,但是此类研究多局限于研究一部分指标,没能从整体上规划配送绩效研究。同时,在配送绩效评价时与实际配送流程结合不紧;评价指标体系不全面。此外,配送绩效研究多局限于配送流程或者运营绩效层面,以逆向配送和紧急配送响应能力为评价指标的研究文献较少。

2.绩效评价方法的研究应用

何开伦、赵宏(2007)在选取了 11 个评价指标的基础上,运用距离评价模型原理建模,提高农产品配送绩效。项晓园等(2009)借助灰色关联分析方法,首先确定评价矩阵,进而得到特征向量,然后请专家根据理论知识水平和实践经验以及各个影响因素得分,得到多个影响因素组成的判定序列,对生鲜加上配送中心的物流绩效做出判断。左元斌(2006)根据配送中心物流绩效评价原则,运用模糊综合评价法进行评价体系建模,对物流绩效评价提供参考方案。丁静和张士云等(2007)在研究配送绩效时,运用群组层次分析法进行评价建模,使配送活动在达到顾客一定满意度的前提下,总成本最低。杨克嘉和高博等(2006)采用 DEA 对企业物流系统进行评价分析。焦碉和孙晓东等(2005)采用主成分分析方法,根据得分的高低对不同企业的物流绩效按优劣排序。史成东和陈菊红等(2010)运用 DEA 改进方法从投入产出比的角度研究上市公司物流绩效。

现有的绩效评价方法主要有灰色关联分析法、模糊综合评判法、层次分析法、DEA法、主成分分析法等。然而,评价方法理论研究却与实践结合得不是很紧密,这就更加大了理解和掌握的难度。所以,在配送绩效评价方法的研究中,选定的指标和方法必须符合行业本身实际情况。

(二)连锁零售企业配送中心配送绩效评价相关文献综述

天津大学的余琳娜(2009)以客户满意为目标研究配送绩效,首先从介绍顾客满意度理论出发,分析物流企业配送流程,识别物流配送关键因素,综合分析了第三方物流企业的物流配送现状及存在的问题。其次,在分析企业物流配送流程和配送的关键因素的基础上,对物流配送系统中的顾客服务能力进行了分析,顾客服务能力包括产品可得性、配送作业绩效以及顾客信息沟通。在以上分析的基础上,对配送系统中的配送流程存在的一系列问题进行了优化研究,提出了以顾客服务为导向的第三方物流配送优化策略,从而为物流企业中配送系统的优化提供了参考依据。暨南大学的余丹(2009)从配送作业角度出发进行绩效研究,在分析连锁企业配送中心的特点的基础上,从研究连锁企业物流配送的基本作业流程角度出发,并考虑快速响应、最低、最小变异等对影响连锁经营配送作业绩效的重要因素,进而确定配送中心整体利用率、采购功能、库存功能、配送功能、流通加工功能、设备与技术水平、服务效果反馈等七大绩效评价指标,建立评价体系。

湖南大学的康姝(2005)从服务时间与响应时间角度研究配送绩效。通过对配送流程的研究,提出快速响应时间对于配送绩效及客户满意度的重要性。

西南交通大学的董艳(2007)以均衡服务水平与成本为目标研究物流配送绩效,提出在配送服务能力既定的情况下,建立配送的最佳分配模型,从而使配送服务能力达到以尽可能少的投入获得尽可能高的服务水平和更高效益的目标。

南京航空航天大学的杜小雄(2009)从服装连锁零售行业的行业特殊性角度研究配送中心配送绩效,从基础层、运作层和结果层三个方面选定评价指标,进而用问卷调查法、层次分析法、统计分析法、模糊综合评价法进行绩效评价体系构建。

上海交通大学的李燕蕾(2008)在研究连锁超市配送中心时,用层次分析法、模糊综合评价法,同时结合模糊数学中的隶属度理论,建立定量指标的隶属度评价模型。

朱丹和张旭凤(2012)结合连锁超市配送流程的特点,综合运用问卷调查法、模糊综合评判法、层次分析法,从作业流程层、支持层和结果层三个维度建立了相对完整的连锁超市配送绩效指标体系。

总结前人的研究成果,我们发现,虽然前人在研究物流绩效方面取得了一定的成就,但是对配送中心配送绩效评价的研究还不够深入,尤其对于连锁便利店配送中心配送绩效评价及应用研究目前还是一个空白。主要问题有以下几点。

第一,目前,从宏观角度对于配送及配送中心的绩效研究正在逐步完善,而对于行业配送及配送中心的绩效研究则有很多亟待解决的问题,尤其是对于便利店连锁经营配送绩效的评价研究尚处于空白,国内外研究中极缺乏连锁便利店配送中心配送绩效相关文献。

第二,在总结前人研究成果时,我们发现配送绩效评价指标及方法千差万别:既有从流程面选定评价指标的,也有从运营角度选取评价指标的;既有以配送成本为研究特点的,也有以配送服务质量为研究对象的;既有关注企业运营效率的,也有关注客户满意度的。前人在研究绩效评价时,选取的评价指标不具有全面的代表性,不能够综合地评价配送绩效,同时没有很好地跟配送行业特殊性结合起来。

第三,目前的连锁企业配送中心配送绩效评价方法大多关注正向配送及正常配送,而对于连锁企业逆向物流配送绩效的研究却留下了很多空白,同时对于紧急订单配送的研究文献也很少。而在连锁企业配送中,逆向物流配送及紧急订单配送完成率都属于考核配送绩效的重要因素。

第四,目前,各个行业之间的企业有质的区别,同时,不同企业之间的情况不同。这就要求我们建立一个指标明确易于评价的连锁便利店配送中心配送绩效评价体系,不同的连锁便利店都可以在此基础上根据自己的经营特点调整部分指标。为了帮助连锁便利店配送中心改善配送质量,提高配送绩效,建立一个合理的、可量化的指标体系十分必要。

(三)A公司配送绩效指标分析

随着 A 公司的不断发展和配送实践的不断深入,如何选定正确的指标,建立适当的绩效评价体系,进而科学、客观地反映 A 公司的配送情况及服务质量成为亟待解决的问题。

A 公司经营过程中存在大量的历史数据,对 A 公司进行物流评价时,如何分析统计这些数据,在评价方案选择上起到至关重要的作用。鉴于此,基于分析 A 公司组织结构的基础,在构建评价体系时,遵循以下思路(A 公司是专业的连锁便利店配送公司,D 公司为知名便利店)。

(1)关注流程,注重成本效益比,选定关键指标。

物流服务与物流成本之间存在效益悖反。极端地追求任何一方面的完美,必然导致另一方面无下限的负增长。在选定评价指标时,要求注重成本与效益的平衡,达到帕累托最优。

（2）分层次。

本文从 A 公司配送流程出发，关注配送客户满意度及财务维度等结果，构建配送绩效评价体系。其中，运营层侧重于对 A 公司当前的运作状况与能力（包括库存、拆零作业、单据等）进行评价，配送结果侧重于对运营结果（客户满意度、财务等）进行评价，两个层面相辅相成，密不可分。构建这种评价体系，有利于 A 公司落实"计划（P）－作业（D）－评价（C）－改善（A）"，达到事前计划与过程控制的目的，促进 A 公司长远发展。

1. 评价指标的初步建立

在构建指标体系时，遵循以下步骤。

（1）结合 D 公司的配送要求，通过在 A 公司的实践调研，识别影响 D 公司配送绩效的关键因素。坚持流程与结果并重的原则，确定运营层与结果层两个准则层指标，其中：运营层以流程为研究对象，下设五个一级指标，分别是仓储、分拣、正向配送、订单与单证管理、逆向配送；结果层以配送结果为研究对象，下设两个一级指标，分别是客户满意度、财务层面。

（2）运用文献调查法，参考相关论文、报告等文献，深入研究各个指标对于配送绩效评价的重要性意义，初步选定 42 个二级评价指标，以求评价结果的全面客观性。

表 4-3　A 公司绩效评价指标体系构建

目标层	一级指标		二级指标	非常重要 5	比较重要 4	一般重要 3	较不重要 2	极不重要 1	得分
A公司配送绩效评价	运营层	仓储 a1	平均库存量 a11	0	4	8	3	0	46
			在库商品损耗率 a12	0	7	7	1	0	51
			库存周转率 a13	6	6	3	0	0	63
			库存周转天数 a14	0	3	7	5	0	43
			仓储利用率 a15	3	3	3	6	0	48
			采购成本 a16	0	0	12	3	0	42
			订购满足率 a17	10	5	0	0	0	70
			库存盘差率 a18	10	5	0	0	0	70
			库存盘损率 a19	3	3	9	0	0	54
		分拣 a2	分拣效率 a21	12	3	0	0	0	72
			分拣错误率 a22	12	3	0	0	0	72
			分拣破损率 a23	0	7	8	0	0	52

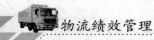
续表

目标层	一级指标	二级指标	非常重要 5	比较重要 4	一般重要 3	较不重要 2	极不重要 1	得分
A公司配送绩效评价	仓储 a2	准时出货率 a24	13	2	0	0	0	73
		订单满足率 a25	0	6	9	0	0	51
		紧急订单满足率 a26	0	7	8	0	0	52
	正向配送 a3	到店准时率 a31	15	0	0	0	0	75
		配送正确率 a32	15	0	0	0	0	75
		车辆装载率 a33	5	10	0	0	0	65
		配送退货率 a34	0	0	7	8	0	37
		到店商品破损率 a35	0	5	10	0	0	50
		到店温度达标率 a36	2	6	7	0	0	55
		司机岗前培训率 a37	0	0	15	0	0	45
	逆向配送 a4	换季商品退回响应能力 a41	6	7	2	0	0	64
		配送退货率 a42	0	0	8	2	5	33
		包裹、快递处理能力 a43	0	0	0	7	8	22
		物流周转筐回收率 a44	8	4	3	0	0	65
	订单及单证管理 a5	订单配送满足率 a51	11	2	2	0	0	69
		单据与实物一致性 a52	9	3	3	0	0	66
		单证回收率 a53	9	4	2	0	0	67
		配送路单错误率 a54	2	7	6	0	0	56
		配送路单回收率 a55	0	4	4	7	0	42
	客户满意度 a6	客户投诉率 a61	6	6	3	0	0	63
		客户投诉处理及时 a62	7	6	2	0	0	65
		客户投诉类型分类 a63	0	0	7	3	5	32
		客户满意度 a64	13	2	0	0	0	73
		加盟店保有率 a65	3	0	7	5	0	46
		加盟店增长率 a66	3	0	6	6	0	45
	财务 a7	配送额增长率 a71	8	7	0	0	0	68
		退货金额增长率 a72	0	4	11	0	0	49
		缺货金额增长率 a73	0	3	7	5	0	43
		利润增长率 a74	7	7	1	0	0	66
		作业设备盘差率 a75	0	0	0	9	6	24

(3)结合 A 公司的实际情况,公司运营管理层讨论 42 个初评指标的合理性和必要性。在综合考量各方意见后,通过修改删减确定 36 个二级评价指标。

(4)确定了 36 个初评指标后,请 15 位专家对各个指标的重要性进行分析评价,确定最后指标名称及指标数量。考虑到指标数量不能太多,否则会增加指标分析的复杂性,且在指标达到一定数量时,增加指标数量所产生的边际效益是递减的;同时指标数量也不能过少,指标数量过少,就会影响到评价结果的客观性与合理性。在 15 位专家的指导下,最终选定 18 个具有典型意义的二级指标构建绩效评价体系。

表 4-4　A 公司绩效评价指标体系构建

目标层	准则层	一级指标	二级指标
A公司配送绩效评价管理研究	运营层	仓储 a1	库存周转率 a11
			订购满足率 a12
			库存盘差率 a13
		分拣 a2	分拣效率 a21
			分拣错误率 a22
			准时出货率 a23
		正向配送 a3	到店准时率 a31
			配送正确率 a32
			车辆装载率 a33
		逆向配送 a4	换季退货率 a41
			物流周转筐回收率 a42
		订单与单证管理 a5	订单配送满足率 a51
			单据与实物一致性 a52
			单据回收率 a53
	结果层	客户满意度 a6	客户投诉率 a61
			客诉处理及时性 a62
		财务 a7	配送额增长率 a71
			利润增长率 a72

2.配送评价指标解释

A 公司配送绩效评价体系建构中一共有两个准则层,7 个一级指标,分别是:仓储、分拣、正向配送、逆向配送、订单与单证管理、客户满意度、财务等一级指标,每个一级指标下面有若干个二级指标,下面对各项指标进行解释。

(1)运营层指标分析。

运营层指的是从配送业务流程角度对 A 公司运作进行评价,业务流程角度反映了 A 公司内部运营的资源和效率。

①仓储。仓储是一切配送活动的基础,如果没有仓储就不存在后续的分拣、运输作

业。根据对 A 公司的研究,反映仓储能力的指标主要有以下几项。

a.库存周转率。库存周转率对于企业的库存管理来说具有非常重要的意义。商品从进货到出货耗时越短,在同额资金下的利益率也就越高。因此,周转的速度代表了企业利益的测定值。

$$库存周转率 = \frac{当期出库总金额}{当期平均库存金额} \times 100\%$$

b.订购满足率。订购满足率指的是采购订单数量与供应商实际到货数量之比,订单满足率决定了 A 公司配送能力。若供应商订单不能得到满足,就会造成门店配送订单得不到满足。

$$订购满足率 = \frac{实际到货数量}{订购数量} \times 100\%$$

c.库存盘差率。库存盘差是指盘点数量与库存数量不符,库存盘差率是反映库存管理是否有效的重要指标。通常提到的库存盘损率指标是库存盘差率的一种。

$$库存盘差率 = \frac{盘点差异商品品种数量}{当期库存商品品种总数量} \times 100\%$$

②分拣。分拣活动是 A 公司库内作业的重要组成部分。供应商到货商品在库内拆零、分拣,按照各个配送门店的订购量配送到各门店。反映分拣活动能力的主要指标有以下几项。

a.分拣效率。分拣效率是衡量库内作业的重要指标。

$$分拣效率 = \frac{当日门店订购量}{当日出勤人数 \times 人均工时} \times 100\%$$

b.分拣错误率。分拣错误率是指分拣错误数量与分拣总件次的比例,是衡量作业员作业质量的重要指标。

$$分拣错误率 = \frac{分拣错误数量}{分拣总件次} \times 100\%$$

c.准时出货率,也叫分拣结束准时率。在规定时间内结束分拣作业,为运输配送争取时间,已达到准时到店的目的,是到点准时率的基础。

$$准时出货率 = \frac{准时出货次数}{配送次数} \times 100\%$$

③正向配送。正向配送指的是 A 公司为 D 公司门店配送的过程,是 A 公司做好门店服务的关键。反映正向配送活动能力的主要指标有以下几项。

a.到店准时率。到店准时率是衡量正向配送活动的重要指标。

$$到店准时率 = \frac{配送到店准时次数}{配送总次数} \times 100\%$$

b.配送正确率。商品正确配送到门店的概率。

$$配送正确率 = \frac{商品正确配送到门店次数}{配送总次数} \times 100\%$$

c.车辆装载率。车辆装载率是商品车厢装载空间与车辆额定装载空间的比率,是衡量车辆利用率的重要指标。

$$车辆装载率 = \frac{商品车厢装载空间}{车辆额定装载空间} \times 100\%$$

④逆向配送。随着 D 公司事业不断壮大,逆向物流必然会发挥着不可替代的作用。评价逆向物流的主要指标有以下几项。

a.换季商品退回响应能力。D 公司门店发出退货申请时间到 A 公司安排司机带回时间称为响应周期。该指标影响门店销售面积及销售额。

b.物流周转筐回收率。物流周转筐指的是 A 公司配送商品的载体。该指标也反映了 A 公司资产管理能力。

$$物流周转筐回收率=\frac{回收周转筐数量}{配送周转筐数量}\times100\%$$

⑤订单与单证管理。订单是指门店需求通过 D 公司总部汇总传输到 A 公司关于门店订购商品的信息。单证是根据订单整理打印的单据,是 A 公司与 D 公司业务往来的依据,也是财务结算的重要凭证。单据管理的主要指标有以下几项。

a.订单满足率。实际配送量与门店订购量比例。

$$订单满足率=\frac{实际配送量}{门店预订量}\times100\%$$

b.订单与实物一致性。该指标指的是配送商品与配送订单商品品名、规格、数量等一致。

c.单证回收。单证是根据订单整理打印的单据,是 A 公司与 D 公司业务往来的依据,也是财务结算的重要凭证。目前,A 公司与 D 公司之间业务往来单据主要有:销货单、缺货单、配送路单、退货单等。销货单是 A 公司配送商品到 D 公司门店的商品明细,也是财务结算的重要凭证;缺货单指的是门店在按照销货单清点到货商品时发现缺货时开具的缺货明细的单据;配送路单是 A 公司仓库交给司机的明细单据,单据主要注明 D 公司门店配送物流箱数;退货单指的是门店在按照销货单清点到货商品时发现商品与收货标准不符时,开具的退货明细的单据。

$$单据回收率=\frac{回收单据数量}{单据总数量}\times100\%$$

(2)结果层指标分析。

结果层指的是配送服务产生的结果。在配送服务中扮演的角色不同,关心的指标必然也不一样。作为 A 公司,比较关心配送结果的财务方面;而作为服务接收方 D 公司,比较关心的是满意度及加盟店的服务质量。

①客户满意度。作为服务的接受者主要关心下列指标。

a.客户投诉率。客户投诉指的是当 D 公司总部或门店对配送服务不满意时请求 A 公司给予调节解决,保护其合法权益的行为。

$$客户投诉率=\frac{客户投诉次数}{配送服务次数}\times100\%$$

b.客户投诉处理及时性。客户投诉处理及时性指的是 A 公司在接到 D 公司投诉后,在规定时间内发起响应并解决。

$$客户投诉处理及时性=\frac{规定时间内处理件数}{客户投诉总件数}\times100\%$$

②财务面。作为服务的提供者主要关心下列指标。

a.配送额增长率。配送额决定了 A 公司的运营结果。

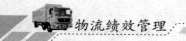
$$配送额增长率=\frac{当期配送额-上期配送额}{上期配送额}\times100\%$$

b. 利润增长率。该指标反映了 A 公司运营成本以及配送额之间的关系，对于提高运营管理质量至关重要。

$$利润增长率=\frac{当期利润-上期利润}{上期利润}\times100\%$$

第五章 物流绩效管理的层次分析法

在现实社会中,由于影响被评价事物的因素往往是众多而复杂的,对一个事物的评价也常常涉及多个因素,因此需要将反映评价事物的多项指标的信息加以综合,得到一个综合指标来反映被评价事物的整体情况。多指标综合评价方法是对多指标进行综合的一系列方法的总称。本章将对综合评价中应用较广的层次分析法进行详细介绍。

第一节 层次分析法概述

在社会生活中有许多问题,如经济计划、资源分析、方案选择、绩效评价、区域开发等在某种意义上都可以成为不同程度的决策问题,也就是寻求解决问题的最优途径和方案。这种决策问题的解决方法一般有两种:一种是数学模型法,另一种是非数学模型法。当某些决策问题所涉及的因素间的相互关系能够定量地加以表示时,一般选择数学模型法对这种定量关系进行抽样处理,从而通过数学模型的求解来求得现实决策问题的最优解。近30年来,这种数学模型方法,特别是以求最优解为目的的最优化技术得到了迅速发展,计算机技术的快速发展对数学模型的发展起了推动作用。但是在这个过程中,人们同时发现这样一个问题:数学模型方法并非是万能工具,决策中总有大量因素无法定量表示,通过数学模型所求得的最优解并不是现实生活中的最优解。也就是说,模型和现实之间存在一定的差距,于是人们开始把目光转向解决问题的第二种途径,即非数学模型法。这种方法与第一种方法相比更强调人的思维判断在决策过程中的作用。人们有必要认真研究在决策中进行选择和判断的规律,于是在这种背景下层次分析法应运而生。

一、层次分析法的基本介绍

层次分析法(analytic hierarchy process,AHP)是美国著名的运筹学家萨蒂等在20世纪70年代提出的一种定性与定量分析相结合的多准则决策方法。它是指将决策问题的有关元素分解成目标、准则、方案等层次,在此基础上进行定性分析和定量分析的一种决策方法。它把人的思维过程层次化、数量化,用数学模型为分析、决策、预报和控制提供定量的基础。这一方法的特点,是对复杂决策问题的本质、影响因素以及内在关系等进行深入分析之后,构建一个层次结构模型,然后利用较少的定量信息,把决策的思维过程数学化,从而为求解多目标、多准则或无结构特性的复杂决策问题,提供一种简便的决策方法,尤其对于人的定性判断起着重要的作用,主要适用于决策结果难以直接准确计量的场合。

例如,区域污染治理系统是一个十分复杂的系统,它涉及大量的相关因素,如区域污染状况、治理现状、治理目标、治理途径、需投入的资金、人力以及治理后所可能取得的社会、环境和经济效益等。面对这样一个复杂的系统和如此庞杂的因素,单用定性的方法来研究肯定行不通,但如果用定量方法来研究,就需要构造一定的数学模型来模拟,在构造模型的过程中需要大量数据资料,且还有很多因素不能单纯用数据来表示,同时这个系统内部的很多因素并不能用单纯的量化关系来表达。所以在这种情况下,就要把这个大系统分成若干个相互关联的子系统,然后再根据同一子系统内部不同要素的重要性做出评价,进一步收集分析资料和处理工作。人们在进行社会的、经济的以及科学管理领域的体系分析中,面临的经常是一个由相互关联、相互制约的众多因素构成的复杂系统。层次分析法为分析这类复杂的社会、经济和科学管理领域中的问题提供了一种创新的、简洁的、实用的决策方法。

应用层次分析法分析问题时首先要把问题层次化。根据问题的性质和所要达到的总目标,将问题分解为不同组成因素,并按照因素间的相互关联影响以及隶属关系将因素按不同层次聚集组合,形成一个多层次的分析结构模型,并最终把系统分析归结为最底层(供决策的方案、措施等),相对于最高层(总目标)的相对重要性权值的确定或相对优劣次序的排序问题。在排序计算中,每一层次的因素相对于上一层次某一因素的单排序问题又可简化为一系列成对因素的判断比较。为了将比较判断定量化,层次分析法引入了1~9标度法,并写成判断矩阵形式。形成判断矩阵后,即可通过计算判断矩阵的最大特征根及其对应的特征向量,计算出某一层次对于上一层次某一个元素的相对重要性权值。在计算出某一层次相对于上一层次各个因素的单排序权值后,用上一层次因素本身的权值加权综合,即可计算出某层因素相对于上一层次的相对重要性权值,即层次总排序权值。这样,由上到下即可依次计算出最底层因素相对于最高层因素的相当重要性权值或相对优劣次序的排序值。

二、层次分析法的优劣势分析

AHP是一种强有力的系统分析与运筹学方法,对多因素、多标准、多方案的综合评价及趋势预测相当有效。面对由"方案层+因素层+目标层"构成的递阶层次结构决策分析问题,给出了一整套处理方法与过程。AHP最大的优点是可以处理定性和定量相结合的问题,可以将决策者的主观判断与政策经验导入模型,并加以量化处理,AHP从本质上讲是一种科学的思维方式。

其主要的特点如下。

(1)面对具有层次结构的整体问题综合评价,逐层分解,将其变为多个单准则评价问题,在多个单准则评价的基础上进行综合。

(2)为解决定性因素的处理及可比性问题,萨蒂建议:以"重要性"(数学表现为权值)比较作为统一的处理格式,并将比较结果按重要程度以1~9级进行量化标度。

(3)检验与调整比较链上的传递性,即检验一致性的可接受程度。

(4)对汇集全部比较信息的矩阵集,使用线性代数理论与方法加以处理,挖掘出深层次的、实质性的综合信息作为决策支持。

层次分析法的局限性具体表现在如下几个方面。

(1)AHP方法也有致命的缺点,它只能在给定的策略中去选择最优的,而不能给出新的策略。

（2）AHP方法中所用的指标体系需要有专家系统的支持，如果给出的指标不合理，得到的结果也就不准确。

（3）AHP方法进行多层比较的时候需要给出一致性比较，如果不满足一致性指标要求，则AHP方法就失去了作用。

（4）AHP方法需要求矩阵的特征值，但是在AHP方法中一般用的是求平均值（可以算术、几何、协调平均）的方法来求特征值，这对于一些矩阵是有系统误差的。

在应用层次分析法研究问题时，遇到的主要困难有两个：①如何根据实际情况抽象出较为贴切的层次结构；②如何将某些定性的量做比较以接近实际定量化处理。层次分析法对人们的思维过程进行了加工整理，提出了一套系统分析问题的方法，为科学管理和决策提供了较有说服力的依据。

层次分析法有很多地方也是难以把握的，主要表现在：①它在很大程度上依赖于人们的经验，主观因素的影响很大，它至多只能排除思维过程中的严重非一致性，却无法排除决策者个人可能存在的严重片面性；②比较、判断过程较为粗糙，不能用于精度要求较高的决策问题。

第二节　层次分析法模型及步骤

一、构造层次分析结构

应用层次分析法分析社会的、经济的以及科学管理领域的问题，首先要把问题条理化、层次化，构造出一个层次分析结构的模型。构造一个好的层次分析结构模型对于问题的解决极为重要，它决定了分析结果的有效程度。

建立问题的层次结构模型是AHP法最重要的一步，要把复杂的问题分解成为元素的各个组成部分，并按元素的相互关系及其隶属关系形成不同的层次，同一层次的元素作为准则对下一层次的元素起支配作用，同时它又受上一层次元素的支配。最高层次只有一个元素，它表示决策者所达到的目标；中间层次一般为准则、子准则，表示衡量能否达到目标的判断准则；最低一层表示要选用的解决问题的各种措施、决策、方案等。层次之间元素的支配关系不一定是完全的，即可以存在这样的元素，它并不支配下一层次的所有元素。即除目标层外，每个元素至少受上一层一个元素的支配；除方案层外，每个元素至少支配下一层一个元素。层次数与问题的复杂程度与需要分析的详尽程度有关。每个层次中的元素一般不超过9个，因为同一层次中包含数目过多会给两两比较判断带来困难。

假设某企业经过发展有一笔利润资金，需要企业高层领导决定如何使用。企业领导根据实际调查和员工建议，现有如下方案可供选择：①作为奖金发给员工；②扩建员工宿舍、食堂等福利设施；③开办员工进修班；④修建图书馆、俱乐部等；⑤引进新技术设备进行企业技术改造。

从调动员工的积极性、提高员工文化技术水平和改善员工的物质文化生活状况来看，这些方案都有其合理因素。如何使这笔资金得到更合理的使用，是企业领导所需要分析的问题。通过仔细分析,上述这些方案其目的都是更好地调动员工工作积极性、提高企业技术水平和改善员工物质文化水平,而这一切的最终目的都是促进企业的进一步发展,增强企业在市场经济中的竞争力。根据这个分析,可以建立如图 5-1 所示的层次分析结构。

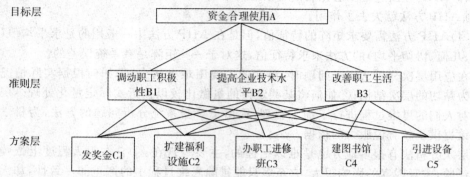

图 5-1　资金合理使用的层次分析结构图

　　层次结构建立在决策者(或分析者)对问题全面深入认识的基础上。如果在层次划分和确定层次的支配关系上举棋不定,最好的方法是重新分析问题。根据对问题的初步分析,将问题包含的因素按照是否共有某些特性将它们聚集成组,并将它们之间的共同特性看作系统中新层次中的一些因素;而这些因素本身也按照另外一组特性被组合,形成另外更高层次的因素,直到最终形成单一的最高因素,这往往可以看作决策分析的目标。这样即构成目标层、若干准则层和方案层的层次结构分析模型。

二、构造判断矩阵

　　建立层次分析模型之后,就可以在各层元素中进行两两比较,构造出比较的判断矩阵。层次分析法主要是人们对某一层次中各元素相对重要性给出的判断,这些判断通过引入合适的标度用数值表示出来,写成判断矩阵。判断矩阵表示上一层次因素与本层次与之有关的因素之间相对的重要性的比较。判断矩阵是层次分析法的基本信息,也是进行相对计算的重要依据。下面探讨一下如何建立两两比较的判断矩阵。

　　假定将上一层次的元素 Bk 作为准则,对下一层元素 $C_1, C_2, \cdots, C_n$ 有支配关系,我们的目的是要在准则 Bk 下按它们的相对重要性赋予 $C_1, C_2, \cdots, C_n$ 相应权重。在这一步中要回答下面的问题:针对准则 Bk,两个元素 C_i, C_j 更重要,重要性的大小需要对"重要性"赋予一定的数值。赋予的根据或来源,可以由决策者直接提供,或通过决策者与分析者对话来确定,或由分析者通过某种技术咨询而获得,或通过其他途径来确定。一般来说,判断矩阵由熟悉问题的专家独立给出。

　　对于 n 个元素来说,得到两两比较判断矩阵 $\boldsymbol{C} = (C_{ij})_n \times n$。其中 C_{ij} 表示元素 i 和元素 j 相对于目标重要值。

　　一般来说,构造的判断矩阵形式如图 5-2 所示。

Bk	C_1	C_2	$\cdots$	C_n
C_1	C_{11}	C_{12}	$\cdots$	C_{1n}
C_2	C_{21}	C_{22}	$\cdots$	C_{2n}
$\cdots$	$\cdots$	$\cdots$	$\cdots$	$\cdots$
C_n	C_{n1}	C_{n2}	$\cdots$	C_{nn}

图 5-2　判断矩阵图

显然矩阵 C 具有如下性质:

1. $C_{ij} > 0$
2. $C_{ij} = 1/C_{ij} (i \neq j)$
3. $C_{ij} = 1 (i, j = 1, 2, \cdots, n)$

我们把这类矩阵 C 称为正反矩阵。对正反矩阵 C,若对于任意 i, j, k 均有 $C_{ij}C_{jk} = C_{ik}$,这时称该矩阵为一致矩阵。

值得注意的是,在实际问题求解时,构造的判断矩阵并不一定具有一致性,常常需要进行一致性检验。

在层次分析法中,为了使决策判断定量化,形成上述数值判断矩阵,常根据一定的比率标度将判断定量化。下面给出一种常用的 $1 \sim 9$ 标度方法,如表 5-1 所示。

表 5-1　判断矩阵标度及其含义[①]

序号	重要性等级	C_{ij} 赋值
1	i,j 两元素同等重要	1
2	i 元素比 j 元素稍重要	3
3	i 元素比 j 元素明显重要	5
4	i 元素比 j 元素强烈重要	7
5	i 元素比 j 元素极端重要	9
6	i 元素比 j 元素稍不重要	1/3
7	i 元素比 j 元素明显不重要	1/5
8	i 元素比 j 元素强烈不重要	1/7
9	i 元素比 j 元素极端不重要	1/9

实际上,凡是较复杂的决策问题,其判断矩阵都是由多位专家填写咨询表之后形成的。专家咨询的本质,在于把专家渊博的知识和丰富的经验,借助于众多因素进行两两比较,转化为决策所需的专用信息。因此,专家在填写咨询表之前,必须全面深入地分析每个影响因素的地位和作用,纵览全局,做到心中有数,切忌盲目行事。

---

① 杜栋,庞庆华. 现代综合评价方法与案例精选[M].北京:清华大学出版社,2005:76.

三、判断矩阵的一致性检验

在上述过程中建立起了判断矩阵,这使得判断思维数学化,简化了问题的分析,使得对复杂的社会、经济和管理领域中的问题进行定量分析成为可能。此外,这种数学化的方法还有助于决策者检查并保持判断思维的一致性。由此可见,应用层次分析法,保持判断思维的一致性是非常重要的。

所谓判断思维的一致性是指专家在判断指标重要性时,各判断之间协调一致,不致出现相互矛盾的结果。在多阶判断的条件下极容易出现不一致,只不过在不同的条件下不一致的程度有所差别。前文曾提过,对于实际问题建立起来的判断矩阵往往满足不了一致性,造成这种情况的原因是多种多样的,如由于客观事物的复杂性和人们认识上的多样性,以及可能产生的认识上的片面性。要求每一个判断都有完全的一致性显然不太可能,特别是因素多、规模大的问题更是如此。但是,要求判断具有大体的一致性却是应该的。若出现甲比乙极端重要,乙比丙极端重要,丙又比甲极端重要的情况,显然是违反常识的。因此,为了保证通过应用层次分析法得到的结论合理,还需要对构造的判断矩阵进行一致性检验。这种检验通常是结合排序步骤进行的。

根据矩阵理论可以得到这样的结论,即如果 $\gamma_1,\gamma_2,\cdots,\gamma_n$ 是满足式

$$\boldsymbol{A}x = \gamma(x)$$

的数,也就是矩阵 $\boldsymbol{A}$ 的特征根,并且对于所有 $a_{ii}=1$,有

$$\sum_{i=1}^{n}\lambda_i = n$$

显然,当矩阵具有完全一致性时,$\gamma_1=\gamma_{\max}=n$,其余特征根为零;而当矩阵 $\boldsymbol{A}$ 不具有完全一致性时,则有 $\gamma_1=\gamma_{\max}>n$,其余特征根 $\gamma_2,\gamma_3,\cdots,\gamma_n$ 有如下关系

$$\sum_{i=2}^{n}\lambda_i = n - \gamma_{\max}$$

上述结论说明,当判断矩阵不能保证具有完全一致性时,相应判断矩阵的特征根也将发生变化,这样就可以用判断矩阵特征根的变化来检验判断的一致性程度。因此,在层次分析法中引入判断矩阵最大特征根以外的其余特征根的负平均值,作为度量判断矩阵偏离一致性的指标,即用

$$CI = \frac{\lambda_{\max} - n}{n - 1}$$

检查决策者判断思维的一致性。

显然,当判断矩阵具有完全一致性时,$CI=0$,反之亦然。从而有 $CI=0$,$\gamma_1=\gamma_{\max}=n$ 判断矩阵具有完全一致性。

另外,当矩阵 $\boldsymbol{A}$ 具有满意一致性时,$\lambda_{\max}$ 稍大于 n,其余特征根也接近于零。不过这种说法不够严密,必须对"满意一致性"给出一个度量指标。

衡量不同阶判断矩阵是否具有满意的一致性,还需要引入判断矩阵的平均随机一致性指标 RI 值。对于 1~9 阶判断矩阵,RI 的值分别位于表 5-2 中。

表 5-2　**RI 值**[1]

1～9 阶	1	2	3	4	5	6	7	8	9
RI 值	0.00	0.00	0.58	0.90	1.12	1.24	1.32	1.41	1.45

在这里,对于 1、2 阶判断矩阵,RI 只是形式上的,因为 1、2 阶判断矩阵总是具有完全一致性。当阶数大于 2 时,判断矩阵的一致性指标 CI 与同阶随机一致性指标 RI 之比为随机一致性比率,记为 CR。即

$$CR = \frac{CI}{RI} < 0.10$$

认为判断矩阵具有满意的一致性,否则就需要调整判断矩阵,使之具有满意的一致性。

四、层次单排序

计算出某层次因素相较于上一层次中某一因素的相对重要性,这种排序计算称为层次单排序。具体地说,层次单排序是根据判断矩阵计算对于上一层次某元素而言,本层次与之有联系的元素重要性次序的权值。

从理论上讲,层次单排序计算问题可归结为计算判断矩阵的最大特征根及其特征向量的问题。但一般来说,计算判断矩阵的最大特征根及其对应的特征向量,并不需要追求较高的精确度,这是因为判断矩阵本身具有相当大的误差范围。而且应用层次分析法给出的层次中,各种因素优先排序权值从本质上来说是表达某种定性的概念。因此,一般用迭代法将计算机上求得的近似最大特征根及其对应的特征向量。

这里,给出一种简单的计算最大特征根及特征向量的方根法计算步骤。

(1)计算判断矩阵某一行元素的乘积 M_i。

$$M_i = \prod_{j=i}^{n} a_{ij} \quad (i = 1, 2, \cdots, n)$$

(2)计算 M_i 的第 n 次方根 $\overline{W_i}$。

$$\overline{W_i} = \sqrt[n]{M_i}$$

(3)对向量 $\overline{W} = [\overline{W_1}, \overline{W_2}, \cdots, \overline{W_n}]^T$ 正规化。

$$W_i = \frac{\overline{W_i}}{\sum_{j=i}^{n} \overline{W_j}}, \quad 则 \quad W = [W_1, W_2, \cdots, W_n]^T \quad 即为所求的特征向量。$$

(4)计算判断矩阵的最大特征根 λ_{max}。

$$\lambda_{max} = \sum_{i=1}^{n} \frac{(AW)_i}{nW_i}$$

式中,$(AW)_i$ 表示向量 AW 的第 i 个元素。

这是一种简便易行的方法,在精度要求不高的情况下使用。除了方法根,还有和法、特征值法等。

①杜栋,庞庆华. 现代综合评价方法和案例精选[M]. 北京:清华大学出版社,2005:157.

五、层次总排序

依次沿递阶层次结构由上而下逐层计算,即可计算出最底层因素对于最高层(总目标层)的相对重要性或相对优劣性的排序值,即层次总排序。也就是说,层次总排序是针对最高层而言的,最高层的总排序就是其层次总排序。

层次总排序要进行一致性检验,检验是从最高层到最底层进行的。但也有最新的研究指出,在 AHP 法中不必检验层次总排序的一致性。也就是说,在实际操作中总排序一致性检验常常可以省略。

案例分析:方法举例与总结

下面用上文中提到的企业资金合理使用案例来详细说明层次分析法求解的过程。

假设某企业经过发展有一笔利润资金,需要企业高层领导决定如何使用。企业领导根据实际调查和员工建议,现有如下方案可供选择:①作为奖金发给员工;②扩建员工宿舍、食堂等福利设施;③开办员工进修班;④修建图书馆、俱乐部等;⑤引进新技术设备进行企业技术改造。

1. 结构层次分析结构

如前所述,建立层次分析结构。

对于资金使用这个问题,层次分析模型主要分为三层。目标层即合理使用资金,更好地促进企业发展;中间层为准则层,即合理使用资金三方面的准则,调动职工积极性、提高企业技术水平和改善职工生活;最底层为方案层,即可供选择的方案。

建立层次分析结构后,问题分析即归结为各种使用企业利润留成方案相对于总目标考虑的优先次序或利润使用的分配问题。

2. 构造判断矩阵

假定企业领导对于资金使用这个问题的态度是:首先是要提高企业技术水平,其次是要改善员工物质生活,最后是要调动员工的工作积极性。则准则层对于目标层的判断矩阵为 $A-B$。

A	B_1	B_2	B_3
B_1	1	1/5	1/3
B_2	5	1	3
B_3	3	1/3	1

为以后计算方便,把上述矩阵记作 A,简写为

$$A = \begin{bmatrix} 1 & 1/5 & 1/3 \\ 5 & 1 & 3 \\ 3 & 1/3 & 1 \end{bmatrix}$$

以后类同。

相应地,分别写出判断矩阵(相对于调动职工劳动积极性准则,各种使用留成利润方案之间相对重要性比较;相对于提高企业技术水平准则,各种使用企业留成利润措施方

案之间相对重要性比较;相对于改善职工物质及其文化生活准则,各种使用企业留成利润措施方案之间相对重要性比较),如下:

$$B_1 = \begin{pmatrix} 1 & 2 & 3 & 4 & 7 \\ 1/3 & 1 & 3 & 2 & 5 \\ 1/5 & 1/3 & 1 & 1/2 & 1 \\ 1/4 & 1/2 & 2 & 1 & 3 \\ 1/7 & 1/5 & 1/2 & 1/3 & 1 \end{pmatrix} \quad B_2 = \begin{pmatrix} 1 & 1/7 & 1/3 & 1/5 \\ 7 & 1 & 5 & 3 \\ 3 & 1/5 & 1 & 1/3 \\ 5 & 1/2 & 3 & 1 \end{pmatrix} \quad B_3 = \begin{pmatrix} 1 & 1 & 3 & 3 \\ 1 & 1 & 3 & 3 \\ 1/3 & 1/3 & 1 & 1 \\ 1/3 & 1/3 & 1 & 1 \end{pmatrix}$$

构造出上述的比较矩阵后,即可对判断矩阵进行单排序计算。在各层次单排序计算的基础上还需进行各层次总排序计算。

3. 单排序及一致性检验

利用计算机,得到如下近似结果。

对于判断矩阵 A 来说,其计算结果为

$$W = \begin{pmatrix} 0.105 \\ 0.637 \\ 0.258 \end{pmatrix}, \lambda_{\max} = 3.308, CI = 0.019, RI = 0.58, CR = 0.033$$

对于判断矩阵 B_1 来说,其计算结果为

$$W = \begin{pmatrix} 0.491 \\ 0.232 \\ 0.092 \\ 0.138 \\ 0.046 \end{pmatrix}, \lambda_{\max} = 5.126, CI = 0.032, RI = 1.12, CR = 0.028$$

对于判断矩阵 B_2 来说,其计算结果为

$$W = \begin{pmatrix} 0.55 \\ 0.564 \\ 0.118 \\ 0.263 \end{pmatrix}, \lambda_{\max} = 4.117, CI = 0.039, RI = 0.90, CR = 0.043$$

对于判断矩阵 B_3 来说,其计算结果为

$$W = \begin{pmatrix} 0.406 \\ 0.406 \\ 0.094 \\ 0.094 \end{pmatrix}, \lambda_{\max} = 4, CI = 0, RI = 0.90, CR = 0$$

此外,在精度要求不高的情况下,也可以利用方根法、和法等求解。

4. 总排序

针对本例,企业利润使用方案相对于合理使用企业利润,促进企业新发展总目标的层次总排序如表5-3所示。

表 5-3　企业利润合理使用方案总排序

层次 B / 层次 C	B_1	B_2	B_3	总排序 W $\sum_{j=1}^{a} b_j c_{ij} (i=1,2,3)$
	0.105	0.637	0.258	
C_1	0.491	0	0.406	0.157
C_2	0.232	0.055	0.406	0.164
C_3	0.092	0.564	0.094	0.393
C_4	0.138	0.118	0.094	0.113
C_5	0.046	0.263	0	0.172

$$CI = 0.105 \times 0.032 + 0.637 \times 0.039 + 0.258 \times 0 = 0.028$$
$$RI = 0.105 \times 1.12 + 0.637 \times 0.90 + 0.258 \times 0.90 = 0.923$$

所以，$CR = \dfrac{CI}{RI} = \dfrac{0.023}{0.923} = 0.025 < 0.10$，故可以认为判断矩阵具有满意的一致性。

5. 决策

根据计算结果，对于这个工厂合理使用企业留成利润，促进企业新发展这个总目标来说，所考虑的五种方案的相对优先顺序为：C_3 开办员工进修班为 0.393；C_5 引进新技术设备进行企业技术改造为 0.172；C_2 扩建员工宿舍、食堂等福利设施为 0.164；C_1 作为奖金发给员工为 0.157；C_4 修建图书馆、俱乐部等为 0.113。企业领导可以根据以上分析得出结果，决定各种考虑方案的实施先后次序，或者决定分配企业留成利润的比例。

六、层次分析法步骤小结

AHP 计算结果简单明确，易于被决策者了解和掌握。但应该看到，AHP 方法得到的结果是粗略的方案排序。对于那种有较高定量要求的决策问题，单纯用 AHP 方法不太合适。对于定量要求不高的问题，却可以获得较好的结果。从上述案例来看，层次分析法大体可分为以下六个步骤。

（1）明确问题。

通过深刻认识系统，确定该系统的总目标，弄清决策问题所涉及的范围、所要采取的措施方案和政策、实现目标的准则、策略和各种约束条件等，广泛地收集信息。

（2）建立层次结构。

按目标的不同、实现功能的差异，将系统分为几个等级层次，如目标层，准则层、方案层等，用框图的形式说明层次的递阶结构与因素的从属关系。当某个层次包含的某个因素较多时，可将该层次进一步划分为若干子层次。

（3）两两比较，建立判断矩阵，求解权向量。

通过两两比较判断的方式确定每个层次中元素的相对重要性，并用定量的方法表示，进而建立判断矩阵。判断元素的值反映了人们对各因素相对重要性的认识，一般采用1～9标度及其倒数的标度方法。为了从判断矩阵中提炼出有用的信息，达到对事物的规律性认识，为决策提供科学的依据，需要计算每个判断矩阵的权重向量和全体判断矩阵的合成权重向量。通过构造两两比较判断矩阵及矩阵运算的数学方法，确定对于上一层次的某个元素而言,本层次中相关元素的重要性排序——相对权值。

(4)层次单排序及其一致性检验。

判断矩阵 $\textbf{A}$ 的特征根问题 $\textbf{AW}=\textbf{W}$ 的解 $\textbf{W}$,经归一化后即为同一层次,相应因素对于上一层次某一因素相对重要性的排序权值,这一过程称为层次单排序。为进行判断矩阵的一致性检验,需要计算一致性指标

$$CI=\frac{\lambda_{\max}-n}{n-1}$$

平均随机一致性指标 RI 值可参考上述有关章节。

当随机一致性比率

$$CR=\frac{CI}{RI}<0.10$$

时,可以认为层次单排序的结构有满意的一致性,否则需要调整判断矩阵的元素取值。

(5)层次总排序及其一致性检验。

计算各层元素对系统目标的合成权重,进行总排序,以确定结构图中最底层各个元素的总目标中的重要程度。这一过程是从最高层次到最底层次逐层进行的。

(6)根据计算结果决策。

层次分析法是一种实用的多准则决策方法。它完全依靠主观评价做出方案的优劣排序,所需数据量很少,决策花费的时间很短。从整体上看,AHP 是一种测度难以量化的复杂问题的手段。它能在复杂决策过程中引入定量分析,并充分利用决策者在两两比较中给出的偏好信息进行分析与决策支持,既有效地吸收了定性分析的结果,又发挥了定量分析的优势,从而使决策过程具有很强的条理性和科学性,特别适合在社会经济系统的决策分析中使用。

AHP 方法的表现形式与它的深刻理论内容联系在一起。简单的表现形式使得AHP 方法有着广泛的应用领域;深刻的理论内容则确立了它在多准则决策领域中的地位。层次分析法的特点是:将人们的思维过程数学化、模型化、系统化、规范化,便于人们接受。用 AHP 进行决策,输入的信息主要是决策者的选择与判断,决策过程充分反映了决策者对决策问题的认识,加之这种方法很容易掌握,这就使以往决策者和决策分析者难以相互沟通的状况发生改变。在大多数情况下,决策者可以直接使用 AHP 进行决策,这就大大增加了决策的有效性。另外,在 AHP 的使用过程中,无论建立层次结构还是构造判断矩阵,人的主观判断、选择偏好对结果的影响极大,判断失误即可能造成决策失误,这就使得用 AHP 进行决策主观成分很大。当决策者判断过多地受其主观偏好的影响而产生某种对客观规律的歪曲时,AHP 的结果显然就靠不住了。要使 AHP 的决策结论尽可能符合客观规律,决策者必须对所面临的问题有比较深入和全面的认识。

层次分析应用法主要针对方案基本确定的决策问题,一般仅用于方案优选。层次分析法的不足之处是遇到因素众多、规模较大的问题时,容易出现纰漏。它要求评价者对问题的本质、包含的要素及其相互之间的逻辑关系掌握得十分透彻。

第三节 层次分析法在物流中心选址中的应用

一、物流中心选址的影响因素

（一）物流中心选址的目标

由于物流中心是进行社会物流组织的重要节点，其运作模式的主要特点在于它不是从事具体商品生产的社会组织，只是从生产商的手中汇集各种商品资源，再进行分类、配送等集约化活动，以实现物流活动的规模经济性，有效地降低整个社会的物流成本，所以在商品资源分布、需求状况以及运输和其他自然条件的影响下，如果将物流中心规划在同一区域的各个地点，不同布局方案可能使整个物流系统的运作成本产生很大的差异，因此，在已有的客观条件下，如何设置物流中心，使得整个系统的物流费用最低、客户服务效果最好、社会效益最高，成为物流中心选址的核心问题。

一般来说，物流中心选址和网点布局应以费用低、服务好、辐射强以及社会效益高为目标。费用低是指寻求物流中心包括建设费用和经营费用在内的总费用最低；服务好是指物流中心选择的地址应该能保证物品及时、完好地送达用户；辐射强以及社会效益高是指物流中心的选址应该从整个区域的物流大系统出发，使物流中心的地域分布与区域物流资源和需求分布相协调，适应相关地区的经济发展需求。

（二）物流中心选址的原则

物流中心的选址过程应同时遵守适应性原则、协调性原则、经济性原则和战略性原则。

1. 适应性原则

物流中心的选址需与国家以及省市的经济发展方针、政策相适应，与社会主义市场经济体制改革的方向相适应，与我国物流资源分布和需求分布相适应，与国民经济和社会发展相适应。

2. 协调性原则

物流中心的选址应将国家的物流网络作为一个大系统来考虑，使物流中心的固定设施与活动设备之间、自有设备与公用设备之间，在地域分布、物流作业生产力、技术水平等方面相互协调。

3. 经济性原则

有关选址的费用，主要包括建设费用及物流费用（经营费用）两部分。物流中心的选址定在市区、近郊区或远郊区，其未来物流活动辅助设施的建设规模、建设费用以及运费等物流费用是不同的，选址时应以总费用最低作为物流中心选址的经济性原则。

4. 战略性原则

物流中心的选址应具有战略眼光，一是要考虑全局，二是要考虑长远。局部要服从全局，当前利益要服从长远利益，既要考虑目前的实际需要，又要考虑日后发展的可能。

(三)物流中心选址的影响因素分析

1. 自然环境因素

(1)气象条件。

物流中心选址过程中,主要考虑的气象条件有温度、风力、降水深度、年平均蒸发量等指标。设在市区的物流中心,宜选择城市出入口,以减少城市产生的各种污染物落入中心内。选址时还要避开风口,这会加速露天堆放的商品老化。

(2)地质条件。

物流中心是大量商品的集结地,某些容重很大的建筑材料堆码对地面有很大压力。如果物流中心地面以下存在着淤泥层、流沙层、松土层等会在受压地段造成沉陷、翻浆等严重后果,因此,物流中心所在地土壤承载力要高。

(3)水文条件。

物流中心选址需远离容易泛滥的河川流域或上溢的地下水区域,地下水位不能过高,故洪泛区、内涝区、河道、干河滩等区域都要避开。

(4)地形条件。

物流中心应地势高亢、地形平坦,且应具有适当的面积与外形。若选在完全平坦的地形上是最理想的;其次选择稍有坡度或起伏的地方;对于山区陡坡地区则应该完全避开;在外形上可选长方形,不宜选狭长或不规则形状。

2. 经营环境因素

(1)经营环境。

物流中心所在地区的优惠物流产业政策对物流企业的经济效益将产生重要影响;数量充足和素质较高的劳动力条件也是物流中心选址考虑的因素之一。这是因为传统储运业的就业密度和技能要求较低,但随着现代物流中心的建设,现代化的运作需要机械化、自动化的设施设备,采用智力型的劳动力有利于物流中心的建设与经营。

(2)商品特性。

经营不同类型商品的物流中心最好能分别布局在不同地域。如生产型物流中心的选址应与产业结构、产品结构、工业布局紧密结合进行考虑。

(3)物流费用。

大多数物流中心选择接近物流服务需求地,如接近大型工业区、商业区,以便缩短运距,降低运费等物流费用。

(4)服务水平。

由于现代物流过程中能否实现准时运送是服务水平高低的重要指标,因此,在物流中心选址时,应保证客户在任何时候向物流中心提供物流需求,都能获得快速满意的服务。

3. 基础设施情况

(1)交通条件。

物流中心必须具备方便的交通运输条件。最好靠近交通枢纽进行布局,如紧临港口、交通主干道枢纽、铁路编组站或机场,有两种以上运输方式相联结。

（2）公共设施状况。

物流中心的所在地，要求城市的道路、通信等公共设施齐备，有充足的供电、水、热、燃气的能力，且场区周围要有污水、固体废物处理能力。既可保证物流作业安全，满足消防、生活等方面的需求，又能保护商品品质。

4. 其他因素

（1）国土资源利用。

物流中心的规划应贯彻节约用地，充分利用国土资源的原则。物流中心一般占地面积较大，周围还需留有足够的发展空间，为此，地价的高低对布局规划有重要影响。此外，物流中心的布局还要兼顾区域与城市规划用地的其他要素，尽可能与区域和城市的长期规划相结合。

（2）环境保护要求。

物流中心的选址需要考虑保护自然环境与人文环境等因素，尽可能地降低对城市生活的干扰。对于大型转运枢纽，应适当设置在远离市中心的地方，使得城市交通环境状况能够得到改善，城市的生态建设得以维持和增进①。

综上所述，物流中心选址综合评价指标体系如图 5-3 所示。

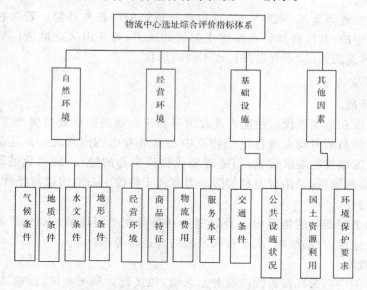

图 5-3 物流中心选址综合评价指标体系

二、层次分析法在物流中心选址上的应用

上海华安集装箱储运有限公司（以下简称华安储运）计划近年在几个港口城市建立大规模的物流配送中心，这几个港口城市分别是中国天津、中国宁波、阿联酋迪拜和尼日利亚阿帕帕，用层次分析法对这 4 个候选地（A、B、C、D）进行择优。

①张晓东.物流园区布局规划理论研究[M].北京：中国物资出版社，2004：11.

（一）层次分析法在华安储运物流中心选址过程中的应用步骤

在物流系统中，物流中心或配送中心、仓库等设施设置地点的选择是物流系统优化的一个具有战略意义的问题，其中物流中心的位置显得更加重要。物流中心是联结上游和下游的纽带，起着承上启下的作用。因此，物流中心的位置相当重要，合理选址可以有效节省费用，促进生产和消费的协调与配合，保证物流系统的平稳发展。

物流中心的选址是一项复杂的工作，但如果我们有了一个明确的思路，将会大大减少一些不必要的工作，提高工作的效率和准确性。下面将根据图5-4说明物流中心选址的一般流程。从图中可以看出，物流中心的选址主要包括两个阶段：一次评选阶段和二次评选阶段。一次评选阶段是比较粗略的评选，它主要依据物流中心选址的原则和具体选址的要求来进行选择。这个阶段的选择虽然简单易行，但其意义非常重要。它不仅可以大大缩小物流选址后一次评选阶段的工作量，还有利于我们明确下一阶段评选的目标和重点，使我们的工作思路更加清晰，目的更为明确。在一次评选的基础上进行的评选是选址评价的重点，它将会比较复杂。因为筛选后的备选方案不能用直观的方法进行选择，决策者往往需要借助定量和定性的方法，给出更有说服力的依据。这一阶段所依据的技术工具就是我们进行选址的评价方法。

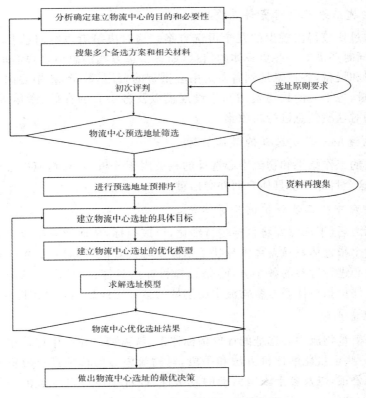

图5-4　物流中心选址的一般流程图

下面我们来看以下评选的具体步骤。

1. 分析确定建立物流中心的目的和必要性

在选址时,首先要明确建立物流中心的必要性、目的及方针,明确研究内容的范围。主要包括确定物流中心的服务对象、客户分布及需求量、物流中心的类型、规模范围、数量范围、所需的运输条件、服务的内容和应达到的水平以及决策者对该项目所能承受的投资水平等。

2. 收集多个备选方案及其相关资料

根据要求收集备选方案。在收集备选方案的同时还要收集每一方案的信息资料,以便于我们进行接下来的评选。信息资料主要包括备选地址能提供的规模范围、交通条件、地理条件、人文条件、劳动力水平和价格、当地物价水平、地价水平、政府的法规政策、优惠条件、流通职能条件、物流作业的水平(包括平均作业水平、最高作业水平)等。

3. 决策者对备选方案进行初次筛选

决策者把收集到的方案及相关资料放在一起,根据前面所讲的选址原则和建立物流中心的要求及目标进行剔除。这一过程是粗略的,比较直观的,目的是去掉那些不太合理的方案,避免付出不必要的劳动和精力。同时也可以了解余下的可选方案主要进行比较的内容有哪些,为下一阶段的工作做准备。

4. 得出初选结果并进行资料再收集

决策者通过比较得出较少的几个可选方案。这时决策者也将对这几个方案进行进一步的评选,同时还需要一些更具体的信息,如各备选方案的总体客户需求预测量,各中心的运输路线和设备,各供货地到各备选中心供货的费用、数量,各中心向下游各客户供货的费用、数量,各中心的构建费用和建设规模以及各中心的存储、搬运等作业费用等。这就要求我们对这些信息进行再收集。

5. 建立物流中心二次选择的具体目标

根据前面的工作结果和物流中心选址的相关因素分析,建立物流中心选址二次选择的具体目标,这个目标要求具体全面并突出重点。

6. 建立物流中心二次评价的指标体系

确定目标之后,下面需要将目标进行细化,形成指标,从而建立物流中心选址的评价指标体系。这个指标体系从总体上反映了物流中心选址的实际情况,各个指标对应于决策者对物流中心进行考察的各个方面,是选择目标的具体化,形成可以进行操作的衡量标准。用这个评价指标体系考察物流中心选址的结果应该是具有可比性的。

7. 成立评价小组

有了用来衡量物流中心选址的评价指标体系,就需要组建一个评价小组来运用该评价体系,借助一些定量化的评价方法和手段,对物流中心的选址进行分析评价。为了使这项活动客观公正,以及鉴于该项活动的复杂性,评价小组可以考虑由一些独立的机构组成。

8. 进行二次评价

通过建立相应的模型、运用适合的研究工具和方法以及专家评价结果对各方案进行定性和定量的分析,得出各方案的评价结果。

9.得出最优方案

根据评价的结果进行排序,找出最优方案,选址结束。在确定了物流中心的选址之后,决策者将要进行方案的实施。在此过程中,决策者可根据所出现的情况,改善原来的目标、设置等,使这些反馈有利于今后的物流活动,也为以后的选址工作提供参考[①]。

三、物流中心选址决策过程

华安储运集团要建造大型物流配送中心,要在中国天津、中国宁波、阿联酋迪拜和尼日利亚阿帕帕这四个基本符合其要求的候选地点中进一步选择各项指标最好的一个候选地作为物流配送中心建设地点,因此,需要对这四个候选地的各项因素进行综合评价。邀请专家组成委员会对初步筛选得出的四个候选地(A,B,C,D)的各项因素进行评价,其评价的指标体系如图 5-5 所示。评判标准如下。

(1)自然环境因素:越好则越有利于建造物流中心。

(2)经营环境因素:越好则越有利于建造物流中心。

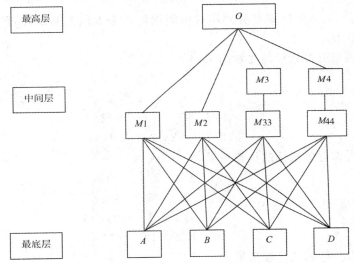

图 5-5 物流选址指标体系图

(3)基础设施情况:越好则越有利于建造物流中心。

(4)其他因素:越好则越有利于建造物流中心。

利用层次分析法进行分析,求出 A、B、C、D 这四个候选地适合程度的排序情况,在这里 A、B、C、D 是我们要分析的决策变量,专家分析的自然环境因素和经营环境因素次层的变量重要程度相等,也就是说两两之比都为 1。为此,我们把基础设施情况和其他因素的次层因素纳入分析范围,指标体系如图 5-5 所示。

①过秀成,胡斌,谢实海.我国物流中心的建设模式与策略研究[J].公路交通科技,2002,19(3):147-151.

（一）构造判断矩阵

判断矩阵的确定是层次分析法的关键问题，根据既有项目的研究成果，结合专家的意见，从而确定判断矩阵的各项数据。

第一层判断矩阵，是相对最高层的次层中间层判断矩阵，是相对的重要程度值：

$$S_0 = \begin{pmatrix} 1.00 & 0.67 & 1.20 & 1.20 \\ 1.50 & 1.00 & 1.13 & 0.67 \\ 0.83 & 0.89 & 1.00 & 1.60 \\ 0.83 & 1.50 & 0.63 & 1.00 \end{pmatrix}$$

中间层判断矩阵，基础设施情况有关和其他因素的指标重要程度比较结果，得到的判断矩阵：

$$S_{22} = \begin{pmatrix} 1 & 2 \\ 1/2 & 1 \end{pmatrix}$$

$$S_{44} = \begin{pmatrix} 1 & 3 \\ 1/3 & 1 \end{pmatrix}$$

$S_M(M=1,2,3,4,5,6)$ 即是分别相对中间层的 6 个次级判断矩阵，F_{ij} 是 F_i 相对 F_j 的重要程度值。

自然环境因素有关指标的比较结果：

$$S_2 = \begin{pmatrix} 1 & 7/4 & 7/9 & 7/2 \\ 4/7 & 1 & 4/9 & 2 \\ 9/7 & 9/4 & 1 & 9/2 \\ 2/7 & 1/2 & 2/9 & 1 \end{pmatrix}$$

经营环境因素有关指标的比较结果：

$$S_2 = \begin{pmatrix} 1 & 1/4 & 5/4 & 1/10 \\ 4 & 1 & 5 & 3/8 \\ 4/5 & 1/5 & 1 & 1/12 \\ 10 & 8/3 & 12 & 1 \end{pmatrix}$$

交通条件有关指标的比较结果：

$$S_3 = \begin{pmatrix} 1 & 6/5 & 7/5 & 2/15 \\ 5/6 & 1 & 9/8 & 1/9 \\ 7/5 & 1 & 9/8 & 1/9 \\ 7/5 & 8/9 & 1 & 1/10 \\ 15/2 & 9 & 10 & 1 \end{pmatrix}$$

公共设施状况有关指标的比较结果：

$$S_4 = \begin{pmatrix} 1 & 5/3 & 7/5 & 1/3 \\ 3/5 & 1 & 1/2 & 1/5 \\ 5/7 & 2 & 1 & 5/13 \\ 3 & 5 & 13/5 & 1 \end{pmatrix}$$

国土资源利用情况有关指标的比较结果：

$$S_5 = \begin{pmatrix} 1 & 6/5 & 2/3 & 3/2 \\ 5/6 & 1 & 5/9 & 5/4 \\ 3/2 & 9/5 & 1 & 9/4 \\ 2/3 & 4/5 & 4/9 & 1 \end{pmatrix}$$

环境保护要求有关指标的比较结果：

$$S_6 = \begin{pmatrix} 1 & 2 & 1/2 & 5/3 \\ 1/2 & 1 & 1/4 & 5/6 \\ 2 & 4 & 1 & 10/3 \\ 3/5 & 6/5 & 3/10 & 1 \end{pmatrix}$$

(二)权重的确定

对于判断矩阵 S_0，算出每一行求的几何平均数和权重系数如表5-4所示。

表 5-4　矩阵对应的几何平均数和权重系数

	自然环境因素	经营环境因素	基础设施情况	其他因素	几何平均数	系数
自然环境因素	1.00	0.67	1.20	1.20	0.991	0.24
经营环境因素	1.50	1.00	1.13	0.67	1.136	0.28
基础设施情况	0.83	0.89	1.00	1.60	1.043	0.25
其他因素	0.83	1.5	0.63	1.00	0.941	0.23

对于判断矩阵 S_{33}，算出每一行求的几何平均数和权重系数如表5-5所示。

表 5-5　矩阵对应的几何平均数和权重系数

	交通条件	公共设施	几何平均数	系数
交通条件	1	2	1.41	0.67
公共设施	1/2	1	0.71	0.33

对于判断矩阵 S_{44}，算出每一行求的几何平均数和权重系数如表5-6所示。

表 5-6　矩阵对应的几何平均数和权重系数

	国土资源	环境保护	几何平均数	系数
国土资源	1	3	1.73	0.75
环境保护	1/3	1	1.58	0.25

自然环境因素有关指标对应的判断矩阵 S_1，算出每一行求的几何平均数和权重系数如表5-7所示。

表 5-7　矩阵对应的几何平均数和权重系数

	A	B	C	D	几何平均数	系数
A	1	7/4	7/9	7/2	1.48	0.32
B	4/7	1	4/9	2	0.84	0.18
C	9/7	9/4	1	9/2	1.90	0.41
D	2/7	1/2	2/9	1	0.42	0.09

经营环境因素有关指标对应的判断矩阵 S_2，算出每一行求的几何平均数和权重系数如表 5-8 所示。

表 5-8　矩阵对应的几何平均数和权重系数

	A	B	C	D	几何平均数	系数
A	1	1/4	5/4	1/10	0.41	0.06
B	4	1	5	3/8	1.66	0.24
C	4/5	1/5	1	1/12	0.33	0.05
D	10	8/3	12	1	4.4	0.65

交通条件有关指标对应的判断矩阵 S_3，算出每一行求的几何平均数和权重系数如表 5-9 所示。

表 5-9　矩阵对应的几何平均数和权重系数

	A	B	C	D	几何平均数	系数
A	1	6/5	7/5	2/15	0.40	0.06
B	5/6	1	9/8	1/9	0.58	0.09
C	7/5	8/9	1	1/10	0.50	0.07
D	15/2	9	10	1	5.16	0.78

公共设施状况有关指标对应的判断矩阵 S_4，算出每一行求的几何平均数和权重系数如表 5-10 所示。

表 5-10　矩阵对应的几何平均数和权重系数

	A	B	C	D	几何平均数	系数
A	1	5/3	7/5	1/3	0.50	0.11
B	3/5	1	1/2	1/5	0.50	0.11
C	5/7	2	1	5/13	0.96	0.22
D	3	5	13/5	1	2.50	0.56

国土资源利用情况有关指标对应的判断矩阵 S_5，算出每一行求的几何平均数和权重系数如表 5-11 所示。

表 5-11　矩阵对应的几何平均数和权重系数

	A	B	C	D	几何平均数	系数
A	1	6/5	2/3	3/2	1.05	0.25
B	5/6	1	5/9	5/4	0.88	0.21
C	3/2	9/5	1	9/4	1.57	0.38
D	2/3	4/5	4/9	1	0.70	0.17

环境保护要求有关指标对应的判断矩阵 S_6，算出每一行求的几何平均数和权重系数如表 5-12 所示。

表 5-12　矩阵对应的几何平均数和权重系数

	A	B	C	D	几何平均数	系数
A	1	2	1/2	5/3	1.14	0.24
B	1/2	1	1/4	5/6	0.57	0.12
C	2	4	1	10/3	2.27	0.49
D	3/5	6/5	3/10	1	0.68	0.15

（三）一致性检验

现在我们对指标进行一致性检验，以第一层指标为例，检验步骤如下。

第一步：将成对比较矩阵中的每一列与该列所对应的系数相乘，然后再相加，得到一个向量"加权值"。

$$0.24 \times \begin{pmatrix} 1.00 \\ 1.50 \\ 0.83 \\ 0.83 \end{pmatrix} + 0.28 \times \begin{pmatrix} 0.67 \\ 1.00 \\ 0.89 \\ 1.50 \end{pmatrix} + 0.25 \times \begin{pmatrix} 1.20 \\ 1.13 \\ 1.00 \\ 0.63 \end{pmatrix} + 0.23 \times \begin{pmatrix} 1.20 \\ 0.67 \\ 1.60 \\ 1.00 \end{pmatrix} = \begin{pmatrix} 1.004 \\ 1.077 \\ 1.065 \\ 1.007 \end{pmatrix}$$

第二步：将第一步得到的加权值向量除以每个标准的优先级。

自然环境因素：$1.004/0.24 = 4.183$

经营环境因素：$1.077/0.28 = 3.846$

基础设施情况：$1.065/0.25 = 4.260$

其他因素：$1.007/0.23 = 4.378$

第三步：计算第二步得到的值的平均值，用 A 表示。

$A = (4.183 + 3.846 + 4.260 + 4.378)/4 = 4.167$

第四步：计算一致性指标（CI）：$(A-N)/(N-1)$，其中，N 为比较项的个数。

可以得到：$CI = (4.167 - 4)/(4-1) = 0.056$

第五步：计算检验系数 $CR = CI/RI$，其中 RI 是任意一个成对比较矩阵的平均随机一致性指标。RI 的值取决于该比较项的个数，1～10 阶矩阵的 RI 取值见表 5-13。

表 5-13　RI 取值参考表

N	1	2	3	4	5	6	7	8	9
RI	0	0	0.58	0.90	1.12	1.24	1.32	1.41	1.45

由表 5-13,我们选定 $N=4$,那么 RI$=0.9$,则一致性指标为:CI$=0.056/0.9=0.062$,于是该一致性是可以接受的。类似的,我们可以对所有的成对比较的矩阵进行一致性检验。

(四)最佳物流中心的确定

对这四个地点(A,B,C,D)进行综合的等级评定。计算过程如下。

A 点总得分:$0.24\times0.32+0.28\times0.06+0.25\times(0.67\times0.06+0.33\times0.11)$
$\qquad +0.23\times(0.75\times0.25+0.25\times0.24)=0.1696$

B 点总得分:$0.24\times0.18+0.28\times0.24+0.25\times(0.67\times0.09+0.33\times0.11)$
$\qquad +0.23\times(0.75\times0.21+0.25\times0.12)=0.1777$

C 点总得分:$0.24\times0.41+0.28\times0.05+0.25\times(0.67\times0.07+0.33\times0.22)$
$\qquad +0.23\times(0.75\times0.38+0.25\times0.49)=0.2360$

D 点总得分:$0.24\times0.09+0.28\times0.65+0.25\times(0.67\times0.78+0.33\times0.56)$
$\qquad +0.23\times(0.75\times0.17+0.25\times0.15)=0.4184$

从上面的计算可以看出,D 点的综合优先级别是最高的,为 0.4184,因此,应首选 D 点建设物流中心。

第六章　物流绩效管理的模糊综合评价法

第一节　模糊综合评价法

一、模糊综合评价法概述

综合评价是指全面分析影响评价对象的各个因素，通过对各个影响因素的比较、判断，给出一个总的评价。由于现实中被评价的事物往往受到多种因素的共同影响，如果只是考虑某一方面的影响，难以给出一个客观、公允的评判，所以我们需要综合多方的考虑，全面评价多种影响因素，这样才能达到好的评价效果。在实际的操作中，由于我们对各种因素的比较、分析，难以给出一个定量的、准确的数值，所以我们引入了模糊数的概念，利用模糊综合评价法来得到一个相对客观、全面的评判结果。

模糊综合评价法由美国自动控制专家查德(L A Zadeh)教授于 1965 年提出，基本思路为综合考虑被评价对象的多维影响因素，通过提前设定的评价标准，得到各影响因素的具体指标值，经过模糊变换后对被评价对象做出综合评价。在实际应用中，首先应将被评价事物的各种因素按照属性划分为几个大类，对每一大类按照评价标准做出初步的模糊评价，汇总各大类的评价结果，综合考虑各方因素的影响，进一步做出综合评价。其原理是应用模糊关系合成原理，分析各个因素对于被评价事物的隶属等级情况，充分利用模糊集理论进行评价。

在模糊综合评价模型中，最重要的两项工作为建立单因素评判矩阵和确定各因素间的权重分配，因为很难形成绝对客观或各方都能接受的评价方案，现实中一般采用统计实验或专家评分的方法来得到。

模糊综合评价通过综合评价模糊因素的对象系统，有效地解决了判断的模糊性与不确定性问题，它对于客观因素与主观因素都能做出相对公允的评价，所以能达到各方的相对满意，同时由于评判矩阵可以进行调整或进行一致性检验，效果很好。同时对于指标权重的确定也不是一成不变的，它可以根据客观环境、数据的变化适时地进行调整，也可以与以往的指标体系、评价结果进行比较，得到的结果具有连贯性，克服了传统数学方法结果单一性的缺点。但是在实际操作中，要时刻注意评价指标间包含的评价信息重复问题，只有这样才能尽量使评价结果客观、可信。总而言之，模糊综合评价法是一种基于主观信息的综合评价方法，在实际中已被广泛应用。

二、模糊综合评价法的六个基本要素

模糊综合评价法有如下六个基本要素。

(1)评价因素集。

评价因素集指由各个评价因素的评价值组成的集合。

(2)评语集。

评语集指综合评价中所有评语组成的集合。

(3)模糊关系矩阵。

模糊关系矩阵指单因素评价矩阵。

(4)评价因素权重集。

评价因素权重集指待评价对象或因素在所有对象或因素中的相对重要程度,在综合评价法中被用来对模糊关系矩阵进行加权处理。

(5)模糊算子。

模糊算子指将模糊关系矩阵和评价因素权重集进行合成的计算方法。

(6)评价结果向量[①]。

第二节　模糊综合评价法基本步骤

模糊综合评价作为模糊数学的一种具体应用方法,它主要分为两步:第一步按每个因素单独评价;第二步按所有因素综合评价。其优点是:数学模型简单,容易掌握,对多因素、多层次的复杂问题评价效果比较好,是其他数学分支和模型难以代替的方法。模糊综合评价法的特点在于评价逐对进行,对被评价对象有唯一评价值,不受被评价对象所处集合影响。

一、模拟和算法

(一)确定评价因素、评价等级

设 $U=\{u_1, u_2, \cdots, u_m\}$ 为刻画被评价对象的 m 种因素(评价指标);$V=\{v_1, v_2, \cdots, v_n\}$ 为刻画每一因素所处的状态的 n 种决断(评价等级)。

这里,m 为评价因素的个数;n 为评语的个数。

以人员管理为例。人员管理工作所涉及的一些概念,常常是客观上存在的模糊概念。诸如政治思想水平、业务工作能力、群众关系等,用传统的数学模型难以描述。设有 t 个人员组成备择集。在人员管理中,对每个对象的评价因素包括以下几点。

(1)政治思想与工作态度。

---

①孟广武,张兴芳.模糊数的运算法则[J].模糊系统与数学,2001,15(3):25-29.

(2)解决实际问题能力。

(3)创造创新能力。

这些评价因素可以衡量一个备选对象"水平"的测度。考核成绩的评定若习惯于四级评分制,则取优秀、良好、及格、不及格。评价等级应尽可能满足人们区分能力的要求和符合人事部门的一般习惯。

(二)构造评价矩阵和确定权重

首先对因素集中的单因素 $u_i(i=1,2,\cdots,m)$ 做单因素评价,从因素 u_1 着眼该事物对抉择等级 $v_j(j=1,2,\cdots,n)$ 的隶属为 r_{ij},这样就得出第 i 个因素 u_i 的单因素评价集:

$$r_i=(r_{i1},r_{i2},\cdots,r_{in})$$

这样 m 个着眼因素的评价就构造出一个总的评价矩阵 R,即每一个被评价的对象确定了从 U 到 V 的模糊关系 R,它是一个矩阵:

$$R=(r_{ij})_{m\times n}=\begin{bmatrix} r_{11} & r_{12} & \cdots & r_{1n} \\ r_{21} & r_{22} & \cdots & r_{2n} \\ \vdots & \vdots & & \vdots \\ r_{m1} & r_{m2} & \cdots & r_{mn} \end{bmatrix}(i=1,2,\cdots,m;j=1,2,\cdots,n)$$

式中,r_{ij} 表示从因素 u_i 着眼,该评价对象能被评为 v_i 的隶属度。具体地说,r_{ij} 表示第 i 个因素 u_i 在第 j 个评语 v_j 上的频率分布,一般将其归一化,使之满足 $\sum r_{ij}=1$。这样,R 矩阵本身就是没有量纲的,不需要做专门的处理。

一般来说,用等级比重确定隶属矩阵的方法,可以满足模糊综合评价的要求。用等级比重法确定隶属度时,为了保证可靠性,一般要注意两个问题:第一,评价者人数不能太少,因为只有这样,等级比重才趋于隶属度;第二,评价者必须对被评事物有相当的了解,特别是一些涉及专业方面的评价,更应该如此。

得到这样的模糊关系矩阵,尚不足以对事物做出评价。评价因素集中的各个因素在"评价目标"中有不同的地位和作用,即各评价对象在综合评价中占有不同的比重。拟引入 U 上的一个模糊子集 A,称为权重和权数分配集,$A=(a_1,a_2,\cdots,a_m)$,其中 $a_i>0$,且 $\sum a_i=1$。它反映了对诸因素的一种权衡。

权数乃是表征因素相对重要性大小的量度值。所以,在评价问题中,赋权数是极其重要的。常见的评价问题中的赋权数,一般多凭经验主观臆测,富有浓厚的主观色彩。在某些情况下,主观确定权数尚有客观的一面,在一定程度上反映了实际情况,评价的结果严重失真而有可能导致决策者的错误判断。在某些情况下,确定权数可以利用数学的方法,尽管数学方法掺杂着主观性,但其有严格的逻辑性,可以对确定的"权数"进行"滤波"和"修复"处理,以尽量剔除主观成分,符合客观现实。

这样,在这里就存在两种模糊集,以主观赋权为例,一类是标志因素集 U 中各元素在人们心中重要程度的量,表现为因素 U 上的模糊权重向量 $\boldsymbol{A}=(a_1,a_2,\cdots,a_m)$;另一类是 $U\times V$ 上的模糊关系,表现为 $m\times n$ 的模糊矩阵 $\boldsymbol{R}$。这两类模糊集都是人们价值观念或者偏好结构的反映。

(三)进行模糊合成和做出决策

R 中不同的行为反映了某个被评价事物从不同的单因素来看对各等级模糊子集的隶属程度。用模糊权向量 A 将不同的行进行综合，就可得到该被评事物从总体上来看对各等级模糊子集的隶属程度，即模糊综合评价结果向量。

引入 V 上的一个模糊子集 B，称模糊评价，又称决策集。$B=(b_1,b_2,\cdots,b_n)$。

如何由 R 与 A 来求 B 呢？一般令 $B=A*R$（$*$ 为算子符号），成为模糊变换。

这个模型看起来简单，但实际上较为复杂。对于不同的模糊算子，就有不同的评价模型。

如果评价结果 $\sum b_j \neq 1$，应将它归一化。

b_j 表示被评价对象具有评语 v_j 的程度。各个评价指标，具体反映了评价对象在所评价的特征方面的分布状态，使评价者对评价对象有更深入的了解，并能做各种灵活的处理。如果要选择一个决策，则可选择最大的 b_j 所对应的 v_j 作为综合评价的结果。

B 是对每个被评价对象综合状况分等级的描述，它不能直接用于被评价对象间的排序评优，必须要更进一步地分析处理，待分析处理之后才能应用。通常可以采取最大隶属法则对其处理，得到最重评价结果。此时，只利用了 $b_j(j=1,2,\cdots,n)$ 中的最大者，没有充分利用 B 所带来的信息。为了充分利用 B 所带来的信息，可把各种等级的评级参数和评价结果 B 进行综合考虑，使得评价结果更加符合实际。

设等级 v_j 规定的参数列向量为

$$C=(c_1,c_2,\cdots,c_n)^T$$

则得出等级参数评价结果为

$$B \times C = p$$

式中，p 是一个实数。它反映了由等级模糊子集 B 和等级参数向量 C 所带来的综合信息，在许多实际应用中，它是十分有用的综合参数。

就理论而言，上述的广义模糊合成运算有无穷多种，但在实际应用中，经常采用的具体模型有很多种，如 $M(\wedge,\vee)$ 表示先取小再取大，或先取交集再取并集；$M(\vee,\wedge)$ 表示先取大再取小，或先取并集再取交集；$M(\cdot,\vee)$ 表示先乘再取大等。

二、方法举例与总结

某生产商欲从以下五个角度来初步了解目前客户对公司某新产品的看法：产品质量、产品性价比、送货准时、产品差异度、新技术含量。现采用模糊评价评级法来进行评价。

(一)确定模糊综合评判因素集

因素集为 $U=\{$产品质量，产品性价比，送货准时，产品差异度，新技术含量$\}$

(二)建立综合评判的评价集

评价集为 $V = \{很高,高,一般,差\}$

(三)进行单因素模糊评判,并求得评判矩阵 R

单独从上述各个因素出发,分别得单因素评判集为:

$$R_1 = \{0.2, 0.5, 0.3, 0.0\}$$
$$R_2 = \{0.1, 0.3, 0.5, 0.1\}$$
$$R_3 = \{0.0, 0.1, 0.6, 0.3\}$$
$$R_4 = \{0.0, 0.4, 0.5, 0.1\}$$
$$R_5 = \{0.5, 0.3, 0.2, 0.0\}$$

由此得评判矩阵为:

$$R = \begin{bmatrix} 0.2 & 0.5 & 0.3 & 0.0 \\ 0.1 & 0.3 & 0.5 & 0.1 \\ 0.0 & 0.4 & 0.5 & 0.1 \\ 0.5 & 0.3 & 0.2 & 0.0 \end{bmatrix}$$

(四)建立评判模型,进行综合评判

假定,公司将新产品定位为性价比和质量取胜,那么对各因素的权数可确定如下:

$$A = (0.35, 0.30, 0.10, 0.10, 0.15)$$

本例中采用 $M(\wedge, \vee)$ 算子,即先取小再取大。于是,评判模型为:

$$B = A * R = (0.35, 0.30, 0.10, 0.10, 0.15) * \begin{bmatrix} 0.2 & 0.5 & 0.3 & 0.0 \\ 0.1 & 0.3 & 0.5 & 0.1 \\ 0.0 & 0.1 & 0.6 & 0.3 \\ 0.5 & 0.3 & 0.2 & 0.0 \end{bmatrix}$$

第一列:

$(0.35 \wedge 0.2) \vee (0.30 \wedge 0.1) \vee (0.10 \wedge 0.0) \vee (0.10 \wedge 0.0) \vee (0.15 \vee 0.5)$

$= 0.2 \vee 0.1 \vee 0.0 \vee 0.0 \vee 0.15 = 0.2$

第二列:

$(0.35 \wedge 0.5) \vee (0.30 \wedge 0.3) \vee (0.10 \wedge 0.1) \vee (0.10 \wedge 0.4) \vee (0.15 \wedge 0.3)$

$= 0.35 \vee 0.3 \vee 0.1 \vee 0.1 \vee 0.15 = 0.35$

第三列:

$(0.35 \wedge 0.3) \vee (0.30 \wedge 0.5) \vee (0.10 \wedge 0.6) \vee (0.10 \wedge 0.5) \vee (0.15 \wedge 0.2)$

$= 0.3 \vee 0.3 \vee 0.1 \vee 0.1 \vee 0.15 = 0.3$

第四列:

$(0.35 \wedge 0.0) \vee (0.30 \wedge 0.1) \vee (0.10 \wedge 0.3) \vee (0.10 \wedge 0.1) \vee (0.15 \wedge 0.0)$

$= 0.0 \vee 0.1 \vee 0.1 \vee 0.1 \vee 0.0 = 0.1$

则 $B = A * R = (0.2, 0.35, 0.30, 0.1)$

（五）评判指标处理

将上述评判指标归一化得：
$$B' = (0.211, 0.368, 0.316, 0.105)$$

这一评判结果表示，客户对这一新产品的评价为：21.1%的人评价为"很高"，36.8%的人评价为"高"，31.6%的人评价为"一般"，10.5%的人评价为"差"。

由以上可见，模糊综合评价可以归纳为如下几个步骤。

(1)给出被评价的对象集 $X = (x_1, x_2, \cdots, x_t)$。

(2)找出因素集（或称指标集）$U = (u_1, u_2, \cdots, u_m)$。

表明对评价事物从哪些方面进行评价描述。

(3)找出评语集（或称等级集）$V = (v_1, v_2, \cdots, v_n)$。

这实际上是对被评价事物变化区间的一个划分。

(4)确定评价矩阵 $R = (r_{ij})_{m \times n}$。

先通过调查统计确定单因素评价向量。调查的人数要足够多且具有代表性。然后由单因素评价向量得到评价模糊矩阵。r 在实际的应用处理中有许多方法来确定，但无论如何确定 r，都必须本着实事求是的原则，因它是评价的基础环节。

(5)确定权数向量：$A = (a_1, a_2, \cdots, a_m)$。

这实际上是指人们在评价事物时，依次着重于哪些指标。一种是有权威性的专家及具有代表性的人按因素的重要程度来商定；另一种是通过数学方法来确定，现在通常是凭经验给出权重。不可否认，这在一定程度上能反映实际情况，评价结果也比较符合实际。但是凭经验给出权重又往往带有主观性，有时不能客观反映实际情况，评价结果可能"失真"。因此，这是一个值得关注和研究的问题。

(6)选择适当的合成算法。

在实际的应用中应注意：对于适宜模糊综合评价的算子来说，是现实问题的性质决定算子的选择，而不是算子决定现实问题的性质。

(7)计算评价指标。

模糊综合评价的结果是被评事物对各等级模糊自己的隶属度，它一般是一个模糊向量，而不是一个点值，因而它能提供的信息比其他方法更丰富。若对多个事物比较并排序，就需要进一步处理，即计算每个评价对象的综合分值，按大小排序，按序择优。综合评价的目的就是要从对象集中选出优胜对象，所以还需要将所有对象的综合评价结果进行排序。将综合评价结果 B 转换为综合分值，于是可依其大小进行排序，从而挑选出最优者。

在复杂系统中，由于要考虑的因素很多，并且各因素之间往往还有层次之分，在这种情况下，如果仍用前面所述的综合评价的初始模型，则难以比较系统地排出事物之间的优劣次序，得不出有意义的评价结果。在实际应用中，如果遇到这种情况，可把主要因素集合 U 按某些属性分成几类，先对每一类（因素较少）做综合评价，然后再对评价结果进行"类"之间的高层次的综合评价。

模糊综合评价法是利用模糊集理论进行评价的一种方法。具体地说,是应用模糊关系合成的原理,从多个因素对被评价事物隶属等级状况进行综合性评价。模糊综合评价法不仅对评价对象按综合分值的大小进行评价和排序,而且还可根据模糊评价集上的值按最大隶属度原则去评定对象所属的等级。这就克服了传统数学方法结果单一性的缺陷,其结果包含的信息量丰富。这种方法简易可行,在一些用传统观点无法进行数量分析的问题上,显示了它的应用前景,它很好地解决了判断的模糊性和不确定性问题。由于模糊的方法更接近于东方人的思维习惯和描述方法,因此它更适合于对社会经济系统问题进行评价。本方法虽然利用了模糊数学理论,但并不高深,也不复杂,容易被人们所掌握和使用。

模糊综合评价法的优点是可对涉及模糊因素的对象系统进行综合评价。模糊综合评价法作为较常用的一种模糊数学方法,它广泛地应用于经济管理等领域。然而,随着综合评价在经济、社会等大系统中的不断应用,由于问题层次结构的复杂性、多因素性、不确定性、信息的不充分以及人类思维的模糊性等矛盾的涌现,使得人们很难客观地做出评价和决策。模糊综合评价法的不足之处是,它并不能解决评价指标间相关造成的评价信息重复问题,隶属函数的确定还没有系统的方法,而且合成的算法也有待进一步探讨。由于其评价过程大量应用了人的主观判断,各因素权重的确定带有一定的主观性,因此,总的来说,模糊综合评价法是一种基于主观信息的综合评价方法。实践证明,模糊综合评价结果的可靠性和准确性依赖于合理选取因素、因素的权重分配和综合评价的合成算子等。所以,无论如何,都必须根据具体综合评价问题的目的、要求及其特点,从中选出合适的评价模型和算法,使所做的评价更加客观、科学和有针对性。

三、案例:模糊综合评价法的应用

本案例将讨论模糊综合评价法在质量经济效益评价中的应用。

质量和经济效益是人类经济生活中一个永恒的话题。随着市场经济体制的不断完善和消费观念的日益成熟,提高产品质量、提高经济效益已成为我国经济发展中的一个战略问题,引起了全社会的普遍关注。质量经济效益的研究工作受到国内外企业家、专家和学者的广泛重视。

经济现象的复杂性及其影响因素的不确定性,使利用传统数学方法求解经济问题越来越困难,有时甚至不可能。模糊数学则为研究经济领域的各种经济现象提供了一个很好的工具。

质量就是产品或服务满足用户需要的程度。近年来,广泛采用客户满意度作为质量的评价标准正是对这一概念的拓展。满意度实际上是客户的一种心理感受,往往只能定性地描述而无法用定量的方法表示出来。甚至很多新的质量标准也都是在客户潜意识的、模糊的质量要求的基础上制定出来的。

提高质量所带来的经济效益是多方面的,也是比较复杂的。如果把质量的提高所带来的经济效益分为生产者、消费者和社会三个方面来考察,那么目前绝大多数企业只计算了给生产者所带来的总的经济效益中的直接效益部分,间接效益部分和消费者及社会的经济效益都无法用定量的方法精确地计算出来。

正是基于质量和经济效益所固有的模糊特性及传统数学方法的局限性,在这里我们选择模糊数学中的综合评价法来定量地评价质量经济效益。

(一)评价指标体系的建立

企业作为一个社会生产单位,其质量经济效益最终表现在产品质量和经济效益两个方面,而每个方面又由若干评价指标所决定。相应地,评价指标集分为两个层次:第一层,总目标因素集 $u=(u_1,u_2)$;第二层,子目标因素集 $u_1=(u_{11},u_{12},u_{13},u_{14},u_{15},u_{16})$ 和子目标因素集 $u_2=(u_{21},u_{22},u_{23})$。质量经济效益综合评价系统的结构及其各评价指标的具体含义如图 6-1 所示。

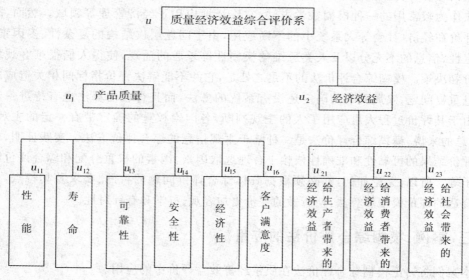

图 6-1 质量经济效益综合评价系统的结构图

(二)评价集的确定

评价集是对各层次评价指标的一种语言描述,它是评审人对各评价指标所给出的评语的集合。本模型的评语共分五个等级。具体的评价集为:

$$v=(v_1,v_2,v_3,v_4,v_5)=\{非常满意,比较满意,一般,不太满意,很不满意\}$$

(三)权重的确定

在进行模糊综合评价时,权重对最终的评价结果会产生很大的影响,不同的权重有时会得到完全不同的结论。因此,权重选择的合适与否直接关系到模型的成败。确定权重的方法有很多种,如专家评估法、层次分析法(AHP)等,可根据系统的复杂程度和实际工作需要进行适当选择。本模型评价系统相对比较简单,在这里采用专家评估法来确定权重。在综合有关专家意见的基础上,本模型最终的权重确定结果如下。

$A = (0.5, 0.5)$

$A_1 = (0.15, 0.15, 0.15, 0.15, 0.15, 0.25)$

$A_2 = (0.4, 0.3, 0.3)$

这里所确定的权重是各元素相对于其上一层次元素的相对重要性权值。权重确定的依据有下列三条。

(1)产品质量和经济效益在综合评价系统中占有同等重要的地位,轻视任何一方对企业的发展都不利。

(2)产品质量的决定权在客户而不是生产企业,只有客户满意的产品才是真正高质量的产品。

(3)生产者在追求自身经济效益的同时,要兼顾消费者和社会的经济效益。

(四)模糊判断矩阵的确定

选取生产者代表、客户代表及有关专家组成评审团,对评价指标体系中的第二层各一个元素进行单因素评价,具体做法可采用问卷调查的形式。通过对调查结果的整理、统计,即得到单因素模糊评价矩阵。

$$R_i = \begin{bmatrix} r_{i11} & r_{i12} & \cdots & r_{i1n} \\ r_{i21} & r_{i22} & \cdots & r_{i2n} \\ \vdots & \vdots & \vdots & \vdots \\ r_{im1} & r_{im2} & \cdots & r_{imn} \end{bmatrix} \quad (i = 1, 2)$$

式中,m 为评价指标集中元素的个数,n 为评价集 v 中元素的个数。

(五)综合评价

由第三步得到的权重和第四步得到的单因素模糊评价判断矩阵,进行如下的综合评价:

$B_i = A_i \circ R_i = (b_{i1}, b_{i2}, b_{i3}, b_{i4}, b_{i5}) \quad i = 1, 2$

$$R = \begin{bmatrix} B_1 \\ B_2 \end{bmatrix}$$

$$B = A \circ R = A \circ \begin{bmatrix} B_1 \\ B_2 \end{bmatrix} = A \circ \begin{bmatrix} A_1 \circ R_1 \\ A_2 \circ R_2 \end{bmatrix} = (b_1, b_2, b_3, b_4, b_5)$$

这里的符号"$\circ$"表示广义的合成运算。

下面说明本模型的具体使用方法。假设对某机械工业企业做质量效益综合评价。为了综合评价该企业的质量经济效益,选取了该企业的生产代表、长期使用该企业产品的客户代表和有关专家共计 20 人组成评审团,以问卷调查的形式让他们对图 6-1 中综合评价系统第二层各元素进行单因素评价。通过对调查表的回收、整理和统计得到评价结果如表 6-1 所示。

表 6-1　某机械工业企业质量效益单因素评价的调查结果统计表

评价\指标	非常满意	比较满意	一般	不太满意	很不满意
性能	2	6	8	4	0
寿命	0	2	10	7	1
可靠性	1	5	12	2	0
安全性	3	8	6	3	0
经济性	0	3	9	6	2
客户满意度	0	4	12	4	0
生产者的经济效益	2	9	8	1	0
消费者的经济效益	0	5	7	8	0
社会的经济效益	1	4	13	2	0

根据表 6-1,可以构造模糊评价矩阵为:

$$R_1 = \begin{pmatrix} 0.1 & 0.3 & 0.4 & 0.2 & 0 \\ 0 & 0.1 & 0.5 & 0.35 & 0.05 \\ 0.15 & 0.4 & 0.3 & 0.15 & 0 \\ 0 & 0.15 & 0.45 & 0.3 & 0.1 \\ 0 & 0.2 & 0.6 & 0.2 & 0 \end{pmatrix}, R_2 = \begin{pmatrix} 0.1 & 0.45 & 0.4 & 0.05 & 0 \\ 0 & 0.25 & 0.35 & 0.4 & 0 \\ 0.05 & 0.2 & 0.65 & 0.1 & 0 \end{pmatrix}$$

那么,由 $A_1 = (0.15, 0.15, 0.15, 0.15, 0.15, 0.25)$ 可以得到"产品质量"的评价向量:

$B_1 = A_1 \circ R_1 = (0.045, 0.23, 0.487, 5, 0.215, 0.0225)$

由 $A_2 = (0.4, 0.3, 0.3)$ 可以得到"经济效益"的评价向量:

$B_2 = A_2 \circ R_2 = (0.055, 0.315, 0.46, 0.17, 0)$

再由 $A = (0.5, 0.5)$,便得到了"质量经济效益"的综合评价向量:

$B = A \circ R = (0.5, 0.272, 5, 0.47375, 0.1925, 0.01125)$

根据最大隶属度原则,说明该企业的质量经济效益属于一般水平。

第三节　模糊综合评价法在生鲜物流中心绩效管理中的应用

一、生鲜加工配送中心物流绩效指标体系

对生鲜加工配送中心的物流运作绩效进行评价时,要从系统的角度出发分析影响整个配送中心的物流运作过程中所需要的成本、效率以及质量等因素,并在结合调研的基础上,分析出影响绩效的指标体系。

建立生鲜加工配送中心物流绩效评价体系是一个项系统工程,需要综合考虑到配送中心的各个方面的影响因素。许骏等人在《物流中心及其绩效评价分析》一文中认为物

流中心(或配送中心)是通过成本、效率、风险及质量四项指标来评价其绩效,其中每项指标都涉及运输、搬运、仓储、包装、流通加工、信息处理等多个物流环节和功能。而易海燕和叶怀珍在《连锁超市配送中心物流绩效的模糊综合评价》中,则是按照物流功能划分为主来设定评价配送中心物流绩效的各个指标。根据生鲜加工配送中心物流绩效评价体系的原则和生鲜加工配送中心的特点,从配送中心的结构方面考虑,结合影响绩效的成本、效率、质量和能力四个评价指标进行分析,针对各项指标的二级层次进行划分,得到以下指标评价体系,如表 6-2 所示。

表 6-2　生鲜加工配送中心物流绩效评价体系

连锁超市生鲜加工配送中心物流绩效评价体系	成本(U_1)	采购成本(U_{11})
		库存成本(U_{12})
		配送成本(U_{13})
		流通加工成本(U_{14})
	效率(U_2)	交付及时性(U_{21})
		库存周转率(U_{22})
		仓库利用率(U_{23})
		配送及时性(U_{24})
		信息流通速度(U_{25})
	质量(U_3)	商品新鲜度(U_{31})
		检测质量(U_{32})
		库存损耗率(U_{33})
		流通加工质量(U_{34})
		配送损耗率(U_{35})
		门店满意率(U_{36})
		配送退货率(U_{37})
	能力(U_4)	供应商管理能力(U_{41})
		订单及时处理能力(U_{42})
		库存能力(U_{43})
		冷冻、冷藏能力(U_{44})
		流通加工能力(U_{45})
		运输能力(U_{46})
		专业车辆配备率(U_{47})
		信息处理能力(U_{48})

二、生鲜加工配送中心物流绩效指标权重的确定

某连锁超市一共设有 X、Y、Z 三个生鲜加工配送中心,现邀请甲、乙、丙三位物流专家对三个生鲜加工配送中心的物流运作情况进行分析,并做出物流绩效评价,以便找出各个配送中心的差距,为更好地提高配送中心物流绩效,实现更大的经济效益提供依据。

根据经验以及物流专家对各个指标在物流绩效的影响程度,确定每个指标与其他指标之间的重要程度之比,形成判断矩阵,通过层次分析法(AHP)来确定一级指标权重集 A 和二级指标权重集。

通过计算,近似得到权重矢量为:

$A = (0.35, 0.3, 0.2, 0.15)$

$A_1 = (0.3, 0.2, 0.3, 0.2)$

$A_2 = (0.1, 0.2, 0.3, 0.3, 0.1)$

$A_3 = (0.1, 0.1, 0.15, 0.15, 0.15, 0.2, 0.15)$

$A_4 = (0.1, 0.2, 0.1, 0.1, 0.1, 0.1, 0.2, 0.1)$

三、模糊评价矩阵 R 的确定

甲、乙、丙三位物流专家通过对三个生鲜加工配送中心的调查问卷、现场勘察、与管理人员交流以及相关的数据收集,按照配送中心物流运作优劣程度划分为 V = {极差,差,较差,稍差,一般,稍好,较好,好,极好},赋予评价集各元素量值 V = {0.1, 0.2, 0.3, 0.4, 0.5, 0.6, 0.7, 0.8, 0.9} 的要求,形成了如下的评价数据,如表6-3所示。最后,以甲、乙、丙对 X、Y、Z 评价的算术平均值作为各个物流绩效指标的评价。

表 6-3　生鲜加工配送中心物流绩效指标的评价

评价指标		甲评价			乙评价			丙评价		
一级指标 U_i	二级指标	X	Y	Z	X	Y	Z	X	Y	Z
成本(U_1)	采购成本(U_{11})	0.8	0.8	0.8	0.9	0.8	0.8	0.8	0.8	0.8
	库存成本(U_{12})	0.9	0.9	0.9	0.9	0.9	0.9	0.9	0.9	0.9
	配送成本(U_{13})	0.9	0.8	0.8	0.8	0.8	0.8	0.8	0.8	0.9
	流通加工成本(U_{14})	0.8	0.8	0.8	0.8	0.7	0.7	0.8	0.7	0.7
效率(U_2)	交付及时性(U_{21})	0.8	0.8	0.7	0.8	0.8	0.7	0.8	0.7	0.7
	库存周转率(U_{22})	0.8	0.8	0.8	0.8	0.8	0.8	0.8	0.8	0.7
	仓库利用率(U_{23})	0.8	0.8	0.8	0.8	0.7	0.8	0.8	0.8	0.8
	配送及时性(U_{24})	0.7	0.6	0.7	0.7	0.6	0.7	0.8	0.6	0.7
	信息流通速度(U_{25})	0.8	0.7	0.7	0.8	0.7	0.7	0.7	0.7	0.7

评价指标		甲评价			乙评价			丙评价		
一级指标 U_i	二级指标	X	Y	Z	X	Y	Z	X	Y	Z
质量(U_3)	商品新鲜度(U_{31})	0.8	0.7	0.7	0.8	0.7	0.7	0.8	0.8	0.7
	检测质量(U_{32})	0.8	0.7	0.8	0.8	0.7	0.8	0.7	0.7	0.7
	库存损耗率(U_{33})	0.7	0.6	0.7	0.7	0.7	0.7	0.7	0.7	0.7
	流通加工质量(U_{34})	0.8	0.8	0.7	0.8	0.8	0.7	0.8	0.8	0.8
	配送损耗率(U_{35})	0.8	0.7	0.7	0.8	0.7	0.7	0.7	0.8	0.7
	门店满意率(U_{36})	0.6	0.7	0.7	0.6	0.7	0.6	0.6	0.7	0.6
	配送退货率(U_{37})	0.8	0.8	0.8	0.8	0.8	0.8	0.8	0.8	0.8
能力(U_4)	供应商管理能力(U_{41})	0.7	0.7	0.6	0.7	0.7	0.7	0.7	0.6	0.7
	订单及时处理能力(U_{42})	0.8	0.8	0.8	0.8	0.8	0.7	0.8	0.8	0.7
	库存能力(U_{43})	0.8	0.8	0.7	0.8	0.8	0.8	0.8	0.9	0.8
	冷冻、冷藏能力(U_{44})	0.8	0.8	0.8	0.8	0.8	0.8	0.8	0.8	0.8
	流通加工能力(U_{45})	0.8	0.8	0.8	0.9	0.9	0.8	0.8	0.9	0.9
	运输能力(U_{46})	0.7	0.7	0.7	0.7	0.8	0.7	0.7	0.8	0.7
	专业车辆配备率(U_{47})	0.9	0.9	0.8	0.9	0.9	0.8	0.9	0.8	0.8
	信息处理能力(U_{48})	0.8	0.8	0.8	0.8	0.8	0.8	0.8	0.8	0.8

四、模糊评价矩阵的确定

根据表 6-3 的数据，经过归一化处理后得到 X，Y，Z 的模糊评价矩阵。

X 的各子集模糊评价矩阵：

$$\boldsymbol{R}_{X1}=\begin{pmatrix} 0 & 0 & 0 & 0 & 0 & 0 & 0 & 0.667 & 0.333 \\ 0 & 0 & 0 & 0 & 0 & 0 & 0 & 0 & 1 \\ 0 & 0 & 0 & 0 & 0 & 0 & 0 & 0.667 & 0.333 \\ 0 & 0 & 0 & 0 & 0 & 0 & 0 & 1 & 0 \end{pmatrix}$$

$$\boldsymbol{R}_{X2}=\begin{pmatrix} 0 & 0 & 0 & 0 & 0 & 0 & 0 & 0 & 1 \\ 0 & 0 & 0 & 0 & 0 & 0 & 0 & 1 & 0 \\ 0 & 0 & 0 & 0 & 0 & 0 & 0 & 1 & 0 \\ 0 & 0 & 0 & 0 & 0 & 0 & 0.667 & 0.333 & 0 \\ 0 & 0 & 0 & 0 & 0 & 0 & 0.333 & 0.667 & 0 \end{pmatrix}$$

$$\boldsymbol{R}_{X3} = \begin{pmatrix} 0 & 0 & 0 & 0 & 0 & 0 & 0 & 1 & 0 \\ 0 & 0 & 0 & 0 & 0 & 0 & 0.333 & 0.337 & 0 \\ 0 & 0 & 0 & 0 & 0 & 0 & 1 & 0 & 0 \\ 0 & 0 & 0 & 0 & 0 & 0 & 0 & 1 & 0 \\ 0 & 0 & 0 & 0 & 0 & 0 & 0.333 & 0.667 & 0 \\ 0 & 0 & 0 & 0 & 0 & 0 & 1 & 0 & 0 \\ 0 & 0 & 0 & 0 & 0 & 0 & 0 & 1 & 0 \end{pmatrix}$$

$$\boldsymbol{R}_{X4} = \begin{pmatrix} 0 & 0 & 0 & 0 & 0 & 0 & 1 & 0 & 0 \\ 0 & 0 & 0 & 0 & 0 & 0 & 0 & 1 & 0 \\ 0 & 0 & 0 & 0 & 0 & 0 & 0 & 1 & 0 \\ 0 & 0 & 0 & 0 & 0 & 0 & 0 & 0.667 & 0.333 \\ 0 & 0 & 0 & 0 & 0 & 0 & 1 & 0 & 0 \\ 0 & 0 & 0 & 0 & 0 & 0 & 0 & 0 & 1 \\ 0 & 0 & 0 & 0 & 0 & 0 & 0 & 1 & 0 \end{pmatrix}$$

Y 的各子集模糊评价矩阵：

$$\boldsymbol{R}_{Y1} = \begin{pmatrix} 0 & 0 & 0 & 0 & 0 & 0 & 0 & 1 & 0 \\ 0 & 0 & 0 & 0 & 0 & 0 & 0 & 0 & 1 \\ 0 & 0 & 0 & 0 & 0 & 0 & 0 & 1 & 0 \\ 0 & 0 & 0 & 0 & 0 & 0 & 0.333 & 0.667 & 0 \end{pmatrix}$$

$$\boldsymbol{R}_{Y2} = \begin{pmatrix} 0 & 0 & 0 & 0 & 0 & 0 & 0.333 & 0.667 & 0 \\ 0 & 0 & 0 & 0 & 0 & 0 & 0.333 & 0.667 & 0 \\ 0 & 0 & 0 & 0 & 0 & 0 & 0.333 & 0.667 & 0 \\ 0 & 0 & 0 & 0 & 0 & 0 & 0 & 0 & 0 \\ 0 & 0 & 0 & 0 & 0 & 0 & 1 & 0 & 0 \end{pmatrix}$$

$$\boldsymbol{R}_{Y3} = \begin{pmatrix} 0 & 0 & 0 & 0 & 0 & 0.667 & 0.333 & 0 \\ 0 & 0 & 0 & 0 & 0 & 1 & 0 & 0 \\ 0 & 0 & 0 & 0 & 0.333 & 0.667 & 0 & 0 \\ 0 & 0 & 0 & 0 & 0 & 0 & 1 & 0 \\ 0 & 0 & 0 & 0 & 0 & 1 & 0 & 0 \\ 0 & 0 & 0 & 0 & 0 & 1 & 0 & 0 \\ 0 & 0 & 0 & 0 & 0 & 0 & 1 & 0 \end{pmatrix}$$

$$R_{Y4} = \begin{pmatrix} 0 & 0 & 0 & 0 & 0 & 0.333 & 0.667 & 0 & 0 \\ 0 & 0 & 0 & 0 & 0 & 0 & 0 & 1 & 0 \\ 0 & 0 & 0 & 0 & 0 & 0 & 0 & 0.667 & 0.333 \\ 0 & 0 & 0 & 0 & 0 & 0 & 0 & 1 & 0 \\ 0 & 0 & 0 & 0 & 0 & 0 & 0 & 0.333 & 0.667 \\ 0 & 0 & 0 & 0 & 0 & 0 & 0.333 & 0.667 & 0 \\ 0 & 0 & 0 & 0 & 0 & 0 & 0 & 0.333 & 0.667 \\ 0 & 0 & 0 & 0 & 0 & 0 & 0 & 1 & 0 \end{pmatrix}$$

Z 的各子集模糊评价矩阵：

$$R_{Z1} = \begin{pmatrix} 0 & 0 & 0 & 0 & 0 & 0 & 0 & 1 & 0 \\ 0 & 0 & 0 & 0 & 0 & 0 & 0 & 0 & 1 \\ 0 & 0 & 0 & 0 & 0 & 0 & 0 & 0.667 & 0.333 \\ 0 & 0 & 0 & 0 & 0 & 0 & 0.667 & 0.333 & 0 \end{pmatrix}$$

$$R_{Z2} = \begin{pmatrix} 0 & 0 & 0 & 0 & 0 & 0 & 1 & 0 & 0 \\ 0 & 0 & 0 & 0 & 0 & 0 & 0.333 & 0.337 & 0 \\ 0 & 0 & 0 & 0 & 0 & 0 & 0 & 1 & 0 \\ 0 & 0 & 0 & 0 & 0 & 0 & 1 & 0 & 0 \end{pmatrix}$$

$$R_{Z3} = \begin{pmatrix} 0 & 0 & 0 & 0 & 0 & 0 & 1 & 0 & 0 \\ 0 & 0 & 0 & 0 & 0 & 0 & 0.333 & 0.667 & 0 \\ 0 & 0 & 0 & 0 & 0 & 0 & 1 & 0 & 0 \\ 0 & 0 & 0 & 0 & 0 & 0 & 0.667 & 0.333 & 0 \\ 0 & 0 & 0 & 0 & 0 & 0 & 1 & 0 & 0 \\ 0 & 0 & 0 & 0 & 0 & 0.667 & 0.333 & 0 & 0 \\ 0 & 0 & 0 & 0 & 0 & 0 & 0 & 1 & 0 \end{pmatrix}$$

$$R_{Z4} = \begin{pmatrix} 0 & 0 & 0 & 0 & 0.333 & 0.337 & 0 & 0 \\ 0 & 0 & 0 & 0 & 0 & 0.667 & 0.333 & 0 \\ 0 & 0 & 0 & 0 & 0 & 0.667 & 0.333 & 0 \\ 0 & 0 & 0 & 0 & 0 & 0 & 1 & 0 \\ 0 & 0 & 0 & 0 & 0 & 0 & 0.667 & 0.333 \\ 0 & 0 & 0 & 0 & 0 & 1 & 0 & 0 \\ 0 & 0 & 0 & 0 & 0 & 0 & 1 & 0 \\ 0 & 0 & 0 & 0 & 0 & 0 & 1 & 0 \end{pmatrix}$$

五、模糊综合评价

X, Y, Z 的模糊子集 B_{mk} 为：

$B_{X1} = A_1 \times R_{X1} = (0,0,0,0,0,0,0,0.6002,0.3998)$

$B_{X2} = A_2 \times R_{X2} = (0,0,0,0,0,0,0.2334,0.7666,0)$

$$B_{X3} = A_3 \times R_{X3} = (0,0,0,0,0,0,0.23325,0.56675,0)$$

$$B_{X4} = A_4 \times R_{X4} = (0,0,0,0,0,0,0.2,0.5667,0.2333)$$

$$B_{Y1} = A_1 \times R_{Y1} = (0,0,0,0,0,0,0.0666,0.7334,0.2)$$

$$B_{Y2} = A_1 \times R_{Y2} = (0,0,0,0,0,0,0.3,0.2998,0.4002)$$

$$B_{Y3} = A_1 \times R_{Y3} = (0,0,0,0,0,0,0.04995,0.61675,0.3333)$$

$$B_{Y4} = A_1 \times R_{Y4} = (0,0,0,0,0,0.0333,0.1,0.6333,0.2334)$$

$$B_{Z1} = A_1 \times R_{Z1} = (0,0,0,0,0,0,0.1334,0.5667,0.2999)$$

$$B_{Z2} = A_1 \times R_{Z2} = (0,0,0,0,0,0,0.5666,0.4334,0)$$

$$B_{Z3} = A_1 \times R_{Z3} = (0,0,0,0,0,0.1334,0.59995,0.26665,0)$$

$$B_{Z4} = A_1 \times R_{Z4} = (0,0,0,0,0,0.0333,0.3668,0.5666,0.0333)$$

X,Y,Z 的一级指标模糊评判矩阵 $\boldsymbol{B}$ 为：

$$\begin{aligned} B_X = A \cdot R_X &= (a_1,a_2,a_3,a_4) \cdot (B_{X1},B_{X2},B_{X3},B_{X4})^T \\ &= (0,0,0,0,0,0.4,0.14667,0.6384,0.175) \end{aligned}$$

$$\begin{aligned} B_Y = A \cdot R_Y &= (a_1,a_2,a_3,a_4) \cdot (B_{Y1},B_{Y2},B_{Y3},B_{Y4})^T \\ &= (0,0,0,0,0,0,0.1283,0.565,0.2917) \end{aligned}$$

$$\begin{aligned} B_Z = A \cdot R_Z &= (a_1,a_2,a_3,a_4) \cdot (B_{Z1},B_{Z2},B_{Z3},B_{Z4})^T \\ &= (0,0,0,0,0,0.32,0.3984,0.4667,0.11) \end{aligned}$$

由于在处理 X,Y,Z 各子集的模糊评价矩阵时,已经经过归一化的处理,这里就不需要再进行归一化处理,那么可以得到:

$$C_X = B_X \cdot V^T = 0.795$$

$$C_Y = B_Y \cdot V^T = 0.804$$

$$C_Z = B_Z \cdot V^T = 0.77$$

$$C_Y > C_X > C_Z$$

这说明 Y 的物流绩效最佳,X 次之,Z 的物流绩效排在三个生鲜加工配送中心的最后。

第七章　物流成本绩效管理

第一节　物流成本管理

物流管理的起源和发展与成本管理的关系十分密切。物流管理进入商业领域的最初目的就是为了降低成本，提高服务水平。"黑暗大陆""第三利润源"和"物流成本冰山"等观点都表明，在物流管理的初期，人们关注的主要问题就是成本问题。然而物流管理绝不仅仅是一个节约成本的过程，从物流的本质来看，物的流动过程是价值流的外在表现形式，物流系统演进的最根本的动力在于其能够创造并实现价值。所以，我们的观点是，把物流成本管理作为物流绩效管理的一个子系统纳入物流绩效管理这一整体中进行讨论，比单独讨论物流成本更有意义。

一、物流成本的含义

（一）成本的含义

成本作为一个价值范畴客观存在于现实经济社会中。马克思指出，商品（W）的价值取决于它在生产中所耗费的必要劳动，其一是已耗费的生产资料转移的价值（C），其二是劳动者为自己劳动所创造的价值（V），其三是劳动者为社会劳动所创造的价值（M），即 $W=C+B+M$。"$C+V$"是商品价值中的补偿部分，构成了商品的理论成本。对成本的经济实质可以概括为：生产经营过程中所耗费的生产资料转移的价值和劳动者为自己劳动所创造的价值的货币表现，是企业在生产经营中所耗费的资金的总和。

从理论上讲，实际工作中的成本开支范围应当与理论成本概念保持一致，不得背离。但值得注意的是，成本的实际开支范围与理论成本包括的内容之间存在一定的差别，因为现实中的成本往往需要补充有关人为的因素（如法规制度）加以界定。例如，停工损失，它是一项非生产性支出而不形成产品价值，按其性质不属于成本的范围，将其计入成本则是考虑经济核算的要求使之能得到必要的补偿。对于这种背离，在有关成本制度设计中必须严格限制，否则，成本管理就失去了理论依据。

成本的经济实质决定了成本在经济管理工作中具有十分重要的作用。

1. 成本是补偿生产经营耗费的尺度

对生产经营耗费的补偿首先是为了再生产的需要，如果企业不能按照成本来补偿资金耗费，企业资金就会短缺，再生产的规模也就会缩小。同时，成本也是划分耗费和收益的依据,只有明确成本补偿的范围和数量,才能进一步明确企业的收益。

2.成本是综合反映企业工作质量的重要指标

成本是一项综合性的经济指标,它直接或间接地反映出企业经营管理中各方面工作的绩效。所以,我们可以通过对成本的预测、计划、控制和分析等促进企业改进管理,找出工作中的薄弱环节,采取措施挖掘潜力,合理使用人力、财力和物力,从而降低成本,提高经济效益。

3.成本是制定产品价格的一项重要因素

产品价格是产品价值的货币表现。由于现有计量手段不能让我们方便和准确地计算出产品的价值,当企业需要自行制定产品价格时往往基于成本来考虑。我们说成本是制定产品价格的一项重要因素,而不是决定因素或唯一因素,是因为产品在市场上的供求关系和市场竞争态势等因素同样对产品价格产生重要影响。

4.成本是企业进行决策的重要依据

企业的生产经营决策从很大程度上决定了企业的竞争能力和经济效益,成本是进行生产经营决策应考虑的主要因素之一。如果收入既定,成本越低则赢利越高。我们平时所说的"规模效益"实际上就是通过降低成本获得成本优势,从而使企业在竞争中处于有利地位。

(二)物流成本的概念

物流成本的概念有广义和狭义之分。

基于上述成本的经济实质,狭义的物流成本是指在运输、包装、储存和流通加工等物流过程中,企业为了提供有关的物流服务所占用和耗费的生产资料转移的价值和劳动者为自己劳动所创造的价值的货币表现,是物流服务价值的重要组成部分。一方面,物流创造和实现价值,物流成本构成了对象化产品的社会必要劳动时间的组成内容,在产品销售收入中得以补偿;另一方面,物流不会增加产品使用价值总量,相反,在物流过程中,产品总量可能会因损坏和丢失等原因而减少。具体来说,狭义的物流成本涵盖了生产、流通、消费全过程的物品实体与价值变化而发生的全部费用,包括从生产企业原材料采购、供应开始,经过生产制造中的半成品、产成品的仓储、搬运、装卸、包装、运输以及在消费领域发生的验收、分类、仓储、保管、配送和废品回收等过程发生的所有成本。

(1)物流活动中的物资消耗。

(2)物资在物流活动中发生的合理损耗。

(3)企业为了开展物流活动的人工成本。

(4)物流活动中发生的其他费用。

(5)用于保证物流系统运作顺畅的资金成本。

(6)研究设计、重建与优化物流过程的费用。

广义的物流成本是指狭义的物流成本加客户服务成本。物流活动是企业追求客户满意、提高客户服务水平的关键因素和重要保障,客户服务成为连接和统一物流管理活动的重要方面。所谓客户服务成本,是指企业物流服务水平低,造成客户不满意而失去现有客户和潜在客户所带来的损失。因为现实中的客户服务成本难以确切计量,除了有特定说明外,我们一般所讲的"物流成本"仅指狭义的物流成本。

狭义的物流成本和客户服务成本之间存在"悖反关系":要提高客户满意度,降低客户服务成本,企业就需要大量的库存、快捷的运输和高效的订单处理,这必然会增加狭义的物流成本;如果降低狭义的物流成本,客户满意度也会随之降低,从而提高了客户服务成本。所以,在物流管理中,"适度"的观念非常重要。既然狭义的物流成本和客户服务成本同时存在,且两者朝着相反的方向变化,那么企业在物流成本管理中可以遵循这样的思路:在保证必要的客户服务水平的基础上尽量降低狭义的物流成本,或以既定的狭义物流成本的支出尽量提高客户服务水平。

(三)物流成本相关学说

1."黑暗大陆"学说

1962 年,美国管理学家彼得·德鲁克发表在《财富》杂志上的一篇文章中提出"流通是经济领域里的黑暗大陆"。因为流通领域中,物流活动的模糊性尤其突出,此说法现在主要是针对物流而言。

2."第三利润源"学说

这一观点是日本学者西泽修在 1970 年提出来的,他的著作《流通费》的副标题即为"不为人知的第三利润源泉"。西泽修认为,通过物流管理整合生产和流通的资源,使之合理而高效,从而产生更高的利润,这是继物质资源的节约和劳动耗费的降低之后的第三个利润源泉。随着社会的发展,前两个利润源的开拓潜力越来越小,人们逐渐达成了"物流是降低成本的宝库"这一共识。

3."物流成本冰山"理论

这一观点的提出者也是西泽修。他在研究物流成本时发现,现有的物流成本核算不能反映其全貌,纳入盈亏计算的物流成本仅仅是露出水面的冰山的一角;其余大部分物流成本则混入其他费用中,形成被覆盖在水面下的隐性的"黑暗大陆",这才是物流管理真正的潜力所在。例如,购买原材料所支付的物流成本进入了原材料成本;自营运输费和保管费计入营业费用;与物流相关的利息计入财务费用;等等。

二、物流成本的分类

常见的物流成本的分类都是针对狭义的物流成本而言的。按经济内容分类,物流成本可分为劳动对象成本、劳动手段成本和活劳动成本三个部分,包括材料费、燃料和动力费、人工费、折旧费、利息支出、税金和其他支出七类;按经济用途分类,物流成本可分为运输成本、流通加工成本、配送成本、包装成本、装卸与搬运成本、仓储成本六类;按成本与业务量的关系分类,物流成本可分为固定成本和变动成本;按物流成本计入营业成本的方式分类,物流成本可分为直接成本和间接成本;按成本与决策的关系分类,物流成本可分为相关成本和无关成本等。这些分类是必要和有意的,每一种分类各具优点,为我们进行物流成本管理提供了不同的角度和思路。

从物流绩效管理的角度来看,我们认为应强调以下两种分类。

(一)按成本是否能被其责任主体所控制分类,将物流成本分为可控成本和不可控成本

这里所说的责任主体是指承担一定的经济责任并享有一定权利和利益的企业内部责任中心。根据权责范围和业务活动的特点不同,责任中心分为成本中心、利润中心和投资中心三类。企业为了实施有效的内部协调和控制,恰当地评价绩效,改善管理,通常都按照统一领导、分级管理的原则,在其内部合理划分责任单位,明确各单位应承担的经济责任、应有的权力和利益,促使各单位各尽其责、协同配合。作为前提,责任中心承担的责任和行使的权力都应是可控的。

可控成本必须同时具备以下四个条件:可以预计,责任主体事先知道将发生哪些成本以及何时发生;可以计量,责任主体能运用某种计量手段对其进行较为准确的计量;可以施加影响,责任主体可通过自身的行为来调节成本;可以落实责任,责任主体可以将成本控制的责任分解落实并进行考核评价。凡不能同时具备上述四个条件的成本通常为不可控成本。对成本控制绩效的考评,应以可控成本为主要依据,不可控成本只能作为参考。

应当说明的是,这里所说的“可控”和“不可控”都是相对的,它们会随着责任主体的权责不同而不同,并随着时间的推移而转化。

(二)按企业对物流成本进行会计核算的归集方式,将物流成本分为显性成本和隐性成本

这一分类得益于“物流成本冰山”理论的启发,用现金向企业外部支付的物流成本是显性成本,而企业内消耗的物流成本是隐性成本。或者可以这样理解:狭义的物流成本是显性成本,而客户服务成本是隐性成本。

这种分类起因于会计核算在物流成本管理上的缺陷,不能由传统的财务会计提供管理有用的物流数据。解决办法可以有这样两种:一是打破传统财务会计的约束,建立独立的物流核算体系;二是沿用传统财务会计的核算资料,在此基础上加工整理为物流管理有用的数据,即管理会计的创新。从前者来看,目前我们还没有足够的手段建立这样的独立体系,特别是我们还无法实现其与传统财务会计系统的对接,反而会妨碍信息的披露和传递。所以,进行管理会计的创新,建立和发展物流管理会计信息系统,势必会从很大程度上弥补会计核算与物流管理之间的断层,促进物流管理质量的提高。

三、物流成本管理

(一)物流成本管理的定义

尽管物流管理的起源和发展与成本管理密不可分,但学术界对物流成本管理的研究

尚处于起步阶段,至今还没有对物流成本管理形成确切的定义。

从管理学的角度来看,物流成本管理是在收集和加工整理有关资料的基础上所开展的成本预测、决策、计划、控制、分析和考核等一系列科学管理活动的总称,它是一种价值管理,涉及企业物流价值活动的方方面面。物流成本管理可以从两个方面进行:一方面是从会计的角度考虑,通过建立物流管理会计系统,发挥会计职能来对物流成本进行计划、控制等;另一方面是利用物流管理方法,通过对物流各种职能的优化,达到降低物流成本的目的。这两个方面相辅相成。

一般认为,物流成本管理不仅仅是管理物流成本,而是通过成本去管理物流,以成本为手段的物流管理方法。基于这一基本观念和以上对物流成本的认识,我们可以这样定义:物流成本管理是服从企业战略管理规划,依照有关制度的规范有组织地实施成本管理环节,促使物流管理不断地创造并实现价值、引导企业物流管理良性发展的过程。

物流成本管理的目的是通过适当的分类规划物流成本,分析物流成本的构成,确立物流管理战略;明确各个相关部门的责、权、利,合理控制和考核;依据物流成本计算结果运行物流管理会计系统,科学决策;通过物流成本管理发现降低物流成本的环节,强化总体物流管理。加强物流成本管理,从微观上看,可以提高企业物流管理水平,促进经济效益的提高,加强竞争力;从宏观上看,对提高国民经济的总体运行质量、促进产业结构调整、支撑新型工业化,都具有重要的意义。

(二)物流成本管理的环节

1.物流成本预测

根据物流成本与各种技术经济因素的依存关系,结合发展前景及采取的各项措施,并利用一定的科学方法,对未来某一期间物流成本水平及其变化趋势做出科学的预计和推测,为物流成本决策提供依据。

2.物流成本决策

根据物流成本预测所提供的相关数据、结论及其他资料,设计几种可能实现预测目标的方案,运用定性与定量的方法评价方案的成本效益,从而选出最优物流成本方案的过程。

3.物流成本预算

在物流成本决策结果的指引下,规划预算期内的各种物流成本,将决策目标细分为具有实际指导作用的物流成本指标体系的过程,为物流成本控制和责任中心绩效评价提供参考。

4.物流成本控制

企业在物流活动中依据物流成本预算提供的成本标准,对实际发生的物流成本进行严格审核,比较实际成本数据与预算标准之间的差异,进而采取降低物流成本的措施,以实现预定的物流成本目标的过程。

5.物流成本分析

利用物流成本核算数据和其他相关资料,对照成本预算、同期成本指标及同类企业的成本指标等,分析物流计划完成情况和变动趋势,查找影响物流成本变动的原因,为改进物流成本管理提供依据与建议。

四、物流成本战略管理

(一)物流成市战略管理的概念

战略成本管理(strategic cost management,SCM)是在提高企业的竞争优势的同时进行成本管理,是指管理会计人员提供企业自身及竞争对手的成本分析资料,帮助管理者形成和评价企业战略,从而创造竞争优势,以达到企业有效适应外部持续变化的环境的目的。战略成本管理的精髓在于借助会计功能编制成本管理计划并实施,以使企业能更有效地适应外部环境。将战略成本管理观念纳入物流成本管理即物流成本战略管理。

物流成本战略管理具有以下特点。

1.全面性

物流成本战略管理的对象包括了企业所在的行业和企业内部的整个价值链,不仅要对生产成本进行分析,还应对产品的开发、设计、试制和售后服务进行控制,全面考虑各种潜在机会,分析各种机会成本,以增加企业价值,提高企业赢利。

2.竞争性

物流成本战略管理的重点是发展企业可持续性竞争优势,通过成本管理帮助企业确立竞争战略,并采取与企业竞争战略相配套的成本管理制度。如果不能与企业战略相结合,物流成本标准的制定与考核及成本绩效的评价都会迷失方向。

3.长期性

战略物流成本管理需要分析较长时期竞争地位的变化,侧重考虑企业的潜在力量和未来发展趋势,所以不能从某一个单独的会计期间着眼,应争取在较长时期的竞争中保持一定优势。

(二)物流成市战略管理的原理

表 7-1　成本行为与竞争地位组合

类型		企业竞争地位		
		提高	不变	降低
成本	提高	①	②	③
	不变	④	⑤	⑥
	降低	⑦	⑧	⑨

我们基于表 7-1 中成本行为与竞争地位组合来分析物流成本战略管理的原理。

情形③、情形⑥和情形⑨是不可取的,无论成本如何变化,企业竞争地位都在下降,这与我们进行战略成本管理的初衷不符。

情形②也是不可取的,成本的提高不能改变企业竞争地位。

情形⑤则说明是在原地踏步。

情形①表明成本提高,企业竞争地位也提高。成本效益分析的原理告诉我们,如果一定幅度的成本上升可以带来更大幅度的企业竞争地位的提高,这对企业无疑是非常有利的。特别是从长远来看,企业加大科技、资金和人才的投入以提高企业的发展潜力,保持可持续发展的竞争优势,显得尤为必要。

情形④中的"成本不变"是指成本的内部结构发生变化,但成本的总量不变,例如,将消除不必要的产品功能所节约的成本用于产品新功能的开发。企业可以通过改变成本结构、优化成本组合来提高企业竞争地位。

情形⑦是最理想的状态,既降低了成本,又能提高企业竞争地位。

情形⑧反映了成本领先战略的思想,在不影响企业竞争地位的基础上降低成本,形成成本优势。

物流成本战略管理是在考虑企业竞争力的前提下选择成本管理方案,上述情形①、情形④、情形⑦和情形⑧体现了物流成本战略管理的目的。而问题的关键集中在以下两个方面:第一,如何反映企业及其竞争对手的竞争力的变化?第二,如何做到在不损害甚至提高企业竞争力的基础上优化成本?这正是物流成本战略管理的主要内容。

(三)物流成本战略管理的程序

1.价值链分析

价值链是企业为了给顾客提供有价值的产品或劳务而发生的一系列在顾客看来有价值的活动。价值链分析从三个方面进行:行业价值链分析、企业内部价值链分析和竞争对手价值链分析。通过行业价值链分析,了解企业在整个行业价值链中的位置,探索利用上、下游价值链管理成本的可能性;通过企业内部价值链分析,了解成本的构成,努力消除不增值作业,减少浪费;通过竞争对手价值链分析,了解竞争对手和企业自身在竞争中的优势和劣势,企业面临的机遇和挑战。

2.战略定位分析

战略定位分析使企业了解其所应进入的行业、所立足的市场、应开发的产品,分别从行业、市场和战略的角度确定企业在竞争中所应采取的战略,并制定相应的成本战略,确保企业在既定的行业和市场中保持竞争优势。

3.成本动因分析

成本动因是指引起产品成本的原因。每一个创造价值的活动都有一组独特的成本动因,用以解释价值创造活动的成本。成本动因分为结构性成本动因、执行性成本动因和作业性成本动因三个层次,物流成本战略管理强调前两个层次的成本动因。

结构性成本动因是指决定组织基础经济结构的成本动因,它包括经营投资规模、企业垂直一体化程度、生产经验、加工技术和提供的产品种类等因素;执行性成本动因是限定企业作业程序的成本动因,它包括职工对企业投入的向心力,全面质量管理,生产能力运用,厂房布局,产品结构和上、下游企业价值链联结关系等因素;作业性成本动因则是在上述成本动因既定的情况下进行具体操作而引起成本的因素。通过成本动因分析,找出影响企业成本的动因,确定与战略的结合,通过控制成本动因、重组价值链来管理成本。

(四)作业成本法

1.作业成本法的原理

传统的成本计算存在许多缺陷,主要包括提供不准确的成本信息而导致错误的决策;在企业内部导致不当的激励行为;使企业失去很多修订经营决策、降低经营成本和提高竞争力的机会。战略管理的发展呼唤新的成本管理系统,由此产生了以成本动因分析为核心的作业成本法。

作业成本法的做法是:将企业产品的生产过程按作业进行划分,再根据各作业的性质将作业进行归类,使同一类作业与其相应的成本之间基本成正比例关系。这样同质的一类作业称为一个成本归集组,在同一个成本归集组中,驱动成本与作业量按正比例关系变化的因素就是成本动因。按成本归集组归集成本,并按成本动因将其分配到具体的产品中,形成作业成本法下的产品成本。

可见,成本动因的选择十分关键,此时需要考虑以下两个因素:一是衡量成本动因的成本;二是成本动因与需分配的间接费用之间的关系。在实际工作中,某一成本归集组中可以选择的成本动因可能有好几个,而且这种选择一般不会对成本数据的精确性带来较大影响,应尽可能选择现成的、容易获得的因素作为成本归集组的成本动因。

2.作业成本法在物流管理中的运用

(1)价值链分析中的运用。

作业成本法的运用导致了作业基础管理的产生,其核心在于通过对企业价值链的作业分析与成本动因分析,区分价值链中哪些是增值作业,哪些是非增值作业,然后采取措施,通过作业消除和作业选择等控制方式重组价值链和控制成本动因,以消除非增值作业,从而达到降低成本的目的。作业成本法为作业基础管理提供了作业分析的必要信息。

(2)客户和市场赢利能力分析中的运用。

物流企业通过分析特定客户赢利能力有助于企业制定适当的战略。客户赢利能力可以通过把所有服务于某一类客户的成本累计起来与来源于该类客户的收入进行比较的差额得到。作业成本法按照费用发生的因果关系,将生产、销售等相关环节发生的成本都准确地分配给那些需要提供服务的客户,从而了解各客户和市场对企业赢利水平的影响,也为绩效评价提供准确信息。为此,物流企业应当以客户或物流服务产品为对象,将间接费用予以明确界定。

（3）竞争战略制定中的运用。

常用的竞争战略有成本领先战略与产品差别化战略。如果物流企业实施成本领先战略，产品的毛利是微薄的，精确的成本信息是该战略得以成功运用的关键。作业成本法把成本归集到每个作业，然后根据多种成本动因把作业的成本分摊到产品，精确计算出每批产品应分摊的成本，为产品定价提供坚实的基础。

五、物流成本控制

现代物流成本控制是企业全员控制、全过程控制、全环节控制和全方位控制，是商品价值和使用价值相结合的控制，是技术和经济相结合的控制。物流成本控制是根据物流成本的特征和类别，在物流成本的形成过程中，对其进行的事先规划，事中指导、限制和监督，以及事后分析评价，从而总结经验教训，采取改进措施，使企业的物流成本不断降低。

物流成本的降低表现为绝对成本降低和相对成本降低两种形式。

一旦企业产品和劳务的市场价格已定，只能依靠产品和劳务成本的绝对降低才能增加利润。绝对成本降低的实质是指将产品和劳务的现有成本降低，以产品和劳务的质量保持不变为前提。一方面，绝对成本降低与企业内部经济责任制和岗位责任制密切相关。它通过规定每个部门、层次、环节以及岗位的成本责任和利益形成企业内部降低成本的内在机制，使它们可以从节约的成本中获得相应的利益。另一方面，绝对成本降低主要是通过生产组织和技术革新实现的，它与市场开发不直接联系。

相对成本降低是指企业成本的增加慢于企业收入的增加，或者企业成本的下降快于企业收入的下降。相对成本降低要求经营者必须首先把目光盯在市场而不是企业内部，把目光盯在产品和劳务价值的市场实现上而不是产品和劳务的成本上。所以，经营者的成本管理是以目标利润为基础和前提的，目标利润决定了目标成本，目标成本控制着实际成本。

（一）物流成本控制的基本程序

1.制定物流成本标准

物流成本标准是物流成本控制的依据。在充分调查研究和科学计算的基础上制定物流成本标准，是保证物流成本控制质量的前提。

2.监督物流成本形成

物流成本日常控制与企业整体作业控制相结合，根据物流成本标准对物流成本形成的各个项目进行定期和不定期检查，监督指标的执行情况和影响指标的各项条件，使实际成本的发生尽量符合物流成本标准的要求。

3.揭示与分析成本差异

实际形成的物流成本与物流成本标准之间很可能存在差异，企业必须分析差异的性质和形成这一差异的原因，以便及时采取措施纠正不利偏差，并考虑是否需要适当调整物流成本标准。

4.考评和奖惩

考核与评价物流成本标准的执行结果,对相关责任部门和责任人的成本控制绩效实施奖惩。

(二)标准成本法

标准成本法以标准成本为基础,是一种将成本计算和成本控制相结合,由制定标准成本、计算和分析成本差异、处理成本差异三个环节所组成的完整系统。标准成本法以成本差异为线索,分析差异的成因和责任,及时采取相应措施消除不利差异,实现对成本的有效控制。采取标准成本系统具有以下优点:第一,能对成本数据进行有效分析,使管理人员将注意力集中于成本差异;第二,使用标准成本可以减少成本会计核算的工作量;第三,由于标准成本中已剔除不合理成分,使成本计价更为科学。

实施标准成本法一般需要以下几个步骤:①制定单位物流服务的标准成本;②根据实际产量和成本标准计算物流服务的标准成本;③汇总计算实际成本;④计算标准成本差异;⑤分析成本差异的性质和原因;⑥向成本责任人提供控制报告;⑦评价标准成本执行结果。

(三)目标成本法

目标成本法是根据市场调查,预计可实现的物流营业收入,确定为实现目标利润而必须达到的成本目标值。换句话说,是在既定的利润要求下的最大成本允许值。从本质上看,目标成本法是对企业未来利润进行战略管理的技术。企业可以通过本量利分析法和敏感分析确定目标成本,并以此规划在目标成本水平上满足客户需求可提供的产品或服务。

目标成本法所体现的成本管理思想主要反映在以下几个方面。

(1)传统成本管理更多地关注生产制造过程的控制,目标成本法的实施意味着成本管理的范围向产品的整个生命周期扩展。

(2)目标成本法中所确定的各个层次的目标成本都直接或间接地来源于激烈竞争的市场,以此所进行的成本控制和绩效评价更有助于增强企业的竞争地位。

(3)整个目标成本法的核心是确定产品各层次的目标成本,使得产品成本与产品功能和质量的设计之间关系紧密。

(4)目标成本法改变了为降低成本而管理成本的传统观念,代之以战略性成本管理观念。

第二节　物流作业成本管理法

现代企业观认为,企业中存在由一系列作业组成的作业链,每完成一项作业都要消耗一定的资源,产品成本实际上就是生产产品或提供劳务的全部作业所消耗的资源费用的总和。根据作业消耗资源、产品消耗作业的成本指导思想,作业成本法以作业作为核算和管理对象,相对于传统的成本计算方法而言,无疑引发了一次根本性变革。本节将详细介绍物流作业成本管理法在物流成本管理中的应用。

一、作业成本法

作业成本法(activity-based costing,ABC)是一种通过对所有作业活动进行动态追踪反映,计量作业和成本对象的成本,评价作业业绩和资源利用情况的成本计算和管理方法。它以作业为中心,根据作业对资源耗费的情况将资源成本分配到作业中,然后,根据产品和服务所耗用的作业量,最终将成本分配到产品与服务。

(一)ABC核算要素

ABC核算包括四大要素:资源、作业、成本对象、成本动因。如图7-1所示,资源、作业和成本对象是成本承担者,是可分配对象。在企业中,资源、作业和成本对象都具有比较复杂的关系,成本动因是导致生产中成本发生变化的因素。

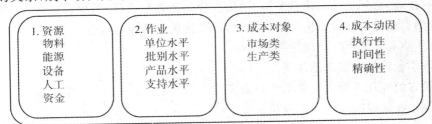

图7-1　ABC核算要素体系

1.资源

资源(resource)作为一个概念外延非常广泛,涵盖了企业所有价值载体。在作业成本法下,资源实质上是指支持作业的成本、费用来源,是一定时期内为了生产产品或提供服务而发生的各类成本、费用项目,或者在作业执行过程中所需要花费的代价。通常,在企业财务部门编制的预算中可以比较清楚地得到各种资源项目的情况。制造行业中典型的资源项目一般有原材料、辅助材料、燃料与动力费用、工资及福利费、折旧费、办公费、修理费、运输费等。在ABC核算中,与某项作业直接相关的资源应该直接计入该项作业,如果某一资源支持多种作业,那么,应当使用资源动因将资源分配计入各项相应的作业中去。

2.作业

作业(activity)是指在一个组织内为了某一目的而进行的耗费资源的工作,它代表组织实施的工作,是连接资源与成本对象的桥梁。作业是作业成本计算和作业成本管理的核心。

根据服务的层次和范围,可将作业分为下列四类:单位水平作业、批别水平作业、产品水平作业和支持水平作业。

(1)单位水平作业。

使单位产品或服务收益的作业,它对资源的消耗量往往与产品的产量或销量成正比。常见的作业如加工零件、每件产品进行的检验等。

（2）批别水平作业。

使一批产品受益的作业，作业的成本与产品的批次数量成正比。常见的如设备调试、生产准备等。

（3）产品水平作业。

使某种产品的每个单位都受益的作业，如零件数控代码的编制、产品工艺设计作业等。

（4）支持水平作业。

为维持企业正常生产而使所有产品都受益的作业，作业的产品与产品数量无相关关系，如厂房维修、管理作业等。通常认为前三个类别以外的所有作业均是支持水平作业。

还有一种根据作业增值属性分类方法，把作业分为增值作业与非增值作业。增值作业是指能增加客户价值的作业；非增值作业是指不能增加客户价值的作业。

企业的目的是为用户提供产品和服务，同时获得利润。非增值作业不能创造客户价值，是无效作业，必须消除以降低成本；增值作业创造客户价值，需要提高效率、降低成本以增加利润。通过对作业增值属性的分析，可以发现降低成本机会。

增值作业与非增值作业的判断标准如下。

（1）该作业将带来状态的改变。

（2）状态的变化不能由先前的作业来完成。

（3）该作业使得其他作业得以执行。

满足这三个条件的作业都是增值作业，违背其中一条或者多条标准的作业都是非增值作业。作业分散在企业的组织结构中，随着企业的规模、工艺和组织形式的不同而各异，认定作业可采用几种方法：一种办法是绘制企业的生产流程图，将企业的各种经营过程以网络的形式表现出来，每一个流程都分解出几项作业，最后将相关或同类作业归并起来。另一种办法是从企业现有的职能部门出发，通过调查分析，确定各个部门的作业，再加以汇总。最后一个办法是召集全体员工开会，由员工或工作组描述其所完成的工作，再进行汇总。这种办法有助于提高全体员工的参与意识，加速作业成本管理的实施，而前两种办法可以较快取得资料，准确性高，不会对员工造成干扰。

3. 成本对象

成本对象（cost object）是企业需要计量成本的对象。根据企业的需要具体而定，如可以把每一个生产批别作为成本对象，也可以把一个品种作为成本对象。在客户组合管理等新的管理工具中，需要计算出每个客户的利润，以此确定目标客户群体。这里的每个客户就是成本对象。

成本对象可以分为市场类成本对象和生产类成本对象。市场类成本对象的确定主要是按照不同的市场渠道、不同的客户确定的成本对象，它主要衡量不同渠道和客户带来的实际收益，核算结果主要用于市场决策，并支持企业的产品决策。生产类成本对象是在企业内部的成本对象，包括各种产品和半成品，用于计量企业内部的生产成果。

4.成本动因

成本动因(cost driver)指的是解释发生成本的作业的特性的计量指标,反映作业所耗用的成本或其他作业所耗用的作业量。它是计算作业成本的依据,可以揭示执行作业的原因和作业消耗资源的大小。

卡普兰提出了几种不同性质的成本动因:执行性成本动因、时间性成本动因、精确性成本动因。执行性成本动因通常以执行的次数作为成本动因;时间性成本动因以使用时间来计量成本的消耗,传统成本中的人工工时就是典型的时间动因;精确性成本动因按对分配源的实际消耗来进行分配,这种成本动因是无误差的成本动因。依照次序,三种成本动因的分配准确度逐渐提高,而实际成本逐渐加大。

成本动因有单一成本动因和复合成本动因之分。单一成本动因就是指根据一个成本动因分配,复合成本动因把多个成本动因按一定规则综合考虑以确定新的分配标准。在传统成本法中,已经存在着单一成本动因和复合成本动因的实例:如果按人工工时分配,则人工工时是单一成本动因;如果按设备工时分配,则需要在人工工时基础上乘以各设备的设备工时系数,此时的分配标准实际上是复合成本动因,它综合考虑了工时和设备两种因素。

成本动因还可以分为数量型成本动因和比重型成本动因。数量型成本动因根据各个分配目标的成本动因数量进行分配。比重型成本动因不采集各分配目标的动因数量,直接根据各分配目标在分配中所占的比重来分配成本。其优点是:在生产稳定时或者某些具体情况下,各分配目标在总成本中所占比例固定,很少发生变化,简化了分配而且有利于成本分析,也减少了作业成本的实行成本。比重型成本动因的一个特殊方式是按分配目标的数量平均分配,对于支持作业成本或者分配源总成本较小的分配可以采取这种更加简洁的分配方法,以降低实施成本。

成本动因是分配的标准,对于成本信息的确定性和相关性有重要影响,是进行成本分析的基础,通过成本动因建立成本分析的因果关系,因此成本动因的确定是作业成本实施的重要内容。在选择成本动因时,需要考虑的因素有以下几点。

(1)相关程度。

在分配过程中假设分配源的成本与成本动因的数量线性相关。在实际中,存在多个成本动因,成本动因数量与分配源总成本线性相关最好的成本动因是最恰当的成本动因,这样能保证成本信息的准确性。

(2)实行成本。

一次分配需要针对每个分配项目采集成本动因数据,无法采集数据则无法分配。确定成本动因时,必须考虑成本动因数据采集成本,保证相关数据的获取方便。如果采集成本太大,则可能使作业成本法无法实施。

(3)行为导向。

不同的成本动因有不同的分配结果,不同的成本分配结果以及基于分配结果的管理决策(如奖金)会对组织和员工的行为产生导向作用。因此,必须仔细分析成本动因的行为导向作用。企业可以利用成本动因的行为导向功能,把员工的行为导向有利于降低成本的方向。

（二）ABC核算步骤

ABC核算可分为两个阶段。第一阶段是首先鉴别出消耗资源的作业,然后确认资源动因,计量归集资源费用到相关的作业。第二阶段包括明确成本计算分析对象,确认作业资源动因,计算成本动因率并把各作业汇集的成本分配给相关的成本对象,如图7-2所示。

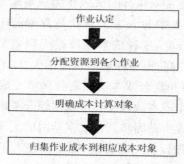

图7-2　ABC应用流程

下面将介绍ABC核算的步骤。

第一步:作业认定

认定企业生产和服务中的作业,是实施ABC的基础。认定作业首先要进行鉴别,从而明确哪些作业是重要作业并且需要进一步细分,哪些作业不需要细分,甚至应该合并到其他作业中去。为了达到对生产经营过程中各种作业的了解,需要运用科学合理的方式方法对庞杂的作业信息进行分析。

1.对认定作业的数量要求

服务于最终产品的作业往往非常多。但对于实施ABC核算而言,并不是采用越多的作业越好,作业的取舍主要依据成本效益原则。选用的作业数量越多,计量成本相应也越高。这主要是由于一方面,作业数的增加使成本分配归集的工作量增加;另一方面,作业数的增加也导致了作业与最终产品关系的复杂化。以上两点说明作业数增多会导致相当高的系统监控成本。

一般来说,一个初次建立作业成本计算制度的企业,选用较少种类典型作业比较合适,通常20~30种即可。随着企业信息化技术配套的成熟,ABC系统实施的逐渐深入,可以适当地增加作业的种类。但不管怎样,为ABC所设置的作业种类数不宜超过100种,因为过于庞大的作业群组中所增加的次要作业,对成本计算精确度的贡献是微乎其微的。

2.作业认定的方式

认定作业有三种方式:自上而下方式、自下而上方式、混合方式。

（1）自上而下方式。

这种方式是站在企业高层角度向下审视和认定作业。一般做法是先确认公司的业务总流程（包括从产品设计、工艺到生产、供应、检验、包装、发运等全过程）,再进一步分解为子流程和作业。这种方式可以广泛地收集企业资料,并将它们分解到所需要的详细程度,其特点是模型中的作业减少,作业定义范围较宽。如果建立模型的主要目的是为公司决策层提供战略信息,则这种方式快捷、适用。但是这种方式提供的信息很难应用到流程改进上,对于中、基层管理者意义不大。

（2）自下而上方式。

这种方式与自上而下认定作业的方式刚好相反。一个成功的自下而上认定作业的模式开始于和经理、员工的交谈,判断他们所做的工作,并以此作为定义作业的基础。如果模型的主要目的是为优化流程提供经营性信息,那么这种方式比较合适。因为这些作业正是生产经营人员每天所做的工作,他们很容易理解作业,同时由于这些作业更多、更详细,有利于中、基层管理者改进流程,提供效率,降低消耗。定义作业之后,作业应被归集到流程清单中,以增加流程清单的有用性。这种方法的缺点是模型中包含的作业很多,作业的定义范围较窄,如果为所有作业选择作业动因,将作业成本归集到成本对象上,将花费更多的时间和财力。

上述两种方式各有自己的优点和缺点,如表 7-2 所示。方式的最终选择依据 ABC 模型的目标,在多数情况下,较好的选择是把两种方式结合起来的混合方式。

表 7-2 自上而下与自下而上方式的区别

项目	自上而下	自下而上
ABC 目标	战略管理	业务管理
作业的数量	少	多
提供信息详细程度	低	高
模型规模	小	大
实施成本	低	高

（3）混合方式。

从根本上来讲,应用 ABC 的目标不仅仅是为企业战略服务,而且要为企业日常经营管理服务,即 ABC 系统既要提供战略信息,又应提供战术信息。混合方式的模型应该是:①从业务经营角度出发区分作业;②合并同质作业到作业中心;③把作业归集到业务流程中;④向上层管理者报告流程汇总信息;⑤向部门经理报告详细的作业信息。

在不影响模型精度条件下,合并同质作业到作业中心,减少了作业数目,缩小了模型的规模。在计算产品或服务成本时,只把作业中心的成本追溯到产品或服务上,而不考虑更详细的作业成本,从而降低了模型应用的复杂性,降低了模型的运用成本。

第二步:分配资源费用到各个作业

在区分作业的基础上,可以将资源成本按成本动因分配给各个作业。企业经营资源通常包括厂房设备、物料用品、人工等,作业所耗用的财务会计核算制度几乎包括了各种各样的经营资源的成本信息,但却未必含有每一个作业的成本信息。因此,实施作业 ABC 就不得不考虑将总分类账上的财务信息分配给对应的各个作业,实际上就是对作业耗用的资源费用的计量过程。

将资源费用分配给作业的方法有三种:直接分配法、估计分配法和人为分配法。

(1)直接分配法。

直接分配法是按客观、真实的尺度来对资源进行计量,具体地说是指测算作业所消耗资源的实际数额。例如,机器运行所耗用的资源成本可以直接根据机器运行的时间来进行分配;搬运、质检等作业的人工成本可按工人的劳动时间加以分配;信息处理成本可按利用信息的组织单位的业务量进行分配。直接分配法对于提高 ABC 系统的精确性是必需的,但在实施对实际消耗数额的测算工作时却很烦琐,从成本效益原则考虑,这种方法未必能完全适用。

(2)估计分配法。

估计分配法是指在不便于进行直接分配的情况下,往往采用调查和询问的方式来估测作业所消耗的资源费用。例如,通过询问车间和其他业务部门的现场管理人员,从而掌握员工进行各项作业的时间资料,或者直接把作业一览表交付管理人员填写,当然也可在更为详尽的调查基础上进行估测。

(3)人为分配法。

如果适当的估计分配法也找不到,就只有采用人为分配法。人为分配法不同于上述具有客观基础的直接分配法,它带有相当多的主观和随意成分。在不得已采用人为分配法的情况下,可以说只能允许这种判断的存在。例如,为各个车间进行后勤服务的作业,尽管未必与车间工人人数成正比,但有时只能采用按人数比例分配的简洁办法。因为从后勤作业所耗用的资源来分析,各种因素和情况非常复杂。显然,认为分配与作业真正消耗的资源是有误差的,应尽可能少采用或不采用。

另外需要指出的是,ABC 产生之初,把资源费用分配给作业,只是将已经记录在总分类账上的各项费用加以分配,这是未达到成本计算精确的事后分配。但是,随着 ABC 应用的发展,把资源费用分配给作业,也应包括将费用预算值或目标值向将来有待实施的作业分配。这是提高作业管理效率的重要一环。因此,完善的 ABC 设计要求应该包括未来预算管理目标。

第三步:明确成本计算对象

成本计算对象是作业成本流向的终极目标。ABC 系统下典型的成本计算对象有某种最终产品、某项服务、某个项目或承包的业务单元,甚至某个客户。

ABC 系统应用人员必须充分、全面地把握成本计算对象,无论遗漏哪一种最终产品或服务,都会使其他的最终产品或服务承担过高的成本。例如,如果把试制品或样品(可对外销售)排除在最终产品之外,就会使正常的产品负担一部分额外的成本费用。此外,一个基本的原则是,目前正在制造的产品成本不应该包括来自过去或将来产品所消耗的资源费用的份额。例如,长期未使用设备的折旧费用不应计入现行生产产品的成本中;未开发未来产品的研究开发费用与目前作业所针对的成本计算对象也是无关的,不可以计入现行生产产品的成本中;离退休人员的工资及相关费用,也不应划归现行产品这一成本计算对象中。

第四步:归集作业成本到相应成本对象

作业成本向最终产品归集与资源向各个作业分配的形式基本相同,即直接分配、估计分配和人为分配三种形式。

作业成本向各最终产品归集的最好方式,无疑是按客观、真实的尺度来对作业进行计量。然而,由于作业成本库是在资源成本与最终产品成本之间人为设定的桥梁,因此认为作业成本向各最终产品归集的过程是"直接归集"有些牵强。如果存在直接归集,只有传统成本计算制度资源费用向最终产品的直接计算才是真正意义上的"直接归集",但这种直接并非作业与产品间的直接关系。在金融、保险等服务行业中,可能存在为特定客户进行的作业,作业与成本计算对象间呈一对一的简单对应关系,那么,这种情况下的成本归集应当视为作业向最终产出的直接成本归集。但是,如此单纯的"直接归集"情况并不常见,特别是就涵盖制造业、金融业、电信等服务业的全部成本管理应用领域而言,直接归集更难以成为一种一般化的形式。

另外,人为分配带有主观随意性,不一定依据作业成本的耗用与最终产品对作业需求间的关系来确定分配基准。尽管它实施起来很容易,也几乎不需花费在直接分配形式下所必需的测算费用,但由此得到的成本数据未必比传统制度精确,有时可能会造成更大的扭曲。因此,从揭示成本计算对象的信息精确性来说,人为分配的方法并不可取。

从简单的逻辑排除看,剩下的只能是估计分配形式了。事实上,基于作业成本与作业对象的关系进行估计测算,的确是作业成本向各最终产品归集的一种重要设计思路,也被实践证明是最可行的一种思路,估计分配较之直接归集所需测算费用较少,较之人为分配更强调作业成本与产品成本的关联,精确性和可靠性更高。

估计测算必须基于作业与最终产品之间的数量关系来进行,也就是前面所说的作业动因。在设计 ABC 时,考虑成本效益原则,估测所采用的作业动因不宜过多,通常情况下制造业所采用的典型的作业动因如表 7-3 所示。

表 7-3　某制造业企业实施 ABC 所使用的作业动因

作业动因	具体表现的作业计量尺度
改变设计指令情况	每一产品的产品改变设计指令数
制造单元的规模情况	产品生产数量(个数或其他计量单位)
根据订货要求的订购情况	外购原材料与部件的次数
库房内搬运情况	每一产品的仓库内部件搬运次数
耗用直接人工情况	每一产品所耗直接人工工时数量
耗用设备的运转情况	设备对部件或辅件的加工小时数
加工剩余的边角料情况	每一产品的剩余边角料价值
客户投诉意见情况	每一产品的客户投诉次数

作业成本向最终产品归集的估计测算,并非通过估测直接得出成本数额,而是有针对性地逐一估测反映作业的运作效率的数量基准,通过效率计算达到成本计量的目的。具体来说,反映作业的运作效率的数量基准大体有两类:一类是交易次数基准,另一类是时间基准。

　　交易次数基准是指在全部最终产品对作业的需求程度大致均等的前提下,以执行作业的次数为基准来分配归集成本。例如,对订立合同、产品检验和处理客户投诉这些作业而言,每种作业执行一次的成本费用基本是相同的,因此,可以按照交易次数进行成本分配。

　　时间基准是指按照最终产品耗用每种作业的执行时间来分配成本。在各种最终产品对同类作业的需求程度与执行次数完全不相关的情况下,就需要采用时间基准。例如,对设备调试作业来说,某种产品可能1分钟就能完成调试,另一种产品则由于调试时特定部件安装难度大,安装后测试精度要求相当高,可能要花费几个小时才能完成调试,这时按交易次数基准就显然不妥当,必须按时间基准加以分配。时间基准除了用于制造业中的订单处理时间、设备调试时间、加工时间等之外,对于服务业中各种日趋复杂的耗时业务(在金融、保险业中尤其突出)更为必要。例如,为新金融产品设计各种凭证,开拓新型保险业务的各种前期作业等。分配作业成本应该采用交易次数基准还是时间基准,应基于成本计算的正确性与核算体系的经济性两者的权衡来确定。通常情况下,时间基准较为正确,但费用相对较高。此外,在有些特定情况下,时间基准也未必能确保成本分配的正确性,如特定设备的调试、特定要求的质量检查(可能支付额外的专业人员薪金),这类作业成本计算和归集应采用个别追踪的办法,实际上也相当于资源到成本计算对象的直接分配。

二、作业成本管理

　　作业成本管理(activity based costing and management,ABCM)是指为了实现组织竞争战略,增加顾客价值,在对作业及作业链全面分析的基础上,利用作业成本核算(ABC)提供的信息,面向企业全流程(市场需求分析、研究开发、产品设计、材料采购、生产、质量检验、销售、售后服务等所有环节)的系统化、动态化和前瞻性的成本控制方法,如图7-3所示。

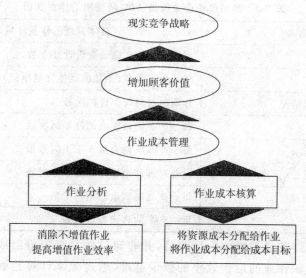

图7-3　ABCM 示意图

（一）ABCM 的特点

1. 以作业为核心分析成本和价值

在作业成本管理这一领域，美国波特兰州立大学成本管理教授托尼（Tueney）做出了重要贡献。他率先提出旨在改善作用效果的"过程观"分析方法，指出过程观所要求的信息是"关于影响作业业绩的事务的信息，即什么因素引起作业和怎样妥善地实施作业，企业是组织和利用这类信息据以改善业绩和能被客户接受的价值"。也就是说，作业成本管理是以"作业"为核心的，其基本原理可以从两个方面进行理解。

作业的物理流方面：根据市场和客户需求分析现行作业链，识别并力求摆脱不必要的作业，重点分析改善机会大的作业，分析时必须采用"高基准战略"，瞄准对自己最具威胁性的竞争对手的产品或服务；辨别引起低效或无效作业的因素，即对各类非增值作业根源进行探索，从而重构或改进现有作业链。

作业的价值流方面：通过对作业及作业成本的确认、计量，最终计算出产品成本。最终产品，作为企业内部一系列作业的集合体，它凝聚了在各个作业上形成而最终转移给客户的价值。作业成本管理从价值流的角度来讲，要尽可能降低最终产品的成本，包括降低作业所耗费资源的成本和减少产品所耗费的作业。

ABCM 要求实质性的改进作业及与其前后的连锁配合，并辅之以一定的业绩评价手段，以达成业务过程的全面改善，这才是作业成本分析的真谛。

2. 与传统成本管理的区别

在成本会计发展史上，先后出现了标准成本、预算控制、差异分析、成本性态分析、变动成本法、本量利分析、责任会计等成本管理方法。

首先，传统成本计算法以产品为核心，对于直接费用，一般直接归属到相关产品的成本。而对于制造费用，则以部门作为成本库，然后再将它分摊到产品中去。在传统成本计算中，通常隐含一个假设：随着产品的增加，投入到生产过程中的资源也随之增加。基于这种无意识的假设，成本计算中普遍采用与产量相关联的分摊基础，如直接人工小时、机器小时、材料耗用额等。这就是所谓的"数量基础成本计算"的由来。但由于产品差异的存在，各产品在消耗制造费用时有着不同的比例。各产品不同比例消耗制造费用的原因很多，诸如产品规模、产品复杂程度、产品准备时间和批量的规模等方面的差异。另外，由于非单位基准制造费用（制造费用与产量不成比例）的存在，这些都导致了传统成本管理方法成本信息的扭曲。从本质上看，这种计算方法隐藏着浪费、不赢利的产品和客户。

其次，在传统成本管理模式下，成本核算和成本分类是为满足财务报告服务的需要，而不是为了成本管理的目的描述每一产品消耗资源的情况，主要核算产成品存货的生产成本，忽略各种"不同目的下的不同成本"，如图 7-4 所示。

图 7-4　不同目的下产品成本的不同内容

再次，传统成本法割裂了成本与其产生原因之间的关系，导致了成本分析和控制的失效。作业成本管理相较于传统成本管理以产品为企业管理的起点和核心，在层次上大大深化了。作业成本管理是一种为了提高客户价值并从中获取利益而进行的一种全面成本管理体系，与传统成本管理方法的本质区别如表7-4所示。

表7-4　作业成本管理与传统成本管理的本质区别

项目	传统成本管理方法	作业成本管理方法
中心环节	产品	作业
间接费用分配标准	数量基础成本计算	动因基础成本计算
成本外延	生产成本	全面成本管理
各成本间内在的联系	忽略	基于作业链和价值链

（二）ABCM的过程

第一步：作业链和价值链分析

从作业成本管理的物理流即作业链（activity chain）管理的实质来看，主要目标有两个：一是从外部客户的角度出发，尽量通过作业为客户提供更多的价值（价值指客户就企业提供给他们的产品或服务所愿意支付的金额）；二是从企业自身角度出发，尽量从客户提供的价值中获取更多的利润。为实现上述两个目标，企业必须深入到作业水平，进行作业分析。

（1）区别增值作业与非增值作业。

增值作业是指可为最终产品或劳务增加价值，缺少它会影响顾客对产品或劳务的满意程度。反之，不能为最终产品或劳务增加价值的作业为非增值作业。

（2）区别高效作业和低效作业。

高效作业是指完成效率高、成本费用率低的作业，而低效作业是指完成效率低、成本费用高的作业。

（3）分析各作业之间的或作业链的内在联系，从而优化或改进作业链。

理想的作业链应该是使作业完成时间最短和重复次数最少。

（4）最终目标是消除非增值作业，提高增值作业的效率，使作业链达到最优。

第二步：建立基于作业链或流程的责任中心

为了有效管理企业，通常根据各级管理者的责任和控制范围的大小，把企业划分为若干责任单位，即责任中心。

在传统管理体系中通常将责任中心分为成本中心、收入中心、利润中心和投资中心。

（1）成本中心：管理者只对成本负责。

（2）收入中心：管理者只对收入负责。

（3）利润中心：管理者对收入和成本负责。

（4）投资中心：管理者对投资、收入和成本负责。

传统的责任中心通常是把责任分派到组织性单位，如分公司、分厂、部门或生产车间等。而在作业成本管理体系中,对传统责任中心进行了变革,不再以组织性单位为基础来建立责任中心,而是建立基于作业链或流程的责任中心。流程之所以能成为责任中心建立的基石,是因为流程是客户或股东价值的源泉,是实现公司既定战略的关键。那么,如何建立基于流程的责任中心呢?

1. 识别作业

作业是指设备或人员为他人采取的行动或从事的工作。识别作业等于描述所采取的行动。

2. 按流程分类

流程是指与一个特定目标相联系的一系列作业。尽管流程类似于部门等职能性组织,但流程可能打破职能界限。例如,供应流程就涉及三个不同的组织单位:采购部门、接受部门和应付账款部门。

3. 按作业水平分类

在流程分类的基础上按作业水平分类可分为以下四类基础作业。

(1)单位水平作业。

每生产一单位产品就要执行的那些作业。

(2)批别水平作业。

每生产一批产品就要执行的那些作业。

(3)产品水平作业。

该类作业随着产品品种的数量变化而变化。

(4)支持水平作业。

维持一个车间的一般生产流程的作业。

4. 按作业动因分类

具有相同的作业动因或相同的消耗比例的那些作业再细化为一类。对于产量水平、批次水平和产品水平的类别包含着与产品相关的作业,再按作业动因分类是有可能的。而属于设施水平的类别,能否按动因分类取决于能否识别到每种产品消耗各种作业的数量。由于设施水平作业为许多产品共同所有,因此,按作业动因分类就比较困难。

5. 建立责任中心

如前所述,在作业成本管理体系下,建立基于流程的责任中心,通过前四个步骤,已经把每一个流程所涉及的作业分两次细化,最后得出了若干成本库。也就是说,每一个流程都包含若干属性相同的成本库,在每一个成本库中,作业的成本动因是一致的。划分责任中心的目的就是更好地管理和控制每一个责任中心,所以就不能按传统成本管理简单地划分为四种责任中心,而必须先按流程划分一级责任中心,然后在一级责任中心下细分二级责任中心和三级责任中心。

第三步:建立责任中心的控制标准

当按照第二步划分为若干基于流程的责任中心后,就要对每一个责任中心制定相应的考核标准,但这里所讲的标准和传统责任中心的标准是不一样的,因为作业成本管理基于竞争战略而建立,而且其本身的管理过程就是实现竞争战略的过程,目的也是实现竞争战略。当战略改变、作业链或价值链变动等变革性因素出现时,标准也必须相应变化,所以标准在本质上是动态的。它们通过变革反映新的条件和新的任务,帮助维持已实施的流程。例如,可以将标准设成反映某些流程改进的理想水平。一旦达到理想水平,再改变标准,使其激励员工进一步地改进。在一个寻求持续改进的环境下,标准不可能是静态的。在实际工作中,可能出现如下几种标准。

1.作业成本管理和标准成本管理相结合设定标准

(1)作业消耗资源时。

为了对作业消耗资源的成本进行控制,分直接材料、直接人工和间接费用三个项目来制定作业标准成本。

(2)产品消耗作业时。

关系到每项作业是否发挥了最大能力,这种能力被称为"约定作业能力",对应的成本为"约定作业能力成本"。以"约定作业能力"和"约定作业能力成本"作为作业是否发挥最大效用的标准。

2.作业成本管理与预算管理相结合设定标准

预算是企业管理层在计划中设定的对未来一个时期的数量描述,是其控制经营活动的依据。当作业成本管理与预算管理相结合时,可与销售、生产和财务预算结合,根据作业编制弹性预算标准。

3.流程属性标准

由于作业成本管理的整个过程是流程导向型的,因此,就必须为其流程设定相应的标准,具体包括流程的时间标准、质量标准和效率标准。

(1)时间标准。

执行作业的时间。

(2)质量标准。

必须一次性完成作业,若执行作业有缺陷,则须重复执行,从而浪费资源。

(3)效率标准。

作业投入与作业产出的关系。

4.最佳标准

设定企业作业成本管理应该达到的最终目的,指明未来的方向。

第四步:计算及分析实际成本与成本差异

(1)分别按照上述要求计算实际值,即作业实际成本、实际利用作业能力及流程实际达到的时间、质量和效率。

(2)计算和分析作业消耗资源实际成本和标准成本差异。

(3)当实际耗用的作业量小于约定作业能力时,就存在着"未利用作业能力成本",为此还必须计算和分析由于未利用作业能力成本而产生的差异。

(4)计算和分析作业成本与弹性预算标准的差异。

（5）计算和分析流程所用时间与标准时间的差异。

（6）计算和分析流程实际质量与所要求质量的差异。

（7）计算和分析流程效率与所要求效率的差异。

通过以上差异的计算，可以发现实际值与标准值的差距。如果实际值几乎接近标准值，那么标准值就必须变革，逐渐向最佳标准靠拢；如果实际值远远偏离标准值，那就应分析差异产生的原因，并采取相应的措施，以免下期再出现类似的差异。

第五步：业绩评价与持续改进

结合上述差异分析的结果对责任中心进行评价，评价主要有两个目的：其一，对过去的业绩进行相应的奖罚；其二，要分析未来的取向。如果是由于资源的问题而导致作业成本的上升，那么就需优化与供应商的作业链和价值链；如果是由于市场缩小或者与客户相关其他原因而导致作业能力差异的产生或其他后果，就必须优化与客户的作业链和价值链；如果是由于企业内部的流程出现问题，就必须优化内部作业链和价值链。

综上所述，作业成本管理是一个基于流程的、动态的系统，为了充分发挥作业成本管理的优势，实现组织既定战略，就必须变革，即进行流程改进、流程重组和流程创造。流程改进：不断地、经常地提高现有流程的效率。流程重组：以一个全新的方式执行一个流程，目的在于在反应时间、质量和效率等方面获得巨大的改进。流程创造：建立新的流程，以达到客户和财务目标。

第三节　案例分析

案例 1：作业成本法对物流成本分析的改善

近年来，日本会计学界受到美国作业成本理论的影响，也进行了作业成本应用研究。日本研究物流会计的泰斗——早稻田大学的西泽修教授也积极主张在物流业中引入作业成本法，并进一步实用化，以促进物流成本管理。西泽修教授在 1992 年以一个案例的形式分析了作业成本法对传统物流成本分析方法的改善。

1. 案例背景资料

这是一个以自用货车进行运输的物流成本管理案例。基本情况如下。

出发地：甲配送中心。

到达地：乙销售区域。

路线行走距离：290 千米。

商品：产品编号 NO.50。

托盘装载量：每一个托盘装载 24 个产品。

卡车总装载量：每台卡车 32 个托盘共 768 个产品。

2. 作业分析

首先，对该自用货车运输的步骤进行"动作研究"。表 7-5 所示是自用货车运输作业分析。

表 7-5   自用货车运输作业分析

作业编号	作业名称	作业描述
1	开车前检查	开车前对各种机件的检查
2	使用叉车进行托盘装载	使用叉车,操作员一人用托盘装载产品
3	关车门	固定好装载完成的产品,关上车门,封好
4	事务作业	开车前,进行出车等事务作业
5	开动	开车发动
6	按路线行驶	使用驾驶员一人,按路线行车
7	开车门检查	达到后,开车门检查产品
8	卸下托盘	使用叉车卸下托盘
9	清扫	清扫货车
10	事务作业	进行后期事务处理

表 7-6 所示为物流作业与其对应的成本动因。表 7-7 所示为调查分析自用货车运输时间的结果,包括构成自用货车运输性能的各个物流作业,其所需的人数、次数、单位作业时间、总作业时间、燃料费(平均行驶每千米的燃料消耗量)等。表 7-8 所示为物流作业成本计算表。在该表中,A 栏为各种支出,包括人事费、燃料费、设备费等;B 栏为送输作业和作业编号;C 栏为成本动因;D 栏为单价;E 栏和 F 栏为物流送输服务的成本计算。

表 7-6   物流作业与其对应的成本动因

物流作业	成本动因	
	人工费	设备费
1.开车前检查	所需时间	
2.使用叉车进行托盘装载	所需时间	使用时间
3.关车门	所需时间	
4.事务作业	所需时间	
5.开动	所需时间	
6.按路线行驶	所需时间	行驶距离
7.开车门检查	所需时间	
8.卸下托盘	所需时间	使用时间
9.清扫	所需时间	
10.事务作业	所需时间	

表 7-7　自用货车的运输时间分析

标准时间	物流作业的种类	成本动因实际数：人数（人）×次数（次）×单位作业时间（分）＝总作业时间（分）
货车装载开动标准时间	1.开车前检查	1×1×3.0＝3.0
	2.使用叉车进行托盘装载	1×32×1.5＝48.0
	3.关车门	1×1×2.0＝2.0
	4.事务专业	1×1×5.0＝5.0
	5.开动	1×1×8.0＝8.0
	装载、开动合计时间	66.0
	6.按路线行驶	1×1×420.0＝420.0
	7.开车门检查	1×1×2.0＝2.0
	8.卸下托盘	1×32×1.5＝48.0
	9.清扫	1×1×5.0＝5.0
	10.事务作业	1×1×10.0＝10.0
	达到、卸货合计时间	65.0
总作业时间		551.0
其他费用标准	燃料费	千米数÷平均千米标准＝总消耗量 290 千米÷5 千米/升＝58 升

表 7-8　物流作业成本计算表

A		B	C	D	E	F
费用	费用编号	运输作业	作业编号	成本动因	单价	一次送输时的送输费	两次送输时的送输费
人事费	a	托盘下下	2、8	使用时间	30 元/分	96 分×30 元/分＝2880 元	90 分×30 元/分＝2880 元
	b	货车行驶	其他	使用时间	30 元/分	455 分×30 元/分＝13650 元	455 分×2×30 元/分＋27300 元
燃料费	c	车子行驶	6	行驶距离	105 元/升	58 升×105 元/升＝6090 元	58 升×2×105 元/升＝12180 元
设备费	d	使用叉车	2、8	使用时间	17 元/分	96 分×17 元/分＝1632 元	96 分×17 元/分＝1632 元
	e	使用货车	6	行驶距离	55 元/千米	290 千米×55 元/千米＝15950 元	290 千米×2×55 元/千米＝31900 元
总送输费	f	a+b+c+d+e		合计		40202 元	75892 元

续表

	A	B		C	D	E	F
费用	费用编号	运输作业	作业编号	成本动因	单价	一次送输时的送输费	两次送输时的送输费
产品数	g			768 个			
送输费单价	h	f÷g				52 元	99 元
增加额(率)							(99－52)÷52＝90％

根据表 7-8,该产品的数量为 768 个,若一次送完,则送输费如 E 栏的合计是 40202 元,平均每个需 52 元。

因此,按照传统的成本计算方法计算,平均每个的送输费是 52 元,即便分两次,每次按 384 个进行配送,也被看成是同样金额的配送费。然而,如果采用作业成本法计算,则可发现如果分成两次进行送输,每次配送 384 小时,如 F 栏所示,除了托盘上下作业费(a)与使用叉车作业费(d)之外的成本皆倍增,使得总送输费达到 75892 元,即平均每个 99 元,增加 47 元,增加率为 90%。

因此,利用 ABC 分析法将能更准确地得到物流作业的作业成本,为物资成本分析提供更准确的信息。

案例 2:销售型物流企业作业成本法

本案例中的销售型物流企业是指向上游供应商买断商品,再转售给下游零售门市商店的企业,属于商品批发型流通企业性质。在这种类型的企业中,物流的合理组织非常重要,也是企业取得竞争优势的重要来源,而物流成本在其整个企业经营成本中也占有非常大的比重,因此,有效的物流成本管理对企业来说是十分重要的。

该销售型物流企业的仓库平面布置如图 7-5 所示。

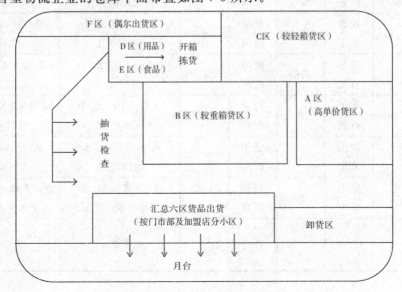

图 7-5 销售型物流企业仓库平面布置

该物流公司在作业成本制度的实施上主要从以下几个方面展开。

1. 作业的确定

根据实际了解该公司物流作业流程,以及分析各种相关资料,再合并一些相关作业,归纳出作业涵盖该公司的整个物流处理程序,如表7-9所示。

表 7-9　销售型物流企业的作业划分

作业序号	作业名称	累计成本	可能的成本动因
1	采购处理作业	采购人员成本、采购处理成本、采购设备的折旧及维护	采购次数(笔数)
2	进货验收作业	进货验收人员成本、验收设备的折旧及维护	验收托盘数(ABCDE 区)
3	进货入库作业	进货人员成本、叉车设备折旧	托盘数(ABCDE 区)
4	仓储作业(ABCDE 区)	仓库管理员成本、储存仓库的租金、折旧费用、维护费用、财产税、杂项费用(包括拣货储存区的空间费用)	所占空间、体积
5	DE 区补货作业	开箱人员成本、搬运人员成本、设备	补货搬运箱数(DE 区)
6	BC 区补货作业	叉车驾驶员成本、叉车折旧、维修费用、托盘成本	补货托盘数(BC 区)
7	EOS 作业	接收订单人员成本、订单处理成本	一般订单张数
8	BC 区拣货准备作业	拣货人员等待成本、拣货设备折旧及其维护	订单张数
9	BC 区拣货作业	拣货人员成本(约占总拣货人员成本的百分比)	箱数
10	DE 区拣货准备作业	拣货准备成本、拣货设备折旧及维护、人员等待成本	订单张数
11	DE 区拣货作业	拣货人员成本	包数
12	A 区拣货作业	拣货人员成本、拣货准备成本	拣货次数
13	出货作业	车辆调配、油料、车辆维修折旧、司机成本	出货托盘数
14	营销管理作业	人员成本、文具用品费用、计算机设备、通信费用、教育培训费用	销货金额

2. 成本对象选择

在作业成本制度的实施中,成本对象的选择可以随着分析目的的不同而有所不同。如果分析目的是探讨每一个便利店的成本分析,则成本对象一定是每一个便利商店;如果分析目的是探讨每一个商品的物流成本,则成本对象就定义为商品。从理论上讲,可以把该公司所经销的所有商品都定义为成本对象,但由于该公司经销的商品种类多,这样做不太切合实际,除非在分摊作业成本时不按照"实际"成本动因使用量,而是利用"标准"成本动因量,否则,单是收集每种商品的成本动因使用量便是一大问题。即使使用

"标准"成本动因量进行成本分摊,也需要知道每一商品的"实际"使用量,以便做事后的评估考核使用,因此,商品有必要进行一定的合并。

虽然商品的种类繁多,但其流程仍大致按不同区位的商品而有所不同,因此,可把商品分为 A、B、C、D、E、F 六大类,而 F 区中商品因属于非经常性销售项目,因此,建议将其排除,所以,在分析中真正涵盖的商品只有五大类,即最终用来计算成本分摊的商品被分为 A、B、C、D、E 五大类。因此,该企业作业成本制度下的成本分摊二阶段模型如图 7-6 所示。

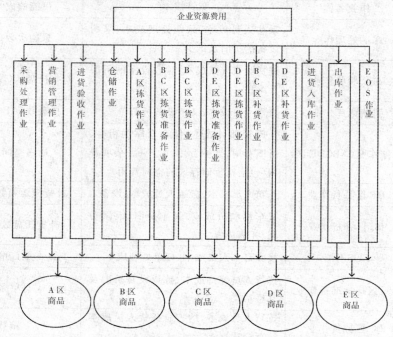

图 7-6 成本分摊二阶段模型

3. 作业成本分析

由于人工成本以及折旧费用等都是按月计算,因此,企业每月都要根据表 7-9 中的作业,累计计算各项作业的成本,再按照各成本对象的成本动因消耗量,将作业成本分摊到各区域的商品中。

(1)采购处理作业。

采购处理是公司对外的采购作业,由于每个区域商品的采购频率不同,所以在分摊采购成本上也应该有所区别。根据实地研究观察,采购处理作业的成本动因选择为每个区域的"订单笔数"。每种产品采购一次,不管其每次的订货量或者订货金额都视为一笔。采购处理作业的成本主要是人事成本和订单服务费用。月末采购处理作业的成本分摊系数计算公式为

$$每笔采购处理作业成本 = \frac{采购处理成本总额}{(A区 + B区 + C区 + D区 + E区)订单数}$$

其中,采购处理成本总额包括人事成本、折旧费、订单服务费和耗材费。

（2）进货验收作业。

该作业为对外采购商品入库前的检验工作，由于每一个区域的商品采购量不同，采购量越大则验收成本越高，因此，应按照采购量的多少作为验收成本分摊的动因，而托盘数的多少反映了采购量的多少，因此，以托盘数作为进货验收作业的成本动因。月末验收作业成本分摊系数的计算公式为

$$每托盘货物验收作业成本 = \frac{验收成本总额}{(A区 + B区 + C区 + D区 + E区)托盘数}$$

其中，验收成本总额包括人事成本、折旧费和耗材费。

（3）进货入库作业。

该作业是指将对外采购商品搬入仓库的作业，入库成本当然也应与采购量成正比，从而也可以以托盘数作为进货入库作业的成本动因。计算公式与上面的计算公式相类似。

（4）仓储作业。

由于仓库作业人员都承担着入库、补货等作业，因此，这里的仓储作业成本主要是仓库的租金（包括仓储设施的折旧）。而每个区域的面积已经事先固定，除非仓库布置重新改变，否则很少变动。因此，仓储作业的相对成本动因为每个商品区域所分配的库存面积。仓储作业成本的期末分配系数可以计算为

$$单位面积仓储成本 = \frac{仓储作业成本总额}{(A区 + B区 + C区 + D区 + E区)总面积}$$

其中，仓储作业成本总额包括人事成本、折旧费和耗材费。

（5）补货作业。

该作业是指将商品由仓库搬运至拣货等待区，以利于拣货的进行。由于B、C区的商品属于重型商品，因此补货需要用叉车，而D、E区属于轻型商品，补货作业由人工完成，因此，在成本结构上存在很大的差异，尤其在机器的折旧与维护成本上，B、C区的补货作业成本要高出D、E区很多。由于B、C区的补货大多以叉车将整托盘商品搬运至拣货区，因此，其对应的成本动因为"托盘数"；而D、E区的补货作业多为人工搬运，因此，可以用"补货搬运箱数"作为D、E区补货作业的成本动因。

（6）拣货准备以及拣货作业。

A区商品的拣货作业比较简单，一般而言是由卡车司机在出货时按照拣货单直接到A区仓库领取，而B、C区以及D、E区所牵涉的作业就比较麻烦。B、C区内的商品有轻有重，D、E区内的商品种类多样化，因此，在作业划分时有必要将拣货作业区分成两段，前段称为拣货准备作业，后段称为真正的拣货作业。

就"拣货作业"而言，每个区域商品的成本动因都是"拣货次数"。但是每区使用的销售单位有所不同，A区商品销售按"条"计，B、C区商品销售按"箱"计，而D、E区商品销售则按"包"计。此外，每个区域的拣货作业成本的构成也不同，A区以人事成本为主；B、C区除人事成本外，则需要计算拣货搬运设备的折旧和维修成本；而D、E区除人事成本外，还要包括传送带的折旧和维护费用。

B、C区和D、E区的商品需要经过"拣货准备"作业，此项作业是拣货作业的规划设计

以及拣货单的准备工作,以使得拣货工作更加具有效率,拣货准备作业成本以人事成本为主,其成本动因为"订单张数",也就是假设每一张订单所耗用的拣货准备成本不会因订单内容或订购数量而影响其准备成本。

(7)出货作业。

出货作业包括拉货上车、运输、卸货以及车辆维护与指派等作业。从理论上讲,该作业应该更进一步地细化,但由于该企业在该作业的成本资料追踪和归集上有困难,因此,只好将这些作业合并为一项出货作业。出货作业的成本主要包括司机的成本以及外包车辆的费用,内部车辆的维修费、折旧费、保险和油料费等。出货作业的成本与运输量有关,由于等待出货的商品均放置在托盘上,因此,合理的出货作业动因选择为"出货托盘数"。

(8)营销管理作业。

这是指行政管理部门的支持性作业,由于管理成本必须分摊到三个物流中心,而这里只讨论了一个物流中心,因此,这里只需摊提部分营销管理成本。营销管理费用的分摊以"销货金额"作为成本动因,其理由是营销管理成本往往是按照销售额的固定百分比提取的,随着公司业务量和销售金额的提高,公司的营销管理费用也会随之提高。

(9)EOS 作业。

EOS 为处理各便利商店向企业订购的作业,其作业成本包括人事成本、EOS 机器的折旧与维护费。随着商品订货项目的增加,EOS 的成本也会随之增加,因此,EOS 作业成本以订单张数作为成本动因。

划分了作业,明确了每项作业消耗的资源成本并进行日常的统计工作,再按照图 7-6 所示的成本分摊二阶段模型,就可以按照既定的成本对象来进行企业作业成本的计算,并在此基础上开展相应的作业附加值分析、作业成本标杆的确定以及客户的获利能力分析。

第八章　供应链绩效

第一节　供应链与供应链绩效

一、供应链管理的含义

供应链管理(supply chain management,SCM)是近年来在国内外逐渐受到重视的一种新的管理理念与模式。供应链管理的研究最早是从物流管理开始的,起初人们并没有把它和企业的整体管理联系起来,主要是进行供应链管理的局部性研究,如研究多级库存控制问题、物资供应问题等,其中较多的是关于分销运作问题,例如,分销需求计划(distribution requirement planning,DRP)的研究就是典型的属于供应链中的物资配送问题。近年来,随着经济全球化和知识经济时代的到来以及全球制造的出现,同时鉴于"纵向一体化"管理模式的种种弊端,国际上越来越多的企业放弃了这种纵向的成长模式,"横向一体化"思想逐步兴起,即利用企业外部资源快速响应市场需求的成长模式。在这种模式下,企业通常只抓最核心的产品方向和市场问题,由此也就形成了一条从供应商到制造商再到分销商的贯串所有企业的"链"。由于相邻节点企业表现出一种需求与供应的关系,当把所有相邻企业依次连接起来时,便形成了供应链,这条链上的节点企业必须达到同步、协调运行,才有可能使链上的所有企业都受益。

综合国内外文献对供应链管理的理解可以发现,供应链管理被认为是一种集成的管理思想和方法,它执行供应链中从供应商到最终用户的物流计划和控制等职能,它是通过前馈的信息流和反馈的物料流及信息流,将供应商、制造商、零售商,直到最终客户连成一个整体的管理模式。它的特征是网络流及部门、组织、流程以及地理分布上的集成。其核心在于对其终极客户认识的变化,这种新认识有别于传统的基于所有制控制管理及层次型的纵向集成,更为强调和侧重组织接触面的管理,即组织之间的协调、合作和运营管理,它是对众多单一的业务行为,如物流、生产、评价、控制等的横向行为的集成。文献研究也说明,进行供应链管理的前提在于参与供应链组织的全体成员在经营理念上的改变。传统经营理念强调寻求短期、企业级的绩效,而这与供应链组织的存在,即为了整个供应链都获得持久稳定的高收益是相互矛盾的。供应链管理是谋求整个供应链的优化,为此供应链中的单一组织可能不得不牺牲一部分内部的效率和收益。这个问题同样与供应链内部企业的利润分成机制相类似,后者可以通过合同战略和供应商战略来解决。当前,供应链管理的概念更加注重围绕核心企业的网链关系,如核心企业与供应商、供应商的供应商,乃至与一切前向的关系,与客户、客户的客户及一切后向的关系建立联系。

对供应链的认识可以说已经形成了一个功能网链的概念,像丰田、耐克、尼桑、麦当劳和苹果等公司的供应链管理都是从网链的角度来实施的。哈里森(Harrison)将供应链定义为执行采购原材料,将它们转换为中间产品和成品并且将成品销售到用户的功能网。菲力浦(Phillip)和温德尔(Wendell)认为供应链中战略伙伴关系是很重要的,通过建立战略伙伴关系,可以与重要的供应商和用户更有效地开展工作。

作为一种网链结构的供应链,如图 8-1 所示,具有以下一些特征。

1.复杂性

供应链往往由多个、多类型甚至多国企业构成,所以供应链结构模式比一般单个企业的结构模式更为复杂。

2.动态性

因企业战略和适应市场需求变化的需要,供应链管理中的节点企业需要动态地更新,这就使得供应链具有明显的动态性。

3.交叉性

供应链节点企业可以是这个供应链的成员,同时又是另一个供应链的成员,众多的供应链形成交叉结构,从而增加了协调管理的难度。

4.直接面向客户需求

供应链的形成、存在、重构,都是基于一定的市场需求而发生的,并且在供应链的运作过程中,客户的需求拉动是供应链信息流、产品或服务流、资金流运作的主要驱动因素。

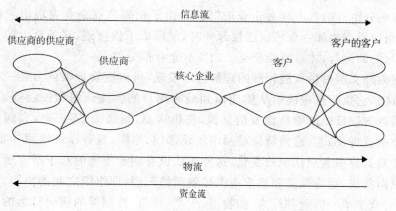

图 8-1　供应链的网链结构

在供应链管理中,所要解决的一个关键问题就是如何提高供应链中物流的效率。因此,供应链管理非常重视物流活动,它也对物流管理水平提出了挑战,即有效地管理供应链中的"物"的流动,达到以有效的方式满足顾客要求的服务水平。为此,供应链成员必须采取供应链物流战略。分销网络、运输方式、承运人管理、库存控制、仓储保管、订单处理以及其他活动都应该从整个供应链的角度进行协调,而不是由各个成员组织独立地进行管理。可见,供应链管理使成员组织能够在跨组织的水平上优化物流绩效,它意味着对从原料采购开始,经过供应链的各个环节,直到最终客户的整个活动的管理。这与当前很多企业分散进行物流管理的做法相比是一个极大的进步。从某种意义上说,在供应链中,成员组织结成物流联盟,提高了物流效率和效益,也提高了供应链的竞争能力。现在提得较多的一个名词——第三方物流,就是实现供应链物流一体化战略的一种有效措施。供应链成员通过第三方物流可以获取更好的物流专家和物流能力,提高客户服务水平,消除不必要的资产投资,使企业更好地关注其核心业务,增强竞争能力,提高企业经营的灵活性。一些物流专家研究指出,采用第三方物流对于解决有可能损害客户和供应商关系的问题有一定的帮助。从物流的角度而言,供应链管理可以看作物流一体化发展到较高阶段的一种具体形式,即通过建立有效的供应链信息系统,形成协调的供应链联盟关系,促使供应链中物流高效、准确地流动,减少提供产品或者服务的时间,降低成本,提高企业的竞争能力。从定义上看,供应链和人们对于物流一体化的最新理解是基本接近的;从发展上看,供应链对于跨越不同企业的物流一体化起着重要的推动作用。而物流一体化思想也有效地促进了供应链中物流效率的提高。

二、供应链管理的发展

当前,供应链管理研究的内容主要包括以下几点。

(1)供应链的设计,包括全球节点企业、资源、设备等的评价、选择和定位等。

(2)供应链产品需求预测和计划。

(3)基于供应链管理的产品设计和制造管理、生产集成化计划、跟踪和控制。

(4)基于供应链的用户服务和物流管理(运输、库存、包装等)。

(5)企业内部与企业之间物料供应与需求管理。

(6)企业间资金流管理(汇率、成本等问题)。

(7)战略性供应商和用户合作伙伴关系管理。

(8)基于 Internet/Intranet 的供应商交互信息管理等。

随着社会的不断进步,全球先进制造技术、信息技术的发展,以及流通领域现代化经营模式的出现,供应链管理及其技术面临着新的挑战与机遇。

(一)信息技术发展的影响

信息技术的发展为供应链管理提供了有力的支持,借助 Internet 技术,可以实现企业内和企业间的信息集成及业务协作。基于 Internet/Intranet 的电子商务技术与系统不仅能够沟通供求信息,降低交易成本,提高用户服务水平,更重要的是能加速全球市场一体化的进程,从根本上改变企业的生产经营方式。而任何一个企业如果不能适应这种新的经营方式及手段的变化,在未来的市场竞争中都将失去立足之地。以对象管理组织(object management group,OMG)的公用对象请求代理体系结构(common object request broker architecture,CORBA)和微软的分布式组件对象模型(distributed component object model,DCOM)为代表的分布式对象技术已日趋成熟,并逐步应用到实际系统的开发中,这为建立动态可重构的信息系统、适应企业经营过程的重构提供了有力的支持。供应链系统应通过充分利用这些先进的信息技术,提高系统的管理与运作效率。

(二)先进制造技术的影响

面对市场全球化的趋势和激烈的市场竞争,在 20 世纪 90 年代左右,先后出现了精益生产、CIMS、柔性制造、敏捷制造等一系列新的制造概念与模式,这些概念与模式为企业在无法预测的持续快速变化的竞争环境中谋求生存、发展,并扩大竞争优势提供了先进的手段和工具。它们强调通过联合来赢得竞争,通过产品制造、信息处理和现代通信技术的集成,来实现人、知识、资金和设备的柔性管理和优化利用。这就要求供应链系统能够在竞争、合作、动态的环境中支持以动态联盟为组织形式的供需网络,增强企业对外部环境的快速响应能力,即敏捷性,达到企业之间的双赢效果,并根据企业组织形式等的需求变化,快速重构供应链系统,以适应需求变化。

(三)现代化流通模式的影响

20 世纪 90 年代以来,美、日等国家不同类型的商业企业都逐步向集团化、连锁化方向发展,企业集团内部及相关企业之间已开始进行网络电子数据交换、电子订货、电子转账,仓储自动化和商业配送中心也已被广泛应用,并取得了明显效果。采用连锁配送机制,实现统进分销,可以减轻企业仓储及采购的压力,从而降低采购成本,简化流通环节,获得综合经济效益;减少社会总体库存,加速物流及资金周转;加强信息反馈,对有限资源进行合理分配,维持较高的客户服务水平。面对流通领域的信息化,供应链系统应借鉴商业企业的经营形式,如连锁配送等,并进一步加强生产企业与商业企业之间的信息共享与反馈,实现生产与流通的协调。

当前,供应链管理有以下几个新的发展方向。

1.敏捷供应链

主要是针对目前供应链研究中存在的局限性和新形势下供应链管理所面临的挑战,以及"敏捷制造"的出现而产生的。指在竞争、合作、动态的市场环境中,由供应商、制造商、销售商、客户等各实体构成的快速响应市场变化的动态供需网络。其中,"实体"指参与供应链的企业或企业内部业务相对独立的部门;"动态"反映为适应市场变化而进行的供需关系的重构过程;"敏捷"用于强调供应链对市场变化及客户需求的快速响应能力。敏捷供应链强调供应链对市场变化的快速响应能力,要求以供应链本身的敏捷性和可重构性来适应动态联盟的需要,为此可以根据动态联盟的形成和解体进行快速重构和调整,也可以通过供应链管理来促进企业间的整合,进而提高产业供应链的敏捷性。敏捷供应链的实施,有助于促进企业间的合作和企业生产模式的转变,有助于提高企业的综合管理水平和经济效益。

2.集成化供应链(见图 8-2)

结合供应链和"集成"的特点,所谓集成化供应链是指供应链的所有成员单位基于共同的目标而组成的一个"虚拟组织",组织内的成员通过信息的共享、资金和物质等方面的协调与合作,优化组织目标,提升整体绩效。近年来,供应链的理论和实践更加注重围绕核心企业的紧密集成展开研究。正如前文所提到的菲力浦和温德尔,以及马士华教授等对供应链管理的定义。从这些定义中可以发现,他们都强调供应链的集成性,认为供应链的发展过程就是不断集成的过程。因此,现代供应链必然是集成化的供应链,并且不同供应链其集成化程度不同。从发展历史来看,供应链的集成大致要经历四个阶段,即初始阶段、功能集成阶段、内部集成阶段和外部集成阶段,其将来的发展方向应是集成化供应链动态联盟。集成化供应链是跨组织一体化的新型组织形式,信息技术在集成化供应链形成过程中起着重要的推动作用。

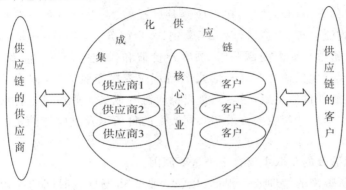

图 8-2　集成化供应链模型

3. 绿色供应链

绿色供应链管理(green supply chain management)又称环境供应链管理(environmental supply chain management),最早起源于国外在供应链管理中增加的环境因素思想,它考虑了供应链中各个环节的环境问题,注重对环境的保护,促进经济与环境的协调发展。目前,对于绿色供应链管理的研究才刚刚起步,相关理论还不成熟,因此,对于其概念没有统一的定义。综合相关文献,可以认为"绿色供应链管理就是在供应链管理中考虑和强化环境因素,具体说就是通过与上下游企业的合作以及企业内各部门的沟通,从产品的设计、材料的选择、产品的制造、产品的销售以及回收的全过程中考虑环境整体效益最优化,同时提高企业的环境绩效和经济绩效,从而实现企业和所在供应链的可持续发展"。实施绿色供应链管理主要包括绿色采购管理、绿色设计、绿色生产、绿色包装和绿色营销。绿色供应链管理是企业发展的新的战略模式,也是实现我国工业可持续发展的必然趋势。理论界和企业界必将进一步推动对绿色供应链管理的研究。当前,发展绿色供应链管理所面临的主要问题是传统环境观念的落后、环保制度的欠缺、传统供应链模式的影响等。

三、供应链管理绩效

供应链管理绩效是指供应链的运作过程或运作效果。供应链管理的绩效与一般单个企业绩效的最大不同之处在于:供应链运作绩效不仅受到该节点企业或供应商运营绩效的影响,而且还要考虑该节点企业或供应商的运营绩效对其上层节点企业或整个供应链的影响等。而单个企业的绩效则更多地注重加强企业自身内部调整和内部效率,很少考虑本企业与其他企业间的合作和信息沟通。供应链管理绩效一般包含三个方面的内容:内部绩效、外部绩效及综合供应链绩效。内部绩效主要指供应链上企业的内部绩效,包括成本、客户服务、生产、管理、质量等方面的内容;外部绩效主要指供应链上企业之间的运行状况,包括客户满意度、最佳实施基准等方面的内容;综合供应链绩效指供应链的整体绩效,包括供应链运作的总体效果方面的内容。

供应链管理绩效的含义也可以从价值链的角度来理解,即将供应链管理绩效看作供应链各成员通过信息协调和共享,在供应链基础设施、人力资源和技术开发等内外资源的支持下,通过物流管理、生产操作、市场营销、客户服务、信息开发等活动增加和创造的价值总和。其中价值总和由两部分组成:客户价值和供应链价值。前者是外部消费者/客户通过购买产品(包括核心产品和形式产品),或者接受服务(延伸产品)来获得价值,它由基本价值和额外价值组成;后者则是指供应链各成员企业通过各种活动增加和创造价值,它由每种活动单独产生的价值和共同产生的价值以及供应链满足顾客需求的能力所组成。

供应链管理绩效的获取主要有三个重要原因。

(1)信息化所带来的管理效率提高,以及企业对市场反应时间的缩短。以美国零售业霸主沃尔玛为例,它的计算机系统规模仅次于五角大楼,在其总部的信息中心存储着大量信息,支持着18万多用户,每周处理12万多个复杂提问,每分钟可接受840万条商品信息。它始终把目光敏锐地盯在顾客身上,以分、秒来衡量经营业绩。

(2)高效率的物流配送体系大大降低了库存率,加快了资金周转。

(3)可以使一个企业在更大的范围内进行资源的集成和整合,从而提高供应质量,保证最终产品的品质。

一般而言,提升供应链绩效的方法主要包括以下几点。

1. 供应链管理战略支撑体系的建立

供应链管理应该把管理的主要精力放在企业的关键业务上。核心企业通过和供应链中上下游企业之间建立战略伙伴关系,实行强强联合,可使每个企业都发挥各自的优势。同时,供应链的战略伙伴关系应重在重塑全球范围内的业务伙伴关系,使战略伙伴企业在价值增值链上达到共赢的效果。

2. 供应链的成本管理

供应链成本包括订货成本、原材料取得成本、库存持有成本及与物流有关的财务和管理信息系统成本、制造劳动和库存间接成本等。供应链的总体运营成本策略应致力于全面成本领先,在满足服务水平需要的同时,为了使系统成本最小而把供应商、制造商、仓库和零售商有效地结合成一体来生产商品,并把符合客户质量要求的正确数量的商品在指定的时间内配送到正确地点、正确客户。作业成本分析应被运用为供应链的成本优化及决策工具。

3.供应链体系的建立或重组

供应链管理要求企业与关键的核心企业之间实现业务流程的集成。有效的供应链管理需要供应链中各个成员的相互合作,充分考虑供应链成员企业的利益平衡,建立有效的激励制度和机制,利用博弈论深入分析供应链成员的决策问题以及成员之间的竞争行为,预测实际会达到的均衡结果,设计具体的协调方案和参数,具体分析各成员的利益需求,设计激励机制等。理想的激励机制能够使供应链成员密切合作,激励成员提供真实的信息和参数,激励成员采取供应链合作协议所规定的行为,实现供应链合作收益的合理分配关系。

4.供应链信息的管理与分析

供应链中每个环节的商品库存状况和预测商品需求波动的信息是否畅通,整个供应链的决策贯彻是否彻底,工作效率是否按系统的目标在运作等都是供应链信息管理的重要内容。实时信息的共享和电子数据的交换,将使供应链中各成员之间的预测差异缩小,降低供应商的库存,减少供应链中资源的浪费,推动供应链管理水平的提高。

5.客户关系及服务

提升供应链管理绩效,还应注重做好客户关系及服务。对客户要进行跟踪访问,使客户不仅接纳企业,付钱给该企业,甚至还会热切地向别人推荐该企业。

6.供应链企业间的网络硬件建设

企业内部与企业之间的物料供应与需求管理应基于供应链管理的设计与制造管理,企业间资金流管理应基于 Internet/Intranet 的硬件建设。

第二节　供应链绩效评价概述

供应链管理的重要内容之一就是去协调供应链中的各个组成部分,通过强有力的措施和关键信息的控制去协调和运作企业的经营活动。为了使供应链健康发展,科学、全面地分析和评价供应链的运营绩效,就成为一个非常重要的问题。

一、供应链绩效评价的概念

(一)供应链中的绩效概念

尽管对供应链和供应链管理的理论研究与实践取得了很多成果,并且几乎所有研究供应链和供应链管理的文献都会涉及绩效(performance)这个概念,但截至目前对绩效还没有一个明确的、系统的、公认的定义。杨杰等[1]在对绩效这个概念从词源上进行详细剖析后指出,在对组织和个人的"绩效"加以界定时,应综合考虑时间、方式和结果三因素。

---

① 杨杰,方俐洛,凌文铨.关于绩效评价若干基本问题的思考[J].自然辩证法通讯,2002,23(2):40-51.

换句话说,绩效可以简单定义为"某个个体或组织在某个时间范围以某种方式实现的某种结果"。这三个方面构成了一个三维的立体空间(见图 8-3)。而从三维空间的角度来看待绩效的最大好处在于,不仅可使组织和个人在不同历史时期的绩效水平以点、线、图的方式直观地呈现出来,便于个体和组织水平的比较,而且可简洁、形象地表示出时间、方式和结果三者之间的关系。

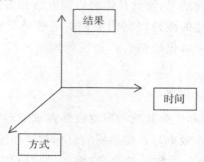

图 8-3　绩效内涵三维剖析图

将对绩效的这种解释应用于供应链中,可以得知:所谓供应链中的绩效是指在一定时期内,供应链中各成员通过信息协调和共享,在供应链基础设施、人力资源和技术开发等内外资源的支持下,在物流管理、生产操作、市场营销、客户服务、信息开发等活动中增加和创造的价值。

(二)供应链绩效评价的概念

供应链管理的一个重要组成部分就是选择绩效评价指标,用以确定现有系统的效率和有效性,或者与其他备选方案进行比较。当确定了绩效评价指标之后,还需要根据不同的评价目的选择适当的评价方法。而要有效地激励供应链各成员努力合作,提高供应链绩效,就必须有科学合理的激励机制。因而,为了更好地界定供应链绩效评价的概念,应从供应链协调的目的着手。供应链协调的目的是通过各种方法使供应链中各节点企业减少冲突竞争及内耗,更好地分工合作,发挥供应链的优势以获取最大利益。供应链的利益可以用其收益来反映。而供应链收益就是由供应链所有成员所分享的全部利润。供应链的收益越高,供应链就越成功[1]。对供应链的物流、资金流和信息流进行恰当地协调是供应链管理成功的关键。成功的供应链协调需要针对物流、资金流和信息流做出战略、规划和运作诸方面的决策。因此,有关供应链绩效评价也应围绕供应链的战略、规划和运作诸方面的有效性(达到目标的程度)和效率(生产单位产品或提供某项服务所使用的资源数量)来进行。

供应链绩效评价是指运用一定的数学方法,采用特定的评价指标体系,对照既定的评价标准,按照一定的程序,通过定量、定性分析,对一定时期内供应链的战略、规划和运作诸方面的有效性和效率所进行的客观评价。从内容来看,应包括三个层次,即战略、规

---

①Chopra S,Meindl P. Supply chain management: strategy, planning, and operations[M]. Upper Saddle River, New Jersey, Prentice-Hall, Inc. , 2001:66.

划和运作;从时间来看,不仅考核当前协调状况,也关注长期发展能力;从目标来看,应围绕有效性和效率要求来进行。

二、供应链绩效评价指标的特点

(一)现行企业绩效评价指标的特点

供应链管理是通过前馈的信息流和反馈的物流及信息流将供应商、制造商、分销商直到最终客户联系起来的一个整体模式的管理,它与现行的企业管理模式有着较大区别,因此,现行的企业绩效评价指标不适用于供应链的绩效评价。具体分析如下:

(1)现行企业绩效评价指标的数据来源于财务结果,在时间上比较迟缓,不能反映供应链动态运营情况。

(2)现行企业绩效评价指标主要评价企业职能部门工作完成情况,不能对企业业务流程进行评价,不能科学地、客观地评价供应链的运营情况。

(3)现行企业绩效评价指标不能对供应链的业务流程进行实时评价和分析,而是侧重于事后分析,因此,当发现偏差时,偏差已成为事实,其危害和损失已经造成,并且往往很难补救。随着理论的不断发展和供应链实践的不断深入,客观上要求建立与之相适应的供应链绩效评价方法,并确定相应的绩效评价指标,以科学客观地反映供应链的运营情况,供应链绩效评价指标有其自身的特点,其内容比现行的企业评价指标更为广泛,它不仅仅代替会计数据,同时还提出一些方法来测定供应链是否有能力及时满足客户或市场的需求。

(二)供应链绩效评价指标的特点

根据供应链管理运行机制的基本特征和目标,供应链绩效评价指标主要是反映供应链整体运营状况以及上下节点企业之间的运营关系,而不是孤立地评价某一供应商的运营情况,不仅要评价该节点企业(或供应商)的运营绩效,而且还要考虑该节点企业(或供应商)的运营绩效对其上层节点企业或整个供应链的影响。

现行的企业绩效评价指标主要是基于功能的绩效评价指标,不适用于对供应链运营绩效的评价。而供应链绩效评价指标是基于业务流程的绩效评价指标。基于职能的绩效评价指标和基于供应链业务流程的绩效评价指标的示意图如图8-4和图8-5所示。通过示意图,可以看出它们之间的差异。

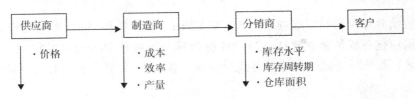

图8-4 基于职能的绩效评价指标示意图

图 8-5　基于供应链业务流程的绩效评价指标示意图

综上所述,供应链管理下的绩效评价具有了新的特征。

(1)较之传统的绩效评价,供应链评价指标更为集成化。这种方法使得评价公司更好地从整个供应链的角度分析问题,而不单独从一个公司自身分析,从而反映整个供应链的优化,同时包含非集成指标用于诊断单一企业内部与供应链有关的绩效问题。

(2)供应链绩效注重组织的未来发展性,加强绩效管理的前馈性。

(3)绩效评价在除去了对企业内部运作的基本评价之外,更多地把注意力放在外部链的测控上,以保证内外在绩效上达到一致。

(4)注重非财务指标和财务指标,关注供应链的长期发展和短期利润的有效组合,实现两个之间的有效传递。

(5)供应链绩效评价系统注重指标之间的平衡。

三、供应链绩效评价指标体系的设计原则

设计任何评价指标体系都应遵循一些基本原则。施耐尔(Schneier)等在论述"如何构建成功的绩效评价指标体系"时指出,重要的是把握工作的本质。绩效评价的目标并不是要将所有的方面加以量化才算客观,而是要避免评价时的主观臆断、怀疑与测量的偏差。

鉴于此,我们结合供应链绩效评价的概念,提出以下几条供应链绩效评价指标体系的设计原则。

1. 目的性原则

设计供应链绩效评价指标体系的目的在于为衡量现有供应链战略、规划和运作诸方面协调的绩效提供依据,找出供应链的瓶颈所在,指出改进供应链协调的方向,不断提高供应链绩效,最终促使供应链健康发展。在设计过程中,必须做到有的放矢,紧密围绕实现这些目的来进行。

2. 科学性原则

供应链绩效评价指标应准确地反映实际情况;要精练简明,指标之间的相关性要小;要有利于供应链各成员企业通过自身的评价指标与国内外竞争对手的比较,挖掘潜力。供应链绩效评价指标应成为供应链各成员企业自我诊断、自我完善的有力工具。

3. 系统性原则

指标体系应能够完整地、多角度地反映供应链的绩效状况。供应链绩效评价指标必须充分考虑供应链的现实绩效和潜在绩效,同时还要考虑外部的经济环境。指标体系中

不仅要包括反映供应链绩效的直接指标,还要包括反映供应链绩效的其他间接指标。此外,鉴于供应链绩效评价的对象是一个多层次、多维结构的系统,关系复杂,因而在评价过程中,对任何一个问题的分析都要考虑整体,遵循系统性原则。

4. 经济性原则

供应链绩效评价指标体系的设计应考虑能以最少的投入创造最大的产出。经济性在评价指标体系中应处于重要的位置,要求指标体系的设计要尽量简化,突出重点,从而使指标体系在实践中易于操作、切实可行。

5. 定量与定性相结合的原则

供应链绩效是一个比较抽象的概念,评价对象复杂,有些问题难以量化,有些问题如果不进行量化又难以说明问题。因此,在评价供应链绩效时应综合考虑定量指标和定性指标,遵循定量分析和定性分析相结合的原则,尽量以定量分析为主。对定性指标要明确其含义,并按照某种标准赋值,使其能够恰如其分地反映指标的性质。

6. 通用性与发展性相结合的原则

所建立的评价指标体系必须具有广泛的适应性,即设立的指标能反映不同类别、不同行业的供应链的共性和特性,以便于推广应用。此外,建立的评价指标体系还必须具有发展性,即可根据具体供应链的特征和环境的变化做出适当的调整,以便灵活应用。

第三节　供应链绩效评价指标体系

供应链管理建立的是一种跨企业的协作,覆盖了从原材料到最终产品的全部过程,居于统一供应链的厂商之间的协议对各方都有好处,日益激烈的竞争迫使制造者和供应者集中精力开发高效率的物流资源,消除整个供应链中不必要的动作和消耗。同时,高效评估能力的开发和应用与卓越的绩效紧密相关。开展供应链管理绩效评价的目的是让供应链各节点的企业都知道自己在整个供应链中所处的位置和对整个供应链效益的影响,从而促进提高整个供应链的运行效率。因此,必须对供应链的运行状况进行必要的度量,并根据度量结果对供应链运行绩效进行评价。在供应链绩效评价系统中,评价指标处于中心位置,简单的指标组合并不能反映供应链的绩效水平,必须采用合理的体系框架。

一、供应链绩效评价的目的

结合 SCOR(1998)提出的供应链管理的战略目的,实施供应链运作主要有以下几个目标。

1. 时间压缩

降低订货到发运的循环期,当生产和物流的流程能够在较少的时间内完成时,供应链中所有的实体都能够更为高效地运转,从而最终降低供应链中的库存。通过降低订单交付时间周期,现金周转率也会得到相应的提高。时间压缩意味着供应链中的信息和产品能够十分迅速、流畅地传递。

2. 提高柔性

柔性响应意味着供应链系统中各个企业能够迅速根据客户对独特需求进行客户化的操作,也意味着客户的需求能够在合理的成本效率下得到快速满足,以及具有较高的处理客户临时性需求的正常运作能力。

3. 减少浪费

供应链企业试图通过尽量降低功能重叠,协调运作系统以及提高质量来寻找减少整个供应链浪费的途径。供应链内部存在着大量的库存节点,导致整个系统积压大量的资源,影响了供应链的竞争力。若供应链企业之间能够达到运作上的统一和一致,协调系统中所传递的信息就可以做到及时、高质量的互动,从而降低不必要的活动,以此达到减少浪费的目的。此外,保持资产、产品、运作体系的质量是整个供应链降低浪费的基础。

4. 提高利润

供应链企业高效、准时地满足客户需求的最终目的就是获取供应链企业的利润。最常用的指标就是降低成本以提高边际收益。现金流将会因供应链企业的集成运作和减少浪费得以改善,而柔性的时间绩效的提高则为供应链赢得和留住原有客户群、保证供应链长期赢利提供了可能。

从本质上而言,供应链压缩提前期,减少浪费都是从资源观的角度降低或减少了供应链的资源浪费,提高资源的利用率,为提高供应链的利润创造了空间;而增加供应链的柔性,降低了机会成本损失,减少了供应链因为内部流程的效率降低所造成的客户订单流失,从而增加了供应链的赢利机会。所以说,供应链的价值成为评价的核心,绩效评价体系最终反映供应链的价值。与价值相关的指标反映在下面三个方面:①当前赢利性(货币指标);②增值能力的持续性(价值维持指标);③增值能力的增长潜力(价值驱动因素)。由以上并结合绩效变革的影响,供应链绩效评价主要基于以下三个目的:①考察供应链的当前赢利性;②分析供应链赢利的持续性;③培养供应链赢利的增长潜力。

二、影响供应链绩效的因素

供应链运作的环境是处于不断变化中的,供应链内部不断地改进和提高就是为了应对外部环境对供应链管理的消极作用,提高整体适应能力,增强竞争力。图 8-6 所示是一个对供应链运行绩效产生作用的外部驱动与内部驱动影响的分析框架。这个框架反映了环境因素和供应链运作本身因素的影响,指出需要通过优化成本、提高服务水平,加快对市场需求和机遇的响应速度及提高技术创新能力以支持供应链所拥有的竞争优势。图 8-6 中外层的两个同心圆表示影响供应链绩效的驱动首先来自供应链外部,其次来自供应链内部。供应链战略的产出是这些驱动力综合作用的结果。

(一)影响供应链绩效的外部驱动力

1.行业特征

就不同的范围而言,供应链管理所涉及的行业特征使得供应链管理在绩效的考虑角度差异很大。例如,目前供应链的实践和理论研究多集中于制造行业和仓储、零售行业。在制造业企业,其供应链管理的重点侧重于采购过程及物料管理,并将其作为一个基本战略,其管理的逻辑是传统内部行为扩展至企业外部,达到和战略合作伙伴共同发展的目的。而在仓储零售业,其供应链管理则偏重于运输和物流管理,它将过去狭隘的企业物流部门扩展为从供应商到客户的物流价值链,有效的商品分销和物流组织是其业务流程的主要组成部分。这两种行业的供应链管理内容和方法均有所不同,由此而言,其绩效的侧重点也有所不同。

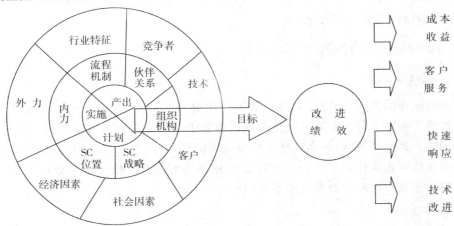

图 8-6 供应链产出驱动力分析

2.竞争者

供应链的核心竞争力为供应链在竞争过程中保持独有的竞争优势。竞争者的技术优势、产品以及流程的革新、人力资源的整合都成为影响供应链绩效的长期驱动力。一般很难用模拟或数学分析的方法准确掌握竞争者的优势所在,但是作为供应链的运作驱动力,一般情况下都从客户角度分析开始,利用标杆法,对供应链中的非增值活动进行分析,找出竞争者在可能的领域对供应链的潜在威胁和机遇,从而提出自己改进的目标和方向。

3.技术

技术的作用主要是在产品、服务以及信息流上对供应链的绩效的影响。不断涌现的先进技术对产品设计快捷的影响不必再说,先进的管理技术不断推进也使得供应链管理不断适应环境变化而得以提高管理绩效,供应链伙伴之间的信息集成也将信息的滞后和扭曲问题降低到最小。此外,各项技术不断推进也使得以往实践中难以实施的绩效测评变得容易和可行。

4.客户

客户作为供应链市场导向和利润来源，是供应链绩效评价的主要驱动因素。客户不断变化的个性化要求、不断降价的要求和消费的偏好，都增加了供应链在运作成本和生产周期上的压力，同时产品的质量、计划的柔性不能有丝毫的下降，当今的客户对产品为自身带来的价值增值或成本节约愈发注重，使得供应链要在其中的每一个环节提高管理水平和追求更好的运作绩效，否则将会失去供应链的竞争优势。

5.经济以及社会环境

它包括世界范围内的普遍经济前景和政治环境。经济压力通常会迫使供应链降低成本以面对世界范围的竞争，而良好的供应链管理可以帮助降低成本。社会环境的变化对于形成与供应商的伙伴关系也会产生重要的影响。另外，全球性供应链在不同国家和地区的工业结构、经济发展阶段、客户要求等变量的作用下，其构成和运作管理都会出现不同的绩效目标，不能一概而论。

(二)影响供应链绩效的内部驱动力

1.流程机制

供应链运作的流程因其产品、服务和客户的分布性特点，在业务流程的设计上也有不同的策略。一般可分为分散采购集中制造和集中采购分散制造两种类型。但是，具体应该采用哪一种策略，则由该供应链系统所提供的产品、服务及客户的特点而定。此外，不同的市场层面也会使业务流程在设置上有相当大的差异。供应链绩效评价所关注的问题也是由于流程的不同而产生的差异问题。

2.合作伙伴

过去，由于供应链内部各个企业缺乏战略性合作意识，它们之间的关系往往被认为是敌对的，或者是互不相干的。任何特定的供应链关系都被视为临时的而不是永久的关系，注重短期的个体利益而忽视了长远的战略利益和整体利益。降低价格往往成为合作的唯一筹码。传统的交易对象之间的关系视为零和博弈，所谓零和博弈，是指一方收益的与另一方损失的相当，都希望自己的收益建立在别人损失的基础上。显然，这种合作是不可能长远的。供应链管理就是要将这种零和博弈转变为所有参与者都赢的双赢战略，从而使整个供应链获得更大的利益，并且处于供应链上的所有企业都能够获得自己应得的那部分利益。

3.组织结构

供应链在组织结构上有四种类型，首先将供应链流程分为采购/供应(sourcing)、制造(make)、交付(delivery)三个大的环节，然后按照产品的模块化水平和流程的延迟原则(postponement)分为如图8-7所示的四种类型。

从图8-7中可以看出，刚性型结构是典型的纵向集成的供应链，目标是以满足库存为目标的大量生产，追求的是大批量生产的规模经济；而另一个极端就是柔性型结构，通过大量的外包、外协运作制造差别化组件，同时将产品装配完工，满足不同客户的需求；而模块型结构则有大量生产的组件/部件的供应商,最终分销少量完工产品,这是最典型的供应链结构;而延迟型结构的供应链则以大规模定制的思想满足客户个性化需求,追求的范围经济(scale economy)。不难看出,这四种不同的供应链结构在产品制造和业务流程上的差异,直接决定着供应链绩效目标的要求。

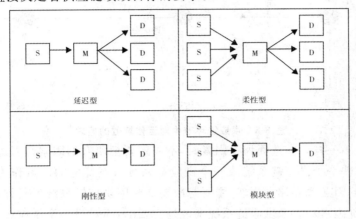

图 8-7　供应链组织结构分类模型

4.供应链战略

供应链绩效是战略执行的结果,绩效评价要求与战略目标相一致,以反映出供应链战略的执行效果。供应链战略因为供应链发展集成的层次阶段以及供应链经营方式不同又对绩效提出了不同的要求。斯蒂温斯(Stevens,1989)将供应链集成归结为四个阶段:基础建设阶段、功能形成阶段、内部集成阶段、外部集成阶段。供应链战略从单一组织向多组织协调集成,从市场反应型发展为市场导向型进行运作。供应链绩效也从内部单一评测扩展为多方共同决定。供应链运作方式的不同将导致战略管理重心的不同,以计算机制造业为例,IBM 注重整个设计、制造、分销和市场的全过程;Dell 则在市场和装配、服务上下大力气;Compaq 注重于装配和市场。不同的选择和它们在外部的供应链战略是相关的。不难看出,这四种不同的供应链结构在产品制造和业务流程上的差异,直接决定着供应链绩效目标的要求。

5.企业在供应链中的上、下游的位置

企业在整个供应链运作中所处的不同层次,对各种绩效的评价要求也是不一样的。例如,在供应链伙伴中,供应商注重交货质量和交货的可靠性,地区分销商注重所提供的产品种类和价格,当地分销商注重产品送货速度和服务水平等。如图 8-8 给出了处于不同位置的企业对于绩效评价的不同追求。

三、供应链绩效评价指标体系

(一)评价维度

供应链系统运行评价的因素很多,且对不同的供应链系统运行评价对象,评价因素

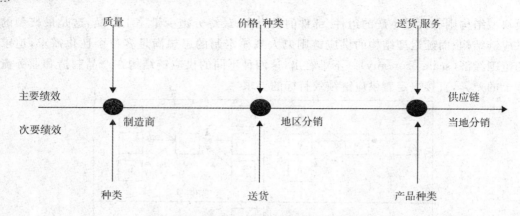

图 8-8　供应链环节中对运作绩效的要求

的多少、种类也不一样。在选择评价因素时,不一定要把所有的因素都考虑进去,而应该把主要的、能反映一个供应链系统或一个供应链系统方案优劣的因素作为评价因素,把那些无关紧要的因素舍弃掉。当然,主要与次要之分因供应链系统运行评价对象的不同而异。某一评价因素对一个供应链系统来说是主要的,而对另一个供应链系统来说可能就是次要的。总之,需要根据评价对象来确定具体的评价因素。在对供应链系统运营状况进行评价时,要考虑供应链整体运营状况、节点企业之间的运营关系、客户导向以及环境保护情况等评价因素。

(二)供应链系统运行评价指标设置要求

评价指标是指为了达到系统的目的,从系统众多的输出特性中选出的一整套衡量指标,实际上是对现实复杂系统的一种简化。在决策理论中,它可以作为目标函数;在控制理论中,可以根据评价指标建立控制系统输出水平的标准值。

评价指标具有评价标准和控制标准的双重功能。在设置评价指标时,必须做到以下几点。[①]

(1)可测性。

任何指标都应该是相对稳定的,可以通过一定的途径、一定的方法观察得到。供应链系统是极其错综复杂的,并不是所有的现象都可以调查测量,任何易变、振荡、发散及无法把握的指标都不能列入指标体系。

(2)可比性。

每一项指标都应该是确定的、可以比较的,即指标可以在不同方案里、不同范围内、不同时间点(或等长的时间间隔)上进行比较。

(3)定量性。

每一项指标都应定量,客观现象十分复杂多变,只有加以定量才能有所把握,才能分析评价。定量性也是为了适应建立模型进行数学处理的需要。对于缺乏数据的指标,可

---

① Mabert V A, Venkataramanan M A. Special Research Focus on Supply Chain Linkages: Challenges for Design and Management in the 21st Century[J]. Decision Sciences,1998,29(3):537-550.

以舍弃不用，改用其他相关指标，也可以利用专家意见，进行软数据的硬化。

(三)供应链绩效评价体系

由于供应链管理的复杂性，因而很难用单一的指标来进行评价，必须进行多角度、多透视点的评价，建立分层次的指标体系。根据具体问题、评价内容和目的的不同，所建立的指标体系也有所不同。评价内容是评价指标体系设计的基础，评价指标体系必须按照能够反映评价内容的要求来设计。下面，我们在借鉴供应链绩效评价研究成果的基础上，围绕供应链绩效评价的目标，按照供应链绩效评价指标体系的设计原则，先从战略、规划和运作3个层次分析供应链决策阶段涉及的内容入手，明确相关的绩效评价指标，然后总括出供应链综合协调绩效评价指标体系。

1.供应链战略绩效评价指标

在供应链战略阶段，企业要对如何构建供应链，即供应链的结构和供应链的环节构成做出决策。决策的具体内容涉及生产定位与生产能力、仓储设施、在各场所制造或储存的产品、可采用的运输方式以及使用的信息系统的类型等。所有这些方面都必须协调一致，必须确保供应链的结构支持其战略目标。

因此，供应链战略绩效评价应包括以下5大类指标。

(1)及时性。

即对有关订单活动的组织能力，可以从时间方面来反映，具体指标为订单循环周期。[1] 订单循环周期是指从订单进入供应链开始到商品交付给顾客的时间。订单循环周期越短，说明整个供应链对有关订单活动的组织能力越强，供应链各部门、单位有关订单处理的工作越协调。

(2)效率性。

即资产利用效率，可以从现金流动性和收益性方面来反映。具体指标有供应链现金周转时间和投资收益率。其中，供应链现金周转时间是指从现金转换为资产，再由资产转换为现金的平均天数；投资收益率是指整个供应链利润与其投资额的百分比。

(3)满意性。

即客户满意度。由于客户来自全球的各个角落，没有满意的客户，执行供应链战略的全部活动都会是昂贵的和徒劳的[2]。因此，要有效地评价供应链绩效，必须把评价标准同客户满意结合起来[3]。客户满意度是指客户对供应链提供的产品、服务的认可程度，反映供应链的竞争力。具体指标有柔性和响应速度等。其中，柔性是指满足个别客户需求的能力，响应速度反映对客户服务需求的平均响应时间。

(4)合作性。

---

①Gunasekaran A, Patel C, Tirtiroglu E. Performance measures and metrics in supply chain environment[J]. International Journal of Operations & Production Management, 2001, 21(1/2): 71-87.

②霍佳震. 企业评价创新——集成化供应链绩效及其评价[M]. 石家庄：河北人民出版社, 2001：98-100.

③Lee H L. Managing Supply Chain Inventory：Pitfalls and Opportunity[J]. Sloan Management Review/Spring, 1992：65-73.

供应链是由若干具有合作伙伴关系的节点企业组成。最能反映相邻节点企业合作伙伴关系的评价指标为满意度[①]，即在一定时间内上层企业对其下层企业的综合满意程度。具体指标有准时交货率、成本利润率和产品合格率。其中，准时交货率是指下层企业在一定时间内准时交货的次数占总交货次数的比例；成本利润率是指下层企业单位产品净利润占单位产品总成本的比例；产品合格率是指下层企业质量合格的产品数量占产品总产量的比例。它们与满意度的关系为：满意度＝α×准时交货率＋β×成本利润率＋λ×产品合格率，其中的 α、β 和 λ 为权数，且 α＋β＋λ＝1。

（5）环保性。

环保是供应链发展的必然选择，也是供应链的战略目标之一。评价供应链环境协调绩效的指标主要有有害物质生成量、污染控制程度和废物再生利用率。其中，有害物质生成量是指供应链产生的"三废"（废水、废气和废渣）等有害物质的数量，反映供应链引入绿色科技的程度；污染控制程度是指供应链排放的有害物质达到规定要求的程度；废物再生利用率是指供应链利用有害废物生产有价值物品的比例。

2. 供应链规划绩效评价指标

作为供应链规划阶段的结果，企业要明确制定出一套支配供应链短期运作的操作策略。战略阶段所确定的供应链结构决定了供应链规划阶段所要完成的工作。在规划阶段，首先要对来年不同市场的需求进行预测，然后确定市场货源、库存水平，签订制造转包合同，确定货物补充和库存政策、缺货应急策略，以及市场营销的时机和范围等。因此，供应链规划绩效评价应包括以下 4 大类指标。

（1）预测精度。

预测是规划的第一步，必须保证预测结果尽量准确。每种需求都有随机成分，一种好的预测方法应该捕获到需求的系统成分，但不能捕获随机成分。为此，设置跟踪信号（tracking signal，TS）来反映需求预测方法的符合实际性。如果任意一期的 TS 超出了±6 的范围，则该信号表明预测发生了偏差，且预测过低（跟踪信号在－6 之下）或者过高（跟踪信号在＋6 之上）。在这种情况下，可以考虑选择一种新的预测方法。

（2）产品开发。

为满足需求，要及时进行产品开发。为此，设置产品开发周期[②]指标来评价该项活动的绩效。它是指从发现市场机遇到研究开发成功产品所需要的时间。

（3）供应。

鉴于合作伙伴关系对供应链运作的重要性，仅仅评价购买商和供应商效率和效益绩效是不够的，还要评价和改进他们之间存在的合作伙伴关系的程度。供应商与购买商应保持双赢关系，强调共同分享信息和协调彼此的行为。为此，设置改进质量的共同合作程度指标来评价供应方面的绩效。这里的质量既包括产品质量又包括工作质量。

---

①马士华，林勇，陈志祥. 供应链管理[M]. 北京：机械工业出版社，2000：77-78.

②Gunasekaran A, Patel C, Tirtiroglu E. Performance measures and metrics in a supply chain environment[J]. International Journal of Operations & Production Management，2001，21(1/2)：71-87.

(4)配送。

配送商主要完成货物从供应地到需求地的移动任务,要求做到及时、准确、安全、经济。为此,设置紧急配送响应程度、配送可靠性以及配送安排的有效性等指标。其中,紧急配送响应程度可以用实现紧急配送次数与要求紧急配送次数的比例来反映;配送可靠性可以用按规定要求实现的配送次数与计划配送次数的比例来反映;配送安排的有效性可以用在实现要求的配送条件下所发生的最小费用来反映。

3.供应链运作绩效评价指标

供应链运作的目标是以最可能的方式实现供应链的操作策略。即在供应链结构和操作策略的限定内,努力降低不确定性和实现绩效最优化。在供应链运作阶段,企业要把订单分派给仓库或生产部门,确定完成时间,开出货物清单,指定运送方式,拟定货物运输时间表,发出货物补充通知,获得销售收入等。因此,供应链运作绩效的评价应包括以下 3 大类指标。

(1)成本。

完成特定运作目标所发生的实际成本是体现该项活动绩效的最直接的指标。具有代表性的指标有:制造成本、通信成本、运输成本和总库存费用。其中,制造成本是指供应链产品的制造成本,包括供应链为制造产品所消耗的直接材料、直接人工以及制造费用;通信成本是指供应链成员企业间的通信费用和供应链信息系统开发与维护费用等;运输成本是指供应链成员企业之间的运输总费用;总库存费用是指供应链成员企业在制品、产成品库存费用和节点企业之间在途库存费用。

(2)效益。

效益是指实现特定运作目标所带来的成果。具有代表性的指标为利润和经济增值。其中,利润为一定时期内供应链的总利润,经济增值为一定时期内供应链的总税后利润扣除资本成本后的余额。

(3)能力利用。

它是指为实现特定运作目标对有关制造、运输、仓储等设施和人力、库存等资源的利用效率。具有代表性的指标有生产率、固定资产效用比率、库存周转率等。其中,生产率反映资源转化为产出的效率,通常采用产出与投入资源的比例来表示;固定资产效用比率反映各种固定设施的利用效率,可以用取得的销售收入与固定资产的比例来表示;库存周转率反映物资的周转能力,可以用耗用量与库存量的比例来表示。

4.供应链综合绩效评价指标体系

上述围绕供应链管理的三个方面——战略、规划和运作分析了供应链绩效评价的指标构成。这些指标从不同的层次和角度反映了供应链的有效性和效率,把上述三个方面的供应链绩效评价指标进行整合,可以建立起供应链综合绩效评价指标体系,如表 8-1 所示。在表 8-1 中,指标分成战略、规划和运作三个管理层次,这样就有助于不同的管理层各负其责,并做出适当的决策,协调行动。同时,指标也分成财务类和非财务类两种,以便基于活动分析的成本计算方法的应用。

表 8-1　供应链综合绩效评价指标体系

目标层	准则层	指标层		指标性质	
				财务类	非财务类
供应链综合绩效	战略绩效	及时性	订单循环周期		✓
		效率性	现金周转时间	✓	
			投资收益率	✓	
		满意性	柔性		✓
			响应速度		✓
		合作性	满意度 准时交货率		✓
			成本利润率	✓	
			产品合格率		✓
		环保性	有害物质生成量		✓
			污染控制程度		✓
			废物再生利用率		✓
	规划绩效	预测精度	跟踪信号		✓
		产品开发	产品开发周期		✓
		供应	改进质量的共同合作程度		✓
		配送	紧急配送响应程度		✓
			配送可靠性		✓
			配送安排的有效性		✓
	运作绩效	成本	制造成本	✓	
			通信成本	✓	
			运输成本	✓	
			总库存费用	✓	
		效益	利润	✓	
			经济增值	✓	
		能力利用	生产率		✓
			固定资产效用比率		✓
			库存周转率	✓	

四、供应链绩效评价指标的量化分析

量化分析是供应链绩效评价过程中的一个重要阶段。由于供应链综合绩效评价系统是一个复杂的评价系统,如果其指标无法量化,将最终使其失去有效性和存在的价值,也无法达到评价目的。因而,有必要对涉及的各种评价指标进行量化分析。

(一)供应链战略绩效评价指标的量化分析

1. 及时性

及时性可用订单循环周期(又称为订单提前期)来描述,是指从接受客户订单到递送商品所经历的时间。它包括订单进入时间(经过预测/客户直接订货)t_{oe},订单计划时间(设计、沟通和进度安排时间)t_{op},订单资源组织、装配和随后完成时间 t_{om},以及递送产成品时间 t_{pd}。这些时间数据都可以从相应的数据库中直接得到。设一定时期内完成订单数为 N,第 i 个订单经历的上述时间分别为 t_{oe}^i、t_{op}^i、t_{om}^i、t_{pd}^i,则订单循环周期 t_{oc} 的计算公式为

$$t_{oc} = \frac{1}{N} \sum_{i=1}^{N} (t_{oe}^i + t_{op}^i + t_{om}^i + t_{pd}^i) \tag{8.1}$$

2. 效率性

效率性可以由现金周转时间和投资收益率具体描述。

(1)现金周转时间。

可以用投资于资产的现金再转换为从顾客手中收回的现金所需要的平均天数来衡量。其中资产包括应收账款、建筑物、地产、设备和库存。这些数据可以从财务数据库中统计得到。设一定时期的期初、期末资产总额分别为 A_b 和 A_a,全部现金销售收入为 S_c(也可以从财务数据库中统计得到),计算期天数为 T,则现金周转时间 t_{cc} 的计算公式为

$$t_{cc} = \frac{(A_b + A_a)/2}{S_c} \times t \tag{8.2}$$

(2)投资收益率。

投资收益率又称投资报酬率(记作 ROI),是指计算期年平均利润($\overline{P}$)占投资总额(I)的百分比。其中投资总额包括建设资金和垫支流动资金以及资本化利息。这些数据可以从财务数据库中统计得到。投资收益率的计算公式为

$$ROI = \frac{\overline{P}}{I} \tag{8.3}$$

3. 满意性

满意性可以由柔性和响应速度具体描述。

(1)柔性指标包括产量柔性、交货柔性和产品柔性 3 个子指标。

①产量柔性反映供应链在赢利的条件下变动其产出水平的能力,用客户需求落入产出范围的概率来表示。假设客户需求是一个服从正态分布的随机变量,即 $d \sim N(\mu, \sigma^2)$;设 Q_{max} 和 Q_{min} 分别为计算期能够获利的最大和最小产量,d_t 为第 t 期内的客户需求,N 为期数(认为给定),则平均需求 $\overline{d}$ 和需求的方差 s_d^2 分别为:$\overline{d} = \sum_{t=1}^{N} d_t/N$ 和 $S_d^2 = \frac{N}{N-1}(d_t - \overline{d})^2$。由此,可以得出产量柔性 F_1 的计算公式为

$$F_1 = P\left(\frac{Q_{min} - \overline{d}}{S_d} \leqslant d \leqslant \frac{Q_{max} - \overline{d}}{S_d}\right) \tag{8.4}$$

即

$$F_1 = \varnothing\left(\frac{Q_{\max} - \overline{d}}{s_d}\right) - \varnothing\left(\frac{q_{min} - \overline{d}}{s_d}\right) \tag{8.5}$$

$Q_{\max}$ 和 $Q_{\min}d_t$ 的数据可以从客户需求数据库统计得到。

②交货柔性反映供应链变动计划交货期的能力,用交货期内的宽余时间占交货期的比例来表示。设 t_a 为接受订单的时间,L_j 为第 $j(j=1,2,\cdots,j)$ 项工作最迟应完成的时间,E_j 为第 j 项工作最早可完成的时间,则交货柔性 F_2 的计算公式为

$$F_2 = \frac{\sum\limits_{j=1}^{I}(L_j - E_j)}{\sum\limits_{j=1}^{I}(L_j - t_a)} \tag{8.6}$$

③产品柔性反映供应链引进和开发新产品的能力,可用一定时期内引进和开发新产品数量(种类)占产品总数量(种类)的百分比表示。其中,新产品是指供应链初次试制成功的产品,或是在结构性能、制造工艺、材质等某一方面或者某几个方面比老产品有显著改进的产品。设新品种类数为 Q_{np},供应链生产经营的各产品种类总数为 Q_{tp},则产品柔性 F_3 的计算公式为

$$F_3 = \frac{Q_{np}}{Q_{tp}} \times 100\% \tag{8.7}$$

(2)响应速度可以利用供应链对客户服务需求的平均响应时间来衡量。所谓响应时间是指从接到客户质询到解决质询所需要的时间,该参数可以从供应链的客户管理数据库中直接得到。设供应链每次对客户服务需求的响应时间为 t_r,则一定时期内(该时期内客户质询次数为 N)的平均响应时间 $\overline{t_r}$ 的计算公式为

$$\overline{t_r} = \frac{1}{N}\sum_{i=1}^{N} t_{ri} \tag{8.8}$$

4. 合作性

合作性可利用满意度指标来反映。满意度指标具体包括准时交货率、成本利润率和产品合格率 3 个子指标。

(1)准时交货率。

可以用一定时期内准时交货次数与总交货次数的百分比来表示。这里的准时交货是指按照购买商的要求在规定的时间内将购买商所购买的货物送达购买商手中。准时并不是一个时点,而是一个时期。准时交货率越高,说明其协作配套的生产能力越强。准时次数和总交货次数都可以从交货数据库中统计得到。设时期 T 内(有 n 期)准时交货次数为 F_{otd},总交货次数为 F_{td},则准时交货率 R_{otd} 的计算公式为

$$R_{otd} = \frac{F_{otd}}{F_{td}} \times 100\% \tag{8.9}$$

(2)成本利润率。

可以用一定时期内单位产品净利润与单位产品总成本的百分比来表示,反映供应商投入资源的赢利能力。产品成本利润率越高,说明供应商赢利能力越强,合作积极性必

然增强。单位产品净利润和单位产品总成本都可以从财务数据库中统计得到。设时期 T 内(有 n 期)单位产品净利润为 P_{pu},单位产品总成本为 C_{pu},则成本利润率 R_{cp} 的计算公式为

$$R_{cp} = \frac{P_{pu}}{C_{pu}} \times 100\% \tag{8.10}$$

(3)产品合格率。

可以用一定时期内质量合格的产品数量与提供的产品总数量的百分比来表示,反映供应商提供货物的质量水平。产品合格率越高,说明供应商的合作性也就越强。质量合格的产品数量和提供的产品总数量都可以从购买数据库中统计得到。设时期 T 内(有 n 期)某供应商提供某产品共 N 次,第 $j(1 \leqslant j \leqslant N)$ 次的提供量为 Q_{tp}^j,其中合格产品数量为 Q_{qp}^j,则该时期内该供应商提供产品的合格率 R_{qp} 的计算公式为

$$R_{qp} = \frac{\sum\limits_{j=1}^{N} Q_{qp}^j}{\sum\limits_{j=1}^{N} Q_{tp}^j} \times 100\% \tag{8.11}$$

5. 环保性

环保性可以用有害物质生成量、污染控制程度和废物再生利用率来描述。

(1)有害物质生成量。

可以用一定时期内供应链成员企业在生产经营过程中产生的"三废"等有害物质的数量来衡量,是供应链成员企业可能给社会和环境带来污染的最大量。供应链各成员企业产生的"三废"等有害物质的数量可以从其环境管理数据库中统计得到。假设目标供应链由 M 级构成,除最后一级有 N 个零售商外,其余各级均由一个成员组成。设第 $j(1 \leqslant j \leqslant N)$ 个零售商在时期 T 内产生的有害物质数量为 Q_{hmr}^j,第 $i(1 \leqslant i \leqslant M-1)$ 级成员产生的有害物质数量为 Q_{hme}^i,则供应链在时期 T 内的有害物质生成量 Q_{hmsc} 的计算公式为

$$Q_{hmsc} = \sum_{i=1}^{M-1} Q_{hme}^i + \sum_{j=1}^{N} Q_{hmr}^j \tag{8.12}$$

(2)污染控制程度。

可以用一定时期内产生的有害物质经处理后达到排放标准的数量占产生的有害物质生成量的百分比来衡量,反映对产生的有害物质处理的效率。假设时期 T 内供应链的有害物质生成量为 Q_{hmsc},而产生的有害物质经处理后达到排放标准的数量为 Q_{hmsc}^d,则供应链在时期 T 内的污染控制程度 R_{px} 的计算公式为

$$R_{px} = \frac{Q_{hmsc}^d}{Q_{hmsc}} \times 100\% \tag{8.13}$$

(3)废物再生利用率。

可以用有害物质所创造的利润额占有害物质生成量的百分比来衡量,反映供应链可持续发展能力。假设时期 T 内(有 n 期)供应链的有害物质生成量为 Q_{hmsc},利用有害物质创造的利润为 P_{hmc},则供应链在时期 T 内的废物再生利用率 R_{hmc} 的计算公式为

$$R_{hmc} = \frac{P_{hmc}}{Q_{hmsc}} \times 100\%$$ （8.14）

（二）供应链规划绩效评价指标的量化分析

1. 预测精度

预测精度的选用是否合理可以用跟踪信号来衡量。跟踪信号是指预测偏差与预测平均绝对偏差的比值。其中，预测偏差可以用一定时期内预测需求与实际需求的差异之和来衡量，而预测平均绝对偏差是指一定时期内所有各期绝对偏差的平均值。设时期 T 内（有 n 期）第 t 期的预测需求为 F_t，实际需求为 D_t，则预测偏差为 $B_n = \sum\limits_{t-1}^{n}(F_t - D_t)$，预测平均绝对偏差为 $MAD_n = \frac{1}{n}\sum\limits_{t=1}^{n}|F_t - D_t|$。于是，跟踪信号 TS_t 的计算公式为

$$TS_t = \frac{B_t}{MAD_t}$$ （8.15）

2. 产品开发

产品开发效率可以用产品开发周期来衡量。产品开发周期是指从出现市场机遇到 SC 生产出新产品，并取得销售收入的时间。具体包括从出现市场机遇到发现市场机遇的时间 t_1、从发现市场机遇到研究开发成功的时间 t_2、从研究开发成功到新产品上市的时间 t_3，以及从新产品上市到取得销售收入的时间 t_4。于是，产品开发周期 T_{pd} 的计算公式为

$$T_{pd} = \sum\limits_{i=1}^{4} t_i$$ （8.16）

3. 供应

供应商改进质量的共同合作程度可用供应商有效参与购买商（制造商）改进质量活动的次数占总参与次数的百分比来衡量。该指标越大，供应商与购买商（制造商）的合作程度越高，供应协调能力也就越强。指标计算所需要的数据可以从供应商管理数据库中统计得到。假设 m 个供应商为购买商（制造商）供货，时期 T 内（有 n 期）供应商 $j(1\leqslant j\leqslant m)$ 有效参与购买商（制造商）改进质量活动的次数为 F_{iq}^{j}，总参与次数为 F_{nq}^{j}，则改进质量的共同合作程度 R_{mc} 的计算公式为

$$R_{mc} = \frac{\sum\limits_{j=1}^{m} F_{iq}^{j}}{\sum\limits_{j=1}^{m} F_{nq}^{j}}$$ （8.17）

4. 配送

可用紧急配送响应程度、配送可靠性和配送安排的有效性 3 个指标具体描述配送协调绩效情况。

（1）紧急配送响应程度。

反映配送的应变能力，可用实现紧急配送次数与要求紧急配送次数的百分比来衡

量。设时期 T 内配送商实现的紧急配送次数为 F_{fud}，而要求的紧急配送次数为 F_{ud}，则在该时期内配送商紧急配送响应程度 R_{rud} 的计算公式为

$$R_{rud} = \frac{F_{fud}}{F_{ud}} \times 100\% \tag{8.18}$$

（2）配送可靠性。

反映有效配送的能力，可用按规定要求实现的配送次数与计划配送次数的百分比来衡量。设时期 T 内配送商按规定要求实现的配送次数为 F_{fqd}，而计划配送次数为 F_{pd}，则在该时期内配送商配送可靠性 R_{dd} 的计算公式为

$$R_{dd} = \frac{F_{fqd}}{F_{pd}} \tag{8.19}$$

（3）配送安排的有效性。

反映配送决策能力，在要求的配送条件下，可用实现配送安排所发生的最小成本来衡量。在具体应用中，可采用实现配送安排成本的变化率来描述该指标。设本期实现配送安排所发生的成本为 C_{ds}^{T-1}，上期实现配送安排所发生的成本为 C_{ds}^{T}，则成本变化率 R_{cc} 的计算公式为

$$R_{cc} = \frac{C_{ds}^{T} - C_{ds}^{T-1}}{C_{ds}^{T-1}} \times 100\% \tag{8.20}$$

（三）供应链运作绩效评价指标的量化分析

1. 成本

供应链运作成本反映供应链运作协调的效率，它包括制造成本、通信成本、运输成本和总库存费用 4 个子指标。

（1）制造成本。

可用供应链核心企业的产品单位制造成本来衡量。供应链核心企业的产品制造成本由制造该产品所消耗的直接材料、直接人工和制造费用组成，它是供应链管理水平的综合体现。所需的数据可以通过核心企业财务数据库直接得到。假设在时期 T 内（有 n 期）第 j（$1 \leqslant j \leqslant n$）期供应链核心企业为制造 Q_m^j 单位的某产品所消耗的直接材料为 Q_{rm}^j，直接人工为 Q_i^j，制造费用为 Q_m^j，则该时期供应链核心企业的产品单位制造成本 C_{up} 的计算公式为

$$C_{up} = \frac{\sum\limits_{j=1}^{n} (c_{rm}^j + c_i^j + c_m^j)}{\sum\limits_{j=1}^{n} Q_m^j} \tag{8.21}$$

（2）通信成本。

通信成本中，供应链成员企业间的通信费用和供应链信息系统维护费用可以视为变动通信成本，而供应链信息系统开发费用等可以视为固定通信成本。因此，为量化通信成本，可以分别量化变动通信成本、固定通信成本。

①变动通信成本可通过会计数据计算得到。假设目标供应链由 M 个成员组成，设第

$i(1 \leqslant i \leqslant M)$ 个成员企业在时期 T 内(有 n 期)发生的通信费用和供应链信息系统维护费用分别为 C_c^i 和 C_{sm}^j，则变动通信成本 C_{vc} 的计算公式为

$$C_{vc} = \sum_{i=1}^{M} (C_c^i + C_{sm}^j) \tag{8.22}$$

②固定通信成本可通过会计核算中的折旧统计出来。假设目标供应链由 M 个成员组成，设第 $i(1 \leqslant i \leqslant M)$ 个成员在时期 T 内发生的供应链信息系统折旧、摊销额为 C_{da}^i，则固定通信成本 C_{fc} 的计算公式为

$$C_{fc} = \sum_{i=1}^{M} C_{da}^i \tag{8.23}$$

因此，通信成本 C_{tc} 的计算公式为

$$C_{tc} = C_{vc} + C_{fc} = \sum_{i=1}^{M} (C_c^i + C_{sm}^j + C_d^m a) \tag{8.24}$$

（3）运输成本。

运输成本的一个重要特点是与运输距离成线性关系，而不与运量成线性关系。因此，只要知道运输距离和运输费率就可以计算出运输成本。假设目标供应链由 M 个成员组成，设第 $i(1 \leqslant i \leqslant M)$ 个成员企业在时期 T 内发生 n_i 次运输，第 $j(1 \leqslant j \leqslant n_i)$ 次运输的运输费率为 R_{tc}^j，运输距离为 D_t^j，则在时期 T 内该供应链发生的运输成本 C_{sct} 的计算公式为

$$C_{sct} = \sum_{i=1}^{M} \sum_{j=1}^{ni} R_{tc}^j D_t^j \tag{8.25}$$

（4）总库存费用。

主要取决于单位存储成本和库存量。假设目标供应链有 M 级，最后一级有 N 个零售商，除最后一级外，其他级均有一个成员。设第 $i(1 \leqslant i \leqslant M-1)$ 级成员期初和期末库存量(含在途部分)分别为 Q_{bl}^i 和 Q_d^i，单位存储成本为 C_{hl}^i；最后一级第 $j(1 \leqslant j \leqslant N)$ 个零售商的期初和期末库存量(含在途部分)分别为 Q_{br}^j 和 Q_{er}^j，单位存储成本为 C_{hr}^i，则总库存费用 C_{ti} 的计算公式为

$$C_{ti} = \sum_{i}^{M-1} = i C_{hl}^i \frac{Q_{bl}^i + Q_d^i}{2} + \sum_{j=1}^{N} C_{hr}^m \frac{Q_{br}^j + Q_{er}^j}{2} \tag{8.26}$$

2. 效益

效益可用利润和经济增值两个指标来反映。

（1）利润。

由于供应链中各个成员均为独立的经济实体，因而供应链的利润即为供应链各个成员的利润之和。假设目标供应链由 M 级构成，除最后一级有 N 个零售商外，其余各级均由一个成员组成。设第 $j(1 \leqslant j \leqslant N)$ 个零售商在时期 T 内的利润为 P_r^j；第 $i(1 \leqslant i \leqslant M-1)$ 级成员的利润为 P_e^i，则该供应链在时期 T 内的利润 P_{sc} 的计算公式为

$$P_{sc} = \sum_{i=1}^{M-1} P_e^i + \sum_{j=1}^{N} P_r^j \tag{8.27}$$

（2）经济增值。

假设与上述"（1）利润"中的假设相同，并设第 $j(1\leqslant j\leqslant N)$ 个零售商在时期 T 内的平均负债为 $\overline{D_r^j}$，负债利率为 r_r^j，所得税率为 TR_r^j；第 $i(1\leqslant i\leqslant M-1)$ 级成员的平均负债为 $\overline{D_e^i}$，负债利率为 r_e^i，所得税率为 TR_e^i，则该供应链在时期 T 内的经济增值 EVA_x 的计算公式为

$$EVA_x = \sum_{i=1}^{M-1}\left[P_e^3(1-TR_e^e)-\overline{D_e^t}\cdot r_e^t\right] + \sum_{j=1}^{N}\left[P_r^j(1-TR_r^j)-\overline{D_r^j}\cdot r_r^j\right] \quad (8.28)$$

3. 能力利用

能力利用可用生产率、固定资产效用比率和库存周转率 3 个指标来反映。

（1）生产率。

具体可以用员工平均创利能力和单位成本报酬率两个指标来衡量。

① 员工平均创利能力是指在一定时期内每个员工创造的平均利润。设时期 T 内供应链的总利润为 P_{tsc}，期初、期末员工数分别为 N_{be}、N_{ee}，则该时期内员工平均创利能力 P_{aec} 的计算公式为

$$P_{aec} = \frac{P_{tsc}}{(N_{be}+N_{ee})/2} \quad (8.29)$$

② 单位成本报酬率是指在一定时期内单位成本获取的利润，可以用净利润总额与总成本的比值来表示。设时期 T 内供应链的净利润总额为 P_{nse}，总成本中的物料取得成本、人力成本、信息成本和物流成本分别为 C_{MA}、C_H、C_l 和 C_L，则该时期内单位成本报酬率 R_{ruc} 的计算公式为

$$R_{ruc} = \frac{P_{nsc}}{C_{MA}+C_H+C_l+C_L} \quad (8.30)$$

（2）固定资产效用比率。

可用一定时期内的主营业务收入净额与固定资产平均占用额的比值来衡量。设时期 T 内供应链主营业务收入净额为 S_{pd}，期初、期末固定资产净值分别为 V_{bn}、V_{en}，则该时期固定资产效用比率 R_a 的计算公式为

$$R_a = \frac{S_{pd}}{(V_{bn}+V_{en})/2} \quad (8.31)$$

（3）库存周转率。

可用一定时期内的销货成本与存货平均余额的比值来衡量。设时期 T 内供应链销货成本为 C_{sp}，期初、期末存货余额分别为 B_{bi}、B_{ei}，则该时期库存周转率 R_i 的计算公式为

$$R_i = \frac{C_{sp}}{(B_{bi}+B_{ei})/2} \quad (8.32)$$

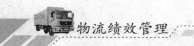

第四节　供应链绩效评价方法及应用

一、供应链绩效评价的一般方法

针对传统财务评价供应链管理中的问题和缺陷,出现了不同的评价供应链绩效的评价方法:ROF(resources,output,flexibility)、供应链运作参考模型法(supply chain operations reference,SCOR)、基于作业的成本法(activity based costing,ABC),等等。

(一)ROF

该方法由比蒙(Beamon)于 1999 年提出,为避免传统绩效评价的问题,他提出资源(resources)、产出(output)以及柔性(flexibility),可以反映出供应链的战略目标。资源评价和产出评价在供应链绩效评价中已经得到了广泛的应用;而柔性指标则应用比较有限。这 3 种指标都具有各自不同目标,资源评价(成本评价)是高效生产的关键;产出评价(客户响应)必须达到很高的水平以保持供应链的增值性;柔性评价则要达到在变化的环境中快速响应。它们之间是相互作用、彼此平衡的。

比蒙(Beamon)认为供应链评价系统必须从以下 3 个方面进行评价。

(1)资源评价包括对库存水平、人力资源、设备利用、能源使用和成本等方面。

(2)产出评价主要包括客户响应、质量以及最终产出产品的数量。

(3)柔性评价主要包括范围柔性和响应柔性 2 种。

(二)供应链运作参考模型法(SCOR)

SCOR 为了体现"从供应商的供应商到客户的客户"的供应链管理思想,覆盖了从订单到付款发票等的所有客户的交互环节;从供应商的供应商到客户的客户的所有物流传运、所有的市场交互、总体需求的了解到每个订单的施行。SCOR 集成了业务流程重组(BPR)、绩效基准(benchmarking)、最优业务分析(best practices analysis)的内涵,提出SCOR 的基础是 5 个严格的管理过程,即采购(purchasing)、计划(plan)、生产(make)、发运(deliver)和回流(return),并提供了涵盖整个供应链的绩效评价指标。

1. 物流绩效

物流系统也成为企业必不可少的竞争武器,国际市场竞争压力迫使物流配送的提前期越来越短。SCOR 从 3 个方面进行评价,即从接到订货到发运的提前期、订单完成率、订单的响应速度。

2. 柔性与响应性

这一方面主要就生产柔性、供应链提前期进行评价。生产柔性被定义为非计划产需提高 20%的生产时间;供应链循环期/提前期则定义为内部零库存生产或外包的平均时间＋生产完成到交货的平均提前期＋预测提前期。实现以上优化必须保证与供应商的有效联系和共同改进,以提高整体绩效。

3.物流成本

主要包括整体物流管理成本、订单管理成本。

4.资产管理

供应链的资产主要包括库存、厂房、资金和设备,可以通过库存占销售成本的比率和现金周转率以及净资产收益率来反映资产管理的效果。此时现金周转率是指从原材料的现金投入之后到客户端的现金收回的平均日期。

(三)作业成市法(ABC)

传统成本会计在计量基础上采用成本随着产品的加工而流动,产品制造费用等间接费用按照数量或加工工时在产品之间进行分配,作业成本会计提出成本动因和增值/非增值作业的概念,认为生产成本的计量应该建立与分解为成本动因的作业,从而突出了作业流程中的核心作业/资源。这就为更精确地评价供应链成本、作业分布奠定了基础。作业成本法并不是替代传统成本方法来进行测量绩效,而是从另一面为供应链绩效评价提供了信息来源。

安德森咨询公司1994年发表了第二届精益企业报告,这项工作是在对100家世界级企业进行调查的基础上,在供应链流程控制方面提出了4个角度的评价。

1.供应链质量

供应链质量包括物料进入生产流程的质量、内部的失误率、客户关于质量的抱怨。

2.供应链库存

供应链库存指占高数量部件的库存水平、装配领域的库存、完工产品的库存、库存更新率。

3.供应链的时间绩效

供应链的时间绩效是指订货的频率、装货前准备时间、产品运货至客户的提前期、交货频率等。

4.进货安排

进货安排是指确定订货订单到开始发运的时间间隔、主要供应商生产进度变动的绩效、对于主要客户生产变动的绩效。

二、层次分析法在供应链综合绩效评价中的应用

层次分析法是由萨蒂(Saaty)在20世纪80年代初创立的一种多目标、多准则评价分析方法。它综合定量与定性分析,将人的思维条理化、层次化,对各备选方案按优劣进行排序,具有实用性、系统性、简洁性的特点。鉴于此,我们采用层次分析法来评价供应链综合绩效。下面,具体说明层次分析法的应用。

第一步,构造供应链综合绩效评价层次结构模型。根据供应链综合绩效评价指标体

系,可以直接构造层次分析法下的供应链综合绩效评价层次结构模型,如图8-9所示。

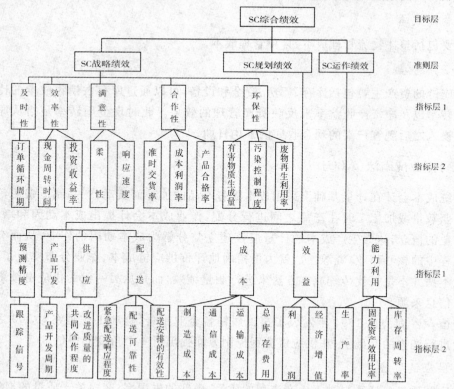

图8-9 供应链综合绩效评价层次结构

在图8-9中,最高层——目标层是供应链综合绩效,设为A。中间层——准则层,设为C,包括供应链战略绩效准则、供应链规划绩效准则和供应链运作绩效准则,分别设为C1、C2和C3。下面两层分别由指标层1和指标层2构成。设指标层1中的及时性、效率性、满意性、合作性和环保性指标分别为P11、P12、P13、P14和P15;指标层1中的预测、产品开发、供应和配送指标分别为P21、P22、P23和P24;指标层1中的成本、效益和能力利用指标分别为P31、P32和P33,它们分别由指标层2中的一个或几个具体指标描述。

为了对指标层2中的有关指标进行综合,需要对各评价指标数值进行规范化处理。如利用标准值或者最优值除一下[①],即

$$S_1 = S/S_0 \tag{8.33}$$

其中,S为原取值;S_0为标准值或者最优值(此处实际是指最大值)。如果最优值是最小值,可用

$$S_2 = S_0/S \tag{8.34}$$

在所有指标的数值都规范化以后,则可利用加权加法评分法计算出该指标的综合评分值S_i(即指数,在0~1之间),即

---

①顾培亮.系统分析与协调[M].天津:天津大学出版社,1998:162-194.

$$S_i = \sum_{j=1}^{n} W_j S_{ij} (i = 1, 2, 3, \cdots, m) \tag{8.35}$$

其中，$W_j(j = 1, 2, \cdots, n)$ 为规范化权数；S_{ij} 为第 i 个指标第 j 个属性的规范化数值。例如，效率性指标有两个评价属性：现金周转时间和投资收益率。由于现金周转时间指标值越小越好，故采用(8.33)式对其进行规范化处理；而投资收益率指标值越大越好，故采用(8.34)式对其进行规范化处理，计算出其规范化数值。然后，由评价者（专家）权衡两个评价属性在及时性指标中所占的重要性，并定量表示出来，即对其赋权。最后，使用(8.35)式计算出效率性指标的指数。

第二步，构造判断矩阵，共需 4 个判断矩阵：A—C 判断矩阵，C1—P1(P11，P12，P13，P14，P15)判断矩阵，C2—P2(P21，P22，P23，P24)判断矩阵和 C3—P3(P31，P32，P33)判断矩阵。其中，A—C 判断矩阵可理解为在供应链协调绩效的总目标前提下，准则 C1、C2、C3 之间相对重要性比较；而其余 3 个 C—P 判断矩阵可理解为在 C 准则的前提下，各类指标 P 之间相对重要性比较。

第三步，分层计算相对于目标的权重，构造层级判断矩阵，并赋予相应权重。

第四步，通过矩阵乘法，从低层向高层，从指标到准则，最后到最高目标，逐层对目标的实现程度进行评价。

第五步，进行层次排序以及判断矩阵的一致性检验，直到满意为止。

第六步，用所考虑的各类指标的相对优先排序或对供应链绩效评价的权重与相应的指数相乘，然后汇总相加，即可得到供应链绩效评价值。

第七步，根据上述评价结果和下列划分标准，可以对供应链绩效做出综合评价，并发现存在的问题，为有关决策提供可靠依据。若评价值在 0.9 以上，则供应链绩效很好；若评价值在 0.8～0.9，则供应链绩效良好；若评价值在 0.7～0.8，则供应链绩效中等；若评价值在 0.6～0.7，则供应链绩效一般；若评价值在 0.5～0.6，则供应链绩效较差；若评价值在 0.5 以下，则供应链绩效差。

三、平衡计分卡在供应链综合绩效评价中的应用

(一)平衡计分卡概述

前文就供应链绩效的内外驱动力进行了分析，从中可以了解到，供应链运作需要有很强的彼此相互支持的评价体系用以满足综合评价的需要。实践过程中，人们倾向于平衡运作各个方面的绩效指标，能够同时反映供应链整体战略的执行情况，以体现集成、跨流程指标和诊断性指标之间的相互作用，着重强调企业战略在绩效评价中所扮演的重要角色。所以，结合供应链绩效评价的特点，提出了供应链平衡计分卡（以下简称 BSC-SC)，试图从一个新的角度研究供应链的绩效评价问题。

平衡计分卡的核心思想反映在一系列指标间形成平衡，即短期目标和长期目标、财务指标和非财务指标、滞后型指标和领先型指标、内部绩效和外部绩效角度之间的平衡。管理的注意力从短期的目标实现转移到兼顾战略目标实现，从对结果的反馈思考转向到对问题原因的实时分析。

卡普兰(Kaplan)和诺顿(Norton)提出的平衡计分卡分为 4 个方面,代表了 3 个利害相关的群体:股东、客户、员工,确保企业组织从系统观的角度进行战略的实施。

1. 客户角度

企业为了获得长远的财务业绩,就必须创造出令客户满意的产品和服务。平衡计分卡给出了两套绩效评价方法,一是企业在客户服务所期望达到绩效而采用的评价指标,主要包括市场份额、客户保有率、客户获得率、客户满意等;二是针对第一套各项指标进行逐层细分,制定出评分表。

2. 流程角度

这是平衡计分卡突破传统绩效评价显著特征之一。传统绩效评价虽然加入了生产提前期、产品质量回报率等评价,但是往往停留在单一部门绩效上,仅靠改造这些指标,只能有助于组织生存,而不能形成组织独特的竞争优势。平衡计分卡从满足投资者和客户需要的角度出发,从价值链上针对内部的业务流程进行分析,提出了四种绩效属性:质量导向的评价、基于时间的评价、柔性导向评价和成本指标评价。

3. 改进角度

这个方面的观点为其他领域的绩效突破提供手段。平衡计分卡实施的目的和特点之一就是避免短期行为,强调未来投资的重要性,同时并不局限于传统的设备改造升级,更注重员工系统和业务流程的投资。注重分析满足需求的能力和现有能力的差距,将注意力集中在内部技能和能力上,这些差距将通过员工培训、技术改造、产品服务得以弥补。相关指标包括新产品开发循环期、新产品销售比率、流程改进效率等。

4. 财务角度

企业各个方面的改善只是实现目标的手段,而不是目标本身。企业所有的改善都应通向财务目标。平衡计分卡将财务方面作为所有目标评价的焦点。如果说每项评价方法是综合绩效评价制度这条纽带的一部分,那么因果链上的结果还是归于提高财务绩效。图 8-10 给出了这 4 个评价角度的关系。

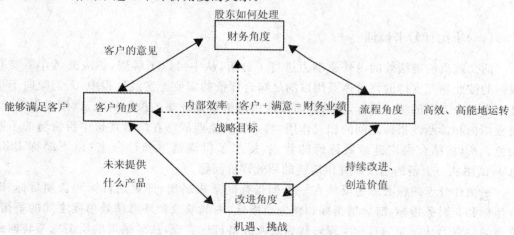

图 8-10　供应链平衡计分卡四个角度的关系

(二)供应链平衡计分卡的四个评价角度

供应链管理的主要目标有缩短响应时间、提高柔性、减少浪费、获得利润,等等。从本质上讲,供应链压缩提前期、减少浪费都是从资源观的角度减少供应链的资源浪费,从而提高资源的利用率,为提高供应链的利润创造空间。而增加供应链的柔性、降低机会成本、减少供应链因内部流程的效率降低所造成的客户订单流失,则增加了供应链的赢利机会。所以,供应链能否增加价值是评价的核心。由于绩效评价体系最终反映在供应链的价值上,因而对供应链绩效评价不仅考核当前状况,也更关注其长期发展能力,故而绩效评价指标应覆盖3个主要领域:考察供应链的当前赢利性(货币指标)、分析供应链赢利的持续能力(价值维持指标)、培养供应链赢利的增长潜力(价值驱动因素)。

根据供应链运作的特点,卡普兰(Kaplan)和诺顿(Norton)提出的角度和指标,本文提出了BSC-SC的4个评价角度:供应链规划角度、财务价值、内部运作角度、未来战略发展角度。BSC-SC不但集成了前人所研究的平衡计分法的特点和方法,还在其他3个方面进行了扩展。

(1)增加了未来发展性角度,涵盖了BSC的革新和学习的评价,包括了供应链成员关系以及供应链资源的评价。

(2)在一个实时的基础上对所有关键指标进行监测。

(3)在实现财务价值的主要战略目标的前提下,偏重于对运作流程的评价。

与一般的平衡计分卡相似,我们给出BSC-SC的指标体系及其相关逻辑关系。BSC-SC的4个角度分别代表了供应链、客户、供应链企业的利益,从整体上把握供应链战略和供应链运作的内在关系,变单纯的绩效评价为绩效管理,这也使得4个角度的目标和任务都具有新的特点,如表8-2所示。

表8-2　供应链平衡计分卡的四个角度目标及任务

4个角度	任务	关键问题	关键成本因素
供应链规划角度	从供应链内部运作角度、未来发展角度在正确的时间、正确的地点、将正确的产品或服务以合理的价格和方式交付给特定的客户,以满足和超过客户的期望。	供应链经营所提供的产品或服务是否增加客户的价值,达到客户满意。	(1)预测跟踪信号;(2)改进质量共同合作程度;(3)产品开发周期;(4)配送可靠性、有效性、及时性。
供应链内部运作角度	能够在合理的成本下,以高效率的方式进行生产。	供应链内部流程的增值活动的效率有多高,能否更好地实现核心竞争力。	(1)实现较低的流程运作成本;(2)较高的运作柔性——响应性;(3)提高经营中增值活动的比例,缩短生产提前期。

续表

4 个角度	任务	关键问题	关键成本因素
未来战略发展角度	集成供应链内部的资源，注重改进创新，抓住发展机遇。	供应链管理系统是否具备这种机制。	(1)订单循环周期；(2)快速响应并满足客户的特定需要；(3)加强信息共享，减少信息不对称，提高信息及时效果，降低信息放大效应；(4)环保性。
财务价值角度	突出供应链的竞争值，达到供应链伙伴的赢利最大化。	供应链伙伴对供应链的贡献率是否是从供应链整体的角度考虑。	(1)供应链资本收益最大；(2)保证各伙伴在供应链中发挥各自的贡献率；(3)控制成本以及良好的现金流。

下面分别就各个评价角度，融合 BSC-SC 4 个角度的特征以及供应链运作所涵盖的范围，阐述 BSC-SC 在各个角度的目标与任务。

(三)未来战略发展角度

供应链未来发展性直接关系到供应链的价值，供应链的目标之一是为整个供应链中的客户提供持久稳定的收益。因此，供应链管理的核心之一就是进行客户管理，了解客户的需求以及评价满足客户需求的程度的大小，用以调整供应链的经营方法和策略。因此，评价指标的选择应集中于体现客户意志、反映客户需求，既可以是反映客户价值、客户反馈的一般指标，也可以是集中于客户价值等特定范畴的指标，如服务质量、柔性、成本等。

1.供应链订单完成的总周期

供应链订单完成的总周期是评价整个供应链对于客户订单的总体的反应时间，其中包括了接受订单、从投料到生产、从生产到发运、从发运到客户签单、从客户签单到客户收到产品的时间等。快速的响应周期不但提高对客户的响应、降低客户成本、提高客户的价值，同时反映供应链内部响应的便捷和流畅。因此，尽可能地降低订单的完成周期，有利于发现并消除供应链内部的时间冗余。

2.客户保有率

供应链利润持久的来源是核心客户。若想通过特定的客户群体保持或增加市场份额，最为方便的就是保有现有的客户。努力保持和客户的关系，按照客户的需求满足客户，并允许客户积极参与产品的合作开发设计，使客户能够成为自己的持久利润来源。除了留住客户之外，供应链管理还要从与现有客户交易量的分析上衡量客户的忠诚度。当然，企业要扩大利润源，就还要在现有客户基础上，制定不断扩大客户范围的战略。

3.客户对供应链柔性响应的认同

该指标用于评价客户对供应链提供服务的客户化以及响应速度的满意度。这个指标有两个方面的用途。首先，反映客户是否能自由地就订单的包装、产品性能等提出客户化的要求;其次,客户是否感到这种客户化的要求能够及时得以实现,也就是说它反映了客户对客户化要求的自由度以及服务及时性的要求。

4.客户价值率

客户价值率是客户对供应链所提供服务的满意度与服务过程中发生的成本进行比较后,所得到的价值比。与前面在时间、质量、柔性方面进行评价不同,该指标主要偏重于导致客户发生的成本上面。一般公式是

$$客户价值率 = \frac{调查评价值}{每份订单的成本}$$

其中,调查评价值可以通过评价服务的满意值(如通过标杆法得到比较值)得到。

5.环保性

环保性是评价供应链环境协调绩效评价指标。

(四)供应链内部运作角度

战略绩效指标很重要,但必须在将其目标转化为内部流程指标后才能得以实现。优秀的战略绩效来自于组织的流程决策和运作。供应链内部运作角度就是回答如何经营才能满足或超越客户需求的问题。供应链哲学的本质是将企业内部和企业之间的功能进行集成、共享和协调,达到减少浪费和提高供应链绩效的目的。由于供应链流程牵涉到供应链成员的生产运作,这样的指标就将不同成员的绩效联系成为供应链的整体效果。这一联系使得供应链成员企业对于各自的运作有了明确的目标,其所做的改进也将有利于整个供应链的改进。就供应链运作角度而言,实现此目标主要有四个目的:减少提前期、提高响应性、减少单位成本、构成敏捷企业。为此,设计有如下几个指标。

1.供应链有效提前期率

供应链有效提前期率反映了供应链在完成客户订单过程中有效的增值活动时间在运作总时间中的比率。其中包括两个指标:供应链响应时间和供应链增值活动总时间。

前者的计算为供应链响应时间＝客户需求及预测时间＋预测需求信息传递到内部制造部门时间＋采购、制造时间＋制造终结点运输到最终客户的平均提前期(或者订单完成提前期);后者的计算则是供应链运作的相关部门增值活动的时间加和。所以供应链有效循环期率为:供应链有效循环期率＝供应链增值活动总时间÷供应链响应时间。

该指标体现了减少供应链内部运作的非增值时间和流程浪费的空间的大小。通常情况下,企业之间的传递空间和时间很大部分为非增值活动所占用,很多资源被大大地浪费了。达到精益的供应链必须保证各合作企业之间的信息共享以及合作机制的完备,达到流畅的无缝连接,减少无谓的时间和空间的浪费。

同种性质的指标还包括库存闲置率,即供应链中库存闲置的时间和库存移动时间的比率。其中,闲置时间包含以物料、在制品、产品库存等不同形式在供应链运作中的总停滞和缓冲时间。库存移动时间则是指库存在加工、运输、发运中的总时间。该指标表现了库存在整体运作中的时间占用,提供了库存经营效率的提高空间。

2.供应链生产时间柔性

该指标定义为由市场需求变动导致非计划产量增加一定比例后供应链内部重新组织、计划、生产的时间。据国外研究者对某行业的调查,其最优秀的制造商已经将整体时间柔性绩效降低到2周以下。

3.供应链持有成本

供应链持有成本考察的是物流系统运作的有效性和成本的集约性。它包括了采购、库存、质量以及交货失误等方面的内容。供应链采购成本的评价包括订货、发运、进货质量控制的总和。供应链库存成本包括供应链过程中发生的原材料、在制品、完工产品库存成本以及滞销和在途库存成本等。供应链质量成本是指在运作过程中由于质量问题而导致的成本,包括产品残缺成本、维修成本和质量保证成本。交货失误成本是由于库存供应中断现而造成的损失,包括原材料供应中断造成的停工损失、产成品库存缺货造成的延迟发货损失和销售机会丧失带来的损失、企业采用紧急采购来解决库存的中断而承担的紧急额外采购成本,等等。

4.供应链目标成本达到比率

该指标从单一产品和流程的角度分析其在质量、时间和柔性上的流程改进是否达到预定的目标成本。非财务指标很难达到准确分析业务改进的幅度,只有用量化指标才能说明事物的本质。

(五)供应链规划角度

平衡计分卡中未来战略角度和内部运作角度的评价分析了供应链成功的竞争力,但是成功的目标是不断变化的。激烈的全球竞争要求供应链必须不断改进和创新,发掘整合供应链内部和外部的资源,提高现有流程、产品、服务质量和开发新产品的能力。供应链的改进是一个动态的过程,主要通过四个方面进行:第一,重新设计产品及其流程;第二,通过企业集成对组织间活动进行有效的调节和整合;第三,持续地改进供应链的信息流管理,使供应链伙伴能够共享决策支持所需要的准确信息;第四,每个供应链都需要随时注意外部市场的潜在威胁和机遇,重新定义核心价值。相关指标包括新产品开发循环期、新产品销售比率、流程改进效率等。

1.产品最终组装点

这一评价反映产品中的延迟制造(postponement)日益突出的重要性。客户的个性化需求不断发展,使得标准化的产品在市场占有方面受到很大压力,延迟制造就成为个性化制造的重要手段之一。通过延迟制造的管理,用以提高供应链企业之间的流程重组,降低企业间的组织障碍,缩短交货提前期。需要注意的是,延迟制造组织的前提就是防止出现不能立刻销售的已完工产品占用组织资源的现象,减少增加库存积压的可能性。

2.组织之间的共享数据占总数据量的比重

供应链的特点之一就是信息共享,这是维持供应链伙伴关系成功的关键。否则,供应链很难降低重复劳动、减少浪费和成本。信息共享的内容包括需求预测、销售点数据、生产计划、战略方向、客户目标等,以实现组织之间集成。由此可见,重要信息的共享程度体现了一个企业实际实施供应链管理的程度。

(六)财务价值角度

供应链绩效的评价侧重于流程导向以及非财务指标,平衡计分法依旧将财务目标作为所有目标的中心。当供应链伙伴目标得以实现之后,供应链应该取得财务上的成功。经营目标的实现使得成本大为降低,提高了边际收益率;现金流得以更好地优化,获得更高的收益和资本回收率。以上几个方面绩效的提高保证财务上有长期收益,因此整个供应链的财务优化依旧是重中之重。由于一般的财务指标主要是基于现金流和传统的财务会计,因而缺少对未来赢利能力的激励。本文试图将财务评价的基础建立在现金流的驱动上,把驱动现金流的行为和流程作为主要目标。

(1)供应链资本收益率。

该指标由客户的利润除以在此期间使用的供应链的平均资产,它反映了使用其资产的增值性绩效的大小。

(2)现金周转率。

这是一个联系供应链的整个流程的关键指标,评价供应链运作过程中现金在原材料、劳动力、在制品、完工产品直至现金的全过程中的周转状况。供应链系统通过先进的信息技术以及产品流集成,协调合作伙伴之间的运作,可以达到更快现金周转。

(3)供应链的库存天数。

反映了资本在供应链运营中的库存形式的占用天数。它等于某个时期以物料、在制品、产品库存等形式占用的时间。

(4)客户销售增长以及利润。

表现为主要客户在供应链产品上的年销售收入和利润率增长。这类指标反映了供应链下游在3个主要方面的绩效:客户的销售量按年增长的情况、对于特定客户服务所获的收益随着合作关系的增进而进一步提高的情况、接受服务的基数增加的情况。扩大销售量、增加新的客户等都将是新的利润增长点。

由于供应链系统结构不同、性能不同,绩效评价因素不同,因而评价方法也有所不同。供应链绩效评价方法的选用应根据供应链系统的具体情况而定。通过对有关文献资料的分析总结,把供应链绩效评价可以使用的具体方法分为两大类:定量分析评价(如成本分析、利润分析等)和定量与定性相结合的分析评价(如层次分析法、平衡计分法等)。尽管使用得较为广泛的是定量分析评价方法,但我们认为定量与定性相结合的评价方法更合理。从评价因素的个数来分,供应链绩效评价方法又可以分为单因素评价和多因素评价两种。前者就是在进行供应链绩效评价时,评价方案只考虑一个主要因素。例如,只考虑客户满意度,或只考虑供应链成本或者利润等;而多因素评价则是在进行供应链方案评价时,要同时考虑两个或两个以上的主要因素。例如,同时考虑客户满意度、供应链系统整体利润和环保性等。尽管使用得较为广泛的是单因素评价方法,但我们认为多因素评价方法更合理。

第九章　社会物流绩效

从物流服务对象角度来看,物流可划分为社会物流与企业内部物流。

社会物流是企业外部的所有物流活动的总称,即指超越企业内部的以社会为范畴、以面向社会为目的的物流。社会物流是国民经济运行过程中伴随着再生产活动而发生的物流活动。社会物流面向社会、服务社会,又在社会经济环境中运行,因此具有综合性和广泛性的特征。社会经济运行中生产、流通、消费等环节均涉及社会物流。

同企业物流一样,对社会物流运作的有效性和效率的了解同样具有重要的意义。在前面的各章节中,对企业内部物流的绩效问题进行了讨论。本章将就社会物流绩效统计进行简要地介绍。本章内容主要来自国家发改委经济运行局、国家统计局贸易外经司和中国物流与采购联合会共同编写的《社会物流统计手册》。

第一节　社会物流绩效统计

一、社会物流统计制度的建立

社会物流统计是在现代物流管理理论的指导下,将统计学理论与方法运用到社会物流领域中,研究物流经济活动过程中数量关系和内在规律性的活动。社会物流统计通过对物流活动过程的评价和分析,从数量上反映物流活动的规模、结构、发展水平、比例关系,反映物流活动的发展规律以及对国民经济发展的影响。社会物流统计是检测、分析物流运行状况,指定物流产业政策和发展规划的重要基础,是现代物流发展的重要组成部分,也是国民经济统计的重要组成部分。

社会物流统计是现代物流的一项重要的基础性工作,是国家宏观统计的重要组成部分。国家现代物流产业政策规划的制定、贯彻实施,以及政策实施效果的监测反映等,都需要一套科学、准确、系统、全面、灵活的物流统计指标体系、方法体系和组织实施体系来保证。社会物流统计的基本任务就是通过对物流运行和发展情况进行统计调查、统计核算、统计分析,提供物流统计资料和统计咨询意见,实行统计监督。认真组织做好社会物流统计工作,对加强物流基础管理、增强决策的准确性和科学性、推进物流现代化进程都具有十分重要的意义。

伴随我国现代物流业的迅速发展,有关部门和企业对物流统计数据的需求越来越迫切。在系统的物流统计制度建立之前,由于没有可供发布的统计数据资料,缺乏量化依据,很多思路建立在定性认识基础上,很难对促进物流业发展政策的形成产生实质性影响。物流企业在经营中因未掌握市场需求而存在盲目性。有时为了分析问题的需求,只能利用现有的货运量、货运周转量等指标,因为运输是物流过程中实现货物空间位移的中心环节,用这两个指标来衡量物流规模有一定的科学性,但却不能真实反映物流的全貌。也有国内外科研机构、大专院校的研究人员根据国内生产总值(gross domestic product,GDP)和社会消费品零售总额、生产资料消费总额、进出口总值等国民经济核算指标,结合国际经验来估算我国的物流规模、需求量等,但这仅仅是从宏观上对物流需求的简单估算,与我国物流实际情况有很大差距。同时,因为不同的研究人员采用不同的数据比例估算,造成同一个指标有多种结果,如物流总费用与 GDP 的比例额,从百分之十几到百分之三十几,期间的差额较大,给理论分析带来了困难,使实际工作无所适从。这种状况与我国物流业的迅速发展不相适应。研究建立适应我国社会主义市场经济特点的社会物流统计指标体系,既是一个理论问题,又是一个现实问题。

从 2002 年以来,中国物流与采购联合会、中国物流信息中心在了解研究国外物流统计情况的基础上,开展了有关我国物流统计指标体系与方法制度的调查研究。2003 年 8 月,国家发展和改革委员会经济运行局会同国家统计局贸易外经司,在北京召开了关于建立社会物流统计指标体系的座谈会,听取了中国物流与采购联合会对物流统计指标体系的研究与设想,并就建立我国社会物流统计指标体系、统计范围、统计方法以及工作思路等问题进行了深入研讨,并对开展社会物流统计工作提出了指导性意见。这次会议直接推动了我国社会物流统计制度的建立与实施。会后,在国家发展和改革委员会(以下简称国家发改委)、国家统计局的直接指导下,中国物流与采购联合会和中国物流信息中心组织力量,着手设计我国社会物流统计指标体系与方法。

2004 年年初,中国物流与采购联合会、中国物流信息中心提出了一套能基本反映我国社会物流发展运行情况的统计指标体系和核算方法,并就此对我国"八五"时期以来的有关物流发展运行情况进行了试核算和分析,对我国物流发展现状与趋势得出了初步的定量概念和观点。2004 年 5 月,国家发改委经济运行局组织有关专家对中国物流与采购联合会、中国物流信息中心提交的我国社会物流统计核算与报表制度进行了评审。评审专家认为我国社会物流统计核算与科学的研究成果具有较强的可操作性,填补了国内物流研究的空白。专家组建议对方案进行适当修改后,由国家发改委、国家统计局、中国物流与采购联合会三家联合尽快组织实施。

2004 年 10 月,国家发改委、国家统计局联合印发了《关于组织实施〈社会物流统计制度及核算表式(试行)〉的通知》,标志着我国社会物流统计核算与报表制度正式建立。2006 年,经国家统计局批准,社会物流统计核算试行制度转为正式制度。同年 4 月国家发展改革委下发了《关于组织实施社会物流统计核算与报表制度的通知》,决定定期开展社会物流统计核算工作。社会物流统计核算工作由国家发改委、中国物流与采购联合会组织实施,并会同国家统计局发布,具体工作委托中国物流与采购联合会承担。中国物流信息中心作为中国物流与采购联合会的科技信息部,具体实施这项工作。

二、社会物流统计工作的任务

社会物流统计工作的任务,主要有以下五个方面。

(1)准确、及时、全面、系统地反映物流发展情况,为国家制定和落实物流相关政策服务。

一个国家的物流发展水平如何,物流对国民经济的影响有多大,客观上需要一套比较合理的物流统计指标体系对物流运行水平和质量进行经济考量与解释。社会物流统计的任务,就是通过物流统计调查、统计核算与统计分析,从数量上反映物流活动的规模、结构、水平、比例关系以及对国民经济的影响程度,为国家制定和落实物流相关政策提供客观依据。

(2)做好预警预测,为保证物流的高效、畅通服务。

物流经济活动与整个国民经济的运行状况息息相关。国民经济运行中的任何变化都将对物流经济活动产生深刻的影响,而物流经济活动也反映和影响着国民经济的运行。社会物流统计的任务,就是要加强预警预测,对带有苗头性、倾向性、趋势性的变化及早做出预测,以便及时采取相应措施,保证物流的高效畅通。

(3)发挥咨询作用,为科学决策和管理服务。

随着经济全球化、一体化的发展和现代科学技术、管理技术在物流行业的应用,原来分散在不同经济领域和环节的相对独立的物流功能统一为综合物流系统。社会物流统计的任务,就是积极发挥咨询作用,支持管理者决策,促进物流资源的配置,提高物流的运作效率和控制物流成本。

(4)履行监督职能,为提高物流管理水平服务。

物流统计部门根据科学的统计指标体系和统计调查方法,灵活、系统地采集、处理、传递、存储和提供大量的以数量描述为基本特征的物流信息。社会物流统计的任务,就是及时、密切关注物流产业的运行状况,对其进行全面、系统的考量,从而促进物流产业按照客观规律的要求,持续、稳定、协调发展,提高物流管理水平。

(5)加强物流统计分析,发挥辅助决策的作用。

在现代化经济建设中,经常会出现许多新情况和新问题。社会物流统计的任务,就是针对国民经济和物流产业发展中的热点和难点问题,加强物流统计分析,提出有分析、有观点、有建议的统计分析报告,为各级领导决策起参谋作用。

社会物流统计的任务概括起来就是服务和监督。服务和监督是相互联系、相互制约的一个问题的两个方面。其中,服务是主要方面,起着主导作用。

三、我国社会物流统计的基本原则和基本方法

我国现代物流业刚刚起步,与发达国家相比有很大差距。物流业的发展需要良好的外部环境,需要政府规划设计与政策引导。物流统计工作的组织开展,按照《中华人民共和国统计法》的规定,也需要由政府部门来进行或由政府部门授权进行。同时,政府统计调查的机制,还形成了一批可用于物流统计核算的相关产业总量指标数据。因此,设计选择我国的物流统计指标体系,既要借鉴国外的先进经验,同时也要结合我国实际。具体要遵循以下几个基本原则。

1.合理性原则

具体表现为四个方面:一是数据结果要能够科学合理地反映物流发展的现状和国民经济的关系;二是各项指标应具有合理性、完整性,并且相互联系;三是各项数据结果要有充分的统计数据,各项权数和系数必须建立在已有的统计数据基础上;四是社会物流统计指标的时空范围以进入社会物流领域为起点,以送达最终用户为终点。

2.可操作性原则

物流统计指标体系及物流统计调查组织和实施行为在实际运作中切实可行、可操作。社会物流统计是一项新的工作,指标体系过于超前,难以操作。因此,社会物流统计要建立在相应统计的基础上,采取循序渐进的方式,从有条件的指标先起步,逐步推进。

3.国土性原则

与 GDP 核算制度保持一致,本制度适用于境内从事物流活动的所有企业,包括合资企业与外资企业。

社会物流统计核算涉及交通、铁路、民航、海关、统计等多个部门,是一项复杂的系统工程。社会物流统计核算主要采取统计调查与核算相结合的方法。统计调查是指对工业、贸易批发企业以及物流相关行业的物流状况调查,统计核算是指对从各个物流相关部门收集到的运输、仓储、保管等方面的统计数据进行汇总整理和分析而得到所需指标的方法。

社会物流统计核算结果由总量指标和行业指标组成。总量指标根据物流相关行业、产业统计数据与企业物流统计调查资料进行核算,需要核算的物流指标有社会物流总额、社会物流总费用、社会物流总收入和物流业增加值等。行业统计指标则主要依据企业统计调查资料汇总取得,需要计算的行业指标有:行业平均物流费用率、行业平均运价、行业物流业务外包率等。

第二节 社会物流统计核算

一、社会物流统计核算的主要内容

社会物流主要统计核算指标及其相互关系是社会物流统计的具体内容,是国民经济核算体系中的有机组成部分。由社会物流统计核算过程中众多统计指标所组成的互相联系、相互制约的整体,就是社会物流统计指标体系。社会物流统计指标体系用来描述总体物流基本状况和各个变量分布特征。

基于我国社会物流体积的基本原则,目前我国社会物流统计指标体系的主要内容包括 7 个方面:①反映社会物流费用支出方面的指标;②反映社会物流总需求方面的指标;③反映社会物流资源供给方面的指标;④反映社会物流业市场规模方面的指标;⑤反映社会物流最终产出方面的指标;⑥反映社会物流业可持续发展能力方面的指标;⑦反映社会物流业务活动量方面的指标。

社会物流统计指标体系以物流费用为核心指标,并向纵向和横向延伸,构成一个 T 形结构,适用于进行总量、行业和企业统计分析的三维统计指标体系。

由社会物流费用向纵向延伸,对社会物流费用进行结构分析。由社会物流费用向横向延伸,以物流需求、供给、市场规模、最终产出、可持续发展能力、物流业务活动量等物流费用构成因子指标,对物流经营的规模、产出、投入进行分析。横纵结合,反映我国社会物流的整体规模、水平、发展趋势及分行业、分地区、分企业、分指标的物流运行状况。如表 9-1 至表 9-5 所示。

表 9-1　社会物流总费用

一级指标	二级指标	三级指标	四级指标
社会物流总费用	运输费用	铁路运输费用 道路运输费用 水上运输费用 航空运输费用 管道运输费用 装卸搬运运输费用	农产品运输费用 1. 农业产品运输费用 2. 林业产品运输费用 3. 畜牧业产品运输费用 4. 渔业产品运输费用 工业品运输费用 1. 采掘业产品运输费用 (1)煤炭开采和洗选业产品运输费用 (2)石油和天然气开采业产品运输费用 (3)黑色金属矿采选业产品运输费用 (4)有色金属矿采选业产品运输费用 (5)非金属矿采选业产品运输费用 (6)其他采矿业产品运输费用 2. 制造业产品运输费用 (1)农副食品加工业产品运输费用 (2)废弃资源和废旧材料回收加工业保管费用 (3)其他费用 进口货物运输费用 再生资源运输费用 单位与居民物品运输费用
	保管费用	利息费用 仓储费用 保险费用 货物损耗费用 信息及相关服务费用 配送费用 流通加工费用 包装费用 其他保管费用	农产品保管费用 1.农业产品保管费用 2.林业产品保管费用 3.畜牧业产品保管费用 4.渔业产品保管费用 工业品保管费用 1.采掘业产品保管费用 (1)煤炭开采和洗选业产品保管费用 (2)石油和天然气开采业产品保管费用 (3)黑色金属矿采选业产品保管费用 (4)有色金属矿采选业产品保管费用 (5)非金属矿采选业产品保管费用 (6)其他采矿业产品保管费用 2.制造业产品保管费用 (1)农副食品加工业产品保管费用 (2)废弃资源和废旧材料回收加工业保管费用 进口货物保管费用 再生资源保管费用 单位与居民物品保管费
	管理费用		

表9-2 社会物流总额统计表

一级指标	二级指标	三级指标
社会物流总额	农产品物流总额	1. 农业
		2. 林业
		3. 畜牧业
		4. 渔业
	工业品物流总额	1. 采掘业
		(1)煤炭开采和洗选业
		(2)石油和天然气开采业
		(3)黑色金属采选业
		(4)有色金属采选业
		(5)非金属矿采选业
		(6)其他采矿业
		2. 制造业
		(1)农副产品加工业
		……
		(43)废气资源和废旧材料回收加工业
	外部流入货物物流总额	
	再生资源物流总额	
	单位和居民物品物流总额	

表 9-3　物流相关行业业务收入

一级指标	二级指标	三级指标	四级指标
物流相关行业业务收入	运输收入	铁路运输收入 道路运输收入 水上运输收入 航空运输收入 管道运输收入 装卸搬运及其他运输收入 运输附加收入	铁路运输业运输收入 道路运输业运输收入 水上运输业运输收入 航空运输业运输收入 管道运输业运输收入 装卸搬运及其他运输服务业运输收入 仓储业运输收入 邮政业运输收入 批发业运输收入 零售业运输收入 包装服务业运输收入
	保管收入	配送收入 流通加工收入 包装收入 信息及相关服务收入 代理收入 仓储收入 其他保管收入	铁路运输业保管收入 道路运输业保管收入 水上运输业保管收入 航空运输业保管收入 管道运输业保管收入 装卸搬运及其他运输服务业保管收入 仓储业保管收入 邮政业保管收入 零售业保管收入 包装服务业保管收入

表 9-4　物流相关行业增加值

一级指标	二级指标	三级指标
物流相关行业增加值	交通运输业	铁路运输业 道路运输业 水上运输业 航空运输业 管道运输业 装卸搬运及其他运输服务业
	仓储业	
	邮政业	
	批发业	
	包装业	
	零售业	

表 9-5　物流相关行业固定资产投资

一级指标	二级指标	三级指标
物流相关行业固定资产投资	交通运输业	铁路运输业 道路运输业 水上运输业 航空运输业 管道运输业 装卸搬运及其他运输服务业
	仓储业	
	邮政业	
	批发业	
	包装业	
	零售业	

二、社会物流核算指标及计算方法

社会物流核算主要包括社会物流总额、社会物流总费用、物流相关行业业务收入、物流相关行业固定资产投资及社会设施情况四大类指标。

(一)社会物流总额

1. 社会物流的物品

指报告期内,从供应地向接受地实体流动的全部物品,是社会物流产业活动的对象。

为避免重复计算,社会物流的物品按初次来源计算,即第一次进入国内需求领域,产生从供应地向接受地实体流动的物品。

从国内社会物流物品的初次来源看,主要有以下 5 个方面:①第一次进入国内需求领域的农林牧渔业产品,简称农产品;②第一次进入国内需求领域的工业产品,简称工业品;③进口货物;④进入需求领域的再生资源商品,简称再生资源;⑤单位与居民物品。

2. 社会物流的物品总额

简称社会物流总额,即报告期内,社会物流物品的价值总额,同样包括 5 个方面:①进入需求领域的农产品物流总额;②进入需求领域的工业品总额;③进口货物物流总额,即进口总额;④进入需求领域的再生资源物流总额;⑤单位与居民物品物流总额。

社会物流总额在很大程度上决定社会物流产业活动的规模,它的增长变化在一定程度上反映物流需求的增长变化。

3. 农产品物流总额

报告期内,由农业生产部门提供,进入需求领域,产生从供应地向接受地实体流动的全部的农林牧渔业产品价值总额,也就是农业生产部门的农产品商品产值,但不包括不经过社会物流服务,由农业生产者直接通过集市贸易销售给居民消费的部分。

计算方法:农产品物流总额=报告期内农产品商品产值-农业生产者直接通过集市贸易销售给居民消费的部分

4.工业品物流总额

报告期内,由国内工业生产部门提供,进入需求领域,产生从供应地向接受地实体流动的全部工业产品价值总额。简单地说,也就是工业生产部门的销售产值,但不包括不能以具体产品体现的工业性作业销售产值,或不能通过一般性运输、装卸、搬运等物流服务形式完成的电力、蒸汽、热水的生产与供应业销售产值、煤气生产和供应业销售产值、自来水的生产和供应业销售产值。

计算方法:工业品物流总额=报告期内工业销售产值-(工业性作业销售产值+电力、蒸汽、热水的生产与供应业销售产值+煤气生产和供应业销售产值+自来水的生产和供应业销售产值)

5.进口货物物流总额

报告期内,以人民币表示的,通过我国海关进口的物品总额。

计算方法:进口货物物流总额=以美元表示的海关进口总额×报告期内人民币对美元的平均汇率

6.再生资源物流总额

报告期内,进入需求领域,经再生产加工后可重复利用的废旧物资总额。

计算方法:根据流通环节的再生资源商品销售额计算,再生资源物流总额=流通环节的再生资源商品销售额

7.单位与居民物品物流总额

报告期内,进入需求领域,经社会物流服务,从提供的送达接受地的单位与居民的物品价值总额。包括铁路、航空的运输中的计费行李,邮政与快递业务中快件、包裹、信函、报纸杂志等寄递物品,社会各界的各种捐赠物,单位与居民由于搬家迁居形成的物品装卸搬运与运输等。

(二)社会物流总费用

社会物流总费用是指报告期内,国民经济各方面用于社会物流活动的各项费用支出。包括支付给运输、储存、装卸搬运、包装、流通加工、配送、信息处理等各个物流环节的费用;应承担的物品在物流期间发生的损耗费用;社会物流活动中因资金占用而应承担的利息支出;社会物流活动中发生的管理费用等。

社会物流总费用划分为运输费用、保管费用、管理费用三大部分核算。

1.运输费用

运输费用是指社会物流活动中,国民经济各方面由于物品运输而支付的全部费用。包括支付给物品承运方的运费(承运方的货运收入);支付给装卸搬运保管代理等辅助服务提供方的费用(辅助服务提供方的货运业务收入);支付给运输管理与投资部门的,由货主方承担的各种交通建设基金、过路费、过桥费、过闸费等运输附加费用。

运输费用＝运费＋装卸搬运等辅助费＋运输附加费

具体计算时，根据铁路运输、道路运输、水上运输、航空运输和管道运输不同的运输方式对应的业务核算办法分别计算。

（1）铁路运输费用。

在社会物流活动中，国民经济各方面因为物品经铁路运输而发生的全部费用。包括支付给铁路运输部门的运费和为运输而发生的物品装卸、保管等延伸服务费用；由铁路运输部门按国家规定代收的铁路建设基金等，也就是铁路运输部门取得的物流业务收入，即铁路部门现行收入统计中的货运收入、行李包裹收入、邮运收入和其他收入中的货运与行李包裹部分；铁路运输部门实际代收的铁路建设基金；铁路系统多种经营中的货运部分。

铁路运输费用的基本计算公式：

铁路运输费用＝运费＋（装卸搬运、堆存保管、货运代理等）延伸服务费＋铁路建设基金

式中：

运费＝铁路货物周转量×铁路平均运价

延伸服务费＝延伸服务计费作业量×延伸服务平均价格

铁路建设基金＝铁路货物周转量×铁路建设基金征收率

（2）道路运输费用。

在社会物流服务中，国民经济各方面因为物品道路运输而发生的全部费用。包括支付给物品运输承运方的运费（运输承运方的货运收入）；支付给物品装卸搬运、保管、代理等其他道路运输费用（装卸搬运和其他道路运输的货运业务收入）；由货主方承担的，支付给有关管理和投资部门按规定收取的各种管理费、通行费等。

道路运输费用，既包括支付给专业物流、运输与辅助服务企业的货运业务费用，同时也包括生产、流通、消费企业自有车辆承担完成的，属于需求领域的物品运输业务，理应获得的收入部分。不包括客运业务费用。

道路运输费用的基本计算公式：

道路运输费用＝运费＋装卸搬运费和其他道路运输费用＋通行附加费

式中：

运费＝道路货物周转量×道路货物平均运价

装卸搬运费＝道路货运量×2×货运装卸搬运平均运价

通行附加费＝每批货物计费作业量×该批货物附加费率

其他道路运输费用是指实际发生且由货主方承担，未包含在前述几项费用之中的，属于其他水上运输费用，如堆存保管费、代理费等，根据实际发生情况进行统计。

（3）水上运输费用。

在社会物流服务活动中，国民经济各方面因为物品水上运输而发生的全部费用。包括支付给物品运输承运方的运费（水上运输承运方的货运业务收入）；支付给港口、码头等的物品装卸搬运、堆存保管、货运代理的其他运输费用（港口、码头等的业务收入）；由货主方承担的，有关管理和投资部门按规定收取的各种航道维护费、港口建设费等附加费用。

水上运输费用既包括支付给专业物流、运输与辅助服务企业的货运业务费用，同时

也包括生产、流通、消费企业自有船舶承担完成的,属于需求领域的物品运输业务,理应获得的收入部分。

水上运输费用的基本计算公式:

水上运输费用＝运费＋港口(码头)装卸搬运费和其他运输费用＋附加费

式中:

运费＝水上货物周转量×水上货物平均运价

港口(码头)装卸搬运费＝水上货运量×2×水上货物平均装卸搬运费率

附加费包括港口建设费和航道维护费。

港口建设费＝港口货物吞吐量吨数×港口建设费率

航道维护费＝水上货物周转量×航道维护费率

其他运输费用是指实际发生且由货主方承担,未包含在前述几项费用之中的,属于其他水上运输费用,如堆存保管费、代理费等,根据实际发生情况进行统计。

(4)航空运输费用。

在社会物流活动中,国民经济各方面因为物品航空运输而发生的全部费用。包括支付给航空运输承运方的运费(航空运输公司的货邮运输业务收入)、支付给机场地勤服务方的到达货物保管提取服务费、出港货物仓管装机服务费、地面运输服务费、包装物及包装服务费、特种货物检查费等。

(5)管道运输费用。

在社会物流活动中,因为物品管道运输而发生的全部费用。包括支付给管道运输承运方的运输费、装车装船费、储存保管费等,即管道运输单位的货运业务收入。

2. 保管费用

保管费用是指社会物流中,物品从最初的资源供应方(生产环节、海关)向最终消费用户流动过程中,所发生的除运输费用和管理费用之外的全部费用。包括物流过程中因流动资金的占用而需承担的利息费用;仓储保管方面的费用;流通中配送、加工、包装、信息及相关服务方面的费用、物流过程中发生的保险费用和物流损耗费用等。

保管费用＝利息费用＋仓储费用＋保险费用＋货物损耗费用＋信息及相关费用＋配送费用＋流通加工费用＋包装费用＋其他保管费用

(1)利息费用。

利息费用是指在社会物流活动中,物品从最初的资源供应方(生产环节、海关等)送达最终消费用户时,因为流动资金的占用而需承担的利息支出。包括占用银行的贷款所支付的利息和占用自有资金相应支付的利息成本。

利息费用的基本计算公式:

利息费用＝社会物流总额×社会物流流动资金平均占有率×报告期银行贷款利率

式中,社会物流流动资金平均占用率是指报告期内,物品最初供给部门完成全部物品从供给地流向最终需求地的社会物流活动中,所占用的流动资金的比率,即

$$社会物流流动资金平均占有率＝\frac{报告期流动资金平均余额}{报告期社会物流总额}$$

数据来源:社会物流总额根据前述测算取得,社会物流流动资金平均占有率根据企

业物流调查资料加工计算,银行贷款利率来自中国人民银行制定公布的利率。

（2）仓储费用。

仓储费用是指在社会物流活动中,为储存货物所需支付的费用。

仓储费用的基本计算公式:

$$仓储费用＝社会物流总额×社会物流平均仓储费用率$$

式中,社会物流平均仓储费用率是指报告期内,各物品最初供给部门完成全部物品从供给地流向最终需求地的社会物流活动中,仓储费用额占各部门物流总额比例的综合平均数。

数据来源:根据企业物流调查资料加工取得。

（3）保险费用。

保险费用是指在社会物流活动中,为预防和减少因物品丢失,损毁造成的损失,向社会保险部门支付的物品财产保险费用。

保险费用的基本计算公式:

$$保险费用＝社会物流总额×社会物流平均保险费用率$$

式中,社会物流平均保险费用率指报告期内,各物品最初供给部门完成全部物品从供给地流向最终需求地的社会物流活动中,保险费用额占各部门物流总额比例的综合平均数。

（4）货物损耗费用。

货物损耗费用指在社会物流活动中,因物品的损耗,包括破损维修与完全损毁而发生的价值丧失。同时也包括部分时效性要求高的物品因物流时间较长而产生的折旧贬值损失。

货物损耗费用的基本计算公式:

$$货物损耗费用＝社会物流总额×社会物流平均货物损耗费用率$$

式中,社会物流平均货物损耗费用率是指报告期内,各物品最初供给部门完成全部物品从供给地流向最终需求地的社会物流活动中,货物损耗费用额占各部门物流总额比例的综合平均数。

（5）信息及相关服务费用。

信息及相关服务费用是指在社会物流活动中,支付的信息处理费用,包括支付的外部信息处理费用和本单位内部的信息处理费用。

信息及相关服务费用的基本计算公式:

$$信息及相关服务费用＝社会物流总额×社会物流平均信息及相关服务费用率$$

式中,社会物流平均信息及相关服务费用率是指报告期内,各物品最初供给部门完成全部物品从供给地流向最终需求地的社会物流活动中,信息及相关服务费用额占各部门物流总额比例的综合平均数。

（6）配送费用。

配送费用是指在社会物流活动中,客户根据自身需求,要求物流服务提供方完成对物品进行分拣、加工、分割、组配、包装等作业,并按时送达指定地点的物流活动,所需支付的全部服务费用。

配送费用的基本计算公式:

配送费用＝社会物流总额×社会物流平均配送费用率

式中,社会物流平均配送费用率是指报告期内,各物品最初供给部门完成全部物品从供给地流向最终需求地的社会物流活动中,配送费用额占各部门物流总额比例的综合平均数。

(7)流通加工费用。

流通加工费用是指在社会物流活动中,为满足用户的消费需求,在流通环节对物品进行加工改制作业,所需支付的加工费用。

流通加工费用的基本计算公式:

流通加工费用＝社会物流总额×社会物流平均流通加工费用率

式中,社会物流平均流通加工费用率是指报告期内,各物品最初供给部门完成全部物品从供给地流向最终需求地的社会物流活动中,流通加工费用额占各部门物流总额比例的综合平均数。

(8)包装费用。

包装费用是指在社会物流活动中,为保护产品、方便运输与储存、促进销售,采取容器、材料和辅助物对物品按一定技术方法进行分装、集装、运输包装等作业,所需支付的费用。

包装费用的基本计算公式:

包装费用＝社会物流总额×社会物流平均包装费用率

式中,社会物流平均包装费用率是指报告期内,各物品最初供给部门完成全部物品从供给地流向最终需求地的社会物流活动中,包装费用额占各部门物流总额比例的综合平均数。

(9)其他保管费用。

其他保管费用是指在社会物流活动中,实际发生且由货主方承担的,未包含在前述几项费用之中的,属于保管费用之中的费用,根据实际发生情况统计。

3. 管理费用

管理费用是指在社会物流活动中,物品供需双方的管理部门,因组织和管理各项物流活动所发生的费用。主要包括管理人员报酬及办公、教育培训、劳动保险、车船使用等各种属于管理费用科目的费用。

管理费用的基本计算公式:

管理费用＝社会物流总额×社会物流平均费用率

式中,社会物流平均管理费用率是指报告期内,各物品最初供给部门完成全部物品从供给地流向最终需求地的社会物流活动中,管理费用额占各部门物流总额比例的综合平均数。

(三)物流相关行业业务收入

社会物流业务总收入是指报告期内,物流相关行业参与社会物流活动,提供社会物流服务所取得的业务收入总额,是物流相关行业的总产出,也是国内物流市场总规模。包括参与社会物品物流过程中运输、储存、装卸搬运、包装、流通加工、配送、信息处理等各个方面业务活动的收入。与社会物流总费用指标体系的核算相对应,社会物流业务总收入根据参与过程,也可以简单地划分为运输收入和保管收入两大部分来计算。

1.运输收入

运输收入是指社会物流活动中,物流相关行业参与物品运输而取得的全部收入。包括物品运输承运企业的货运收入;装卸搬运保管等辅助服务企业的货运业务收入;货运代理服务企业的货运代理业务收入。运输管理与投资部门收取的各种交通建设基金、过路费、过桥费、过闸费等货物运输附加费用,虽然不能直接进入物流相关行业的业务收入之中,但属于社会物流运输活动的成果,应计入社会物流业总收入之中。具体计算方法与运输费用的计算相同。与运输费用计算不同的是,不包括生产、流通、消费企业拥有的、非独立核算的物流业务部门完成的业务收入。

2.保管收入

保管收入是指社会物流活动中,物流相关行业参与物品从配送、流通加工、包装、信息及相关服务、仓储保管和其他属于保管环节活动,所取得的业务收入。

(四)物流相关行业固定资产投资及社会物流设施情况

(1)物流相关行业固定资产投资完成额。

物流相关行业固定资产投资完成额指在报告期内,物流相关行业建设项目累计完成的全部投资。

(2)铁路营业里程。

铁路营业里程又称营业长度(包括正式营业和临时营业里程),指办理客货运输业务的铁路线总长度。

(3)公路里程。

公路里程指在报告期内实际达到《公路工程技术标准 JTJ01-88》规定的等级公路,并经公路部门正式验收交付使用的公路里程数。

(4)内河航道里程。

内河航道里程也称内河通航里程,指在报告期内,能通航运输船舶、排筏的天然河流、湖泊、水库、运河及通航渠道的长度。

(5)民用航空航线里程。

民用航空航线里程指在报告期内,民用运输飞机飞行的航线长度。

(6)输油(气)管道里程。

输油(气)管道里程指油(气)实际输送距离。

(7)民用货运汽车拥有量。

民用货运汽车拥有量指在公安交通管理部门注册登记并领有本地区民用车辆牌照,用于运送货物的汽车。一般分为重型、中型、轻型和微型四种。

(8)民用运输船舶拥有量。

民用运输船舶拥有量指在报告期内,全社会拥有的实际可用来进行水上运输且由航政部门和港务监督部门掌握的领有船舶牌照的民用船舶,包括具有运输、旅游双重作用的旅游船。

(9)铁路货车拥有量。

铁路货车拥有量指在报告期内,用于装运货物的铁路车辆。

第三节 社会物流绩效指标的总体评价

一、社会物流绩效总体评价的必要性

社会物流绩效指标体系的建立是根据 KPI 原理,对战略目标进行层层分解,每一层因素或指标的选择都是对上一层目标的支持,这样层层分解、层层支持的结果。虽然这些指标对战略目标的实现具有很强的支持作用,并且这种支持作用对于不同行业的客户来说具有很强的通用性,但是对社会物流绩效指标进行总体评价是十分必要的,这是由于以下两方面原因。

(一)绩效指标的构成结构

社会物流服务指标体系包含的指标很多,这些指标都是对战略目标的实现具有支持作用,但是我们不能忽视两个内容。

(1)每一个指标对于战略目标的贡献度是不一样的,即对战略目标实现的重要程度是有差异的。如第一层的关键领域上,从上文对社会物流服务体系之间及与客户满意度的联系分析中可以看出,物流运营服务绩效、物流质量服务绩效和物流营销服务绩效三个方面对于客户满意度实现的贡献程度是不同的,特别是对不同的行业来说,更有差异。物流质量服务体系是对客户感知物流服务质量和物流服务价值最直接的影响因素,因此对客户满意度的贡献程度要高些,物流运营服务体系次之,物流营销服务体系最后。

(2)在某些指标之间存在着相互悖反的关系,当物流企业过分强调某一个指标时就很有可能影响到另一个指标。这种情况特别容易在充分利用物流资源与提高客户服务指标之间产生,如运输活动环节中的车辆满载率与正点运输率和及时送达率三个指标,车辆满载率反映的是运输车辆的生产率指标,正点运输率与及时送达率则反映的是客户服务指标,当企业强调运输车辆的车载量,提高车辆利用率时,往往会造成车辆不能正点发车,进而无法及时送达,降低了客户服务水平。

所以,为了平衡这种指标间的悖反关系,需要综合考虑指标间的权衡关系,对全体指标进行整体综合评价。所以,对于众多指标组成的社会物流服务指标体系,由于每一指标对战略目标的重要程度不同,以及某些指标间存在的悖反关系,所以对于整个指标体系进行综合评价是必要的。

(二)客户的需求差异性

根据客户满意度的原理,我们可以看到客户的满意是个性化的,对满意度的判断是各种各样的,不同客户对同样绩效水平做出不同的满意度判断。这是由于客户实际特征(从事的行业、企业规模、业务范围等)的不同,对各项物流服务指标的重要程度的认识具有很大的差异,如表 9-6 所示。该表列举了办公系统和家具行业与塑料行业对物流服务指标的重要性认识的差异,从表中我们可以看出办公系统和家具行业认为最重要的三个物流服务指标分别是"制造商按承诺时间送货能力""履行订单的准确性""提前通知运输延误",而塑料行业认为最重要的三个物流服务指标则是"履行订单的准确性(运送正确的产品)""提前期的稳定性(卖方总能在期望的运到时间交货)""加急订单的快速反应能力"。在这两个行业认为最重要的前三项物流服务指标中,只有一项是相同的——"履行订单的准确性",而这一项的彼此排名也存在不同。经过比较,我们很容易可以看出这两个行业对物流服务指标的重要性认识存在很大的差异性,这对任何两个不同的行业来说,同样存在着。

所以,不同的客户对于同一个物流企业所提供的物流服务的质量认知是不同的,对整体满意度的感知也存在着很大差异,所以要根据不同的客户对社会物流服务指标体系进行综合评价,以更好地理解客户对物流服务的评价。

表 9-6　不同行业对物流服务的重要程度认识

办公系统和家具行业		塑料行业	
均值/标准差	说明	均值/标准差	说明
6.5/0.8	制造商按承诺时间送货能力	6.4/0.8	履行订单的准确性(运送正确的产品)
6.3/0.8	履行订单的准确性	6.3/0.8	提前期的稳定性(卖方总能在期望的运到时间交货)
6.1/1.0	提前通知运输延误	6.3/0.9	加急订单的快速反应能力
6.0/1.0	对客户投诉的处理	6.2/0.9	订货时提供的信息(预计发运日期)
5.9/1.1	订货周期的稳定性(小波动)	6.2/0.9	订货时提供的信息(预订发运日期)
5.9/1.0	制造商预测估计发送时间的准确性	6.1/1.1	订货时提供的信息(预计运到日期)
5.9/1.0	制造商愿意接受破损产品的退货	6.1/1.0	对投诉的反应(如订单服务、运输、产品等)
5.8/1.2	快捷运单承诺的提前期	6.1/1.0	承诺的提前期(从提货订单到送货到有现货)
5.8/1.1	交易订单的完成情况	6.0/1.2	订货时提供信息(库存可得率)
5.8/1.1	快捷运单的完成情况		

注:分值为 1~7。

二、社会物流绩效指标总体评价方法

社会物流绩效指标总体评价的方法有排列法、等级法、因素比较法、全方位绩效看板以及层次分析法等几种方法。

(一)排列法

排列法也叫排队法,在绩效评价中将评价对象之间进行相互比较,进行最优到最差的排列。这种方法是以评价对象的总体绩效为基础,按其总体效益和业绩进行排列比较,评出最好、次好、中等、较差和最差。其缺点是:①不是按评价对象的工作绩效与每项评价标准进行对照比较评分,而是根据总体的综合绩效进行比较,缺乏可信度和精确度;②无法鉴别处在中间状态的评价对象之间的差别;③在同一物流系统中的不同单位和部门之间无法进行排列比较。

(二)等级法

等级法是先制定具体的评价标准,在进行绩效评价时,以已制定的有关各项评价标准来评价每一个评价对象的业绩和效益。所谓等级评价法是首先明确并确定对物流系统的评价项目及影响因素,然后对每个评价项目制定出具体的评价标准及其要求,对每一项又设立评分等级数,一般分为五个等级,最优为 5 分,次之为 4 分,依此类推,最后把各项得分汇总,总评分越高,工作绩效就越好。这种评价方法比排列法科学,但是对每个评价对象有关方面都要确定相应的评价项目及评分标准,按其重要程度设置权数,评价工作量大而繁重,而且权数不易设置准确。

(三)因素比较法

因素比较法也称要素比较法,该方法是将评价对象分为若干要素或项目,每一个要素的评分又分为若干等级,一般分为三个等级或五个等级。三个等级为好、中、差;五个等级为优秀、良好、一般、较差、最差。使用因素比较法时,评委们根据自己对评价者的了解,在每一个等级中选择一个最符合评价对象的实际情况的答案,并在该等级中做标记。一般来说,人们在三个等级的评价中容易产生聚中趋势,也就是说易将等级评为中等。相对而言,五个等级的评价更为科学一些,对评价对象的绩效和评价更为确切一些。但评价要素等级划分过细,在评价时会对划分等级有影响。如打分过宽,就难以将评价结果区分其差距。这种评价方法的,适用范围很广,既可用于企业绩效评价,也可用于职工工作绩效的评价。

(四)全方位绩效看板

全方位绩效看板强调的是以完成企业整体目标为宗旨,因此各物流企业由于不同的市场状况、不同的整体目标、不同的发展战略、不同的竞争环境,而需要不同的绩效看板内容。换言之,绩效看板的内容是因公司的不同环境和需求而进行弹性调整,并非一成不变的。

(五)层次分析法

AHP 法是对定性问题进行定量分析的一种实用有效的多准则决策方法。其特点是把复杂问题中的各种因素通过划分为相互联系的有序层次,使之条理化。根据对一定客观现实的主观判断结果(主要是两两比较),把专家意见和分析者的客观判断结果直接而有效地结合起来,将每一层次元素两两比较的重要性进行定量描述;而后,利用数学方法计算反映每一层次元素的相对重要性次序的权值,通过所有层次之间的总排序计算所有元素的相对权重并进行排序。它的基本方法大致可以归纳为四步:①建立层次结构模型;②构造判断矩阵;③层次单排序权重的确定;④层次总排序的权重的确定。

第十章 物流服务绩效

第一节 物流服务概述

一、物流服务概述

1. 物流服务的概念

1955年，美国物流管理协会（council of logistics management，CLM）把物流定义为：
"物流是对货物服务及相关信息从供应地到消费地的有效率、有效益的流动和储存进行计划、执行和控制，以满足客户需求的过程。该过程包括进向、去向，内部和外部的移动过程以及以环境保护为目的的物料回收。"物流过程主要包括客户服务、搬运及运输、仓库保管、工厂和仓库选址、库存管理、接受订货、流通信息、采购、装卸、零件供应并提供服务、废弃物回收处理、包装、退货业务、需求预测等具体活动。

物流服务作为物流产品的表现形式，是指物流企业为了满足物流服务需求者的各种需要而投入的人力、物力、财力的产出表现，物流服务的最终目的是要为服务需求者提供一种需求可得性的保证。这种保证包括三个方面的内容：首先是备货保证，物流企业拥有服务需求者所期望的商品，即有提供客户期望的物流服务的能力；其次是送达保证，即物流企业应有能力在规定的时间内把商品送达物流服务需求者的手中，这就要求物流企业要拥有一定的运输资源或是拥有调动社会上其他运输资源的能力；最后是品质保证，即物流企业应能提供满足物流服务需求者所需质量要求的商品。物流服务围绕以上三个要素所开展的具体内容如图10-1所示。物流服务就是要满足服务需求者的需求，提供有效的供给，而且无论在量上还是质上都要使服务需求者感到满意。

物流服务根据不同的分类原则可以形成不同的物流服务类型。根据物流的技术性和整合性分为现代物流与传统物流；根据物流服务的提供方可分为第一方物流、第二方物流、第三方物流和第四方物流；根据企业内外部物流服务可分为企业物流和社会物流。

2. 物流服务的特征

物流企业所提供的物流服务，与其他产业产品相比，具有许多不同之处。总体来说，物流服务的特征有以下几个方面。

（1）附属性。

在整个物流活动的过程中，可以说物流服务是附属于商流而产生的，商流是指商品的所有权转移。而要想真正实现这种转移，利用物流服务是必需的，可以说商流的存在是发生物流服务的基本前提。物流服务需求者提出的服务需求不可能是凭空想象出来

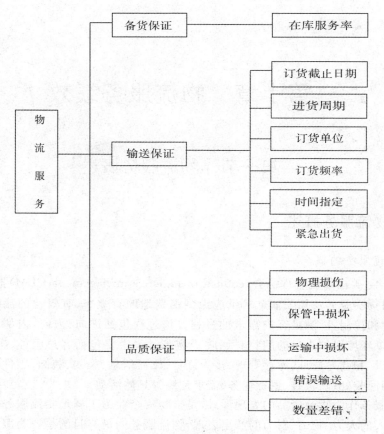

图 10-1　物流服务的三要素

的,而是以商流为基础,伴随着商流的发生而发生。

(2)非物质性。

物流服务不同于其他产业产品的一个最大特征是其产品属于非物质形态。物流活动生产出来的产品不是有形的产品,而是一种同时产生于生产、销售、消费三个环节中的即时服务。一般来说,有形的商品要经过生产、储存、销售才能完成服务的提供,而物流业务本身决定了其生产就是销售,就是物流服务。

(3)动态性。

物流服务所面临的客户是不固定的,而且地域分布较广。同时,也因为物流服务具有附属于商流的特性,使得提供物流服务的物流企业在运营过程中往往会处于一种被动的地位,诸如提供服务的时间、方式等,都要根据需求者的要求进行安排、调整,这就给物流企业提出了更高的要求。同时也要求物流企业提供的物流模式不能是一成不变的,而是应该根据需求者的要求进行实时调整,以满足客户的需求,这就决定了物流服务的动态性。

(4)专业性。

物流企业提供的物流服务,无论是在物流设计、物流操作过程、物流技术工具、物流设施还是在物流管理方面,都会体现专业化的水准。这既是物流消费者的需要,也是物流企业自身发展的基本要求。

（5）增值性。

通过物流服务一般可以使货物的价值或使用价值得以增加,而这种增值性主要通过独特的或特别的活动加以体现,主要活动是为服务需求者提供定制化或特制的物流服务,以帮助特定的客户实现他们的期望。增值性可以表现为提供产品包装、建立客户标志、创建特定的批量封装、提供有利于购买的信息、在产品上标价等。

（6）可替代性。

在我国,受到过去经济体制的影响,大而全、小而全的生产企业很多,这些生产型企业都具备自己进行运输、储存等能力,因此自营物流十分普遍。这就是说,从供给方面来看,物流企业所提供的物流服务具有一定的被自营物流所取代的可替代性,这就给第三方物流企业提出了更高的要求,同时这种可替代性也是物流企业在经营过程中遇到的难题之一。

物流服务主要是围绕着物流服务需求者的期望而展开的,在企业的经营过程中有相当重要的地位,已经成为企业差别化战略的重要一环。

3.物流服务重要性

对于物流服务来说,除了带有服务业共有的重要性以外,还从以下几个方面突出了物流服务对物流企业经营管理的重要性。

（1）实现企业差别化战略。

长期以来,物流的功能只是停留在商品运输和保管等一般性业务活动上,物流从属于生产和消费,呈现出的是单一化、大众化的特征。进入目标市场营销阶段以来,市场需求呈现出多样化、分散化和个性化的特点,而且需求的发展变化十分迅速。因此,企业必须实现差别化的经营策略,才能在激烈的市场竞争中立足和发展,企业差别化的一个重要内容就是服务差别化。因此,作为客户服务的重要组成部分的物流服务已经成为物流企业实施差别化战略的重要方式和途径。

（2）影响经营绩效。

目前,物流已经成为经营战略的重要一环,物流服务也越来越具有经济性的特征,即物流服务具有随着市场机制和价格机制的变化而变化的倾向,或者说,市场机制和价格机制通过供求关系既确定了物流服务的价值,又决定了一定服务水平下的物流成本。因此,制定合理的物流服务水准就成为企业战略活动的重要内容之一,对企业经营的经营绩效有着深远的影响。

（3）有效联结供应商、制造商、批发商和零售商。

随着经济全球化、网络化的发展,现代企业的竞争已经不仅仅是单个企业的竞争,而是供应链之间的竞争;企业的竞争优势不再是单个企业的优势,而成为供应链整体的优势。物流服务一方面以物品的物质实体流动为媒介,打破了供应商、制造商、批发商和零售商之间的间隔,有效推动商品从生产到消费全过程的顺利流动;另一方面,物流服务通过自身特有的系统设施(POS,EOS,VAN 等)不断将商品流转的重要信息反馈给供应链中的所有企业,并通过知识、经验等经营资源的不断积累,使整个过程能不断协调,不断适应市场变化,创造超越单一企业的供应链价值。

（4）降低成本。

合理的物流服务方式，不仅能提高商品流转的速度，而且能够从降低成本上来推动企业的发展，成为企业的第三方利润源。通过提供有效的物流服务，例如，精益物流、虚拟物流、共同配送等方式，大大降低了整个供应链的总成本。

二、物流服务战略

迈克尔·波特教授在他的名著《竞争战略》中曾归纳出三种基本的企业竞争战略类型：成本领先战略、差别化战略和集中战略。这对物流企业同样具有现实的指导意义。

（一）成本领先战略

成本领先战略要求企业具有有效规模的设备、严格的成本和费用控制、不断进行的技术创新。低成本可以抵御竞争，因为效率低的竞争者会在竞争的压力下受挫。实施成本领先战略通常要求在先进的设备上投入大量资金、采用攻击性的价格、在经营初期为占有市场份额而承担损失。服务企业可以通过多种方式来达到成本领先地位。

1.寻求低成本客户

对服务企业来说，向某些客户提供服务的成本，可能会低于向另一些客户提供服务的成本。例如，某一配送企业只向高科技企业提供产品的配送业务，因为该客户群的赔偿风险要低于一般客户，而且由于高科技企业习惯于通过电话、传真和电子邮件等方式来处理事务，这样就为企业节约了大量的交流时间，同时也节省了雇用推销人员所带来的巨额费用。

2.客户服务标准化

一般而言，提供标准化的服务易于形成规模经济，从而能够降低成本，而定制化的服务却是非常昂贵的。因此，对于某些日常性的、数量较大的需求，可以采取标准化服务的策略，从而降低服务成本。对于我国目前的大多数物流企业来说，由于定制化服务相对很少，大部分都是提供标准化服务，因此这一点的潜力不是很大。

3.减少服务人员

由于人工费用占据着服务成本的很大一部分，因此，在不影响到客户便利性的前提下，尽量减少服务过程中所涉及的人员，一方面可以降低服务成本，另一方面能有效缓解服务的多变性特点，易于向客户提供标准的物流服务。

4.降低网络费用

某些需要通过网络来向客户提供服务的企业，面临着巨额的开业成本。因此，如何有效地降低网络费用，是成本领先秘诀的所在。例如，电力公司需要在输电线上投入巨额的固定成本。联邦快递（FedEx）就有效解决了这一难题，它采用独特的"中心辐射网"，大幅降低了网络费用。

5.非现场作业

有些服务（例如理发）提供的是现场服务，因为只有客户在场才能提供服务。但是对于大多数物流服务来说,客户并不一定需要在场,完全可以将服务交易和服务作业进行分离,从而实现规模效应,降低成本。例如,装卸、搬运、运输、仓储等服务,完全可以采用非现场服务作业,享受规模经济和作业场地低成本的优势,从而大幅降低服务成本。

如果企业选择的是成本领先战略,那么,它的物流服务战略的基本定位应当是向客户提供标准化的服务,包括物流服务品种的相对稳定、服务水平的客户认同、服务程序的简洁规范等。

(二)差别化战略

差别化战略的实质是创造一种能被感受的独特服务。实现差别化战略有很多形式,包括品牌形象、技术、特性、客户服务、经销商网络等。差别化战略并没有忽视成本,但主要目的在于培养客户的忠诚度。实行差别化战略有以下 5 个步骤。

1.无形产品有形化

从本质上来说,服务通常是无形的。客户购买服务后没有留下能够产生记忆的实体。因此,为了使客户能够识别服务,可以采用某些有形的小物件来作为提醒,使无形产品实现有形化。

2.标准产品定制化

企业提供标准的服务产品能够降低成本,但是却很难与竞争对手进行区分,而且不容易使目标客户产生深刻的印象。因此花费少许费用,对标准产品进行定制化,就可以赢得客户的满意。例如,饭店经营者能够记住并叫出客人的姓名,将使客户产生巨大的满足感,从而留下很好的印象,并带来回头客。

3.降低感知风险

服务购买信息缺乏,将使很多客户产生风险感。由于服务的无形性、易消逝性和可变性,常常使客户对服务缺乏了解或信心,愿意花费时间和金钱进行了解。当服务提供者与购买者之间的信赖关系建立以后,客户常觉得多花钱也值得。

4.重视员工培训

由于人力资源开发和培训所带来的服务质量的提高,是竞争对手很难模仿的竞争优势。处于行业领导地位的企业,通常都拥有高质量的培训项目。因此对于采取差别化战略的企业来说,员工培训是一项重要的实施内容。

5.控制质量

企业应该采取一系列的手段来控制质量的稳定,具体的措施包括人员培训、明确的程序、明确的技术、限制服务范围、直接指导、同事间互相约束等。

如果企业选择的是差别化战略,将其作为企业的发展动力,那就意味着企业选择了创新服务,所以它的物流服务战略的基本定位应当是对不同的客户实行差别化服务,为满足客户的特殊需求向客户提供量身定制的服务。

(三)集中战略

集中战略的基本思想是,通过深入了解客户的具体需求,更好地为某一特定的目标市场服务。实施该战略的前提是与那些目标市场广泛的竞争者相比,企业能够对范围狭窄的目标市场提供更好的服务。该战略的结果是企业更好地满足了客户的需求,并且降低了服务成本,在一个比较狭小的目标市场中实现了差别化。

如果企业选择的是集中战略,就意味着企业选择了专业化服务。它的物流服务战略的基本定位应当是为特定的客户提供专门的服务或为特定的货种提供一般的服务。其实,集中战略是成本领先战略和差别化战略在细分市场中的应用。

相对而言,在物流服务领域要有效实施差别化服务战略的难度比较大。从现实角度看,实施标准化服务战略或专业化服务战略可能更符合我国物流企业的实际情况。其中,专业化服务战略应当成为物流企业的首选战略,理由如下:可以同时集中成本领先战略和别具一格战略的优点;有利于推动我国经济形态的工业化进程,即分工协作体系的发展和完善;有利于提高客户服务水平。这是企业服务资源集中化的必然结果;有利于物流服务的供需双方建立长期的合作关系;市场形象特征明显,有利于服务品牌的市场认同;有利于传统物流企业迅速向供应链管理企业的转变。

三、物流服务方式的选择

(一)确定合适的物流服务水平

1. 了解客户的需求

物流服务的内容很多,从规章的制定、货物的交付到售后服务,牵涉多个环节,可能的衡量指标有平均订货周期、订货周期偏差、发货准确率、订单信息的提供能力、投诉情况、产品回收政策、紧急订单的处理能力等许多种。不同的客户,对这些内容的要求有很大的差异。

近年来,针对第三方物流活动的调查分析表明,生产企业首先关心物流代理商的作业质量,其次是物流满足能力,最后是经济性。而商业企业却首先关心经济性,其次是物流满足能力,最后才是作业质量。以上的研究结果从一个侧面反映出国内物流服务需求与美国的差异。这一方面源于企业经营思路的不同,另一方面与企业经营产品的特点,如附加值水平、产品换代周期的长短等有直接关系,且与市场的整体环境密不可分。因此,改进物流服务的努力应该首先从了解客户需求开始,要得到客户需求的具体、准确的信息,针对本行业乃至自己主要客户的市场调查是必不可少的,只有经过充分的市场调查,才能针对客户的具体要求因地制宜地确定合适的物流服务战略。

2. 了解企业自身的表现

要确定合适的物流改进方案,仅仅了解客户的需求还不够,同时还要了解在客户的心目中,企业自身表现如何,将两者结合才能制定出有效的物流改进方案。企业通过市场调查得到客户对企业服务内容的认可程度(即客户心目中企业所提供服务的重要性)和对企业服务状况的评价(客户对企业实际表现的评判)。调查中要求客户对每一指标的重要性和企业表现打分,其中重要性分为不重要、重要和非常重要,企业表现分为差、中等和好三个档次。

3.平衡成本与收益,选择最优服务水平

物流服务水平的提高有利于创造需求,扩大市场,但要达到一定的物流服务水平,一定的投入又是必不可少的,服务水平的提高必然推动经营成本的抬升。

(1)物流服务与销售。

图 10-2 为我们展示了销售与物流服务水平之间的关系。很明显地,物流服务从无到有,从低水平到高水平,对销售的影响可以分成四个阶段。

第一阶段:无物流服务阶段,或者说物流服务为零。因为此时无法实现产品空间效用与时间效用,所以销售不可能完成。

第二阶段:入门期。由于竞争的压力,同行业企业纷纷提供各种形式的物流服务来促进销售的增长。以大家熟知的大型家电零售业为例,各零售企业普遍提供送货服务,空调、洗衣机等的销售商还同时提供安装服务,这已经成为行业内的习惯做法。假设某家企业没能达到行业的平均服务水平,那么继续提高服务质量会带来需求的增加,但由于仍然处于行业平均服务水平之下,所以市场反应不会过大,销售量增加有限。

第三阶段:上升期。企业提供同行业基本物流服务的同时,还提供有特色客户所需的其他物流服务。例如,在同行业其他企业仍是两周交货的情况下,将交货期缩短为 8 天,有助于客户减少库存,降低成本,这样将会使销售有较大幅度的增加,但销售收入的增长随着物流服务水准的提高呈现出明显的边际收益递减趋势。在某一服务水平下,销售额达到最高。

第四阶段:下降期。此时,服务水平的提高非但不能带动销售的增长,反而引起客户的反感,造成销售下降。这种局面并不常见,这可以理解为企业提供的物流服务过于周到,超出了目标市场的一般需要,客户非但没有享受到购买的便利,反而需要为被迫享受的众多服务支付额外费用,因此望而却步。

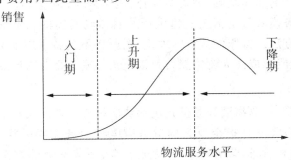

图 10-2　物流服务水平与销售之间的关系

(2)物流服务与利润。

物流服务水平与经营成本也呈正向关系,更多、更完善的物流服务,如更快捷的运输服务,更短的订货周期,更准确的单证等都涉及更多的人员培训,更严格的管理制度,有的还需要额外的设备投入,网络设施的建设。因此,提高物流服务往往首先引起成本的提高,其次才是得到市场的认可,增加销售。

因此,利润与物流服务水平之间的关系就如图 10-3 所示,选择合适的物流服务水平就要考察服务水平的变化对销售收益与成本的影响,平衡两者之间的关系,找到使利润最大化的服务水平。

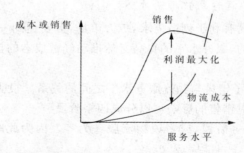

图 10-3 物流服务水平与成本之间的关系

(二)正确选择物流服务方式

1.物流服务模式

从服务角度来看,企业物流服务模式,包括自我物流服务模式、协作物流服务模式和第三方物流服务模式。

自我物流服务模式就是指企业在基于互联网技术的电子商务发展影响下,可以利用企业已有的物流资源,通过采用先进的物流管理系统和物流技术,不断优化物流运作流程,为企业生产经营发展需要提供高效、优质物流服务的基本方式。采用该模式一般需要企业拥有较好的物流资源,需要企业有较大的物流规模,需要企业将物流纳入发展战略。当然,随着物流规模发展,此种模式有扩展成为其他模式的可能性。

协作物流服务模式就是指企业在仅用自己已有的物流资源难以满足生产经营活动的需要时,与相关企业为有效解决物流问题而开展的物流服务协作的基本做法。采用该模式要注意企业之间的协作基础,即资源互补、运作合理、利益共享。

第三方物流服务模式就是指企业将生产经营活动所需的物流服务外包给第三方物流企业完成的基本方法。按照供应链的理论,企业将不具备供应能力的物流服务需要交给专门的物流企业,能形成强大竞争能力。该模式将成为企业物流发展的主导模式。

2.物流管理模式

从管理角度来看,企业物流服务模式包括功能物流管理模式和集成物流管理模式。

功能物流管理模式就是指企业为构造适应电子商务需要的物流系统,对物流各功能、各环节进行研究和管理,以建立一个功能健全、环节配套的物流运作系统的基本方式。一般注重物流运作中功能要素的管理,强调物流功能的操作性。

集成物流管理模式就是指企业将各种物流资源系统、各种物流活动系统以及企业内外各种相关系统用供应链思想整合、集成起来而形成统一、高效的物流管理体系的基本方式。主要有企业内部集成、企业外部集成和综合集成。该模式是目前企业物流管理发展的核心模式。

3.物流经营模式

从经营角度来看,企业物流服务模式包括连锁物流经营模式和代理物流经营模式。

连锁物流模式就是指企业在电子商务条件下,为了更好地发挥物流服务优势和品牌优势采取连锁形式而开展物流经营活动的基本方式。一般采用该模式应注意连锁经营的地域范围,注意连锁企业的实力和服务水平,注意连锁的规模效益。

代理物流经营模式就是指企业在电子商务条件下为新兴商务活动提供物流代理而开展的一种经营活动方式。采用该模式要注意根据实际情况合理决定经营项目和市场范围,注意选择合理的代理方式,注意兼顾委托方利益。

(三)物流服务方式选择的准则

1.以市场需求为导向

一般来说,以产品为导向的物流服务难以真正对应客户的需求,容易出现物流服务水准设定失误,也无法根据市场环境的变化和竞争格局及时加以调整。而以市场为导向的物流服务是根据企业经营信息和竞争服务水准相应制定的,与客户面谈、客户需求调查、第三方调查等寻求客户最强烈的需求愿望是决定物流服务水准的基本方法。

2.采取物流服务多元组合

随着客户业种和业态多样化的发展,客户的需求不可能千篇一律,因此,制定物流服务多元组合十分必要。物流服务也要考虑有限经营资源的合理配置,应根据客户的不同类型采取相应的物流服务。

3.发展特色物流服务

企业在制定物流服务要素和物流服务水准的同时,应当保证物流服务的差别化,形成物流服务的鲜明特色,这是保证高质量物流服务的基础,也是物流服务战略的重要特征。

4.注重物流服务灵活性

物流服务的变化往往会产生新的物流服务需求,在物流服务管理中,应当充分重视研究物流服务的发展方向和趋势,根据发展变化的物流需求提供高效的物流服务。必须在规范化、标准化物流服务的基础上注重物流服务的灵活性,以满足企业物流服务经营竞争的需要。

5.建立能把握市场环境变化的物流服务管理体制

物流服务水准是根据市场形势、竞争企业的状况、商品特性以及季节的变化而变化,企业在物流服务部门确立能收集物流服务信息、把握市场环境变化并不断发展提高的管理组织与责任体制十分必要。

6.强化物流服务绩效评价

物流服务绩效评价,其实质是现代企业物流服务能力、竞争能力、发展能力的评价。现代企业应从提高物流服务水平的角度对物流运作活动的总体绩效做出评价。在物流基本业务分析的基础之上,将整个物流系统进行投入产出分析,从而可以确认物流系统总体的能力、水平和有效性。

(四)物流服务与生命周期、成长战略的关系

1.物流服务的三维基本模式

物流服务、生命周期与成长战略三个维度相互联系构成一个三维立体模型。在这里,生命周期可以是零售企业业态发展周期、物流服务发展周期或市场周期的概念,其反映了零售企业在发展进程中的时间概念,可以用阶段、年、月、日等表示;成长战略就是零售企业跨区域发展的各种战略组合以及战略变化的情况,反映零售企业发展的方向概念,可以用战略名称表示;物流服务是一个项目或是一个具体服务内容,关键是用价值来表示在每个服务的设计、提供与应用中所投入的价值以及创造出来的价值。当三个要素结合在一起时,就构成了零售企业跨区域发展的物流服务的三维基本模式。

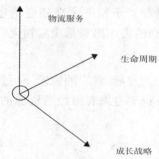

图 10-4 物流服务的三维基本模式图

2.物流服务与生命周期的关系

任何物流服务都是有时间性的,都会随时间变化而发展。同时,物流服务价值是不断变化的,既有投入及其投入变化,又有产出及其产出变化。把物流服务与生命周期两个概念组合在一起,就能反映出物流服务以时间为基准的价值变化,实现物流服务的科学选择。

3.物流服务与成长战略的关系

物流服务不能脱离企业战略需要而独立存在。不能与成长战略保持方向上的一致,物流服务的价值与意义就不能对零售企业跨区域发展产生促进作用。同时,当某个物流服务项目也构成为成长战略时,物流服务与成长战略之间的更为复杂、紧密的关系,是不可忽视的。

第二节 物流服务绩效内容

一、物流服务的特征对物流服务绩效评价的意义

(一)对战略目标的影响

不管是物流服务产品还是物流服务功能,它们的最终目标都是为了提高客户满意

度,因此,物流服务的最终目标也是为了提高客户满意度。社会物流服务的双重角色要求物流企业的战略目标需要达到双重的客户满意,即既要使客户企业对物流服务感到满意,而且还要让客户企业的客户也同样对其物流服务感到满意。

(二)对绩效指标建立的影响

从客户企业的角度来看,物流服务是其客户服务的一个重要方面,所以物流企业在建立绩效指标的时候,不仅仅是从客户企业的角度来思考问题,而且还要从客户企业向其客户提供的客户服务的角度,即从客户企业的客户的角度来思考问题。

(三)对绩效标准的影响

社会物流服务的双重角色要求物流企业在制定绩效标准时不仅要突破传统的只从企业内部收集数据的局限,从客户的角度收集数据,而且还要考虑客户的客户对绩效技术标准提出的要求。

二、物流服务绩效指标构建原则

根据物流管理协会认定的一个好的物流评价指标应有十大特性。

1.定量化

评价指标可以用一个客观值来表示。

2.易于理解

评价指标能让人理解它是衡量什么的,怎样才能得到衡量结果。

3.鼓励适当行为

评价指标与生产性劳动的报酬成正比关系,用于抵制生产过程中可能出现的轻视和松懈行为。

4.可见性

评价指标的效果在整个评价过程中是显而易见的,有一定的重要性。

5.达成共识

评价过程中,所有的参与者(包括内部的和外部的)对评价指标有一致的理解。

6.包括投入和产出两方面

评价指标包含评价过程的各个方面和各个因素。

7.只评价重要的方面

评价过程应关注那些对管理过程有重要作用的主要绩效指标或主要方面。

8.多维性

评价指标在利用率、生产能力和绩效等多方面进行平衡和折中。

9.经济性

评价过程中用于收集、分析的成本费用要低于评价带来的收益。

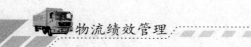

10.可信

评价指标确实被加入到评价过程的各个部分。

借鉴物流管理协会评价指标的特征,并根据社会物流服务具有双重角色的特征,认为其指标建立应该遵守如下原则。

1.确保评价指标与战略目标相一致原则

传统的评价系统,包括作业和管理控制系统都是由成本和财务模式驱动的,是围绕财务评价和财务目标建立起来的,与企业实现长期战略目标关系不大。由于过分关注短期财务评价,从而在战略的设计和实施之间留下缺口,造成战略制定和战略实施严重脱节。

所以,对于大多数组织来说,最严重的问题可能就是评价措施彼此之间或是评价措施与公司战略之间不能协调和整合。最近,一项针对英国制造企业的调查显示:112家公司的主管声称其公司在价格基础上进行竞争,而其中只有30%的主管声称,他们最关注的评估就是关于价格的评价措施。

在企业日益加强战略管理以获取竞争优势的今天,绩效评价系统应适应整体战略的要求,与企业战略经营目标紧密联系,并把绩效评价纳入整个战略管理过程之中,实施战略性绩效评价成为企业绩效评价发展的必然趋势。也就是说,要把企业的战略作为绩效评价的起点和管理的起点,通过绩效评价指标体系将企业战略目标转换成阶段性的战术目标,再将这些目标自上而下层层(高级管理人员、一般或中层管理人员和职员)转化为具体的评价指标内容,以便不同部门、不同人员明确各自的任务,高级管理人员清楚达到长期战略目标的关键因素,各部门和职员清楚各自所完成的任务对企业总目标完成的影响,从而有效地克服在传统管理体制下制定战略和实施战略之间存在的差距问题,并使得各部门在企业战略的统一部署下协调一致,实现整体利益最大化。

总之,通过绩效评价指标体系使企业的战略目标转化为阶段性的、具体的、可操作的并为大多数人所理解的目标,使绩效评价指标体系融入战略管理的全过程,真正体现为企业战略管理服务的思想。

2.切实了解客户需要原则

在评估的过程中人们通常会陷入这样一个误区,即只评价那些易于评价的事物。这就是为什么许多企业拥有上百套将重点放在内部运营和财务方面的规章,却很少有措施去了解客户的真实需求和愿望。上面描述的评价将重点放在了企业内部,它是从企业内部而不是从客户的角度来评估绩效,这使得评价变得简单。但结果是灾难性的,因为公司完全不懂得从客户的角度提高实际的绩效水平。

营销理念告诉我们,与产品相比,客户的需求才是真正重要的。从客户满意度观念中我们可以看出,客户满意度的产生在于企业能否满足或高度满足客户的期望。

另一方面,认为切实了解客户需要原则重要性的原因是企业并不能假设已经了解了消费者的期望,也不能假设客户的需求仍然没有改变,对于今天来说,非常重要的东西也许到了明天,标准就会发生变化。在《财富》的一项调查中发现,生产者和消费者不一定对产品和服务质量有相同的看法,美国最大公司的首席执行官们有60%认为质量上升了,而只有 13％认为质量降低了。而同时期的一项大规模的消费者调查显示,49％的回应者相信质量在下降,并且 59％的回应者相信还将继续下降。这些发现强调了两点,第一,没有像目标质量的事情(判断总是应该基于客户的感知),管理者关注客户满意应该找出客户如何感知质量;第二,纵观许多对质量的描述,我们能够得到结论,质量的感知涉及个人的偏爱,基于不同的标准、不同的客户和不同的形势,使用与消费产品和服务的感知是不同的。

因此,要从客户的角度出发,在构建绩效指标体系的时候要切实了解客户的需要,这样生成的绩效指标体系才真正有效,才能使客户真正感到满意。特别是社会物流服务的绩效评价中,更要注意这个问题,而且不仅要从客户企业的角度,还要从客户企业的客户的角度出发。

3.标杆瞄准原则

从客户的角度来制定标准能够提高相对的绩效,而标杆瞄准的方法却能够提高绝对的绩效。从客户的角度出发来提高绩效只是从客户所关心的核心价值方面的绩效水平的提高。而标杆瞄准通过瞄准现阶段行业内,甚至是全球的在某些方面的最佳实践来提高绩效,这不仅能够根据客户提出的期望有针对性地提高绩效,并且还能够实现客户未能想到的,为客户带来有利益的绩效,即提高客户的附加价值。所以在关注客户的角度的同时,也要关注标杆瞄准原则。

4.关注过程的原则

一般企业的评价是基于活动的评价。活动基础的评价是对某个过程或完成订单的单个活动的任务的评价。其评价的主要目的是测量工作努力的效率和效果,一般不评估满足客户的整条流程的绩效。很显然,这在于社会物流服务的评价过程中存在着很大的不足。

从社会物流服务的双重角色的分析中,我们可以看出物流服务产品是为客户创造和提供核心利益的主要源泉。客户选择某种物流服务产品是因为这种产品能够为其带来需要的核心利益。物流产品的某个活动或某几个活动由于具备特殊性,即差别于竞争者,如有一个立体式仓库、完备的信息系统,所以成为客户选择这种物流服务的原因,但这并不是客户满意的真正原因。有时这种要素并不能满足客户的期望,只是因为其他竞争者不具备而已,当其他竞争者也同样具备的时候,可能就不会选择你的产品。物流服务产品要素(包括物流服务产品的活动或活动的特性)对客户的影响如图 10-5 所示。

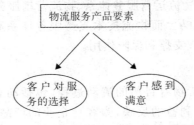

图 10-5　物流服务产品对客户的影响

要让客户真正满意的不仅仅是物流服务产品要素的特色,还有物流服务产品能够让客户企业的客户满意,即社会物流服务在作为服务功能时的高质量。为了衡量整个绩效周期时间或全面服务质量,这两种方法都衡量满足客户所需的所有活动的聚合效应,即对物流服务的流程进行评价。物流服务流程对客户的影响如图 10-6 所示。

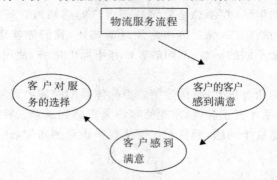

图 10-6　物流服务流程对客户的影响

所以,在对社会物流服务的评价过程中需要对流程进行评价,对整个物流服务过程对客户满意度传递的评价。

5. 注重指标内部相互联系原则

注重过程原则告诉我们,绩效指标的建立是为了满足社会物流客户需求的多个整合物流活动的指标的集合,而不是仅仅由某几个绩效指标组成的。所以在建立绩效指标时要注重指标内部相互联系。第一,评价指标必须在内部相互关联,避免彼此背反。如果选定了一项库存指标,应该相应地确立一项有利于客户需要的标准,这样才能做到完整、合理,避免在一项指标得到优化的同时牺牲另一项指标。第二,评价标准要使逆向生产行为或无用行为产生的诱因最小化,采用实用的方式促进工作的生产行为,保证生产行为的可靠性。

三、社会物流服务指标体系框架

(一)体系框架结构

本文采用肖斯旦克的"视眼分界线"的概念来构建社会物流服务体系框架。社会物流服务体系分成物流运营服务体系、物流营销服务体系、物流质量服务体系、物流技术支持服务体系和物流制度保证支撑体系。社会物流服务体系结构框架如图 10-7 所示。

从图 10-7 中可以看出:物流运营服务体系、物流营销服务体系、物流质量服务体系均属于物流核心服务体系的范畴。而物流技术支持服务体系和物流制度保证支撑体系属辅助服务体系,对核心业务起支撑和保障作用。

1. 物流运营服务体系

简单来说,物流就是指货物有目的的流动过程(包括动态过程和静态过程),这也是对物流服务产品提供的核心利益的反映,为客户企业的产品创造了时间和地点效用,而使其客户顺利得到产品。而现代物流经过了进一步地发展,其内涵得到了更多的延伸,在原有的基本活动的基础上,增加了许多在物流过程中创造附加价值的活动,这些包括为了实现有效率的、有效益的货物动态过程和静态过程的转变,而需要的所有活动的

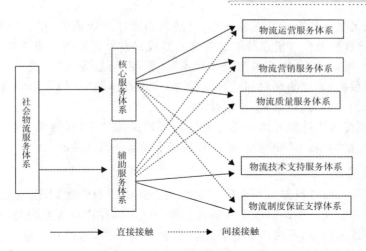

图 10-7 社会物流服务体系框架

集合。

物流运营服务体系是基于物流的活动过程,是物流服务产品的功能表现形式,它包括基本物流服务,如运输活动、仓储活动和配送活动,以及延伸物流服务,如信息服务活动、报关活动等。

2.物流质量服务体系

路易斯(Lewis)和布姆斯(Booms)把服务质量定义为"一种衡量企业服务水平能否满足客户期望程度的工具";格罗诺斯(Gronroos)则提出消费者"所感知的服务质量"概念,认为服务质量是一个主观范畴,它取决于客户对服务质量的期望(即期望服务质量)同其实际感知的服务水平(即体验的服务质量)的对比。他把服务质量分为"技术质量"和"功能质量"两类。前者是指服务过程的产出,即客户通过服务所得到的东西;而后者是指客户是如何得到这种服务的。

物流质量服务体系是指物流服务过程中,客户与企业之间的接触环节中所有能够影响客户对物流活动和物流过程产出的质量感知的客户与企业之间的接触,即物流质量服务体系是在企业向客户传递物流服务时与客户各种质量感知的综合。

3.物流营销服务体系

市场营销主张商业战略要以目标客户为中心的商业理念。这种理念认为,企业要想实现其商业目标,取得成功就必须比竞争者更清楚地认识到客户的具体要求,集中各种资源及运作来满足客户的这些方面的需求。从中可以看出市场营销的几个基本概念:①与产品和服务相比客户的需求更为重要;②不同的客户有着不同的需求;③只有从客户的角度来考虑产品或服务的定位和可得性才真正有意义;④对企业来讲,赢利水平比销售量更为重要。

所以,物流营销服务体系是指为了满足特定的物流客户需求,整合各种企业资源,向客户传递比竞争者更多的价值,使客户对本企业的物流服务感到满意的各种活动和过程的有机整合。

4.物流技术支持服务体系

技术对于物流协调运作的快速发展有着深远的影响。没有现代物流的技术与设备,就不可能有现代物流的形式与内容,尤其目前人们所津津乐道的"第三方物流""全程物流"更是基于计算机及网络信息技术的成熟才形成并发展起来的。物流技术从有形和无形的角度出发,可以分为"软技术"与"硬技术"。管理、信息等是"软技术",如信息网络、企业资源规划系统、先进的规划和进度系统等。"硬技术"指一切有形设备,如自动存取货系统(AS/RS)、物料搬运设备、输送设备等。

所以,物流技术支持服务体系是指对应用于物流活动中,或物流管理活动中的所有技术的组成,包括"软技术"和"硬技术",目的在于提高物流活动的运营绩效和管理效益。

5.物流制度保证支撑体系

企业制度是指以产权制度为基础和核心的企业组织和管理制度,它包括产权制度、治理结构和管理制度。企业制度是基于对各种经济主体在产权关系中的权利、责任和义务进行合理有效地组合,运用科学的管理方法和管理手段,通过对企业有机整体中的各个子系统、各个经营环节之间进行协调作用以及促进、发展与制约,使企业能够有效地进行生产经营活动。企业制度的最大目的就是对企业输入的人、财、物等资源进行统筹安排,提高企业生产经营的效率与效益。

物流制度保证支撑体系,是物流服务企业的运行机制,通过整合人、财、物等输入资源,协调物流企业的各运行子系统和各环节,提高运营效率和效益等输出结果。所以物流制度保证支撑体系能为物流服务企业的有效运作提供制度支持。

(二)物流服务体系间的关系

这五个体系之间相互联系、相互作用,共同对实现客户满意度做出贡献。

物流运营服务体系是物流服务的功能表现形式,物流服务成功的实现其时间和地点效用就是基于有效的物流运营服务体系的整合运作。物流运营服务体系主要反映在两个方面:物流业务运营能力(指各项业务功能的运作绩效及整合运作绩效)和物流业务结构(业务功能的组成及运营网络)。物流业务运营能力直接影响客户对物流服务质量的感知。而另一方面物流运营服务结构和物流业务运营能力又对客户满意度形成直接的影响。

物流质量服务体系是客户评价服务满意度的主要方面,由客户的期望服务质量和客户感知的服务质量所构成。物流服务作为一种服务产品,由于其无形性,使客户在购买前无法对其有感性的认知,客户只能会通过对物流运营服务能力和业务服务结构的判断来产生事先的满意,但是这种满意仅仅只能停留在事先客户未曾使用过之前,或者物流运营服务的结构具有独有性的前提下。当客户在使用时或与企业接触过程中感到不满意,或对服务的结果感到不满意的时候,并且这种独有性也不复存在的时候,客户就不会再对你的业务组合感到满意,并将中断购买行为。而真正能让客户感到满意,并维持其忠诚度,保持持续购买行为,那需要使客户对物流服务质量的感知并意识到物流服务产品能够为其创造价值。所以物流质量服务体系对客户满意度具有重要的影响力。

物流营销管理体系原则使客户有一个比较满意的效果,并且能够带动销售与服务的双向调节。营销管理对物流运营服务体系、物流质量服务体系和客户满意度都产生直接的影响和作用。一方面,通过营销活动,企业对客户物流服务的期望和需求取得真实和全面的认知,从而把这种客户的期望和需求转化成实际的物流服务运作方案来满足客户的需求,所以营销活动对物流运营服务体系具有指导作用。另一方面,营销活动通过营销策划,与客户进行整合沟通,向客户传递公司的业务运营能力、价格和客户服务等方面的信息,对客户做出服务质量的承诺,使客户对物流服务质量期望产生影响,即对物流质量服务体系产生了影响。再一方面,物流服务营销的宗旨就是为了满足特定的物流客户需求,通过整合各种企业资源,向客户传递比竞争者更多的价值,使客户对本企业的物流服务感到满意甚至忠诚。所以物流营销服务体系的运作能够直接影响客户满意度。

物流技术支持服务体系在整个物流服务体系中属于辅助服务体系,它的目的就是为了对核心服务体系的支持,使核心服务体系能够有效和稳定地开展。物流技术对于物流运营服务体系的支持作用主要表现在通过对各项业务活动运作方式和运营流程的改进,以改善各业务功能的运营效率及效果。物流技术支持服务体系对于营销活动的支持作用主要表现在"软技术"方面,特别是信息技术方面。在营销活动中,通过对"软技术"的运用,达到营销的创新活动,使营销活动对客户需求的认知变得更加精确,对客户的需求反应更加迅速、有效,能够为客户提供最符合其需求的物流服务产品,为其提供更多的价值。这一方面可以通过建立一个运转规范、不断发展壮大的客户企业数据库,保证物流服务营销的内容充满活力。物流技术支持服务体系对物流质量服务体系的支持作用主要表现在"硬技术"方面,客户通过对企业有形设备的感知而增加物流服务质量。

物流制度保证支撑体系在整个物流服务体系中也是属于辅助服务体系,也只是对物流核心服务体系的有效运作提供支持作用。物流制度保障支撑体系,对物流运营服务体系、物流质量服务体系和物流营销服务体系的最大支持作用是通过建立一套有效的企业运营的内在能力和运转方式,能够使它们的运作按照标准、以合理的方式展开,通过协调以减小它们之间的衔接缝隙,以此来保证各物流核心服务体系的运营绩效。

所以这五种物流服务体系之间及与客户满意度的关系如图10-8所示。

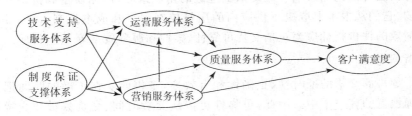

图 10-8　框架要素关系图

第三节　物流服务绩效管理

一、物流服务绩效分析

（一）物流客户服务创新理念

追求高质量，使客户满意等客户服务战略是创造企业竞争优势的决定性因素之一，利用物流能力贯彻服务为先以获取竞争优势，这种创新是基于以客户为核心的营销所做出的广泛承诺。其基本思想就是：物流企业若要以快于本行业的发展速度来扩大市场份额，从长期来看，取决于它能否吸引和拥有相关行业中的最成功的客户。

以此角度分析，物流客户服务也就是指物流企业为促进其产品或服务的销售，发生在客户与物流企业之间的相互活动。可以从 3 个方面理解物流客户服务。

（1）物流客户服务是为了满足客户需求所进行的一项特殊工作，并且是典型的专业性的客户服务活动，其内容包括订单处理、技术培训、处理客户投诉以及服务咨询。

（2）物流客户服务是一整套业绩评价，它包含物流服务可得性评价、订货周期和可靠性评价、最低订货数量。

（3）物流客户服务是一种理念，是物流企业对客户的一种承诺，不能仅仅把它狭义地理解为一种活动或一套业绩评价，而应该将客户服务思想渗透到整个企业。

物流客户服务已经越来越成为物流企业成功运作的关键因素，是增强服务差异，提高服务竞争优势的重要因素。物流领域中的客户服务的作用主要表现在三个方面：提高销售收入、提高客户满意度和留住客户。

（二）物流服务绩效分析

对于企业来说，客户服务绩效主要受到产品质量、服务质量、产品价格、柔性、交货可靠性和信息沟通等因素的影响。但是从供应链的角度来看，产品质量和价格并不是由零售商决定的，它们从根本上取决于供应商的质量控制水平和成本控制水平。因此，构成客户服务绩效的评价指标应当包括交货可靠性、柔性和服务质量等三个方面。

1. 交货可靠性

反映了零售商交货的准时性、正确性和有效性，零售商要在正确的时间把正确的产品送达正确地点的客户手中。因此，可靠性可以从交货时间、交货数量和交货质量等三个方面来进行。

（1）交货时间。

交货时间反映了零售商能否在正确的时间把产品送交客户，因此可以用准时交货比率，即准时交货次数（或者数量）占总交货次数（或者数量）的比率来表示。用次数来评价交货准时性具有操作简便、对数据采集的要求低、易处理等优点，用数量来评价则可以估计因未准时交货而增加的成本。

（2）交货数量。

交货数量反映了零售商是否能够把正确数量的产品送交客户，因而可以用正确交货比率，即正确数量的交货次数（正确的交货数量）占总交货次数（总交货数量）的比率来表示。这里的正确交货数量，是指实际交货数量大于等于客户订货数量的产品量，之所以包括大于的情况，是因为零售商可以把超过客户需求数量的产品自己带回去。

（3）交货质量。

交货质量反映了零售商能否把产品送交正确地点的正确客户，因而可以采用准确交货比率，即满足正确地点、正确客户的交货次数占总交货次数的百分比来表示。

2. 柔性

柔性反映了零售商对客户需求数量的变化、时间的变化和产品种类变化的适应能力，具体可以划分为数量柔性、时间柔性和产品柔性。

（1）数量柔性。

数量柔性主要是由客户需求变动引起的，零售商要想满足不同数量的需求，就必须保持充分的柔性。数量柔性反映了由零售商满足客户需求占总需求的比率。

（2）时间柔性。

时间柔性主要是由交货时间的变化引起的。客户在发出订单后，有时会提出缩短交货时间的请求，零售商要想满足这种要求，必须拥有足够的时间柔性，即应有充足的松弛时间来调整交货速度。因此，时间柔性可以采用能够缩短交货期的松弛时间占总的松弛时间的百分比来表示，其计算公式与对供应商的绩效评价相同。

（3）产品柔性。

产品柔性反映了零售商引进新产品的能力。尽管零售商本身并不直接参与新产品的开发和生产，但是由于一个零售商往往处于不同的供应链中，因而他可以从不同的渠道引进新产品，新产品的频繁引入会不断提升零售商的企业形象，留住老客户的同时吸引新客户的加盟，从而进一步带动供应链产品的销售，这种联动效应是增加供应链收益的一种非常有效的手段。产品柔性可以通过一段时间内新产品的数量占产品总数的百分比来表示。

3. 服务质量

由于零售商向客户提供的主要是延伸产品即服务，因此对于零售商来说，服务质量是影响供应链内部价值和外部价值的重要因素，通常可以采用客户抱怨比率和客户抱怨解决时间来描述。

（1）客户抱怨比率。

客户抱怨管理已经成为客户管理的一项核心内容，它反映了企业的事后服务质量。可以通过客户抱怨次数与总交易次数的百分比来表示。

（2）客户抱怨解决时间。

即从客户发出抱怨时刻起到抱怨得到圆满解决时刻止的一段时间，它反映了企业解决问题的敏捷性。通常可以采用满意解决次数占总抱怨次数的百分比。在实际中，满意解决次数可以定义为解决时间小于企业规定时间的次数。

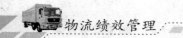
二、客户满意度评价

(一)客户满意的起源与发展

客户满意度概念最早起源于美国20世纪80年代初,当时美国的市场竞争环境日趋恶劣,美国电报电话公司为了获得更有力的竞争优势,尝试性地了解客户对企业目前所提供服务的满意与不满意点,并以此对产品质量、服务进行改善,获得了较好的收益。与此同时,日本本田汽车公司也开始关注这一领域,并将其应用、发挥得更加完善。

进入20世纪80年代中期,美国政府开始关注到企业界的这一变化,在国内部分大型企业的推动及通力协助下,于1987年建立了"马尔科姆·鲍德里奇全国质量奖"(Malcolm Baldrige national quality award),协助、鼓励、倡导企业全面导入"客户满意"管理技术,提高竞争优势。这一奖项的设立大大推动了"客户满意"的发展。当然,它不只是单纯考核企业客户满意度的最终得分,而是测评企业通过以"客户满意"为中心所引发的一系列进行全面质量管理的衡量体系。IBM、Motorola、先施等都是这一奖项的获得者,但至今全球每年获得这一奖项的企业没有超过五名。

瑞典于1989年建立起客户满意度指数模型,1992年日本政府注意到特别是世界500强企业的这一变化,同年开始向国内企业大力推荐"客户满意",并将1992年定为日本的"CS(customer satisfaction)"年。

1993年9月11日,美国政府根据克林顿一份《Setting Customer Service Standards》(设立服务标准)的文件,于1994年底推出美国客户满意度指数(America customer satisfaction index,ACSI),旨在帮助美国企业提高在国际市场中的竞争力,并通过ACSI指数的变化分析国内经济,提供政府制定经济政策的有效依据。

1998年以来,全球22个国家(主要是发达国家)建立了自己国家的客户满意度指数。

2000年4月,ISO国际标准组织对ISO的质量标准重新进行修订,修订原则第一条即为"以客户为中心",使得"客户满意"正式成为全球统一的质量标准!

(二)客户满意度模型介绍

客户满意与否是取决于客户的价值观和期望与所接受产品或服务状况的比较。客户的价值观决定了其期望值(认知质量),而组织提供的产品或服务形成(过程的输出)可感知的效果(感知质量)。两者对比确定了客户是否满意,图10-9为客户满意基本模型。

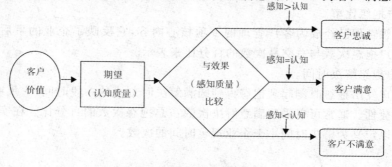

图10-9　客户满意基本模型

满意是可感知效果与期望值之间的差异函数。确定客户的期望即需求,是客户满意的前提。客户可以经历 3 种不同感觉状态中的一种:①如果效果低于期望,需求得不到满足,则客户不满意;②如果效果与期望匹配,需求得到满足,客户就满意;③如果效果超过期望,需求得到超额满足,客户就忠诚,非常满意。瑞典、美国、欧盟分别建立了各自的质量满意指数模型,并在模型中规定了结构变量和观测变量以及这些结构变量之间的因果关系。

(三)客户满意度的测评方法

1.客户满意度测评指标体系

目的:通过研究客户的期望与要求,了解构成客户满意与不满意的关键性焦点问题,作为"客户满意度"的测评依据及主要测评内容。

操作方式:首先细分客户群体,应用市场调查及统计技术进行分析,确定最终客户满意度测评指标体系。

应用领域:客户未满足的期望与要求无疑是企业市场机会或产品、服务质量提高、改进的有效范围;同时也是企业可以体现的优势所在。

2.客户满意度调查

目的:要求企业连续性进行"客户满意度"调查研究,了解不同时期客户期望和要求的变化趋势,随时调整"客户满意测评指标体系",同时获得各类客户及市场信息,作为下一步经营管理、战略决策的依据。

操作方式:市场调查技术及客户满意专业统计、分析模型。

应用领域:测评、了解企业经营成效,包括各部门、各环节、各流程,同时与其他硬性数据结合分析,获得下一步的决策依据。

3.客户满意度指数

目的:通过各个时期"客户满意指数"的对比、分析,理性指导企业经营决策。

操作方式:将各个时期客户满意度调查所获得的信息综合为一个"指数",这里必须强调的是所使用的统计、分析技术,要考虑数据的可比性。

应用领域:与行业指数及竞争对手指数相比,了解行业质量标准、竞争状况以及自己目前市场地位、竞争优劣势、薄弱环节所在,按轻重缓急有的放矢的安排下一步工作。

4.客户满意改进系统

目的:确保所获取各类信息的有效利用,要求企业根据自己情况建立有效改进系统。

操作方式:这里强调企业的执行能力及最高管理者的作用。内部由最高管理者及主要环节操作者组成客户满意改进小组,外部聘请专业顾问公司,共同推动和改进客户满意各项具体措施。

5.内部客户满意度研究

目的:在以"外部客户满意"为目标的同时,从内部管理入手,制定相互支持的管理、运作模式、流程、制度等。

操作方式:通过"内部客户"满意度调查、研究(注意:内部客户包括员工、供应商、所有合作伙伴等），对相应内部管理制度进行调整。

以上五个方面构成了完整的客户满意度研究的一整套内容，它们的目的和操作方式各不相同，是在客户满意度研究过程中分阶段实施的。企业在关注外部客户（直接客户）满意度研究的同时，也需要对加强内部客户满意度的研究工作，以使企业获得内外双赢。

三、物流服务绩效改进

成本的飞速增长给服务企业带来了巨大的压力，要求它们必须提高服务生产率，也就是加强服务生产力管理。该项管理的具体措施有以下三种：提高服务人员素质、节约服务成本和引进新技术。

（一）提高服务人员素质

应该说，服务人员的素质问题，对物流服务企业所能提供的服务质量和服务水平起着至关重要的作用，而且服务人员的水平和态度，更是影响客户满意程度的最重要的因素之一。因此对于物流服务企业来说，拥有一支素质过硬、态度良好、敬业的服务人员队伍，是一个极其重要的问题。解决这一难题，需要做到两个方面。

1. 提高企业员工的整体素质

提高企业员工的整体素质，可以有两种途径：一是对现有人员进行整体培训，并选择其中深具潜力的业务骨干，送到专门培训机构或者大专院校进行系统性的培训，从而成为内部培训的优秀人才；二是从社会上聘用工作更努力、技术水平更高的专业人才。

2. 建立有效的竞争机制

企业需要建立有效的竞争机制，彻底消除干多干少一个样、干好干坏一个样的大锅饭现象，对于优秀人才就是应该提供更优厚的待遇，提供更好的升迁机会和深造机会，而对于表现不佳的员工则应该在限期整改的条件下，采取减薪、降职甚至下岗等措施。通过这种竞争上岗、优胜劣汰等激励手段，逐步淘汰一批跟不上企业发展的人员，从而实现提高企业服务人员整体素质的目的。

（二）节约服务成本

对于加强生产力管理应该重视的另一个方面，就是节约服务成本。据统计，国内物流企业在提供同样的服务内容时，所付出的成本要远远高于国外同行，因此节约成本的潜力十分巨大。而对于节约服务成本的方式，则可以采取服务标准化、增加设备或减少人员、引进新技术新方法三种方式。服务标准化就是尽量将个性化的服务实现标准化，从而实现规模效应，节约成本；减少服务人员，则是在使所提供的服务在时间和空间上尽量做到均衡的基础上，减少冗余的人员，一方面能够降低人员成本，另一方面由于服务人员减少，服务质量的差异性也会随之降低，从而避免服务质量出现大幅变化。

（三）引进新技术

新技术可以帮助企业节约时间和资金，而且可以使服务人员的效率和积极性更高，从而提高服务效益。例如,自动查询系统,可以由客户自己将问题输入计算机,系统自动将答案输出。一方面可以使该项服务标准化,另一方面可以减轻服务人员的工作压力。但是企业必须防止过分强调生产率从而降低服务质量。一些提高生产率的方法能使服务质量标准化,从而增加客户对服务的满意度,但是另一些方法却会导致过度的标准化,从而减少客户化、人性化的服务。试图节约服务成本的做法会使企业在短期内提高效率,但也会削弱其该提高服务质量或满足客户需求的长期能力。因此,在有些情况下,服务提供者会降低生产率,以创造更多的服务差异或提供更高的服务质量。

第十一章 企业环境绩效与绿色物流管理

第一节 企业环境绩效概述

一、企业环境绩效评价的相关概念

定义反映了人们对事物的本质认识,提出一个合理完整的定义可以为进一步的理论研究打下一个良好的基础。因此,本文首先对环境绩效评价的相关概念进行界定,以便为下面的理论探讨奠定基础。

(一)企业环境绩效的含义

正确地定义企业环境绩效是进行环境绩效评价的基础,但是目前学术界并没有一个统一的定义。本文所指的环境绩效是企业在环境管理过程中,在环境保护、污染治理及资源循环利用等方面取得的环境保护成绩,包括企业为自身以及为整个社会的环境保护所作出的贡献。

(二)企业环境绩效评价的含义

国际标准化组织 ISO 发布的 ISO14031 标准,将环境绩效评价定义为:"审查组织环境因素以决定是否实现环境目标的工具。旨在向管理当局提供具有目标性和可验证的信息,以确定企业的环境绩效是否符合管理当局所制定的标准,进而改善环境绩效[①]。"虽然环境绩效评价进入公众视野的时间比较短,但是也经历了几十年的发展,在摸索中也积累了一定的经验。联合国经济合作与发展组织 OECD(organization for economic cooperation and development)、亚洲开发银行 ADB(asian development bank)和联合国环境规划署 UNEP(united nations environment programme)曾帮助我国开展广西壮族自治区环境绩效评估——大湄公河区域核心环境项目。目前,越来越多的国家、地区及企业相继开展环境绩效评价。

企业环境绩效评价可分为两部分:其一,内部环境绩效评价。即企业的内审机构根据获得的企业环境绩效信息(此种信息可以通过生产记录、平时积累和企业发布的可持续发展报告中的环境报告部分获得),定期评价其环境绩效的过程。它能评价企业在环境管理方面所做努力的效果,并发现企业存在的潜在环境影响,从而对症下药,实现企业经济效益、社会效益和环境效益的协调可持续发展。其二,外部环境绩效评价。即行业

---

①杨智慧.环境绩效审计定义探讨[J].财会通讯,2009(28):25-26.

管理部门或政府部门，出于对整个行业、整个国家，甚至是整个社会的环境保护的需要，通过从企业发布的环境报告中获取的环境绩效信息来评估企业的环境绩效。内部环境绩效评价是从企业的角度来考虑的，而外部环境绩效评价是从行业角度和政府角度来评价的，评价的主体是政府的环保部门或者委托的独立中介机构。本文是基于保护环境的角度，探讨企业环境绩效评价指标体系的构建，考核企业受托环境责任的履行情况。也就是说，本文对环境绩效评价的界定是外部环境绩效评价。

(三)企业环境绩效评价指标的含义

环境绩效评价指标是分析、鉴别搜集到的环境信息证据并最终得出评价结论的依据。企业环境绩效评价就是利用这些评价指标来考核企业的实际环境管理情况与可接受标准之间的差距，所以选取适合企业自身状况的评价指标对评价环境绩效是至关重要的[①]。

了解环境绩效评价指标的作用，有助于选取适当的评价指标，从而避免目标的冲突。环境绩效指标的主要功能如下。

(1)反映功能。

这是环境管理体系指标的基本功能。

(2)监测功能。

通过对环境状态的监测，可以帮助企业了解企业活动中可能存在的潜在环境影响。

(3)比较功能。

通过对同一时期、同一行业不同企业的环境绩效指标的比较，可以为企业的未来发展指出一定的方向；而对同一企业在不同时期的环境绩效指标的比较，则能够指明企业环境绩效的不足，明确改进方向。

(4)评价功能。

它是前面三种功能的延伸。在反映、监测和比较的基础上，对企业的环境绩效状况做出评价，并提出企业环境管理的改进意见。从这个意义上说，评价功能才是环境绩效评价指标的核心功能。

二、企业环境绩效评价的理论基础

没有一定的理论基础，环境绩效评价的理论和实务的发展就无从谈起。因此，在设计企业的环境绩效评价指标体系时还应该有其特有的理论基础。

(一)理论界对企业环境绩效评价的理论基础的确认与诠释

人们在研究环境绩效评价时，习惯把"受托经济责任理论""环境资源价值理论""环境管理理论"及"可持续发展理论"作为企业环境绩效评价的理论基础。

1.受托经济责任理论

1995年，最高审计机关亚洲组织第三次大会如期召开，大会最重要的贡献就是发表

---

①李雪.我国环境绩效审计方法研究评述[J].会计之友，2006(3):70-71.

了东京宣言。该宣言解释了公众受托责任的内容,即所有权和使用权两权分离之后,为了保证经营者能够有效履行受托经济责任而产生了审计,将之继续拓展到环境领域,就产生了环境评价。

在开展了一系列的环境财务审计和环境合规性审计之后,环境问题仍然没有得到明显的好转。因此,公众不仅关注各项环境法规政策的合法合规和环境保护资金的投入使用、分配和审批的合理性,更加关注环境保护的经济性、效率性和效果性,即环境保护的绩效。由此可见,环境绩效评价就是公共受托经济责任内容拓展的产物,也是一种有效控制企业在履行环境方面的社会责任的机制,是对受托方环境保护与管理的效果、效率进行监督与评价的最有效途径①。

2.环境资源价值理论

环境资源价值理论认为,任何资源以及环境都是有价值的。效用理论认为,只有效用与稀缺性相结合,才具备形成价值的充分条件。环境资源包括了阳光、空气、土地等有形和无形的物质,这些大自然中常常被人们忽略的物质,时时刻刻在满足着人类的需要,在人类的生存和发展过程中发挥着重要的功效。可以说,环境资源是社会经济发展的物质基础。在一定的时间和空间状态下,环境资源的供给和需求是保持稳定的,但是当人口和资本激增,需求量变得越来越大的时候,环境资源就会相对越来越稀缺。可见,环境资源同时具备了效用和稀缺性,因此,任何环境资源都是有价值的。

之所以提出环境资源价值理论,是因为环境资源的储量是有限的,随着人类的开发利用,环境资源正在逐步减少,而由于人类一般是按照"先易后难,先优后劣"的顺序开发环境资源,导致其开发利用成本逐步增加。因此,很多学者提出,必须构建环境资源价值核算体系并量化环境资源的价值。尽管就目前而言,环境资源的价值确认仍是理论界正在探讨的问题,但它明确了使用环境资源所必须承担的经济责任,是树立正确的环境资源观和开展环境绩效核算的重要理论基础,也是构建环境绩效评价指标体系的前提。

3.环境管理理论

环境管理理论是在环境领域中应用管理学的相关知识来研究环境管理行为的一种理论。它主要包括环境管理原理和环境管理方法。这些原理和方法也同样适用于环境绩效评价。比如,在环境中运用经济学原理而形成的环境经济学,为评价环境绩效的成本效益提供了新的经济评价理论。与传统的经济成本效益概念不同,环境绩效评价中的成本效益概念不仅包括经济成本效益,还包括环境成本效益和社会成本效益,这些成本效益有一些很难用货币准确计量,如森林对人体健康的影响。而这些对于评价环境效益是很重要的,如果忽略了,很可能会影响评价结论,因此,环境管理理论对环境绩效评价的开展起重要的作用。

4.可持续发展理论

学者们大多倾向于认为可持续发展理论是企业环境绩效评价的理论基础。它是在20世纪80年代以后全球性的环境保护和永续发展问题成为公众关注的焦点的背景下提

---

① 葛雪.企业内部环境绩效审计研究[J].兰州商学院,2008(5):10-11.

出的。1987年,世界环境与发展委员会(world environment and development committee,WEDC)在《我们共同的未来》的报告中,正式将这种发展模式命名为可持续发展模式。报告认为,可持续发展的灵魂是"既满足当代人的需求,又不损害后代人的发展需求"。这一理论鲜明地表达了两个基本观点:一是强调经济的增长不能以破坏自然环境为代价,人类的经济发展应当与自然环境相和谐;二是强调当代人在追求自己发展的同时,不能剥夺后代人同等发展的机会。

由此我们不难看出,随着资源稀缺时代的到来,可持续发展战略将影响着企业许多重大的经济决策和经济活动。企业在实现可持续发展的过程中,不能受眼前利益的诱惑驱动,只追求自身经济利益的最大化而忽视由此带来的环境破坏,或者为追求自身经济利益的最大化而浪费资源、破坏环境,应充分考虑到由此带来的环境风险,以免损坏企业乃至整个国家的可持续发展。要实现可持续发展,就需要对环境进行管理,无论是整个社会还是企业所造成的环境影响。

(二)基于可持续发展战略下的受托环保责任的考虑

在上述理论中,受托经济责任在环境保护方面的拓展,即受托环保责任主要强调的是接受社会公众委托进行环境管理的各类机构,承担着为保护社会公众的环境利益而从事环境管理并报告环境管理状况的义务,是环境审计产生的基本前提,但是没有体现出资源的可持续发展的思想,而我们之所以要加强环境保护来改善环境,就是要保证发展自己的同时又不损害子孙后代的利益。所以,单以受托经济责任来作为环境绩效评价的理论基础有点薄弱。

就环境资源价值理论而言,该理论强调的核心是环境资源的价值性以及计量的前提条件,但是似乎并不存在明显的受托环保责任,这与审计的产生基础受托责任不相符。因此,环境资源价值理论同样不能构成环境绩效评价的理论基础。

从环境管理理论涉及的内容来看,该理论主要是基于可持续发展的需要,为环境绩效评价中的成本效益提供了新的方法,是可持续发展理论的组成部分。但是同样忽略了受托环保责任,所以也难以将其界定为环境绩效评价的理论基础。

目前,大多数学者都认为可持续发展理论是对环境绩效评价影响最直接的一种理论。尽管可持续发展理论的提出源于环境保护,但是,可持续发展本身包含的内容是多方面的。不仅包括环境保护、污染治理,也包括发展卫生事业、完善社会保障体系等等与社会民生休戚相关的内容。在整个可持续发展战略中,环境问题仅仅只是其中的一个部分。所以,也不能直接将其界定为环境绩效评价的理论基础。

根据以上分析,笔者倾向于将可持续发展战略下的受托环保责任作为环境绩效评价的理论基础。首先,在国家与环境管理部门、环境资源所有者与企业之间形成新型的受托环保责任关系之后,委托者为了维护其利益,就会对受托者所负的受托环保责任的履行情况进行审查。可见,没有环保受托经济责任,就谈不上环境绩效评价。其次,环保受托责任在可持续发展战略下是客观存在的。为了实现企业的可持续发展,加强环境保护的强度,实现企业获得经济利益的目标,我国颁布了多部环境资源保护法律和法规。各项法规都涉及环境管理部门与企业所应承担的环保责任,这种环保责任就是环境管理部

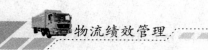

门和企业分别接受国家或环境资源所有者的授权而承担的受托环保责任。

三、构建评价指标体系的基本原则

评价指标是用来衡量企业环境管理活动的情况和效果,它是进行定量比较的依据。因此,评价指标体系要体现理论与实际的结合,应当分类清晰、层次分明、内容全面,同时又能反映出企业的实际环境状况。因此,在选取指标构建指标体系时应遵循以下几个原则。

(一)客观全面评价原则

构建企业环境绩效评价指标体系的过程中所选取的指标,要能客观地反映企业环境管理的状况,避免评价指标的主观性,运用这些指标能够真实地评价企业的环境绩效。指标的选取应参考有关标准和规定,兼顾企业的具体特点,保证选取的指标能真实反映实际环境绩效,切忌指标脱离实际状况。同时注意所选取指标的数据的可得性,能够通过官方公布的资料或者能通过上述资料中的数据间接得出,以免无法获得指标所需数据从而阻碍评价工作的开展。

(二)成本效益原则

运用成本效益原则,可以增强指标的实用性与可操作性。指标的生成需要收集大量数据,有的数据可以从国家年鉴中查阅,有的数据可以从企业生产经营记录中收集,还有的则需要利用专门的技术手段来获得。无论采取哪种方式收集数据都需要花费成本,如果花费的成本超过了该指标对评价工作的作用,那么该项数据的收集在经济上就是不可取的。因此,在选取指标的过程中要运用成本效益原则,按实际需要选取,既不可过多,也不可过少,尽量用较少的指标来反映企业环境活动中的关键问题。

(三)可比性原则

企业进行环境绩效评价,目的是通过与各行业或同行业中的其他企业的对比,了解企业在环境管理中存在的问题,并加以改进提高企业的环境绩效。因此,环境绩效评价指标应采用国际上普遍通用的概念、名称和计算方法,并在各个会计年度保持一致性,以保证能进行企业不同阶段的纵向可比和不同企业同一时期的横向可比[1]。

(四)定性和定量指标相结合的原则

企业环境绩效评价的内容既广泛又复杂,不太适合全部用定量指标来评价。如对环境法规的遵守情况、社区活动这些方面的评价,就只能通过定性指标将这些无法计量却反映了企业环境绩效状况的潜在因素纳入评价范围来定性地评价,据此得出综合的评价结论,避免评价指标的片面性。

---

①曹建新,詹长杰.我国环境绩效审计评价体系构建[J].审计研究,2009,8(16):82-85.

(五)财务指标与非财务指标相结合原则

企业的环境绩效与经济绩效是相关联的,一项环境活动影响的不仅仅只是环境绩效,也会影响经济绩效。如废弃物的再回收利用,在改善企业的环境绩效状况的同时也降低了企业的生产成本,影响企业的财务业绩。因此,不能只关注环境治理的效果,忽视在环境治理的同时所带来的经济效益。将财务指标和非财务指标相结合,使企业看到保护环境所带来的经济效益,这样有利于调动企业的积极性,也能够更加全面地反映企业的环境绩效。

(六)与其他指标体系相结合原则

环境绩效涉及企业的生产、产品、服务、管理等各个方面,这决定了建立的指标体系必须具有足够的涵盖面,全面反映影响企业环境活动的各个方面。在选取环境绩效评价指标的过程中,应当充分考虑现有相关领域指标体系的内容,应当与现有的经济、社会、环境管理等方面的指标体系衔接起来,相互补充、相互协调。同时,随着企业绩效审计的不断完善,环境绩效评价纳入企业绩效评价中,综合反映企业的发展能力是一个必然的趋势,因此,在选取指标体系的过程中,还要考虑到与企业现行的评价指标的兼容性。

四、构建评价指标体系的依据

(一)国外环境绩效评价指南

1989 年,挪威海德鲁(norsk hydro)公司发布报告首次将其环境业绩对外披露,这是世界上第一份环境发展报告,标志着实践中对企业环境报告和环境绩效评价的关注。在此之后的近 20 年发展过程中,许多国际组织以及有关部门纷纷发布环境报告指南,对环境绩效评价标准做出规定,但是仍然没能形成一个国际上通行的环境绩效评价标准。

1. ISAR 环境信息披露国际指南

联合国国际会计与报告标准政府间专家工作组(international standards of accounting and reporting,ISAR)为企业环境绩效评价进行了大量的研究工作。1992 年,ISAR公布了披露环境信息的第一份指南,1998 年根据新发现的问题对原指南做了扩充和修订,确定了几个关键性的环境绩效指标,包括环境影响最终指标、潜在环境影响的风险指标、排放物和废弃物指标、投入指标、资源耗费指标、与环境相关的资本性支出和运营成本等财务指标。此后,ISAR 又相继发布了《环境会计和报告的立场公告》和《企业环境业绩与财务业绩指标的结合(生态效率指标标准化的方法)》等新的国际应用指南,将企业的责任从对股东的财务责任扩大到社会责任和环境责任,促进了各国对环境绩效的研究和应用。

ISAR 在《企业环境业绩与财务业绩指标的结合(生态效率指标标准化的方法)》中提出一种对环境绩效指标和财务绩效指标进行标准化的思路和方法。具体内容如下:在环境绩效指标的选择上,主要以《21 世纪议程》《蒙特利尔协定书》和《京都协定书》三个对全球公认的环境问题进行治理的协议作为依据。针对全球范围内所有国家和地区所共有的环境问题,将宏观层面上的环境问题(如全球变暖,臭氧层损耗)和微观层面上的企业行为(如能源利用)相结合,选择对环境绩效和财务绩效均有直接影响的指标。

表 11-1　ISAR 的环境绩效指标

依据	指标实例
《21 世纪议程》	大气层的保护、淡水资源的供给与水质的保护和固体废弃物与废水相关问题的环保管理
《京都协定书》及《蒙特利尔协定书》	不可再生资源的耗竭、淡水资源的耗竭、全球变暖、能源和与能源相关的导致全球变暖的气体排放、其他导致全球变暖的工业排放物、臭氧层的损耗问题、对臭氧层有害的物质的使用、对臭氧层有害的物质的排放、固体和液体废弃物的处置

将上述环境绩效指标与财务绩效指标结合起来,可得到很多生态效率指标,例如,能源成本/销售收入、能源消耗量/增加值等。

该指南反映了环境绩效与经济绩效的关系,而且所选用的环境业绩指标和财务绩效指标都是国际上通用的,计算出来的结果具有可比性。但是没有考虑到如内部环境管理等其他方面,考虑不够全面,用此指南建立的指标体系不能全面评价企业的环境绩效。

2. CICA 环境绩效报告

加拿大特许会计师协会(canadian institute of chartered accountants,CICA)在环境会计领域的研究比较超前。1994 年,CICA 在了解企业自愿报告环境信息的需要之后,联合加拿大标准协会(CSA)、国际可持续发展协会(IISD)合作发布了《环境绩效报告》,为企业报告环境绩效信息提供了指南。

CICA 在《环境绩效报告》的附录 C 中列出了不同行业的环境绩效指标。该报告列举了资源、公用事业、大型制造业、小型制造业、零售业、交通业和其他服务业共 7 种行业 15 个方面的环境绩效指标,内容涉及对野生动植物的保护、对土地的破坏和恢复、采掘、使用再生资源、污染预防、固体废物的管理、危险废物的管理、能源的保护、空气方案、水方案、自我监控方案、对环境负责的产品与服务、科技的创新、员工对环境问题的认识、法律法规的遵守情况、与利益相关者的沟通情况、环境绩效的分析等方面。此外,CICA 还建议应该针对不同的使用者,分别采用不同的环境报告方式,有针对性地提供不同环境信息。此环境报告为企业进行环境绩效评价提供了参考指标,但是该指标主要针对的是外部利益相关者的需要,不一定适用于企业环境管理。

3. ISO14031 环境行为评估指南

1993 年,国际标准化组织(international organization for standardization,ISO)开始研究制定 ISO14000 环境管理体系国际标准,在充分考虑了组织的地域、环境和技术条件不同的基础上,于 1999 年正式发布了 ISO14031 环境行为评估指南。它没有设立具体的环境绩效指标,而是提供了一个"环境绩效指标库",满足组织内部设计和实施环境绩效评估的需要,是一个指导性的准则。

根据 ISO14031 的规定,环境绩效评价指标如下。

(1)环境状态指标。

环境状态指标也即外部环境状况指标,可以提供组织对周边地区、全国性乃至全球性的环境的影响信息,其影响范围包括空气、水、土地、植物、动物甚至是人类健康。如企业排放的废气对当地空气质量的影响、对人类健康状况的影响等,是最基本的考虑因子。这些指标可以帮助组织了解可能对环境存在的潜在影响,有助于环境绩效评估的规划和施行。它通常是地区、政府等研究团体研究的内容,很少在个别企业中采用,除非企业是对当地环境造成影响的主要污染源,更多的是在公共机构中采用。常见的环境状态指标如表 11-2 所示。

表 11-2　环境状态指标

影响范围	指标实例
当地性	工厂附近土壤中特定污染物浓度、某种生物体内毒性物质的累积含量、空气中某种毒性物质的浓度等
区域性	水中 N/P 的浓度、工厂废水排放口附近水质变化、年用水量等
全球性	资源开采量、能源年用量、单位产品氟氯碳化物消耗量、单位产品二氧化碳排放量等

(2)操作绩效指标。

操作绩效指标反映组织在经营活动过程中的环境绩效,是反映组织环境绩效的重要指标。包括企业整个生产运营过程,从物料的采购、生产到产品输出、废弃物排放对环境的影响。每个企业都可以使用该项指标。常见的操作绩效指标如表 11-3 所示。

表 11-3　操作绩效指标

类别	指标实例
资源	回收物料再循环利用比例、单位产品原物料使用量、单位产品使用危害物质数量、单位产品产出包装数量、单位产品用电量、单位产品能源用量、单位产品用水量等
产品	产品不合格率、单位产品产生的副产品数量、不含危害物质产品比例等
污染物	由原物料替代所减少的有害废弃物量、单位产品造成空气污染物的排放量、温室效应气体、SO_X、NO_X 排放量、单位产品废水排放量、特定区域噪声、辐射减少量等

(3)管理绩效指标。

管理绩效指标反映管理层为改善组织环境绩效,在环境管理方面所做出的努力,有助于评估组织的环境管理效能。这也是在环境管理系统中寻找绩效指标时最直接的来源,可以组织所制定的环境政策、目标为基准,来评价环境绩效是否达到预定目标。常见的操作绩效指标如表 11-4 所示。

表 11-4　管理绩效指标

类别	指标实例
环境守法	对环境法规的遵守情况、年环保罚单次数、违法罚款支出等
内部环境管理	环保投资比例、环境教育训练、所获环保奖项个数、管理阶层会议讨论环境议题比例、执行特定环境规范与操作实务的程度等
社区关系	相关投诉案件个数、为社区环保活动提供的资金、小区对环境抱怨次数等
安全卫生	环境事故发生的件数、职业病件数等
财务绩效	废弃物处理费用、投资污染防治措施金额、污染防治措施操作维护金额等

ISO14031 环境绩效指标体系为面临不同环境问题的企业进行环境绩效评估提供了一个综合性的框架,企业可以根据该指标库,选取合适的评价指标,建立环境绩效评价指标体系,但是该指标库也有不足之处,它没有设定核心指标和辅助指标,可比性不强,也不能直接反映企业的经济效益,不能很好地调动企业进行环境管理的积极性。

4. WBCSD 生态效益指标架构

1992 年,世界可持续发展商业理事会(world business council for sustainable development,WBCSD)在里约地球高峰会议中提出生态效益的概念,目的是促使企业在获取经济利益的同时兼顾生态环境的平衡。1998 年,WBCSD 开始进行"生态效益指标与报告"专案,在数十家企业中试行之后,于 2000 年 8 月提出了全球第一套生态效益评估标准,用于评估企业的环境绩效,是企业与内外部利益相关者之间就企业的环境状况进行沟通的重要工具。

WBCSD 制定的生态效益指标架构可以用以下通式来表示:

生态效益＝产品或服务的价值/产品或服务造成的环境负荷

其中产品或服务的价值主要计量产品或服务的数量、金额和功能,可以用产量、营业额、收益率等来表示;而造成的环境负荷又包括创造产品或服务过程对环境的影响和使用产品或服务过程对环境的影响。创造产品或服务过程对环境的影响主要计量能源消耗、材料消耗、自然资源消耗、除产品意外的其他产出和意外事故等;而使用产品或服务过程对环境的影响主要计量产品的特性、包装中产生的废物、使用或废弃时产生的排放物和固体废弃物的千克数等。

这个通式可以用来计算各个不同的生态效益指标值,根据每个企业的实际情况,选择出适当的分子和分母。为了使生态效益指标框架可以应用到更多的行业和企业,WBCSD 将生态效益指标又划分为即各行业可通用的"核心指标"(generally applicable indicators)与各行业特殊的"辅助指标"(business specific indicators,BSI)。WBCSD 建议的核心指标与辅助指标如表 11-5 所示。

表 11-5　生态效益指标

项目	核心指标	辅助指标
原则	可应用于所有的企业	根据特定企业的实际情况而定
测量方式	普遍能接受的一般定义	根据需要而设定的
产品或服务的价值	单位产量、净销售额、毛利、利润、收入等	根据不同的企业特性而有不同的指标
产品或服务造成的环境负荷	能源消耗量、温室气体排放量、固体污染物排放量等	有不同的指标

生态效益指标被区分为核心指标和辅助指标,并不意味着核心指标比辅助指标更为重要。核心指标几乎适用于所有企业,但是不同行业的企业存在的环境问题会有所差异,这时候就需要根据不同的环境问题设定不同的辅助指标来反映。WBCSD 认为企业可以 ISO14031 指标体系为依据,协助选择具有参考价值的辅助指标。生态效益指标直接反映了企业的经济效益,能很好地调动企业进行环境管理的积极性,但是只考虑到环境与经济的关系,没有考虑到与环境有关的其他各个方面的影响,而且没有排除那些影响经济利益但与环境影响无关的因素对生态效益指标值的影响。

5.日本环境报告指南

2000 年,日本环境厅发布了《环境报告书编制指南(2000 年度版)》,专门说明了企业环境效果的确认问题,并提出建立环境保护效果评价指标和环境保护对策的经济效果评价指标来对企业的环境绩效进行评价。

2001 年 2 月,日本环境厅提出用环境政策指标体系来评价企业整体的环境绩效。此后为提高指南的实用性,组织了 21 家企业开展对指南的试点运用,并结合试点的结果对 2000 版的指南进行了修订,于 2004 年 3 月发布了《环境报告书指南(2003 年度版)》。2003 年版取消了 2000 年版中的行业指标,将环境绩效指标分为以下三类。

(1)运行指标:物质、资源输入输出的指标。其中输入类指标包括能源总投入量、物质总投入量及水资源投入量,输出类指标包括温室气体排放量、化学物质排放量及输送量、产品总生产量或销售量、废弃物等排放总量、废弃物等最终处理量及总排水量。

(2)环境管理指标:与企业活动有关的环境管理以及与企业环境相关的社会贡献活动指标。

(3)经营指标:企业实施经济活动所投入资源的指标。

2005 年,日本环境厅又发布了 2005 版,重新修订了环境保护收益概念,将"释放到大气中的数量指标"改为更具实用性的指标"释放的温室气体的体积",使之更利于指标的计算。

日本环境厅发布的环境报告指南与其他指南相比,突出点在于:它提出了运用生命周期环境影响指标,即原材料供应商、运输过程和产品使用环境绩效指标,从源头上预防污染。这对企业环境绩效评价工作的开展具有一定的参考价值,但是该指标对财务指标的涉及不够。

6.GRI 可持续发展报告指南

为了鼓励企业披露经济、环境和社会这三个方面的信息,2000 年,全球报告倡议组织

(global reporting initiative,GRI)发布了《可持续发展报告指南》,2002 年又重新进行了修订。以进一步提高可持续发展报告的质量和实用性,2006 年 10 月,GRI 又发布了《可持续发展报告指南(第三版)》,即 G3。GRI 制定的环境绩效指标体系,涵盖了经济、环境和社会三大方面的内容,其中环境方面包括对生态系统、土地、空气和水等的影响,共有 15 个核心指标和 15 个附加指标。这些环境绩效指标详见表 11-6。

表 11-6　GRI 的环境绩效指标

类别	核心指标	附加指标
原料	1. 所使用原料的重量或体积 2. 所使用的可再生原料的百分比	
能源	1. 采用一次能源的直接能耗 2. 采用一次能源的间接能耗	1. 因节约或提高效率所节省的能源 2. 基于产品和服务提高能源效率或再生能源的方法,以及能源需求的缩减量 3. 减少间接能耗并且实现缩减的倡议
水	总用水量	1. 受用水影响较大的水资源 2. 回收和再利用水资源的百分比和总量 3. 各种品质和不同排放目的地污水的总量
生物多样性	1. 所拥有的、租赁的、管理的或邻近的土地、保护区和保护区外具有高生物多样性价值区域的位置和大小 2. 对保护区和保护区外具有高生物多样性价值区域边界的行为、产品和服务方面重大影响的阐述 3. 受保护的或收回的栖息地	1. 管理生物多样性方面影响的策略、当前措施以及未来计划 2. 国际自然与自然资源保护联合会红名单上的物种数量和国家保护物种清单,以及受运营影响区域的栖息地和濒临灭绝的物种 3. 受该报告组织用水和废弃物影响重大的水体和栖息地的特性、规模、保护状态和生物多样性价值
产生的废气、废水及废物	直接和间接温室气体排放量	1. 其他相关直接温室气体的排放量 2. 破坏臭氧气体的排放量 3. NO,SO,以及其他大量排放气体的类型和重量
污染防治	1. 减轻产品和服务对环境影响的方法以及减轻的程度 2. 所出售的产品及按类别回收的包装材料的百分比 3. 各种类型和分类处理垃圾的总重量	1. 重大泄漏事故的次数和体积 2. 根据《巴塞尔公约》附录Ⅰ,Ⅱ,Ⅲ和Ⅷ所定危险垃圾运输、进口、出口或处理的重量及百分比
环境费用	各类型环境保护支出和投资总额	
违规的罚款和处罚	未遵守环境法律法规而受到的重大罚款的款额和非金钱惩罚的总数量	
其他环境管理项目	减少温室气体排放并达到目的的倡议	运输产品及其他货物,以及运输人员所带来的重大环境影响

GRI 尝试根据企业外部制定的标准自愿报告数据来解决行业内数据的兼容性问题,

核心指标与大多数企业及其利益相关者相关,附加指标则只要求企业向特定的需求者提供。GRI还鼓励企业将其环境绩效与当地的、区域的或全球的环境承受能力相联系。各行各业都要可以运用该指南,但是实际运用存在困难。

(二)国内环境绩效评价指南

1.国家环境保护总局之规定

2003年,国家环境保护总局发布了《关于对申请上市的企业和申请再融资的上市企业进行环境保护核查的通知》(以下简称《通知》),目的是为上市企业建立环境绩效评估指标体系提供可靠依据。

《通知》主要针对的是重污染行业申请上市和申请再融资的上市企业。

在进行绩效评估时,可以根据《通知》要求的审查内容,并根据每个企业的实际情况有所增减来构建有中国特色的环境绩效评估指标体系。

2.中国商品学会环境绩效评估通则

2004年10月1日,中国商品学会发布了《环境绩效评估通则》,此通则是实施环境绩效评估的指导性文件,是进行环境绩效评估所必须遵循的方法和原则。运用该通则可以识别环境问题、确定需要控制的环境因素、建立环境评估指标体系及依据这些指标评估环境表现。

通则提供的强制性环境表现参数指标32项,合计64分,这是必须评估的;推荐性指标43项,合计43分,可以自愿决定选取。然后根据选取的环境表现参数和评估的分值,得出不同等级的评估结论:90分以上的等级为优秀—企业的环境表现在该产业中是优秀的,需要保持和持续改进;89~75分数段的等级为良好—企业的环境表现在该产业中是良好的,在某些方面需要改进;74~60分数段的等级为合格—企业的环境表现在该产业中是合格的,需要系统地分析和提高;60分以下的等级为不合格—企业的环境表现在该产业中是不合格的,应进行全面整改和提高。

五、企业环境绩效评估指标的设计

以上面评述的国内外环境绩效评估标准为指导思想,结合我国企业的实际,借鉴可以借鉴的思路、内容、指标等,从下面几个维度来设计企业环境绩效评价指标体系,以实现企业的环境管理目标。

1.财务维度

财务维度的目标是"怎样满足股东"这类问题,表明企业的努力是否对企业的经济效益产生了积极作用。ISO14031环境评估系统的缺点之一就是建立的指标体系没能有效地和企业的经济效益挂钩,不利于很好地调动企业进行环境管理的主动性和积极性。只有使企业管理者认识到进行环境治理的最终目的是为企业带来长期的、可观的收益,实现企业的可持续发展,企业管理者才能自愿地进行环境保护。因此,笔者认为从财务维度设计指标使企业的环境绩效和经济绩效有效地结合是必要的。在这个维度设计的评价指标应包括年节能效益、环保设施投资收益或收益率、考虑环境污染产品利润率、因降低能耗而节省的投入金额、"三废"综合利用收益或收益率、环境成本收益率等。

2. 内部环境管理维度

内部环境管理维度是解决"是否建立环境管理机制"这类问题,环境目标的实现依赖于内部环境管理系统的支持。设计这个维度的评价指标可以借鉴环发[2003]101号文和156号文的内容,可以包括建立环境管理系统的情况、环境守法类指标。

建立环境管理系统的情况可以由有无企业的环保方针、有无环境保护规划和治理制度、有无环境检测制度、主要环境问题预警是否准确、重大环境问题应急处理是否及时恰当等指标组成。环境守法类指标又可以细分为:是否依法缴纳排污费金额、是否依法进行排污申报、是否依法申领排污许可证、排污口整治是否符合规范化要求、主要排污口是否按规定安装了主要污染物自动监控装置及其运行是否正常、污染防治设施正常运转等具体指标。

3. 生命周期维度

日本环境厅发布的环境报告指南提出运用生命周期环境影响指标,从源头上预防污染。我国学者林逢春、陈静(2006)也认为与其等企业出现了环境问题再想办法治理,不如在源头上去除污染。生命周期维度要求从能源、生产过程、产品使用到回收处理的整个过程都要严格控制污染[①]。

这个维度的指标可以从以下方面来设计:原料指标、产品生产过程指标、运输过程指标、回收处理指标。原料指标可细分为原材料指标、能源指标和水资源指标;产品生产过程指标细分为废水排放总量和废水中主要污染物排放量、废气排放总量和废气中主要污染物排放量、固体废物产生量等指标;运输过程指标可由产品运输过程中对环境的影响情况指标来反映。回收处理指标可以用工业废水重复用水率、固体废弃物综合利用率、固体废弃物处置利用量、危险废物安全处置量等指标来表现。

4. 利益相关者维度

利益相关者维度是解决"外界对企业的态度"这一类问题。只有了解和不断满足外界的需求,企业才能获得永久的经济增长,实现企业价值。

这个维度的评价指标应包括与外界沟通情况的指标和环境状态指标。与外界沟通情况的指标有:环境报告的发布情况、所获环保奖项数、环境事故发生件数、相关投诉案件数、职业病件数、为社区环保活动提供资金、环境报告的发布情况等。环境状态指标可细分为当地性指标、区域性指标和全球性指标。

5. 发展潜力维度

发展潜力维度是解决"能否继续创造价值"这一类问题。企业管理者对环境管理的关注是决定企业能否做好环境管理工作的关键。这类指标可以包括企业的环境管理技术装备水平和员工素质等指标。环境管理技术装备水平指标包括环保技术创新投入率、环保设施更新率等指标;员工素质指标包括参加环境教育的人数和时数、雇用的环保专业人才数量等指标。

---

①陈静,林逢春,曾智超.企业环境绩效模糊综合评价[J].环境污染与防治,2006,28(1):37-40.

这五个维度是从五个不同方面来描述企业的环境绩效,各个维度下的具体环境绩效指标的选取,视不同企业的情况而定。

第二节　绿色供应链概述

一、绿色供应链管理理论的产生及定义

随着经济全球化的发展,商品市场也呈现出多元化发展的态势,市场运作也因此而更为敏捷和精细。当前,单独的企业已经很难依靠自身力量来应对多变的市场需求。因此,供应链管理思想应运而生。供应链管理理念从20世纪中期起就迅速引起了全世界的瞩目。然而,在经济和技术以及社会生活水平整体提升的同时,人类对于生态环境带来的负面影响也越来越严重。而起初的供应链管理理论旨在使得供应链节点企业经济利益最大化,忽视了供应链系统运作过程对于资源和环境的统筹兼顾。在产品的整个生命周期中没有贯串节约资源和减少污染的理念,从而导致了一系列对于生态的负面影响。在经济全球化的大环境下,人们开始逐步关注环保问题,关注起经济和社会发展都需要依赖的资源和环境问题。在传统供应链理论的基础上,综合了环保、资源配置、绿色科技、回收物流等理论,最终产生了兼顾经济利益与环境利益的绿色供应链管理理论,这一理论顺应时代发展潮流,符合可持续发展的基本原则。

绿色供应链管理理论最早产生于20世纪70年代,起初只是在传统供应链理论的基础上综合考虑了环保问题。美国密歇根州立大学的制造研究协会最先提出了有关绿色供应链的定义[1]。当时绿色供应链的表述为:基于供应链管理理论和科技的绿色化革新,涉及供应链上各个环节的主体,综合考虑资源利用率与环境效益的现代化管理模式,其管理目标是使得产品整个生命周期中都能够将资源利用率和环境保护贯串始终。当前,各界关于绿色供应链的定义尚未统一,其中比较著名的定义包括,沃尔顿(Walton)等[2]提出绿色供应链管理即在供应链系统的运营过程中融入环境理念,实现业务流程与环境保护相协调,实施绿色供应链管理的关键在于企业环境策略的选择。但斌等[3]认为,以绿色化生产以及供应链系统管理理念为核心的绿色供应链理论的意义在于最大限度地节约资源和保护环境,该理论兼顾了经济发展和环境保护,在创造利润的同时确保对环境的破坏程度最小,对资源的利用程度最高。朱庆华在供应链上核心成员间开展广泛的绿色合作,绿色供应链系统中包括设计、采购、生产、销售、使用、回收再制造等业务流程的环境和谐度,在此基础上带来经济社会的可持续发展。尽管到目前为止对于绿色供应链管理定义尚且没有统一的定义,不同定义的侧重点也有所不同,但是,关于绿色供应链定义具有如下的核心共同点。

第一,都强调环保理念、资源利用率和绿色化管理。绿色供应链在传统的供应链管

①汪应洛,王能民,孙林岩.绿色供应链管理的基本原理[J].中国工程科学,2003,5(11):82-87.

②Walton S V, Handfield R B, Melnyk S A. The green supply chain:integrating suppliers into environmental management processes[J]. Journal of Supply Chain Management, 1998,34(2): 2-11.

③但斌,刘飞.绿色供应链及其体系结构研究[J].中国机械工程,2000,11(11):1232-1234.

理理念的基础之上,加入了环境保护的理念;强调实现供应链中各节点成员企业的绿色实践。

第二,都注重供应链上核心企业之间的绿色合作。供应链中的各节点企业都需要进行绿色供应链管理实践,并保持稳定的环保同盟战略协作关系,从而达成多方共赢和环境效益最大化。

第三,都强调绿色科技革新。绿色技术主要体现在产品的设计、原材料的采购、产品的加工制造以及回收物的处理等过程当中,在整个供应链系统中都要充分采用绿色技术,以保证创造经济利益的同时能够维持环境友好。

综上所述,我们将绿色供应链定义为在可持续发展理论的指导下,兼顾资源节约和环境保护,以生态经济学和供应链管理等作为理论基础,综合了供应链上各节点之间的物流、信息流和资金流,将绿色理念贯串整个供应链管理过程,最终实现经济、社会、环境和谐发展的现代化的管理方式。

二、绿色供应链管理体系结构

绿色供应链管理体系结构主要包括四部分,如图 11-1 所示。

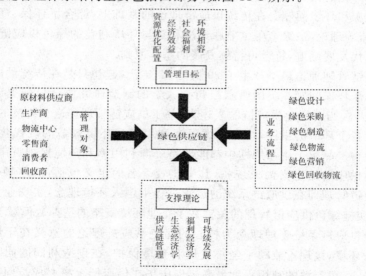

图 11-1　绿色供应链管理体系结构

第一部分:管理目标。绿色供应链管理所要实现的目标即整个供应链系统的和谐发展,以实现资源的优化配置,确保环境友好,在满足效益有利的同时又能够保证供应链中的各主体尽量减少对于环境的负面影响。

第二部分:管理对象。绿色供应链管理所针对的对象包括供应商、制造商、配送中心、分销商、零售商、消费者、回收商和政府。绿色供应链的各构成主体不仅需要考虑其生产制造能力、运营能力、产品价格、产品质量等要素,还需要考察整体的绿色度。

第三部分:支撑理论。绿色供应链管理的核心理念就是在确保创造经济利益的同时,尤其要考虑环境效益。所以主要的支撑理论应当包括:协调整个供应链系统的资源以实现效益最大化的供应链管理理论;将生态系统与经济系统有机结合并且探寻绿色供应链体系中的经济与生态发展的最优平衡,从而实现经济与环境协调发展的生态经济学理论;研究社会资源与社会福利配置的效率与公平的福利经济学以及研究人口、资源和环境的协调发展的可持续发展理论。

第四部分:主要业务流程。绿色供应链管理的主要业务流程包括如下7点。

(1)绿色设计。

绿色设计是指在设计产品时就关注产品后续生产和使用以及回收过程中对于环境可能造成的影响,目标是实现产品生命周期内较高的资源利用率,从而减少对于环境的破坏并且增大经济效益。

(2)绿色采购。

绿色采购强调在原材料采购过程中将材料和服务的绿色度作为首要考虑,重视节能、减排以及可再利用性。其重点是对于供应商的选择和管理,以充分保证采购过程中的绿色性。选择供应商的主要因素除了其作为材料供应商所应具备的基本资质外,最为强调的就是其对于环保的重视程度。

(3)绿色制造。

绿色制造是在生产过程中降低资源的浪费、减少废弃物的产生及其对环境可能造成的负面影响等。

(4)绿色物流。

绿色物流是在物流过程中合理设计物流流转路径,设计合理的物流方案,从工具和方案上减少废物的排放。实施绿色物流的措施有信息的对称共享、联合配送方案、多式联运或者采用第三方物流。

(5)绿色营销。

企业以绿色环保理念为导向,在构建绿色化销售渠道的过程中积极宣传绿色产品,通过倡导和宣传促进消费者对于绿色产品和服务的购买。

(6)绿色消费。

绿色消费是消费者在环保意识的指引下开展适度地有节制消费,加强对环境保护的过程。消费者的绿色消费行为在一定程度上会引导企业改进生产工艺,提高产品的绿色度。

(7)绿色回收。

绿色回收是指使生产过程中的废弃材料或者报废的产品重新具有使用价值的过程。

三、绿色供应链管理特征

绿色供应链管理的特征主要包括以下四点。

(1)闭环性。

绿色供应链相较于传统供应链模式增加了产品的回收再制造过程,使资源能够在供应链中通过闭环流动而实现循环利用。

(2)集成性。

绿色供应链管理将供应链中的各节点看成一个整体系统,在流程中所面临的资源与环境问题都能够从整体的角度,以联系的眼光来分析和解决。使得供应链的一切资源都能够与环境进行有机整合,真正提高整个供应链系统的综合效益。

（3）多目标性。

绿色供应链管理需要考虑到多方面的利益,既要追求经济效益又要重视社会福利以及生态环境效益,这导致绿色供应链的决策问题是多目标问题。

（4）多领域交叉特性。

绿色供应链管理需要兼顾经济与环境因素,其研究方法复杂多样,涉及的支撑理论以及技术领域也十分多元,因而绿色供应链管理具有多领域、交叉性的特点。

绿色供应链管理与传统供应链管理的主要区别包括以下四方面。

（1）经济背景不同。

在传统的经济模式下,企业只注重经济利益,导致过度的、粗放的资源开发和利用。传统供应链模式中资源流动是一条简单的单向链。而在新的经济背景下,绿色供应链倡导的是经济发展与环境保护相协调的模式,资源能够得到充分合理的利用,闭环模式也利于减少经济发展对于环境所造成的影响。

（2）最终目标不同。

传统供应链管理旨在创造最大的经济利益,关注产量、销量、利润率等;而绿色供应链管理的目标则是在创造经济效益的同时保持环境友好,节能减排,最大限度地加强环境保护。绿色供应链则旨在实现经济社会的可持续发展。

（3）主要业务流程的差异。

绿色供应链管理除了需要进行传统供应链流程中所包含的物流、信息流以及资金流的统筹和协调外,还需要进行绿色回收再制造过程。在传统的原材料采购、产品生产以及物流流转过程中加入了相关的技术创新,以切实达到整个供应链系统的高效率和绿色度。

（4）政府作用差异。

绿色供应链中政府的作用对于其发展起着至关重要的作用。绿色供应链在更多地顾忌到环境因素的前提下,其采购、生产、营销成本等都比传统供应链有很大程度的提高。在市场经济的模式下,较高的成本通常会降低节点企业的积极性,从而给绿色供应链的发展带来一定的阻碍,政府的激励政策是促使企业发展绿色供应链管理的一剂良药。

四、政府环境政策

环境管制政策指的是政府为了提高资源利用效率、降低环境污染,通过政府管制行为,对涉及资源及环境的相关行为采取直接限制或者间接干预。

那么政府为何要采取环境管制政策?在微观经济学理论中,环境资源是属于公众的财产,具有非竞争性和不可分割性。非竞争性是指个人对于物质的消费不影响到其他社会人对于该物质的消费。不可分割性的物品是面向全体社会人的,不能分割为个人所有。这两大特点就促使更多的人想要从公共产品中尽可能多地获利,从而导致资源的浪费。所以,既是公共的又是有限的环境资源,需要政府采取环境政策予以适当控制和保护。

显然,企业或个人对于资源的使用和对于环境的影响将会给社会上其他人群带来不良影响。人们在追求自身经济利益的同时也要充分考虑自身的行为活动对于整个外部环境的影响。在现实生活中,政府的环境政策对外部不经济行为的管制是十分必要的,否则,放任将会给社会环境资源带来不可逆的恶性后果。

为了颠覆传统经济模式给环境造成的不良局面,可持续发展的循环经济成为必由之路。循环经济需要在政府的主导下,需要从法律法规的制定等方面着手改革。通过政府环境政策的实施,促进产业改革、技术提升和全社会的绿色理念的形成,从而最终实现经济、社会环境的协调发展。

政府的环境管制措施主要有以下三个方面。

(1)命令与控制。

通常,政府为了加强环境保护,凭借自身的行政力量,直接限制特定的生产行为。主要有两种形式:一是通过环境标准的制定,明确规定污染的排量和排放方式等。二是通过行业行为规范的制定,明确生产使用的设备及流程的具体绿色化标准。当然,这种方法虽然有一定作用,但是灵活性的欠缺以及实行过程中消耗的大量监管成本,导致所产生的最终成效还是有限的。

(2)经济激励。

通过税收政策、经济补贴、政府采购、排污权交易等一系列经济手段,从利润的层面来对企业进行良性引导,则更加灵活。

(3)混合型管制方式。

以直接的政策管制为主,辅以相应的经济手段,强制和激励并用的方式可以有利于主体企业的合作,规避单一政策管制的不灵活。在制约主体企业行为的前提下又能够调动其积极性,从而实现社会效益的最大化。混合型管制方式是政府环境政策最为合理的形式。

在我国绿色供应链管理发展的初级阶段,政府的管制政策应当是确保绿色供应链发展的主要动力。基于此,政府需要完善绿色经济的发展体制,通过一系列的经济措施来加强对于企业发展绿色供应链管理的正确引导;激发企业进行技术革新,多采用绿色科技来创造经济效益,倡导绿色产业的标准化、产业化的科学路径;政府应当通过全社会范围的宣传、推广和教育,全面提高公众的环保意识。这样才能真正发挥政府的引导作用,实现经济、社会与环境的协调发展。

五、企业环境战略

于斌等[1]提出:环境战略管理是指企业将环保理念贯串生产经营过程的始终,在环境战略所关系到的一切过程和主体都将环境问题作为首要考虑的条件,企业在政府的环境管制政策的引导下,确立科学正确的环境管理计划,为了实现计划所付出的一切成本和开展的一切行动。

在我国,企业在实践绿色供应链管理时,首先,要以可持续发展思想为导向,明确环

---

[1]于斌,吴潇.跨国经营与环境战略[J].科学学与科学技术管理,2004,25(2):83-86.

境保护任务的关键性。其次,应当明确绿色供应链管理将给企业和社会带来长久的可持续的正面效应。最后,企业应提升全员的环境保护意识,遵循具体的环境准则,创建企业绿色文化,打造企业的绿色化品牌。

绿色供应链是由供应链上各节点企业集结在一起的绿色化系统,包含原材料采购、产品生产、商品销售、物流配送、消费、回收再制造等过程。因而,确立核心企业之间的绿色化合作关系对于发展绿色供应链管理而言是十分必要的,选择与具有绿色管理理念、绿色先进科技的企业进行合作,可以在宏观上提高供应链系统的绿色化管理水平。

企业对于绿色供应链绩效考核体系的构建分别从战略层、操作层和收益层上进行。其中,在收益层上,由于现阶段绝大多数企业的环保意识较为薄弱,绿色科技水平尚未达到一定高度,而研发绿色技术需要企业投入较大的固定成本,并且不会带来短期收益,这些都将导致企业实施供应链绿色化管理动力不足的问题。因此,适当的激励机制是非常必要的。

第三节　企业绿色物流绩效管理

一、绿色物流绩效评价指标体系的建立原则

科学的绩效评价体系必须要有全面的评价指标作为基础。完善的绿色物流绩效评价体系能真实地反映出企业的实际物流运转情况,并且发现物流活动过程中存在的不足,从而实现对企业物质资源的充分利用。在设计绿色物流绩效评价指标体系时,要根据企业实际情况选用合理的指标。

绿色物流绩效评价指标体系的设计应遵循以下原则。

(1)全面性原则。

企业物流活动贯串经营的各个部门和过程,因此要对绿色物流绩效做出全面客观的评价,需要充分对绿色物流的各个组成部分进行分析,提炼出各个部分具有代表性的绩效指标,从而实现对绿色物流绩效进行真实客观的评价。

(2)可操作性原则。

绿色物流绩效评价指标应尽量选取企业的财务数据,为计算和比较提供客观依据;还应该明确指标的定义,减少指标存在的歧义和错误;避免指标之间的重复,提高评价的精确度。

(3)层次性原则。

绿色物流绩效评价指标是一个多层次的评价体系,通过不同层级的划分,能够更加有条理地对不同的绩效评价指标进行评价,并且可以根据不同指标在每一个层面的重要程度进行科学有效地划分,同时能够实现绿色物流绩效评价指标的全面考察。

(4)定性指标与定量指标相结合的原则。

绿色物流绩效评价指标体系是一个定性分析与定量分析相结合的系统。不仅对绩效指标进行定性的阐述,同时还对各种指标进行定量的计算,以实现两种方法之间的相互补充。

二、绿色物流绩效评价指标体系

(一)制造企业绿色物流绩效评价指标体系

结合制造型企业物流特点的分析,并且在指标选择上充分考虑循环经济理论的减量化、再利用、再循环原则,从绿色供应物流、绿色生产物流、绿色经销物流和绿色逆向物流四个方面构建制造型企业绿色物流绩效评价指标体系。

1. 绿色供应物流绩效评价指标

为了充分考虑物流系统的绿色化程度,要在绿色供应物流中对原材料的选择和供应商进行评价。依照循环经济理论,在原材料的选择过程中要遵守再利用、再循环原则,因此选取原材料再循环利用率和原材料回收利用率作为绿色供应物流的绩效评价指标。同时为了保证采购活动的环保性,需要对供应商的 ISO14000 系列认证率和环境事件记录进行考核。

制造型企业绿色供应物流绩效的具体评价指标如下。

(1)原材料再循环利用率。

据统计,每年报废的产品是其销售量的 3 倍,而这些报废的产品中的大部分零件在经过处理后仍能达到生产标准,所以制造型企业在原材料的选择上应尽可能通过再循环获得所需材料,减少天然材料的开采。而采用原材料再循环利用率指标对绿色供应物流进行绩效评价,能充分体现出制造型企业绿色物流的水平。

其计算公式为:

原材料再循环利用率=再循环利用原材料使用量/总原材料使用量×100%

(2)原材料回收利用率。

绿色物流系统的产品的生命周期应该更长,同时设计应该有利于产品的翻新和重复使用,在产品生命周期结束后应尽可能地将原材料进行回收利用。

其计算公式为:

$$原材料回收利用率=\frac{回收利用原材料使用量}{总原材料使用量}×100\%$$

(3)ISO14000 系列认证率。

ISO14000 是环境管理系列标准的简称,是衡量企业总体绿色化的重要标准,因此,制造企业可以通过选择已通过 ISO14000 系列认证率的供应商原材料,来提高整个企业的绿色物流水平。

其计算公式为:

$$ISO14000 系列认证率=\frac{通过认证供应商数}{总供应商数}×100\%$$

(4)环境事件记录。

环境事件是指在产品的生产、运输等过程中,由于非自然因素所产生的物流运输事故,由此给企业物流活动所造成的损失。如一些产品的生产能源和原材料由于保管不当导致爆炸或泄漏会对周边环境造成污染和破坏。如果制造企业的供货商发生了影响恶劣的环境事件,将会对上下游企业的声誉和产品的销售产生巨大的负面影响,因此,环境事件记录也应该作为评价绿色供应物流绩效的指标。

2.绿色生产物流绩效评价指标

根据循环经济的要求,在制造企业生产过程中,应尽量减少进入生产过程的资源总量,减少不必要的资源消耗;在使用过程中,采用新技术、新工艺提高资源的利用效率;对废弃的资源进行回收利用,实现资源的循环使用;建立回收利用中心,通过将报废的产品进行有效的回收利用,进行资源的重复使用。总之,在绿色生产环境下需要对资源的有效利用率和环境污染程度进行控制,而这一切都要在保证整个生产过程正常进行的条件下实施。

制造型企业绿色生产物流绩效的具体评价指标如下。

(1)能源消耗率。

由于产品的生产过程是一系列的加工工艺的组合,在这个过程中要消耗大量的能源,因此对制造型企业的能源消耗率进行评价,是判断产品生产过程是否绿色化的重要指标。能源消耗率能够体现整个绿色生产过程对能源的利用水平。

其计算公式为:

$$能源消耗率 = \frac{能源消耗总额}{总收入} \times 100\%$$

(2)资源消耗率。

由于近年来产品的需要越来越大,因此,制造型企业的资源消耗率也位居前列,所以减少产品生产过程中的资源消耗量,对各制造型企业来说刻不容缓。在对制造企业绿色生产物流绩效评价过程中,所涉及的资源是指有形并且能具体量化的资源。资源消耗率能够体现整个绿色生产过程对资源的利用水平。

其计算公式为:

$$资源消耗率 = \frac{资源消耗总额}{总收入} \times 100\%$$

(3)设备综合效率。

产品的生产过程是一系列工艺的组合,在每个环节需要应用不同的设备,设备的闲置对制造型企业来说是一种消耗,所以对绿色生产物流中的设备综合效率进行绩效评价,能够反映出制造型企业生产成本中的无形消耗。

其计算公式为:

$$设备综合效率 = 可利用率 \times 运行效率 \times 成品率(合格品率)$$

其中,可利用率是机器可用时间的百分比,是对机器实际运转时间与其计划能够运转时间的比值;运行效率是机器的实际使用效率与其理论运行效率的比值,在实际计算过程中参照实际机器单位时间的运转效率与设计效率的比值;成品率是实际生产的合格产品占总产量的比值,是对产品合格率的统计。

(4)原材料利用率。

制造型企业绿色生产过程中的原材料利用率是指制造型企业在所产出的产品中所包含的原材料的数量占总体消耗原材料数量的比值。这个指标能够充分说明企业原材料利用效率,减少生产环节的浪费。

其计算公式为:

$$原材料利用率 = \frac{成品中包含原材料数量}{原材料总量} \times 100\%$$

(5)绿色原材料比率。

在产品生产过程中,绿色原材料所占的比重对生产过程的绿色化程度具有重要的影响,这里所指的绿色原材料是指材料本身不含有毒成分,同时生产过程中不会对人体造成伤害的材料。

其计算公式为:

$$绿色原材料比率 = \frac{绿色原材料使用量}{总原材料使用量} \times 100\%$$

(6)生产作业中的破损率。

产品的生产多应用现代化的生产线,在这个过程中难免产生不合格、破损的产品。在产品的生产过程中,如果产品破损率较高,一方面说明无用的生产过程较多,这严重影响绿色生产物流的效率,同时也浪费了大量的资源,另一方面也反映出企业的生产强度较低。

其计算公式为:

$$生产作业中的破损率 = \frac{破损产品数量}{产品总量} \times 100\%$$

(7)生产中的噪声水平。

生产车间的现代化生产线如果产生较大的噪声,会对工人的听力和工作效率产生重要的影响,从而影响绿色物流的生产效率,因此,将噪声水平作为生产过程中的重要环境指标。

(8)废弃物排放达标率。

对制造型企业废弃物排放达标率进行统计,就是对生产过程中各种废弃物的排放水平能够达到国家标准的种类所进行的统计。

其计算公式为:

$$废弃物排放达标率 = \frac{废弃物的达标排放量}{废弃物的排放总量} \times 100\%$$

(9)废弃物处理率。

近年来,生产生活中产生的垃圾逐渐增加,对环境造成了巨大的负担,在产品生产过程中对产生的废弃物进行合理的回收利用,使得在绿色物流的各个环节形成较小的闭环循环模式,提高废弃物的循环使用效率,提高制造型企业的生产效率。因此,引入废弃物处理率作为评价制造型企业绿色生产物流的指标。

其计算公式为:

$$废弃物处理率 = \frac{废弃物处理量}{废弃物总量} \times 100\%$$

3.绿色经销物流绩效评价指标

产品的包装在运输过程中起到重要的保护作用,因此,在绿色制造企业绿色经销物流中,主要对包装的合理使用及废气包装处理的情况进行考核。同时运输的安全性和准确性也对制造型企业的物流效率具有重要的影响,同样将其作为绿色经销物流的考核内容。

制造型企业绿色经销物流绩效的具体评价指标如下。

(1)包装材料利用率。

产品多属于精密产品,因此,在运输过程中需要应用先进的包装技术,这些包装技术可能耗费较多的包装材料,并且在使用中造成包装材料的浪费和污染,这对绿色经销过程来说十分不环保,因此,需要对包装材料利用率进行评价。

其计算公式为:

$$包装材料利用率 = \frac{已使用包装材料数量}{包装材料总量} \times 100\%$$

(2)绿色包装使用率。

产品的精密性和大型化特点,决定了其包装材料也应具有较强的保护性,同时也要满足绿色包装材料的要求,能够回收利用或废弃物的处理不会对环境造成影响。

其计算公式为:

$$绿色包装使用率 = \frac{绿色包装物的使用数量}{包装物的使用总量} \times 100\%$$

(3)包装回收利用率。

节约资源是对环境保护的要求,同时也是制造型企业绿色经销物流的重点工作。在产品的包装方面需要选用能够回收利用的材料,并且对产品的可循环利用水平进行统计,同时在绿色经销物流环节中如何提高包装物的回收利用率是提高绩效的关键,因此将包装回收利用率作为制造企业绿色经销物流评价指标。

其计算公式为:

$$包装回收利用率 = \frac{已回收利用的包装物数量}{可回收利用的包装物数量} \times 100\%$$

(4)车辆满载率。

产品的销售地辐射各个地区,每年有大量的产品从制造企业运往销售地,运输过程中会耗费大量的能源,同时也提高了产品的物流成本。因此,选取车辆满载率考察制造企业的运输效率,以此来降低运输成本。

其计算公式为:

$$车辆满载率 = \frac{车辆平均装载}{车辆平均总装载能力} \times 100\%$$

(5)准确运输率。

当前产品的需要量大量增加,因此运输密度也较高,如果产品不能准确到达目的地,不仅会对产品的销售产生影响,降低企业利润,同时也浪费了运输过程中的能源。因此需要对制造型企业绿色经销物流的准确运输率进行评价。

其计算公式为:

$$准确运输率 = \frac{按时完成业务次数}{总业务次数} \times 100\%$$

4. 绿色逆向物流绩效评价指标

每年产生的垃圾对生态环境造成了巨大的压力,同时也形成了大量的资源浪费。对这些废弃物进行有效的循环利用就是逆向物流过程,同时绿色逆向物流也是绿色物流的终点和关键点,只有重视绿色逆向物流的工作过程,依照循环经济理论,遵循再利用、再循环原则,将能够反映绿色逆向物流的各种可循环的评价指标归纳到整个评价体系中,才能够实现对绿色逆向物流的准确评价。

制造型企业绿色逆向物流绩效的具体评价指标如下。

(1)回收商品经简单处理变为合格商品的转化率。

随着产品需要的不断增加,每年产生垃圾的数量也在不断增加,因此,加大对产品的回收力度,是提高制造型企业绿色物流绩效水平的关键。通过对废弃的产品回收转化为合格产品进行统计,从而判断绿色逆向物流的绩效。

回收商品经简单处理变为合格商品的转化率是指通过对废弃的零部件和产品进行有效的改造,使其再次变为合格产品的过程,其中能够转化的产品占总回收数的比值就是回收商品经简单处理变为合格商品的转化率。

$$r = \sum_{i=1}^{n} a_i \times \frac{r_i}{R_i} \times 100\%$$

其中:r 表示制造企业回收商品经过简单处理变为合格商品的转化率。

r_i 表示企业回收的第 i 种商品在企业回收的商品中所占比例。

a_i 表示企业回收的第 i 种商品,经过简单处理变为合格商品的转化量。

R_i 表示企业回收第 i 种商品的总量。

n 表示企业回收商品种类 $i = l, 2, 3, \cdots, n$。

(2)完全报废商品原材料循环利用率。

有些报废的产品无法通过维修后再使用,因此需要对其进行拆卸,通过对能够重复使用的原材料回收利用,提高资源的利用效率。因此,选择完全报废商品原材料循环利用率作为绿色逆向物流的绩效评价指标,能够对产品报废后的回收利用程度进行有效的评价,并且得到产品最终的剩余价值。

$$r = \sum_{i=1}^{n} a_i \times \frac{r_i}{R_i} \times 100\%$$

r 表示企业回收的完全报废商品的原材料综合利用率。

r_i 表示第 i 种完全报废商品在企业回收的完全报废商品中所占比例。

a_i 表示企业回收的第 i 种完全报废商品的原材料综合利用量。

R_i 表示企业回收第 i 种完全报废商品的总量。

n 表示企业回收完全报废商品种类 $i = 1, 2, 3, \cdots, n$。

(3)设备系统再利用能力。

生产设备都具有一定的使用周期,在生产设备即将结束使用寿命时,如何能够对其再进行循环利用,就是设备系统的再利用能力。制造型企业生产设备其他部分能够循环利用的可能性以及能够循环利用的零部件占零部件总量的比值,就是需要统计的设备系统再利用能力。

$$设备系统再利用能力 = \frac{设备可利用的价值}{设备退出使用时价值} \times 100\%$$

(4)废弃物治理设施投入强度。

对于在产品生产过程中无法回收利用的废弃物,只能通过有效的处理才能避免对环境造成影响。而废弃物治理设施投入是制造企业重视废弃物处理程度的反映,因此,选择废弃物治理设施投入强度作为评价绿色逆向物流绩效指标。其计算公式为:

$$废弃物治理设施投入强度 = \frac{本年废弃物处理总投入}{本年运营总收入} \times 100\%$$

通过以上分析,绿色物流绩效评价指标如表 11-7 所示。

表 11-7　电子制造型企业绿色物流绩效评价指标体系

绿色供应物流	X_{11}	原材料再循环利用率
	X_{12}	原材料回收利用率
	X_{13}	ISO14000 系列认证率
	X_{14}	环境事件记录
绿色生产物流	X_{21}	能源消耗率
	X_{22}	资源消耗率
	X_{23}	设备综合效率
	X_{24}	原材料利用率
	X_{25}	绿色原材料比率
	X_{26}	生产作业中的破损率
	X_{27}	生产中的噪声水平
	X_{28}	废弃物排放达标率
	X_{29}	废弃物处理率
绿色经销物流	X_{31}	包装材料利用率
	X_{32}	绿色包装使用率
	X_{33}	包装回收利用率
	X_{34}	车辆满载率
	X_{35}	准确运输率
绿色逆向物流	X_{41}	回收商品经简单处理变为合格商品的转化率
	X_{42}	完全报废商品原材料循环利用率
	X_{43}	设备系统再利用能力
	X_{44}	废弃物治理设施投入强度

(二)物流企业绿色绩效评价指标体系

在深入进行理论分析、文献研究以及专家深度访谈的基础上,本着全面的原则,保证指标体系的完整性,避免漏掉重要指标,尽可能多地搜集相关指标。根据物流企业绿色度的内涵、理论基础、特征以及影响因素,本研究从资源节约、环境友好、经济绩效以及储运安全四个方面对物流企业绿色度评价指标进行汇总,初步构建的指标体系包括目标层、准则层(4 个一级指标)和指标层(34 个二级指标),具体情况如表 11-8 所示。

表 11-8　物流企业绿色绩效评价指标

目标层	准则层(一级指标)	指标层(二级指标)
物流企业绿色度 A	资源节约指标 B_1	运输车辆油耗定额管理 B_{11}
		仓库利用率 B_{12}
		包装容器再利用情况 B_{13}
		物流设备利用率 B_{14}
		固体废弃物回收利用率 B_{15}
	环境友好指标 B_2	运输车辆尾气排放水平 B_{21}
		废弃物排放水平 B_{22}
		噪声污染水平 B_{23}
		环保包装材料使用率 B_{24}
		重大污染事故 B_{25}
		环境管理体系(ISO14000)认证情况 B_{26}
	经济绩效指标 B_3	净资产收益率 B_{31}
		营业增长率 B_{32}
		总资产周转率 B_{33}
		单位用地面积产值 B_{34}
		单位销售额物流成本率 B_{35}
	储运安全指标 B_4	运输安全事故 B_{41}
		仓储安全事故 B_{42}
		物流货损率 B_{43}
		安全事故应急处理能力 B_{44}
		物流安全管理制度制定与执行情况 B_{45}

1. 评价指标筛选的方法

国内外学者对指标筛选提出了各自的方法,主要集中在分析、统计和数学方法上。常用的几种指标筛选方法有以下几种。

(1)理论分析法。

理论分析法是对研究对象的内涵、特征进行分析综合,掌握指标间关系和差别,进而对指标进行取舍,达到简化的目的。

（2）专家咨询法。

专家咨询法，又称德尔菲法，是采用匿名方式广泛征求专家意见，经过反复多次的信息交流和反馈修正，使专家意见趋向一致，最终得到优化的指标体系。

（3）主成分分析法。

它是将分散在一组变量上的信息集中到几个综合指标（主成分）上，由原来变量的线性组合组成新的综合指标，这些新指标用来描述数据集内部结构[①]。该方法是通过降维过程把多指标转化为少数几个综合指标的一种多元统计分析方法。

（4）区分度分析法。

区分度是表示指标之间的差异程度，区分度越大，说明指标的特性越大，越具有代表性。目前可以通过条件广义方差极小法、最小均方差法、极小极大离差法等方法来判别区分度大小，删除不满足条件的指标，优化指标体系。

（5）层次分析法。

层次分析法是通过将指标体系分解为若干层次和要素（指标），在各要素（指标）间简单地进行比较、判断和计算以获得不同要素（指标）的权重，某指标权重越小，则说明该指标的重要程度越小。通过剔除权重足够小的指标达到筛选指标体系的目的。

（6）灰色关联度法。

灰色关联度法是对各序列两两之间进行关联判定，即依据数列集合相似的序化分析与关联测度，来量化不同层次中多个序列相对某一级别标准序列的关联性[②]。利用灰色关联度法筛选指标，是将指标视为研究序列，通过计算指标之间的关联度，剔除关联性较强、重复性较大的指标。

2.评价指标的说明

（1）资源节约指标。

①运输车辆油耗定额管理。运输车辆油耗定额管理是根据车辆的技术性能、运行要求以及操作者的使用情况，对运输车辆燃油消耗量进行定额管理及考核，避免资源的浪费，降低环境污染。衡量物流企业运输车辆燃油资源的消耗情况。

②仓库利用率。仓库利用率通常包括仓库面积利用率和仓库容积利用率，仓库面积利用率是仓库可利用面积与仓库建筑面积的比率；仓库容积利用率是库存商品实际数量或容积与仓库应存放数量或容积的比率。本研究的仓库利用率是指仓库面积利用率，衡量物流企业仓库利用效率。

其计算公式为：

$$仓库利用率 = \frac{仓库可利用面积}{仓库建筑面积} \times 100\%$$

③包装容器再利用情况。包装容器再利用情况指物流企业对用于保护商品、方便储存、利于运输的包装器具和材料及辅助物进行回收、重复使用。衡量物流企业包装活动

①蒲文龙,郭守泉.主成分分析法在环境监测点优化中的应用[J].煤矿开采.2004(4):6-7.
②邓聚龙.灰理论基础[M].武汉:华中科技大学出版社,2002:2-6.

中包装容器的利用效率。

④物流设备利用率。物流设备包括物流企业各种包装设备、仓储设备、集装单元器具、装卸搬运设备、流通加工设备、运输设备等。物流设备利用率指物流企业实际月度使用设备时间之和与实际月度使用设备时间之和的百分比。衡量物流企业设备资源的利用效率。

其计算公式为：

$$物流设备利用率 = \frac{\sum 实际月使用设备时间}{\sum 实际月度使用设备时间} \times 100\%$$

⑤固体废弃物回收利用率。固体废弃物回收利用率指物流企业固体废弃物回收利用量与固体废弃物排放量之比。衡量物流企业固体废弃物的综合利用比率和资源节约与循环经济发展程度。

其计算公式为：

$$固体废弃物回收利用率 = \frac{固体废弃物回收利用量}{固体废弃物排放量} \times 100\%$$

（2）环境友好指标。

①运输车辆废气排放水平。运输车辆废气排放水平指物流企业从事运输活动的车辆尾气的排放情况。衡量物流企业运输车辆对环境的污染程度。

②废弃物排放水平。废弃物排放水平指物流企业在物流活动中产生包装废弃物、流通加工边角余料、废旧轮胎、废旧零部件、废旧机油柴油等废弃物的排放情况。衡量物流企业产生的废弃物对环境的污染程度。

③噪声污染水平。噪声污染水平指物流企业在运输途中、物流节点以及设施建筑等所发出的噪声对环境的污染水平。衡量物流企业产生的噪声对环境的污染程度。

④环保包装材料的使用率。环保包装材料的使用率指物流企业在对货物进行包装时采用清洁、环保、无毒、可回收包装材料的比例。衡量物流企业所使用的包装材料对环境的友好程度。

⑤重大污染事故。重大污染事故是指环境污染造成直接经济损失10万元以上；或人群发生明显中毒症状；或使当地经济、社会的正常活动受到严重影响。衡量物流活动中发生的污染事故对周围生态环境、居民生活环境等的影响程度。

⑥环境管理体系认证情况。环境管理体系认证情况是指按照ISO14001建立并有效运行环境管理体系，有健全的环境管理机构，环境保护档案完整，各种基础数据资料齐全。衡量物流企业环境管理的规范化程度。

（3）经济绩效指标。

①净资产收益率。净资产收益率指企业净利润（即税后利润）与所有者权益（即资产总额减负债总额后的净资产）的比率。衡量物流企业运用资本获得收益的能力。

其计算公式为：

$$净资产收益率 = \frac{企业税后净利润}{资产总额 - 负债总额} \times 100\%$$

②营业增长率。营业增长率指物流企业本年营业增长额与上年营业额之间的比率，反映营业额的增减变动情况。衡量物流企业成长状况和发展能力。

其计算公式为：

$$营业增长率 = \frac{本年销售增长额}{上年销售额} \times 100\%$$

③总资产周转率。总资产周转率指物流企业在一定时期内业务净收入与平均资产总额的比率。衡量物流企业全部资产的管理质量和利用效率。

其计算公式为：

$$总资产周转率 = \frac{营业收入净额}{平均资产总额} \times 100\%$$

④单位用地面积产值。单位用地面积产值指物流企业的营业额与所占用的土地面积之比，单位为万元/亩。衡量物流企业土地产出效率。

其计算公式为：

$$单位用地面积产值 = \frac{营业额}{用地面积} \times 100\%$$

⑤单位销售额物流成本率。单位销售额物流成本率指物流企业在一定时期内物流成本与销售额的比率。衡量物流企业在一定时期内物流成本水平。

其计算公式为：

$$单位销售额物流成本率 = \frac{物流成本}{销售额} \times 100\%$$

（4）储运安全指标。

①运输安全事故。运输安全事故指物流企业在运输活动中所发生的人身意外、财产安全事故。衡量物流企业运输活动的安全程度。

②仓储安全事故。仓储安全事故指物流企业在仓储活动中所发生的人身意外、财产安全事故。衡量物流企业仓储活动的安全程度。

③物流货损率。物流货损率指物流企业在运输、装卸搬运、仓储等物流操作中发生的累计产品破损量与累计操作产品量的百分比。衡量物流企业各项活动对货物的安全程度。

其计算公式为：

$$物流货损率 = \frac{累计产品破损量}{累计操作产品量} \times 100\%$$

④安全事故应急处理能力。安全事故应急处理能力指物流企业拥有规范的安全事故应急管理和响应程序，对员工进行应急救援基本知识和技能的培训，制订切实可行的物流应急预案，对突发事故具备应急处置能力。衡量物流企业保障利益相关者人身、财产安全的能力。

⑤物流安全管理制度与执行情况。物流安全管理制度与执行情况指物流企业针对运输、仓储、装卸搬运、物流信息系统等物流活动以及从事物流操作的相关人员制定相关的管理制度和规范，配备相应的设施设备，对员工进行安全教育等，以防止物流安全事故

的发生。物流安全管理制度与执行情况衡量物流企业安全管理的能力。

3.指标权重的确定

(1)指标权重的确定方法。

在多指标综合评价中,科学、合理地做出评价的关键在于合理地确定指标权重系数。权重反映的是评价指标对评价结果的贡献程度。评价对象的优劣顺序直接取决于评价指标权重分配,因而权重分配是否合理、准确将直接影响评价结果的可靠性。通常,在分配权数时要考虑三个因素:一是指标变异程度大小,即指标能够分辨出被评价对象之间差异能力的大小;二是指标独立性大小,即与其他指标重复的信息多少;三是评价者的主观偏好。

多指标综合评价中,目前指标权重的确定可分为两大类:一类是采用定性的方法,由专家根据经验判断各评价指标相对于评价目的而言的相对重要程度,然后经过综合处理获得指标权重的主观赋权法,如专家评判法、层次分析法等。主观赋权法的优点是专家可以根据实际问题,较为合理地确定各指标之间的排序,且计算简单;缺点是主观随意性大,选取的专家不同,得出的权重系数也不同,评价过程的透明度和再现性差。另一类是直接依据各被评价对象指标属性值数列的离散程度确定各指标权重的客观赋权法,如主成分分析法、因子分析法、变异系数法、最大熵技术法等。客观赋权法不具有主观随意性,评价结果具有较强的数学理论依据,但其缺点在于依赖于实际的问题域,因而通用性和决策人的可参与性较差,且计算方法大都比较烦琐。

①主观赋权法由专家评判法和层次分析法组成。

专家评判法是由若干专家组成评判小组,各专家独立对评价指标给出具体的权数,由此形成一个评判矩阵,通过对各专家的权属进行处理得出综合权数。该方法由专家根据其知识、经验等判断评价指标的权数,尽管实际操作简单,但权数受专家主观因素影响较大,尤其当目标较多时很难做到客观、合理,而且也不容易保证判断思维过程的一致性。它适合数据收集困难或者信息量化不易准确的评价项目。

层次分析法(AHP)是美国运筹学家萨蒂教授于 20 世纪 70 年代初提出来的,是一种能有效处理决策问题的多方案或多目标的方法。它是将与决策有关的元素分解成目标、准则、方案等层次,在此基础上进行定性和定量分析的决策方法。层次分析法用数量形式处理和表达人的主观判断,由此计算评价对象的优劣程度。这种方法在一定程度上增加了指标赋权的科学性、合理性,却仍不失主观性。

②客观赋权法由主成分分析法、因子分析法、变异系数法和最大熵技术法组成。

主成分分析法是将多个相关的指标变换为几个无关的新的综合指标的统计分析方法。它通过研究指标体系的内在结构关系,从而将多个指标转化为互不相关的、包含原有指标大部分信息(85%以上)的少数几个综合指标(主成分),再进一步将各主成分综合成一个得分值。

因子分析法类似于主成分分析法。它是一种多变量统计分析方法,是运用降维的思想,通过对原始变量相关矩阵内部依赖关系的分析,达到把很多变量归结为少数几个因子的目的。这两种方法能消除指标间信息的重叠,而且能根据指标所提供的信息,通过数学运算而主动赋权。

统计中常用变异系数作为衡量数据差异的统计指标,变异系数法根据各个指标在所有被评价对象上观测值的变异程度大小来对其赋权。为避免指标的量纲和数量级不同所带来的影响,该方法直接将变异系数归一化处理后的数值作为各指标的权数。类似此法的还有均方差法,只是以均方差来衡量指标的变异程度,其做法和步骤都一样。

熵是系统无序程度的量度,用于度量数据所提供的有效信息。信息熵越大,信息的无序度越高,其信息的效用值越小,反之亦然。在综合评估中,最大熵技术法适用于多指标决策问题各评价指标权重的确定。其基本原理是:对多指标决策问题,从 m 个可行方案中选最优方案,取决于这 m 个可行方案的各个指标向决策者提供的决策信息。谁提供决策的确定信息量大,谁对决策做的贡献就大,该指标的权重值也就越大。该方法的不足之处在于赋权时仅对指标列的组建信息传递变异进行调整,且对于异常数据太过敏感,导致综合权重不切实际。

(2)指标权重的确定步骤。

物流企业绿色度评价指标体系是一个既包含定量指标又包含定性指标的复杂的多指标综合评价模型,并且是由一个由目标层(物流企业绿色度)、准则层(物流企业绿色度评价一级指标)、指标层(物流企业绿色度评价二级指标)组成的递阶层次模型,具有明显的层次结构,同时基于数据的可获得性以及操作的便利性,本文选用层次分析法确定物流企业绿色度各层次评价指标的权重。

①建立递阶层次结构。

本文在理论分析法和专家咨询法的基础上建立了物流企业绿色度评价的递阶层次模型。该模型的层次结构包括三大层次,第一层是目标层,第二次是准则层,第三层是指标层。具体见图 11-2。

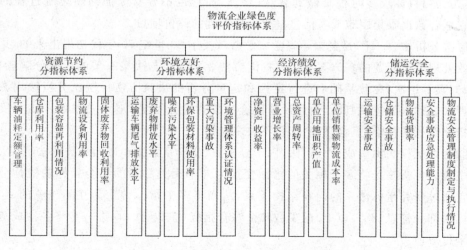

图 11-2　递阶层次模型图

②建立判断矩阵。

根据层次分析法的基本原理,设计一个层次指标两两比较的问卷调查表。研究者通过实地调研的方式,分别向 2 位学术界学者、3 位政府部门领导、3 位企业高层管理人员以及 2 位行业协会成员发放了调查问卷,请他们根据指标两两比较的重要性程度进行评分,问卷的有效回收率为 100%。

③计算各层次因素的权重,进行层次单排序及一致性检验。

运用层次分析法 Yaahp5.2 软件,计算了每位专家对各指标的权数,且判断矩阵一致性比例均小于 0.1,具有满意的一致性。现以第一位专家的计算结果为例,列示层次分析法的计算结果(如表 11-9 至表 11-13 所示)。表 11-9 表示各准则层相对于目标层的权重,表 11-10 至表 11-13 表示各指标层相对于其所属准则层的权重。

表 11-9　物流企业绿色绩效

物流企业绿色度	资源节约	经济绩效	储运安全	环境友好	Wi
资源节约	1	1	0.3333	1	0.1756
经济绩效	1	1	0.5	0.5	0.1634
储运安全	3	2	1	2	0.43
环境友好	1	2	0.5	1	0.231

* 判断矩阵一致性比例:0.0304;对总目标的权重:1.0000

表 11-10　资源节约

资源节约	仓库利用率	车辆油耗定额管理	固体废弃物回收利用率	物流设备利用率	包装容器再利用情况	Wi
仓库利用率	1	0.3333	0.3333	1	0.2	0.0692
车辆油耗定额管理	3	1	3	5	3	0.4091
固体废弃物回收利用率	3	0.3333	1	3	1	0.1568
物流设备利用率	1	0.2	0.3333	I	0.3333	0.1414
包装容器再利用情况	5	0.3333	1	3	1	0.2233

* 判断矩阵一致性比例:0.0575;对总目标的权重:0.1756

表 11-11 环境友好

环境友好	运输车辆尾气排放水平	噪声污染水平	废弃物排放水平	环保包装材料使用率	重大污染事故	环境管理体系认证情况	Wi
运输车辆尾气排放水平	1	3	1	1	1	1	0.1815
噪声污染水平	0.3333	1	0.3333	0.2	0.3333	0.2	0.051
废弃物排放水平	1	3	1	1	1	0.3333	0.1511
环保包装材料使用率	1	5	1	1	1	1	0.1976
重大污染事故	1	3	1	1	1	1	0.1815
环境管理体系认证情况	1	5	3	1	1	1	0.2373

* 判断矩阵一致性比例：0.0237；对总目标的权重：0.2310

表 11-12 经济绩效

经济绩效	净资产收益率	营业增长率	总资产周转率	单位用地面积产值	单位销售额物流成本率	Wi
净资产收益率	1	3	3	3	3	0.4111
营业增长率	0.3333	1	2	2	2	0.2077
总资产周转率	0.3333	0.5	1	3	3	0.1851
单位用地面积产值	0.3333	0.5	0.3333	1	3	0.1193
单位销售额物流成本率	0.3333	0.5	0.3333	0.3333	1	0.0769

* 判断矩阵一致性比例：0.0908；对总目标的权重：0.1634

表 11-13 储运安全

储运安全	运输安全事故	仓储安全事故	物流货损率	安全事故应急处理能力	物流安全管理制度制定与执行	Wi
运输安全事故	1	1	3	0.3333	3	0.218
仓储安全事故	1	1	1	0.3333	1	0.175
物流货损率	0.3333	0.3333	1	0.2	0.5	0.0711
安全事故应急处理能力	3	3	5	1	2	0.3746
物流安全管理制度制定与执行	0.3333	1	2	1	1	0.1613

* 判断矩阵一致性比例：0.0880；对总目标的权重：0.4300

从上述各表格显示的数据看,每个层次中的判断矩阵的一致性比值 CR 均小于 0.1,符合层次分析法的一致性要求。因此,该计算结果是可以接受的。

为了更清晰地了解第一位专家的评价结果所确定的指标权重,将表 11-9 至表 11-13进行整理,结果如表 11-14 所示。

表 11-14　第一位专家的评价结果所确定的指标权重

目标层	准则层	权重	指标层	权重
物流企业绿色度 A	资源节约 B_1	0.1756	运输车辆油耗定额管理 B_{11}	0.0692
			仓库利用率 B_{12}	0.4091
			包装容器再利用情况 B_{13}	0.1568
			物流设备利用率 B_{14}	0.1414
			固体废弃物回收利用率 B_{15}	0.2233
	环境友好 B_2	0.2310	运输车辆尾气排放水平 B_{21}	0.1815
			废弃物排放水平 B_{22}	0.051
			噪声污染水平 B_{23}	0.511
			环保包装材料使用率 B_{24}	0.1976
			重大污染事故 B_{25}	0.1815
			环境管理体系(ISO14000)认证情况 B_{26}	0.2373
	经济绩效 B_3	0.1634	净资产收益率 B_{31}	0.4111
			营业增长率 B_{32}	0.2077
			总资产周转率 B_{33}	0.1851
			单位用地面积产值 B_{34}	0.1193
			单位销售额物流成本率 B_{35}	0.0769
	储运安全 B_4	0.4300	运输安全事故 B_{41}	0.218
			仓储安全事故 B_{42}	0.175
			物流货损率 B_{43}	0.0711
			安全事故应急处理能力 B_{44}	0.3746
			物流安全管理制度制定与执行情况 B_{45}	0.1613

经过软件计算,其余 9 位专家的数据结果也都符合整个模型的一致性要求。

④计算各层指标相对于总目标的排序权重,并进行一致性检验。

运用 yaahp 5.2 软件运算,可以直接获得第一位专家的各层指标相对于总目标的排序权重,然后必须对总排序进行一致性检验。总排序一致性检验是从高到低逐层进行的。

$$根据公式 CR = \frac{\sum_{j=1}^{m} a_j CI_j}{\sum_{j=1}^{m} a_j RI_j}$$

得出层次总排序一致性检验结果：

$$CI = \sum_{j=1}^{m} a_j CI_j = 0.078599, RI = \sum_{j=1}^{m} a_j RI_j = 1.0176924, CR = 0.067$$

因为 CR<0.10，因此，层次总排序结果具有满意的一致性。同理，可以计算其余 9 位专家评价结果的层次总排序一致性比率，通过计算，其余 9 位专家层次总排序均具有满意的一致性。

表 11-15　10 位专家采用层次分析法确定的权重

目标层	准则层	指标层	相对于准则层权重	相对于总目标权重	排序
	资源节约 B₁ 0.2721	运输车辆油耗定额管理 B₁₁	0.1989	0.04989	9
		仓库利用率 B₁₂	0.1678	0.042312	12
		包装容器再利用情况 B₁₃	0.1466	0.038814	14
		物流设备利用率 B₁₄	0.299	0.06247	7
		固体废弃物回收利用率 B₁₅	0.1877	0.043211	11
	环境友好 B₂ 0.2592	运输车辆尾气排放水平 B₂₁	0.1678	0.045510	10
		废弃物排放水平 B₂₂	0.1489	0.039613	13
		噪声污染水平 B₂₃	0.0793	0.024519	19
		环保包装材料使用率 B₂₄	0.1172	0.035415	15
		重大污染事故 B₂₅	0.3005	0.07813	3
物流企业绿色度 A		环境管理体系（ISO14000）认证情况 B₂₆	0.1863	0.0493	8
	经济绩效 B₃ 0.1434	净资产收益率 B₃₁	0.4247	0.0663	6
		营业增长率 B₃₂	0.12	0.0192	20
		总资产周转率 B₃₃	0.097	0.0128	21
		单位用地面积产值 B₃₄	0.1547	0.0259	18
		单位销售额物流成本率 B₃₅	0.2036	0.0298	16
	储运安全 B₄ 0.3253	运输安全事故 B₄₁	0.2585	0.0871	1
		仓储安全事故 B₄₂	0.1937	0.069	5
		物流货损率 B₄₃	0.0828	0.0277	17
		安全事故应急处理能力 B₄₄	0.245	0.0787	2
		物流安全管理制度制定与执行情况 B₄₅	0.22	0.0746	4

由于有 10 位专家对指标权重进行了评估，因而形成了 10 个判断矩阵，那么通过求各个特征向量中的每一个指标权重的算术平均值，就可以得到指标最终的权重值。本文利用 yaahp 5.2 软件中的群决策工具，采用各专家排序向量加权算术平均方法，将 10 位

专家数据进行集结,得到物流企业绿色度评价指标的最终权重,结果如表 11-15 所示。

通过对表中物流企业绿色度评价指标的权重结果进行分析,结果有如下发现。

第一,在该指标体系的四个准则层(一级指标)中,储运安全的权重(0.3253)最大,其次是资源节约和环境友好,两者权重大体相当,分别为 0.2721 和 0.2592,而经济绩效(0.1434)权重最小。这说明,在对物流企业绿色发展程度进行评价时,储运安全是最重要的因素,其次是资源节约和环境友好,再次是经济绩效。这一结果充分说明了储运安全是评价物流企业绿色度的重中之重,对于相关利益群体人身、财产安全的考虑,这一点在以往的物流系统绿色度评价中通常被忽视,也与人们通常所认为的"企业绿色度评价主要是评价企业资源节约和环境友好状况,评价企业经济发展状况"的观点有明显差异。这一结论从内容上丰富了企业绿色度评价的内涵。

第二,在资源节约分指标体系中,各二级指标权重大体相当,均在 0.14 至 0.3 的范围内,这说明 5 个二级指标的重要性程度相当。其中,物流设备利用率和车辆油耗定额管理排名靠前,说明物流企业在物流活动中设备利用率低以及运输过程中资源、能源消耗大,最容易导致资源浪费,企业必须引起重视。

第三,在环境友好分指标体系中,重大污染事故权重(0.3005)最大,噪声污染水平权重(0.0793)最小,其余二级指标权重大致相当。这说明判断物流企业对环境是否友好主要应考虑企业重大污染事故的发生情况,若企业在评价期内出现重大污染事故,将在很大程度上影响企业环境友好水平,进而影响企业的绿色度水平,而噪声污染水平对物流企业绿色度的影响比较小。除此之外,对环境友好程度产生影响的指标依次还有环境管理体系认证情况、运输车辆尾气排放水平、废弃物排放水平和环保包装材料使用率。

第四,在经济绩效分指标体系中,净资产收益率对经济绩效评价的影响最大,权重值高达 0.4247,其次是单位销售额物流成本率(0.2036),而总资产周转率是影响最小的因素,权重不到 0.1。这说明物流企业运用资本获得收益的能力以及物流企业成本水平是影响物流企业经济效益最关键、最直接的两个因素。在提高获利能力的同时降低物流成本是目前我国物流企业生存和发展的目标。

第五,在储运安全分指标体系中,除物流货损率之外,其余二级指标的权重大体相当,均在 0.2 左右,其中运输安全事故的权重(0.2585)最大。这可能是因为在物流企业的实际运作中,运输安全事故发生的可能性较大,频率较高,给企业造成的损失也较大,因此各界专家认为该因素在影响物流企业储运安全各因素中相对更重要。而在物流企业经营过程中,通常有各种制度规范可以帮助减少物流货损问题,因此,物流货损率对物流企业储运安全水平影响较小。

第六,从各二级指标相对于总目标权重来看,排名前五的指标中有四个属于储运安全分指标体系,这一结论再次说明了储运安全在评价物流企业绿色度中的重要性。在资源节约分指标体系中,各二级指标权重排名基本居中,其中,物流设备利用率权重最大。在环境友好分指标体系中,重大污染安全事故以及环境管理体系认证情况是两个关键指标,其余指标权重排名也相对居中。在经济绩效分指标体系中,除净资产收益率排名相对靠前之外,其余指标权重排名基本靠后。这说明,在对物流企业绿色度进行评价时,经济绩效的影响是一个不容忽视的方面,但也不能过分看重。资源节约、环境友好以及储运安全三个方面仍是评价的重点。

参考文献

[1]A V Babkin，V S Lipatnikov，S V Muraveva，Assessing the impact of innovation strategies and ramped costs on the performance of IT companies[J]. Procardia-Social and Behavioral Sciences，2015，20.

[2]George Stalk Jr，Thomes M Hout. How time-based management measures performance[J]. Planning Review，1990，18(6).

[3]Band W. Performance metrics keep customer satisfaction programmers on track [J]. Marketing News，1990，12.

[4]叶飞,雷宣云,陈丽佳,李怡娜. 绿色环保压力与企业逆向物流绩效关系研究[J]. 管理科学,2008,21(5).

[5]霍佳震,周敏. 物流绩效管理[M].北京:清华大学出版社,2009.

[6]焦新龙,刘雪莲,马天山. 港口物流绩效定量评价理论及应用[J]. 经济地理, 2009,29(12).

[7]张宝友,黄祖庆,吕旭芬. 物流绩效评价指标体系、方法研究的现状及趋势[J]. 江淮论坛,2008(4).

[8]李文静,夏春玉. 物流模式对零售企业物流绩效评价的影响机理研究[J]. 商业经济与管理,2008(11).

[9]陈云萍,韩翔. 企业物流战略类型与物流绩效关系的实证研究[J]. 生产力研究, 2009(3).

[10]张宝友,达庆利. 基于 DEA 的地方政府逆向物流管理绩效研究[J]. 软科学, 2007,21(1).

[11]王勇,李莉,林略,龙勇. 用结构方程辩识西部企业物流绩效与影响因素的关系 [J]. 数理统计与管理,2007,26(2).

[12]郭大宁. 物流绩效的衡量方法[J]. 统计与决策,2006(14).

[13]张光明. 物流能力对物流绩效作用机理研究[J]. 科技管理研究,2006,26(11).

[14]李晓英. 基于营销链的物流绩效 KpL 考核法[J]. 生产力研究,2006(12).

[15]滕华,宋伟. 零售企业的物流关键绩效指标体系设计[J]. 科技管理研究,2005, 25(9).

[16]潘文荣. 企业物流绩效评价指标体系的构建[J]. 统计与决策,2005(22).

[17]裴少峰. 商贸企业物流绩效提升的基本工具研究[J]. 中国流通经济,2003 (10).

[18]陈畴镛,胡保亮. 供应链物流的绩效评价体系与方法研究[J]. 数量经济技术经济研究,2003,20(11).